認認真真講歷史

天涯社区人气佳作

西晋风云

全三卷 卷一

孙峰·著

中国文史出版社

图书在版编目（CIP）数据

西晋风云. 卷一 / 孙峰著. -- 北京 : 中国文史出版社, 2019.7
（认认真真讲历史）
ISBN 978-7-5205-1066-0

Ⅰ. ①西… Ⅱ. ①孙… Ⅲ. ①中国历史－西晋时代－通俗读物 Ⅳ. ①K237.109

中国版本图书馆CIP数据核字(2019)第066912号

责任编辑： 刘　夏
封面设计： 陈欣欣

出版发行： 中国文史出版社
社　　址： 北京市海淀区西八里庄路 69 号　**邮编：** 100036
电　　话： 010-81136606　81136602　81136603（发行部）
传　　真： 010-81136655
印　　装： 北京温林源印刷有限公司
经　　销： 全国新华书店
开　　本： 1/16
印　　张： 26.5　　**字数：** 458 千字
版　　次： 2019 年 8 月北京第 1 版
印　　次： 2019 年 8 月第 1 次印刷
定　　价： 72.00 元

目 录

第四　伐蜀之役

第五　建立西晋

第一部 序曲

一　蛰伏河内

所有讲这段历史的书籍，总也忽略不了一个人。有人说他奸诈无比，有人说他智慧超群；有人说他迫不得已，有人说他处心积虑。

虽然他不是晋朝的开国皇帝，但是，他就像魏之曹操、清之努尔哈赤，对于晋的建立起到决定性的作用，每一个研究这段历史的人都难以逾越他。

他就是——司马懿。

司马懿的祖先可以追溯到黄帝之孙高阳的儿子重黎（《史记楚世家》则称：重黎是高阳的孙子），他是高辛帝的火正。在上古时代，人们崇尚火，司火的火正地位也比较高。因为重黎有功劳，所以被帝高辛封为“祝融”，意思是像祝融神那样可以光照世界。随后，重黎的后代也一直担任这个官职，直到周朝的时候，官职的名称由“祝融”改为“司马”。

《尚友录》说，在周宣王的时候，程伯林父担任司马，攻克了许方，被赐以官族，因而得姓。

楚汉争霸的时候，司马卬作为赵将与诸侯一起进攻秦国，秦国灭亡以后，被封为殷王，都城在河内（今河南省焦作市）。汉朝建立以后，司马家就居住在河内郡了。

又过了八代，司马家出了一个代理征西将军司马钧，字叔平。东汉安帝永初二年（公元108年），司马钧任骠骑将军邓骘的从事中郎，与任尚一起讨伐滇零，双方在天水郡郡治平襄（今甘肃省通渭县）展开激战，结果，汉军大败。到东汉安帝元初二年（公元115年），此时的司马钧已升任左冯翊（汉代，京师附近地区设置京兆尹、左冯翊、右扶风，分别由三位地方官管理），朝廷以其为代理征西将军，都督关中诸郡兵八千余人，与庞参所领的七千余名羌胡兵，分道进攻羌人。庞参先败，司马钧率部独进，他命令同僚右扶风仲光收割羌人的庄稼，但是，仲光不听司马钧的指挥，散兵深入，结果被围。司马钧因赌气见死不救，致使仲光兵败战死，汉军被杀三千多人，司马钧率余众逃回，事后，司马钧也因此入狱，自杀。

司马懿像

司马钧的儿子司马量，字公度，做到豫章太守。

司马量生了司马儁，字元异，为颍川太守。《三国志·魏志·司马朗传》裴注引司马彪《序传》记载：司马隽“博学好古”。司马家从司马隽开始，基本上完成了从武将世家到士大夫世家的转型。

司马儁生了司马防，字建公，为京兆尹，从爷爷、父亲的地方官，他做到了与曾祖司马钧一样的京官。

司马防就是司马懿的父亲。同上记载：司马懿的父亲司马防的家教很严，平日里，即便是父子之间也十分严肃，“父子之间肃如也”。儿子们虽然已经成年，但在家里，父亲不让进屋，儿子们都不敢进；进屋以后，不让坐下，也都不敢坐下；父亲不问话，都不敢说话。这也是司马懿家“服膺儒教”（遵行名教，遵守君臣父子规范等）的一个突出表现。

东汉灵帝光和二年（公元179年），司马懿就出生于河内郡温县孝敬里（今河南省焦作市温县安乐寨村）的这样一个世家望族里。司马懿，字仲达，是家中的老二，上面还有一个大哥叫司马朗，字伯达。在他下面还有六个弟弟，分别是：老三司马孚，字叔达；老四司马馗，字季达；老五司马恂，字显达；老六司马进，字惠达；老七司马通，字雅达；老八司马敏，字幼达。司马防的这八个儿子，在当地很出名，附近的人们都把他们八兄弟称为“司马八达”。

史书记载，司马懿很小的时候就不同凡响。司马懿的哥哥司马朗也是很小就很有名气，司马朗九岁时，有客人直接称呼其父的字，司马朗便对那人说：“轻慢他人的长辈，就等于不尊敬自己的长辈。”司马懿的同族哥哥司马芝一直默默无闻。河内的老乡杨俊，素来以知人闻名，他却说：“司马芝虽然名气没司马朗大，但是内心有原则和坚持，司马朗却比不过的。”后来，果真如此。这位杨俊以后做到曹操的南阳太守，在他见到司马懿的时候，司马懿才十五六岁的样子，杨俊一见之下，就说：“你可是一个非同寻常的人啊！”

还有一位叫崔琰的人，后来做到曹操的尚书，此人与司马懿的大哥司马朗关系很好，也曾经对司马朗说：“你弟弟司马懿不仅聪明过人，而且刚毅果断，他可是一代英雄人物啊，可不是你老兄所能比的啊！”

建安六年（公元201年），那一年，司马懿二十三岁。

也就是在这一年，他被河内郡推荐为本郡的上计掾（会计官）。当保举信送到司空府时，司空曹操听人说过“司马八达”的事情，就问手下这位司马懿咋样，有人就把司马懿的情况如实向曹操做了一番汇报，曹操一听司马懿“聪明多大略，博学洽闻”，就要征召司马懿在自己的手下做事。然而，当曹操的使者来到河内郡并传达了曹操的意思以后，司马懿却做出了一个既在情理之中又出意料之外的决定——他拒绝了。

司马懿的家人对司空府来的人说：司马懿突然之间得了风痹之疾。所谓的“风痹之疾”，大约相当于现在的风湿病，家人还说：这病临床表现时好时坏，在本郡还能勉强应个名，做个上计掾，根本难以远去许昌做官，这不，就像现在，司马懿的临床表现就十分严重：肌肉疼痛难忍，双腿难以行走，本人已经卧床不起了。

司空府的使者也亲眼看了，只好回去给曹操禀报。

曹操是何等人？要真想瞒过曹操，司马懿就这装病的伎俩也太小儿科了。

刚才还被郡中举荐，怎么我来征召，你突然就病了？

虽然驳了曹操的面子——要知道司空曹操刚刚在官渡大败大将军袁绍，威名日盛——司马懿的举动的确令曹操不快，但毕竟不是什么军国大事，曹操也真没和他司马懿较真。

即便如此，多疑的曹操还是派人偷偷对司马懿家进行了监视：如果你司马懿装得不像那回事，直接就刺死你。

而司马懿倒也十分警觉，整天是大门不出，二门不迈，俨然一副病人模样，连同族人也都对此确信无疑。

探听情况的人发现司马懿整天卧床不起，并无异常，就返回许昌向曹操禀报。

也许曹操相信了，也许曹操压根就不信。他派人去的目的只是警告你司马懿：要装，你就要装得认真些。我曹操不会硬拉你来，因为现在还不是时候，硬拉你一个人来，会把一百个人赶到别人那儿去。但是，你司马懿也要给足我曹操的面子，总不能你一面对我说你寸步难行，背背脸，你就在当地大庭广众之下活蹦乱跳起来，那不是拿我曹操开涮吗?

曹操和司马懿各自心知肚明。

不过，戏还是要认真地演，虽然不是独角戏，但是，司马懿却是主角，曹操更多的时候是冷眼旁观的观众。只要你演得好，我也不深究。

然而，司马懿和曹操之间这场严肃认真的戏却是以一个生命的代价换取的。

司马懿家应该从司马懿的曾祖司马量开始，就是读书人出身了，因此，家中藏书很多。一天，司马懿看天色很好，就命人把书本拿出来晒晒，而司马懿则半躺在屋檐下，边看书边晒太阳，十分惬意。谁料天有不测风云，刚才还是晴空万里，阳光灿烂，突然之间，就是阴云密布，眼看就要大雨倾盆。这下阳光下的一大堆书不仅要发潮，还有还原为纸浆的危险。

而此时，夫人、婢女又都不在身边。

说时迟，那时快，雨点噼噼啪啪地就落了下来。

躺在床上的司马懿，眼看自己心爱的书籍就要遭受灭顶之灾，不自觉地从床上站了起来，跑到院子里去收书。

正巧被着急慌忙赶来帮助收书的司马懿夫人张春华和家中唯一的婢女看到。

张春华倒没什么，因为她知道就里，而小婢女却惊讶地捂着嘴“啊”了一声。

听到婢女的叫声，司马懿恍然若失，愣在了那里。张春华忙把呆若木鸡的司马懿搀回屋，然后，若无其事地和婢女把书本收拾完毕。

接着，张春华把婢女叫到厨房，亲自持刀将这个小女孩杀死——为的是杀人灭口。

查看《晋书》，我们知道，张春华是曹魏正始八年（公元247年）四月死的，享年五十九岁，再过四年，到了曹魏嘉平三年（公元251年）八月，司马懿也死了，享年七十三岁，也就是说司马懿比张春华大十岁，而当年的司马懿只有二十三岁，计算下来，张春华那年顶多只有十三四岁的样子。

一个十三四岁的女孩对另外一个十岁左右的女孩，竟然下此毒手！想想就难以释怀。可谓天生狠毒啊！

我们不知道司马懿夫妇如何善其后的。史书只是记载，家中唯一的婢女死了，从此以后，张夫人只得亲自下厨做饭。

似司马懿这般阴毒之人，有张春华与之做伴，可谓绝配，也真应了那句“不是冤家不聚头”的古话。书上说，司马懿“由是重之”。私下揣测司马懿当时的内心感受，大约是吃了一惊：一个刚嫁过来不久的黄毛丫头，突然之间下此狠手，果断而又凶狠，干净利落。谁是她丈夫，脊背不丝丝发凉?

但是“重之归重之”，那也只是暂时的。等司马懿长粗变大以后，泡上了个姓柏的妹子，喜欢年轻漂亮的司马懿再也不想见到夫人了，张春华与司马懿夫妻俩长年累月分居，几乎整年见不上一面。一次，司马懿病了，张春华思忖：这时候，总允许我来关心关心你这个糟老头子了吧？谁知，病中的司马懿一见到从后院出来的张春华，就像是见到白垩纪的怪物一般，十分冲动地破口大骂：“你这个又老又丑的东西，讨厌死了，你就整天待在屋里，别出来丢人现眼了！”这种极其伤人自尊的话，也极可能是当着司马懿的大小姬妾甚至是下属、医官、奴仆说的，弄得张春华是又羞又气，回房就开始绝食自杀。

这下可急坏了张夫人的四个孩子——司马师、司马昭、司马干和南阳公主。这四个孩子围聚在自己的母亲身边，与母亲一起失声痛哭。

司马懿家面临着空前的危机，因为，这四个孩子发誓要和母亲共存亡，也都宣布集体绝食！（要是都集体绝食死亡，那高贵乡公该多高兴啊，历史就要改写啦！呵呵）

这下，把老司马吓了一跳，思前想后，他也顾不得生病了，赶紧起来去给夫人赔礼道歉。司马懿是高超的表演艺术家，他好话说尽，谦恭得了不得，好说歹说，终于使张春华回心转意，司马家的生活才恢复正常。

但是司马懿真的回心转意了？肯定没有。

就像他对任何人一样都充满了狡诈，这次也不例外。等他看到夫人逐渐恢复平静，家中也恢复正常，一颗悬着的心也放了下来，于是，他对下属悄悄地说：“那老东西即使死了，也不值得可惜。之所以去给那丑物道歉，是因为我担心真的因此伤了我的几个孩子啊！”

是自嘲？还是真实写照？我们不得而知——只是我们不知道张春华如果听到这话，是否后悔当年亲手杀那个可怜的婢女?

就此打住。让我们还是再回过头来看看公元201年发生的事情吧。我们自然而然地会问：为什么司马懿当时拒绝了曹操呢?

要想理解司马懿的决定，我们就必须还原那段历史：那就让我们看看此前一年，即建安五年中国大地上都发生了什么吧。

建安五年（公元200年）十月，曹操与袁绍在官渡合战，曹操击败袁绍，袁绍退回河北。应该说曹操是挟战胜之威征召司马懿的，可是他为什么还要高卧不起呢？他要做隐士吗？以司马懿的性格，肯定不是。

那他到底是为了什么呢？

仔细分析起来，大致有以下几点。

一是司马懿稳妥的性格。从以后司马懿的整个人生历程上看，我们知道司马懿性格上有一个突出的特点，那就是始终稳中求稳的，不论做什么事情，在自己的智商还看不清局势、没有十分把握的时候，司马懿绝不会出手，他宁愿等待，但是，一旦出手就要成功。

二是当时的局势。当年，曹操在官渡之战中虽然击败了袁绍，但袁绍经过短暂休整和经营，迅速出兵收复了投降曹操的城池，逐渐安定了河北局势。而曹操也只是耀兵河上，还不敢进一步深入河北与袁绍决战，双方可以说是陷于僵持。从表面上看，只是袁绍压倒性的优势暂时丧失，不采取进攻态势而已，曹操也并没有捞到太大的好处，双方究竟鹿死谁手还不十分明朗。同时，放眼中国，各地军阀无数，在官渡之战之时，孙策就想乘虚进攻许昌；而刘备也并未销声匿迹；荆州刘表也不是酒囊饭袋，正乘机南下，攻击张羡、张怿父子，并占领了长沙（今湖南省长沙市）、零陵（今湖南省永州市）、桂阳（今湖南省郴州市）等地，大大扩充了自己的实力。曹操也只是等到六年以后的建安十二年，在袁绍死后，趁着袁绍诸子内乱，才彻底平定了河北。可以说司马懿是在等待。

三是司马懿老家所处的位置。司马懿所处的河内郡是曹袁两方的接合部，投奔任何一方，对于整个家族的代价都将十分巨大，这也在一定程度上决定了司马懿下决心的难度。

最后一点，大约来自司马懿的一个心结。这一点也是史学家们常说的一点，那就是人家司马懿是“服膺儒教”的人，按照以后司马炎诏书上称，自己家世代都是“诸生”，是知识分子，是属于士大夫阶层的儒家豪族。而曹操呢？曹操的爷爷曹腾是阉宦，父亲曹嵩是曹腾的养子，不知道父亲是谁，而曹操本人则是“赘阉遗丑，本无令德，僄狡锋侠，好乱乐祸”。（见《三国志·魏志·袁绍传》裴注引《魏氏春秋》载陈琳檄文司马懿应当是看到过这篇檄文）同时，年轻时候的曹操“任侠放荡，不治行业”，这与“服膺儒教”的司马氏家族在理念上是格格不入的。在司马家看来，曹操就是一个暴发户，也是属于阉宦寒门的人，不仅没有什么威仪，而且也没有什么名望，在司马懿看来，曹操不过是一个趁着天下大乱钻出来的混混，他能长久吗？就在这一年的正月，许昌还发生了董承企图刺杀曹操的阴谋，虽然董承的阴谋最终没有成功，并遭到了曹操的残酷镇压，但是，也说明了曹操的后方并不稳固，危机四伏。

既然名不正，就言不顺。在他手下当差，两字：丢份。

二 投奔曹营

又过去了整整七年。

司马懿还老实地待在自己的家乡，过着时病时好，亦官亦民的生活。

在这七年间，中国北方的政治格局却发生了巨大变化。

建安六年（公元201年），曹操击败汝南的刘备，迫使刘备再次向南逃亡。

建安七年（公元202年），曹操再次进军官渡，五月，袁绍病死，少子袁尚继位，袁尚的大哥袁谭自称车骑将军，二哥袁熙为幽州刺史，表兄高干为并州刺史。曹操趁袁绍去世，渡过黄河进入河北，袁谭、袁尚连败固守。为挽回败局，袁尚命令高干裹挟着河东太守郭援（钟繇外甥）和匈奴南单于从右翼南下河东郡（今山西省西南部，晋治在今山西省永济市东南），河东郡的郡吏贾逵（贾充之父）城破被持，被放进土窖，后被侠士祝公道救出。曹操派遣钟繇说动陇西马腾相助，在平阳城下，马超的校尉庞德击杀郭援，收降南单于。曹操企图说降孙权，孙权被部将周瑜劝阻。

建安八年（公元203年），曹操再次出兵河北，打败袁谭、袁尚。之后，曹操听从郭嘉之谋，暂时放弃对二袁的进攻，等待他们之间的内讧，转兵南下荆州进攻刘表。果然，在曹操南进以后，袁尚和袁谭就发生了争斗，袁谭派辛毗向曹操求救，曹操随即与袁谭和解，并为儿子曹整聘袁谭之女为妻。

建安九年（公元204年），袁尚再次出兵平原，攻击大哥袁谭。曹操乘虚攻破袁尚老巢邺县。袁尚被迫北上投奔二哥袁熙。高干投降。击败袁尚以后，曹操立马翻脸，指责袁谭背约，并送还了袁谭之女。

建安十年（公元205年），曹操进攻袁谭，并击杀袁谭。袁熙部将焦触、张南叛归曹操，袁熙、袁尚逃奔辽西乌桓。高干唇亡齿寒，叛变曹操。

建安十一年（公元206年），曹操亲上太行，平定高干。开始开凿运河，准备击灭乌桓。

建安十二年（公元207年），曹操长途奔袭，大破乌桓蹋顿，胡人、汉人投降二十余万人。辽东公孙康杀袁熙、袁尚。刘备得诸葛亮。

建安十三年（公元208年），曹操开始训练水军，为南进做准备工作。

也就是在这一年，曹操再次想起了七年前的司马懿，如今的曹操已经身为汉朝丞相，集朝廷大权于一身，并消灭了最大的威胁——袁氏父子，非往日可比。这次，曹操根本就没理司马懿的风湿病是真是假，他心里清楚！曹操发话说：这次你再推推脱脱，耽误时间，就地逮捕！这下，把司马懿给吓住了，咱本来也不是什么高士，那就来吧。

建安十三年（公元208年），司马懿做了曹操的幕僚，官职是丞相府文学掾，即丞相府的文牍官。随后，又被任命为黄门侍郎（皇帝的值班卫士），转为议郎（与黄门侍郎均为郎官，但皇帝出巡时，议郎不必扈从侍卫），更升为丞相东曹属（曹操为丞相后下设东、西曹掌管人事工作：东曹，主管二千石官员的任免；西曹，主管丞相府官员的任免。其负责人员正者称掾，副者称属），成为主管全国地方官员任免的副职，相当于吏部侍郎，现在的中组部副部长；后又升为主簿，即丞相府的秘书长。

接着，就发生了著名的赤壁之战。

那么，司马懿是否参加了赤壁之战呢？按照我的看法是：司马懿并没有参加赤壁之战，而是与曹丕在后方，“与之游处”。这是因为，曹操一直以来并没有让司马懿插手武事，给司马懿的官也仅仅局限于文官。

而这又是为什么呢？

那是曹操对司马懿的第一感觉。看人的第一感觉绝对是正确的。看人的眼也好，看人的眉毛也罢，看人的气质和精神也好，我相信第一感觉真的很准确，随后的变化都是虚假的。

见到司马懿之前，曹操就听人说司马懿有狼顾之相。一天，曹操把司马懿叫来，一试验，司马懿果然是脑袋可以像狼头一样可以旋转一百八十度，向后看。相书上说：拥有这种相的人，心狠手辣，狡诈善变。从此，曹操就对司马懿心存戒备。他曾经对儿子曹丕说：“司马懿绝不是当人臣的主，以后肯定会给咱家添麻烦。”

可是，曹丕却和司马懿关系很好，听了父亲的话，估计多多少少又给司马懿透露了点。

司马懿乍听之下，心里一惊。从此，他表现得更加勤勉，常常通宵达旦，夜以继日地工作，即使丞相府割草放牧的事，诸如马喂得饱不饱？割的草够不够什么的，他都要亲自察看。

属于踏实肯干型。

于是，曹操才慢慢释然些。

但是，即便如此，从建安十三年（公元208年）到建安二十年（公元215年），在长达七年的战争年代里，曹操依然没有让司马懿染指军事——哪怕是做自己的军事参谋。建安十四年（公元209年），曹操军出合肥；建安十六年（公元211年），曹操西征韩遂、马超；建安十八年（公元213年），曹操进军濡须；建安十九年（公元214年），夏侯渊攻击韩遂等，我们都没有看到司马懿的踪迹，如果司马懿参与了这些战事，那么，晋朝的摇尾系统是不会放过这些可以大肆渲染的机会的。

可能的解释就是：曹操对这个人始终还是不太放心。

一直到建安二十年（公元215年），司马懿才有机会随曹操大军进攻马超、韩遂、氐王以及张鲁，并在随后的两件事上，显示出了自己的军事才能和政治智慧。

第一件事情是显示司马懿“雄才大略”的。

建安二十年（公元215年），在迅速收拾了马超等四个人以后，曹操想要退兵。在去年的夏天，刘备刚刚返兵攻降成都刘璋，占领益州，而此时，刘备正率军与孙权争夺荆州，因此，丞相主簿司马懿建议说：“刘备刚刚以欺诈得到四川，四川的人心不服，在这种情况下，刘备还出兵与孙权争夺江陵，机不可失。今天我们攻克了汉中，益州震动，我们进兵，肯定会瓦解。”因此，劝曹操趁机进攻四川。刘晔也说：“刘备是人杰，有度量但是见机迟，得到蜀地时间尚短，蜀人还不会为其效命。如果稍后进攻，诸葛亮明于治国，关羽、张飞勇冠三军，蜀国民心安定以后，居险守要，就难以攻取，必为后患。”

曹操说：“人们就是不知足，既然得了陇，还望蜀！”否定了刘晔和司马懿的建议。

细究起来，此时曹操的决断未必就不适当。理由大致有以下五点。

一是刚刚拿下的陇地和汉中尚需要时间消化。陇西和汉中长期独立于中央，民风彪悍，而且此地少数民族聚集，关系复杂，极易发生骚动。张鲁的“五斗米教”在汉中等地传播多年，安抚工作很是费时费力。如果大军入川，前有崇山峻岭，战争一旦开打，刘备只要派一员大将驻守阳平关、剑门关等地，攻击人数再多也无用武之地。战争一旦进入胶着状态，曹军身后又不稳定，假设陇西羌胡和汉民出现叛乱、汉中张鲁教众死灰复燃，再加上粮草难济，那曹军后果将不堪设想。

二是孙刘交恶局面不可恃。当曹军得知孙刘交战、企图利用这一机会进攻的时候，刘备也会同时甚至先于曹操意识到曹军兵出汉中的危险。以刘备长期作战的丰富经验，不会不立刻认识到两面作战的巨大风险，而会采取果断措施妥善解决与孙权之间的纠纷。而事实上，刘备在得知曹军拿下汉中以后，就迅速与孙权和好，把荆州一半还给了孙权，匆匆回军江州备战。

三是军队已经疲惫，难以再经受连续作战。当时的曹操其实也并不甘心，他已经派遣夏侯渊、张郃等名将数次南下，做试探性的进攻，但均被张飞击败。可见，曹军不仅不得地利，军队又没有山地战的经验，而且兵已疲弊，不能硬来。

四是东南方面的情况并不乐观。如果孙刘尽释前嫌，那么，孙权极有可能乘虚进攻北方，那时，曹军在四川进退两难，而东南又起硝烟，面临两面作战的将不是刘备，而是曹操了。果然，到了这年的八月，与刘备和好的孙权，在得了点小便宜以后，就出兵进攻曹操的合肥了。

五是曹操的心态问题。此时的曹操已为魏公，建了魏国社稷，再也不是一无所有、敢玩冒险、亲自带几千兵就去烧袁绍粮草的曹操了。家业大了，心态变了，顾忌多了。另外，向来习惯于平原作战的曹操，此番前来，对于“蜀道难”有了深刻的印象，他曾经说道：“南郑直为天狱，中斜谷道为五百里石穴耳。”

因此，不便山地战的曹军，如果真的进攻蜀地，胜负实难预料。从这一点上来看，当时的司马懿毕竟是初出茅庐，可谓是“知彼”而尚“不知己”。

第二件是显示司马懿见风使舵的。

那是在建安二十二年（公元217年），曹军在濡须击败孙权，曹操称魏王，到建安二十四年（公元219年），孙权擒杀关羽，上表请降并称臣，假惺惺地请求曹操废汉自立。看到孙权的请求，曹操的头脑还比较清醒，说了句：“孙权这小儿是想把我放到火炉上烤，叫我难受啊！”

不过，曹操话虽这般说，心里未必就不舒坦，也许，孙权的上表也勾起了曹操些许的非分之想吧。

司马懿摸准了曹操的心态，赶紧巴结说："我们魏国已经是十分天下有九分了，孙权称臣那是天意，上古的虞、夏、商、周，之所以当仁不让，不再谦虚，不是为了别的，关键是敬畏天命啊！"《魏略》记载，与司马懿一同拍马屁的，还有他的好朋友陈群，此人后来一直和司马懿并驾齐驱、官运亨通，同曹休、曹真、司马懿一起开府。司马懿的父亲司马防也不甘寂寞，《曹瞒传》上称，曹操进位为魏王的时候，还是司马防率先上书皇帝保举。

与司马懿、陈群截然不同的却是荀彧。

荀彧，字文若，颍川颍阴（今河南省许昌市）人。巧合的是荀彧的爷爷荀淑也有八个孩子，人称"八龙"。荀彧的父亲荀绲就是其中一龙。荀彧因为娶了中常侍唐衡的女儿，很早就拜为守宫令，董卓之乱他投奔袁绍，后来看到袁绍终不能成大业，改投曹操，曹操一见之下，就称："你是我的张良。"拜为司马，主管军事。那一年，荀彧才二十九岁。可以说，荀彧从曹操创业开始就一直追随，虽然是宦官的女婿，但他却始终有一个梦想：那就是让曹操真的像他说的那样担负起复兴汉室的重任。早在建安十七年（公元212年）十月，董昭建议应该请求汉献帝给曹操晋爵为曹公，加九锡，尚书令荀彧不能不想到董卓、王莽等乱臣贼子，他正言说："曹公本来兴的就是义兵，为的是匡复国家，他所秉持的是忠贞，所坚守的是推让。君子爱护别人，唯恐他的德行有瑕，不应该这样做！"

这话传到曹操耳朵里，曹操很不是滋味，为了防备荀彧在朝廷上做小动作，曹操把他召到军中，不久，荀彧就被迫饮药而死，享年五十岁。

三　屡出奇策

从建安十八年（公元213年）五月，曹操被封为魏公，加九锡，封以冀州十郡开始，到建安二十二年（公元217年）四月，曹操称魏王，用天子旌旗，魏国作为一个汉王朝的国中之国，正式建立起来。同年，曹丕夺嫡成功，司马懿也随之被任命为太子中庶子，成了曹丕的属官，被纳入未来魏国的储备人才，他与吴质（魏文帝时为振威将军、假节）、陈群（魏文帝时为司空、开府）、朱铄（魏文帝时为中领军）为曹丕所爱，被曹丕或者当时的人们称为“曹丕的四友”。而有趣的是，司马懿的弟弟司马孚，此时却被安排在陈留王曹植的身边，为曹植的文学掾。

大约在此前后，曹植因为乘车行驰道中，开司马门出城而被曹操斥责，公车令被杀，曹植也逐渐失去了曹操的宠爱。据《三国志·魏志·崔琰传》引《世语》还记载：曹植的妻子穿着绣花的衣服，太祖登上高台看到了，就以违反制度为名，将其在家中赐死。这件事大概是真实的，因为，据《三国志·武帝纪》裴注引《魏书》也曾经说过，曹操这个人本性节俭，不喜欢华丽，后宫衣着不穿锦绣，身边女人的鞋子就一个色，屏风帏帐坏了还要再补个补丁，小毯子也都是毛边，没有什么纹饰。一向艰苦朴素的曹操自然会看不惯曹植夫妻“忘本”的作风。

就在曹植失势以后，司马懿也离开曹丕，升为曹操的军司马。——这是荀彧最初的官职，这一年司马懿已经三十九岁，整整比荀彧担任此职时的年龄老了十岁。

虽然我们不知道具体的时间，但是，在司马懿离开曹丕以后，他迅速把自己的弟弟司马孚从失势的曹植那里要了回来，推荐给了曹丕，来顶替自己的位子，做自己曾经做过的太子中庶子。于是，司马懿兄弟二人一个待在曹操身边，一个待在未来的君主身边。

不妨让我们简单分析一下司马懿的缜密算计吧。

一是，在曹丕和曹植储位之争的结果没有明朗化之前，有时曹植似乎还占先机，在这种情况下，司马懿弟兄两人分投两个不同的阵营，以备后路。

二是，在曹丕暂时胜出，但曹植并不是没有一点希望的时候，司马懿暂时还让弟弟司马孚留在曹植身边，但是，此时的司马孚经常以所谓的“直道”来劝谏曹植，以此让外人知道，自己的弟弟并非曹植一党，而是一个懂大义、有操守的人。

三是，在曹植完全失败以后，司马孚迅速抛弃旧主，投奔新主曹丕，并尽全力展示自己忠于曹丕的一面。例如，在曹操去世以后，在曹丕为了显示孝道而哀号不已的时候，司马孚恳切地劝谏曹丕要“节哀顺变，不要像老百姓那样哀号，快点继位处理正事”，于是，曹丕立即收泪做事，君臣二人上演了一出得体的双簧。

据《晋书·宣帝本纪》记载，司马懿在曹操时代还提出过以下建议。

一是，建议屯田。据《晋书·宣帝本纪》记载：在魏国初建之时，司马懿曾经向曹操建议，要“且耕且守”，实行屯田，魏武帝采纳了建议，从此，魏国“国用丰赡”。言下之意，是把魏国经济发展、国力雄厚的功劳归于司马懿了。

那么，问题出现了：曹操实行屯田到底是什么时候？又是谁最先提出的这一影响深远的建议呢？

《资治通鉴》记载：“中平以来，天下乱离，民弃农业，诸军并起，率乏粮谷，无终岁之计，饥则寇略，饱则弃余，瓦解流离，无敌自破者，不可胜数。袁绍在河北，军人仰食桑葚。袁术在江淮，取给蒲蠃，民多相食，州里萧条。羽林监枣祗请建置屯田，曹操从之，以祗为屯田都尉，以骑都尉任峻为典农中郎将。募民屯田许下，得谷百万斛。于是州郡倒置田官，所在积谷，仓廪皆满。故操征伐四方，无运粮之劳，遂能兼并群雄。军国之饶，起于祗而成于峻。”

这段话，来源于《魏书》，司马光先生一字不落地照录下来。可想而知，司马光先生对此事是认可的。也就是说，曹魏建立屯田制度起源于枣祗，完善于任峻。我们还能举出一些证据来，那就是《三国志·武帝纪》记载：建安十四年……置扬州郡县长史，开芍陂屯田。

尤其是上引的《资治通鉴》建安元年的记载，说得再清楚不过了。而在那时候，司马懿才十六岁，根本未进曹操的幕府。

因此，我们断定《晋书》的记载是有水分的。

二是，在关羽水淹七军、曹操想迁都河北之时，司马懿和蒋济一同向曹操进谏说，一旦迁都，势必示弱于敌人，民心摇动，并提出了与孙权和好之计。曹操采纳了二人的建议，派人与孙权和好，促使孙权从背后偷袭关羽。司马懿的这一建议的确起到了借力于人、四两拨千斤的功效，也显示出司马懿的全局观和见微知著的能力，不过，这也不是独出心裁，而是司马懿与蒋济一起做成的，至于说是谁先起意的，倒无从查究了。

终曹操一生，司马懿起码做到了两点：一是，让自己和自己的家庭成员与未来的储君建立了良好的关系，那是自己和整个家族未来的护身符；二是，进入领导核心层，展露出勤恳敬业的精神和独特的战略眼光，给人们留下了初步的印象。

不过，现在还只是开始，等曹丕登基以后，凭借着长期的苦心经营，也许，司马懿的春天就要到来了！

四　无能之主

有时候，不能不让人相信命运。

魏武帝曹操死的真是时候。假如曹操死于关羽水淹七军，威震华夏、曹魏集团岌岌可危之时呢？那时，关羽兵出荆州，围困曹仁；刘备直逼汉中，击斩夏侯渊；孙权蠢蠢欲动，虎视合肥。曹魏集团三面受敌，面临建立以来最大的危机。

然而，转眼过去一年，孙权釜底抽薪，擒杀关羽，蜀汉最强的名将陨落，荆州尽失，部曲全无。继而，蜀汉与东吴交恶。

这时候，曹操才死。

曹丕即位。

即使在如今局势企稳的情况下，曹操的死对于曹魏帝国的打击也不啻为晴天霹雳，引发了一系列的骚动：驻防洛阳的青州兵擅自向东散还故里；凉州西平鞠演发动叛乱；等等。

假如在关羽兵盛之时曹操去世的话，曹魏必将陷于更大的混乱之中。

而孙权还会偷袭荆州吗？

似乎也将成为未决之事。

就算曹丕顺利即位，以其能力能否控制住局势，实属难料。

可以说，曹操迅速稳定西北局势，并设计击败关羽，为儿子曹丕的即位创造了一个良好的局面。因为，当前的局势是吴蜀交恶，曹魏坐山观虎斗，简直与前一年有天壤之别。

那么，曹丕能否把握住这一大好时机呢？从以后的形势发展来看，证明他尚不具备这个能力。

他只是一个冷酷、狠毒、虚荣、小器、偏执、固执、自负、不知兵又不知权

曹丕图

的碌碌之人。

先说曹丕的冷酷与狠毒。

曹操是于建安二十五年（公元220年）正月在洛阳去世的，同月，曹丕在邺县继位为魏王，汉献帝随即改元为延康，二月，曹丕将父亲埋葬以后，就严令自己所有的兄弟回到自己的属国，形同软禁，受制于中央派来的官吏，诸侯王公连平民都不如。同时，找碴儿将弟弟曹植贬为安乡侯，诛杀曹植一党丁仪、丁廙兄弟。《世说新语》还记载，曹丕一直忌恨曹彰骁勇、强壮，在其即位后的第四年，任城王曹彰回到京师探望母亲，觐见皇帝。一次，曹丕、曹彰哥俩在卞太后那里下围棋，两人边下着棋，边吃着枣。曹丕事先却把毒药放置在枣蒂上，自己吃没毒的，而曹彰不知底细，什么都吃，结果就中毒了。卞太后看到儿子中毒，慌张地到处找水，可是，曹丕又让左右把身边的水罐也都打碎了。心急如焚的太后光着脚跑到水井边，可是，却没有办法打水，很快，这个被曹操喜爱的“黄须儿”曹彰就死掉了。后来，当卞太后又看到曹丕还要逼杀曹植，哭骂着说，你杀了我的彰儿，不能再杀我的植儿了！曹丕就是这样对待自己的母亲和弟弟们的。对待自己的妻子甄洛，也是如此。美丽的甄洛原是袁绍之子袁熙的妻子，建安九年（公元204年），曹操攻陷邺城以后，曹丕见到二十一岁的美人甄洛，魂不守舍，纳为夫人，曹丕登基第二年，他不顾长子曹叡的感受和对未来帝国的潜在影响，听信小妻子郭女王的谗言，将远在邺县的甄夫人赐死。史书上说，是甄夫人因为失宠而口出恶言所致，如果仅仅为此，是否就要被赐死？不顾十六年的恩爱、不顾膝下的孩子？还是另有隐情呢？有人说才女甄洛与曹植两情相悦，曹植的《洛神赋》中描写的洛神就是甄洛的化身；也有人说郭女王以甄洛之子曹叡出生不足月为由，暗示曹叡不是曹丕的儿子，甄洛大怒，口出恶言而被杀。

相比之下，其父曹操不仅依仗本家兄弟，还与夏侯家兄弟相濡以沫，披肝沥胆，还多次下令不拘一格选拔人才，“令”之内容、气度、文风直逼汉武帝征讨匈奴时的诏书，充盈着求贤若渴的精神。只有大器，心意才豁如；只有有能力的人，才不嫉贤妒能，因为他有驾驭那些人才的自信。

说到曹丕的小气，也不乏其例，下面仅举四件。

第一件还是在黄初元年（公元220年）的十二月，也是曹丕当上皇帝的第二个月，因曹操死亡而引发的陇西兵变被平定以后，西域与中原的联系得以恢复，曹丕也收到了西域进献的几枚大珠。此时，陇西太守苏则也因平定兵变有功而被升为侍中，调到了曹丕身边。看着色彩艳丽的西域大珠，曹丕的眼睛直了，他转身问苏则：“这西域珠子真是不错，你看能不能再去换一些？”

陇西起到屏蔽关中的作用，其战略地位十分重要。这次兵变是由于地方官员的自发、自觉和智慧，才得以艰难平定。苏则面对这样“不问苍生问鬼神”的君主，心中是什么滋味可想而知，于是，他回答得既幽默，又很辛辣：“如果君主威加海内，自然西域还会献来；作为君主，却以物易物去交换，即使得到了，又有什么意思呢？有什么值得珍贵的呢？”（求而得之，不足贵也）

史书上说，曹丕听后“嘿然”。——既无话可说，又感到尴尬。

第二件事就是：曹丕刚登基，因此时孙权与刘备处于交战状态，孙权口头表示投降曹魏（并未送来质子），这本来是孙权的权宜之计，但曹丕却信以为真，并立马写信给孙权，让孙权进贡一些“雀头香、大贝、明珠、象牙、犀角、玳瑁、孔雀、翡翠、斗鸭、长鸣鸡”等物。我们看看曹丕所需的贡物，怎能想象到是出自一位刚刚死去父亲的人之口呢？全然一副太平天子做派，哪能见到一点志吞四海的英雄胸怀？足见其纨绔习气和小家子气。当时，孙权的下属以为曹丕不懂礼节，不应给他进贡。但孙权却不以为然地说：“他所要的这些东西，对于我来说，与石头瓦砾没有什么两样！并且，从他要这些东西就能看出，此人还处于昏聩之中，与这种人打交道，还说什么礼不礼的呢？”

第三件是曹丕对待于禁。关羽水淹七军以后，于禁投降，后关羽被东吴击败，于禁又落入东吴之手。因刘备与关羽报仇而与东吴交恶，孙权在投降魏国的同时，将于禁等降将送还魏国。于禁在曹操领兖州刺史的时候，就一直追随，可谓是身经百战的老将。被东吴送还之时，于禁头发胡子花白，见到曹丕哭泣叩头。曹丕虽然说“樊城之败，水灾暴至，非战之咎，其复禁等官”，拜为安远将军，派老人出使东吴，在临行之前，命令于禁拜谒曹操陵墓，却预先在陵墓房间内画上关羽战胜、庞德愤怒、于禁投降的画面，于禁看到以后，羞惭发病而死。司马光评价此事说：“文帝废之可也，杀之可也，乃画陵屋以辱之，斯为不君矣！”这种小气的事不是一位君主应该做的。

第四件是曹丕对待曹洪的事。曹洪家富而天生吝啬，《魏略》记载，曹操做司空的时候，曾经要求郡县评定每家的资财，作为纳税的标准。曹操老家的谯县的县令评定曹洪家的财产与公侯的相同。曹操说：“我家哪有曹洪家富！”曹丕还是太子的时候，问曹洪借绢一百匹，曹洪舍不得，可能是给曹丕的数量不够，也可能给的质量不好，甚至是一点也没给。

这事让曹丕记住了，等曹丕即位以后，一次，曹洪的门客犯法，曹丕牵连到曹洪，并且一定要杀掉曹洪，大臣们劝谏、解救，都没用。曹丕的母亲卞太后说：“梁、沛之间，非子廉无有今日！”太后没办法，就把曹丕宠爱的皇后郭女王叫来呵斥，说：“如果曹洪今天死，明天我非严令叫皇帝废了你不可！”

郭皇后吓个半死，连夜枕头风使劲吹，不断哭闹曹丕，终于，曹丕才免了曹洪一死，但是，却把人家的家产全部没收。这对于守财奴曹洪而言，比死了还难受。曹洪又托太后求情，在卞太后的压力下，曹丕才把财产还给了曹洪。

说到曹丕的愚蠢，从黄初元年（公元220年）到黄初七年（公元226年），在曹丕一共在位六年多的时间里，他最大的机会也是最大的失败就在于：是否接受孙权的投降。

为什么孙权要投降？因为孙权偷袭了关羽，夺占了荆州，孙、刘交恶了，为了避免两面作战和亡国的危险，才“投降”的。

那么接受不接受？

当听说孙权投降的消息时，曹魏群臣都觉得要接受。

唯独刘晔以为不能接受，刘晔有他的道理，他说：“孙、刘本为两个小国，团结起来才能生存。今天，双方交恶，正是上天要灭亡他们的时候，我们应该即时出兵进攻吴国，在刘备和我们的夹击下，一定能够顺利地灭掉吴国，吴国灭亡了，蜀国也不能独存，统一大业就能完成。”

这时候，曹丕却表现出自负蠢人的小聪明来，他对刘晔说：“那我们现在接受吴国投降，进攻蜀国后方，不是也能灭蜀？”也就是说在他的心里，推论的前提已经确定了，那就是接受吴国的投降，然后，再往下推论和思考。

刘晔分析说："不是的。如果我们进攻蜀国，蜀国就回师不打吴国了，我们也得不到便宜，而吴国说不定还生出什么鬼点子呢。但是，我们打吴国的话，因为以前吃亏的是蜀国，现在生气的也是蜀国，因此，即使蜀国听说我们也去趁机打吴国，蜀国也不会停止进攻，这样，魏蜀两国合力就一定能把吴国灭掉。"

话说得这样明白了，曹丕还是听不懂，没办法。

曹丕没再往下想，即使想估计也是瞎想，智商问题。

于是，曹丕不仅不听刘晔的，而且还封孙权为吴王，加九锡！

事后证明，孙权的质子也不来，所谓的投降仅仅是一个骗局和玩笑而已，曹丕被人家美美地耍了一回。

可以说，在黄初年间，曹魏帝国最伟大的谋士不是司马懿、不是贾诩，光彩属于刘晔，次之，蒋济，次之，陈群。光荣属于他们三人，但是，刘晔是太阳之光，他们是烛火之光，其他则是萤火。

那么，我们会问：以司马懿深通三国角力之道，在襄阳危急之时，也曾建议曹操鼓动孙权偷袭荆州，刘晔之论只是原来计谋的翻版，司马懿难道不能参透？为何闭口不建一策呢？还是他长期与曹丕相处，早已了解他的深浅呢？

以他与曹丕的交情，如果支持刘晔的意见，想必曹丕也会采纳，那么，是司马懿未见此机？还是不愿归好与人呢？

分析起来，应为后者。

在曹丕在位七年不到的时间里，我们总看到刘晔在建议，也总看到他的建议不被采纳，事后又总被证明是正确的。相比之下，司马懿却一言不发。

这与司马懿在曹操手下，积极建言献策截然相反，也似乎有些反常，也许是因为，司马懿知道即使曹操不采纳他的建议，也会给他一个说法，比如"得陇望蜀"什么的，两个聪明人说话点到为止即可，彼此心知肚明。

也许是司马懿不愿意出头了。因为，他太了解曹丕是什么人了：曹丕狭隘，狭隘的人胆小，胆小的人只相信自己的旧人。即位之初，就光想任命自己原来东宫的老班底，虽然被陈群否决（注意：陈群也是他的旧人，但陈群是明白人），但是，他的内心还是老样子，只相信自己的老部下。

如果说多了，说的道理君主理解不了，反而会引起猜忌。即使成功，还为他人做嫁衣，那倒不如干脆闭口。反正闭口不影响升职，谁叫曹丕是以旧人为标准提拔人才，而不是以功劳和能力呢？

因此，七年，整整七年，积极建言的刘晔还是刘晔，一言不发的司马懿却步步高升，从督军，到抚军，到假节。

回过头来，再说说曹丕的虚荣。

第一件是对刘晔。刘晔每次的预言总被证明是正确的，自作聪明的曹丕的意见却总被事实无情地击碎。

曹丕不是谦虚地向刘晔认错，却把人家叫到跟前，教训一通："你别总是这样——看问题看得很清楚（这固然很好啦），但是，还是多想想有什么办法把二贼（指吴蜀）灭了。"意思是说，别给我得意，别以为你每次都说准了就聪明了？你聪明，你怎么不给我说清楚怎么把吴蜀灭了？（卿策之是也。当念为吾灭二贼，不可但知其情而已。《三国志·刘晔传》）

你失忆了吗？刘晔老人家没给你说过怎么灭吴吗？你听懂了吗？！简直如市井泼妇，不可理喻。

第二件是对蒋济。黄初六年（公元225年），曹丕因为孙权不送质子，不禁大怒，双方又成敌国，没有面子的曹丕要征讨吴国。而此时，吴蜀已经捐弃前嫌，和好如初了，伐吴战机已经失去，但曹丕还是固执己见。在出兵方向上不听蒋济意见，一定要以战舰从淮河进入长江，结果，战舰因冰冻入不了江，十余万人马被困在冰天雪地中，又被吴军偷袭，曹丕本人也险些落入吴军之手。

危险过去以后，曹丕觍着脸对蒋济说："其实你每次的计策都和我内心想的一样的（每得所陈，实入我意），以后还要继续努力。"（自今讨贼计画，善思论之）

天做证，你总赶不上人家的思路，听不进正确的意见，坚持你的错误意见，开头你可是说的东，人家说的西，到头来，还厚着脸皮对人家说，开头我们说的是一样的！！

一个十分无聊无趣之人。

曹丕在位七年，和吴国动过三次刀兵，但都是虚张声势，吆五喝六地乱撞一通，就打道回府了。也许是曹丕当太子的时候，父亲总让自己留守后方，如今也想亲自带带兵、过过瘾，反叫司马懿留守许昌，其实，您老留守洛阳，叫司马懿带兵去一次也成啊。

我甚至怀疑他对人的品质和事物有没有起码的判断力。对司马懿就不用说了，曹操曾经提醒过他，他反而回护，这可能是基于当时培养势力的需要，但等父亲死后，却仍然对司马懿委任甚重，不能不说他根本就没把父亲的警告当回事；对于刚刚投降的孟达，曹丕立即就喜爱异常，而委以西南边防重任，这不能不说他无知；对于蜀国投降过来的黄权，曹丕仅听传言，说是蜀国杀了黄权一家，他就匆忙要为黄家全家举哀，也很轻佻。难怪陈寿评道：曹丕如果“加以旷达之度（你大气点），励以公平之诚（你处事再公平点），迈志存道（再要点高迈的志向、存心于大道），克广德心（您再心底多一点道德），则古之贤王，何远之有哉！”其实，陈寿就是说你只是个文人，既没有胸怀，又不公平，还心底龌龊！

即便如此，陈寿还是有保留的。让我们再看看曹丕的亲生母亲卞太后是怎么说的吧。

曹操死后，曹丕把曹操的姬妾全盘照收，曹丕的母亲卞太后一直并不知情。等曹丕病重死后，卞太后来到曹丕的寝宫，才发现很多是以前的老熟人，询问之下才知道曹操死后，这些曹操的姬妾就被曹丕弄来了。太后气得七窍生烟，她指着曹丕的尸体大骂：“就是野狗，老鼠也恶心，不会吃你的尸体。你死了，真是太应该了！”等曹丕下葬的时候，作为亲生母亲的卞太后也不去送葬。

这是一个母亲对自己儿子最大的诅咒，最大的失望，最大的愤恨！

可见，曹丕做人是多么失败，也是多么污浊。

五　初试锋芒

终曹丕之世，司马懿一直作为曹丕藩邸旧人而被委以重任，直到黄初七年（公元226年）曹丕驾崩，司马懿还与曹真、曹休、陈群四人被曹丕任命为顾命大臣。这一年，司马懿四十七岁。

在曹丕看来，曹真和曹休是宗室，而司马懿和陈群是亲信，二对二，力量平衡。

但是，他没考虑到人的寿命问题，而这不可预知的年龄问题，随着时间的推移，将最终打破这种平衡。

就在这一年（公元226年）八月，孙吴因为曹魏有大丧而兴兵攻击魏国的江夏、襄阳，刚刚上任的魏明帝曹叡派遣司马懿率军击退进攻襄阳的吴国诸葛瑾，并杀掉了吴国将领张霸，这是司马懿第一次带兵展示自己的才能，在新皇帝面前大大地露了一回脸。同年十二月，曹叡晋封司马懿为骠骑大将军，而司马懿也没怎么推辞。至此，司马懿自己可以开府治事了，有了自己的办事机构和统归自己指挥的军队，也可以培植自己的力量了。同时，司马懿的摇尾系统吴质等人也在洛阳大肆称赞司马懿 “忠智至公”，是“社稷之臣”。于是，司马懿在洛阳的名声鹊起。

第二年，即公元227年，新皇帝曹叡改元为太初元年。名声日隆的司马懿受到曹真等人的猜忌，被排挤出了朝廷，任命为都督荆州豫州诸军事，驻军宛城（今河南省南阳市），负责曹魏帝国西南边境地区的安全。

而此时，司马懿以后的老对手蜀国丞相诸葛亮也刚刚写完《前出师表》，领兵驻屯汉中，为第一次北伐做着准备。

从这一年的年尾到第二年的年初，司马懿又一次展现出过人的军事才能。而成就司马懿这一切的，都与一个人有关。

那个人就是孟达。

孟达，字子度，扶风（今陕西省兴平市东南）人。

孟达的父亲叫孟他，东汉灵帝时候，大太监张让当权，孟他很想巴结张让，谋个一官半职，但是，孟他家境并不富裕，以他的实力是根本巴结不上张让的。于是，这个孟他就动脑筋了。

当时，张让公务很多，根本没时间料理家务，就让自己手下的家奴负责家里的一些迎来送往，孟他就拿出有限的家财，整天和张让的家奴们一起吃吃喝喝，吃喝了多日，孟他的家财也很快散尽，变得一无所有了。

这叫张让的家奴们觉得不好意思，就问他："我们能为您做些什么，报答您呢？"

孟他说："只要你们在大庭广众下，拜拜我就行。"

当时，求见张让的人每天就有几百人，车辆在张让的家门口排了好长，等待着张让的接见。

这时候，孟他出现了，张让的家奴们在其他人面前还颐指气使的，但是，一见孟他，统统下拜，并把孟他先让进大院。

其他要求见张让的人见到这种情况，都以为孟他和老张关系非同一般，就千方百计送礼巴结孟他，企图让孟他引荐自己。

等到孟他收了一大堆的礼物以后，就把自己收来的礼物全部送给张让，还给张让一斛当时稀有名贵的葡萄酒。（一石（斛）是十斗。《关于古代粮食钟亩、石的问题》"古代常用容量单位由小到大有升、斗、斛（石）、钟，通常学者们认为斛和石相通，自秦汉开始它们之间都是十进制。……林甘泉主编的《中国经济通史：秦汉经济史（上）》也认定：汉代一石等于两市斗，一市斗等于十三点五斤，一石等于二十七市斤粟。汉代一石为两万毫升，一斗为两千毫升，即秦汉时期一斗合重二点七斤，这也是以实物测量所得的数据。"）

接到这么贵重礼物的张让大喜，立即就拜孟他为凉州刺史（治所姑臧，今甘肃省武威市），因此，我们可以说孟达的父亲应该叫"十斗葡萄酒刺史"——十斗葡萄酒都能换来一个凉州刺史，也真是不贵。

有其父必有其子。

孟达小的时候就入川在刘璋手下做官，他与老乡法正、益州别驾（刺史的副手）张松关系很好。建安十六年（公元211年），刘璋在张松的鼓动下联络刘备，就是派法正和孟达各率两千人马去迎接的刘备。见到刘备以后，法正就建议刘备趁机占领四川，刘备先派法正回成都复命，却留下孟达统领这四千人马驻扎江陵（今湖北省荆州市），帮助刘备守备老巢。然后，刘备率军入川，并于建安十七年（公元212年）举兵反攻刘璋，经过建安十八年整整一年的围攻，终于在建安十九年（公元214年）攻下了成都，论功行赏，刘备任命孟达为宜都太守。

建安二十四年（公元219年），为了配合关羽进攻襄樊，牵制湖北省西北部的曹军兵力，刘备命令孟达从秭归北攻房陵（今湖北省房县），房陵太守蒯祺为达兵所杀。同时，为制约孟达，刘备又派遣自己的养子刘封从汉中东下作为孟达的上司，与孟达一起攻下了上庸（今湖北省竹山县），魏国上庸太守申耽、申仪兄弟（本为当地土豪，后被曹操任命）投降。当关羽被吴国抄了江陵的后路，曾派人到刘封、孟达处请求救兵，但二人以山城刚刚归顺，拒不发兵相救。

等到关羽败亡以后，刘备对刘封和孟达十分恼火，这让孟达十分不安，再加上他与刘封也水火不容，一次，刘封竟把孟达的仪仗都抢了过来。

孟达有其父的遗传基因，连宦官的家奴都能巴结，还有什么人不能侍奉？在这种情况下，孟达立马率领自己的四千官兵投降刚刚击败关羽的曹魏政权。

当时曹丕刚刚即位，一上台，就有敌国之人远来归附，这对于一个沉溺于“舜舞干戚而有苗服”等伟大传说的文人曹丕来说，简直就是一件天大的喜事。而且，孟达的长相出众，一副温文尔雅之态，曹丕一见立即就喜爱异常，很快就任命孟达为散骑常侍，建武将军，封平阳亭侯，并承诺把上庸、房陵、西城合为新城郡，任命孟达为新城太守。然后，派夏侯尚、徐晃率军赶跑了还在上庸的刘封，申耽、申仪重新叛蜀归魏。至此，经过一年多的折腾，蜀汉失去了原有的荆州和荆州全部的兵丁大臣（见孟达给刘备书：“荆州覆败，大臣失节，百无一还”），而湖北西北的上庸等地也得而复失，大将关羽等被杀，蜀汉政权受到了建立以来最为沉重的打击。

孟达的命运和曹丕相终始。

孟达于黄初元年曹丕即位时投降魏国，又于黄初七年曹丕去世而内怀不安，另外，魏兴太守申仪是地头蛇，孟达是外来户，两人在一起难免会有摩擦。蜀丞相诸葛亮知道这个情况以后，即暗中与孟达通信，但诸葛亮也很讨厌这个反复小人，想将孟达置于死地，也可能是为了促使孟达叛变，他派郭模到申仪处诈降，有意向其泄露孟达欲投降蜀国的事。

申仪得知此事以后，赶紧密报了上司司马懿，司马懿为了稳住孟达，就给他去信，假装不相信流言，信中说："将军昔弃刘备，托身国家，国家委将军以疆埸之任，任将军以图蜀之事，可谓心贯白日。蜀人愚智，莫不切齿于将军。诸葛亮欲相破，唯苦无路耳。模之所言，非小事也，亮岂轻之而令宣露，此殆易知耳。"（《晋书·宣帝本纪》）

孟达得信后，果然上当，开始犹豫不决起来。

而司马懿却一面上报朝廷，一面不等朝廷命令，即火速率军进讨。他亲自率军日夜兼程，八天后就从南阳抵达新城城下。吴、蜀两国也派出援兵解救孟达，却被司马懿部拦阻于西城的安桥、木兰塞等地。此前，诸葛亮曾告诫孟达加紧防范，不要上当，孟达写信给诸葛亮，认为："宛去洛八百里，去吾一千二百里，闻吾举事，当表上天子，比相反复，一月间也，则吾城已固，诸军足办。则吾所在深险，司马公必不自来；诸将来，吾无患矣。"（《晋书·宣帝本纪》）等到兵临城下，孟达才面如土色，惊叹司马懿进军神速。

太和二年（公元228年）正月，司马懿兵分八路开始攻城，一直攻了十六天，孟达的外甥邓贤、部将李辅开城投降。魏军入城，擒斩孟达，传首京师，俘获万余人，司马懿第一次露出了他狰狞的面目，进行了残酷的屠城。

过去，申仪久在魏兴郡，专威弄权，擅自借皇帝名义刻制印信，私自任命官职。孟达被杀之后，申仪自生疑虑，当时，各郡郡守见司马懿克敌制胜，都纷纷奉礼祝贺。司马懿听之任之，并让人暗示申仪也来祝贺。等申仪来到宛城以后，司马懿乘机将他收捕，送往京师。

司马懿剿灭孟达的新城之战，先是多方误敌，使其心怀疑虑，然后在敌人准备不足之时，迅速围城，取得了全胜。在进攻新城的同时，还派出两路人马对于增援新城的吴蜀部队厄险阻击，保证了战役的胜利。平定了孟获，司马懿仍然驻军宛城，他奖劝农桑，禁止浮费，史书称，帝国南方的吏民都心悦诚服。

六　风雨之年

魏明帝太和二年（公元228年），这一年并不像年号那样，其实一点都不和平。从年初到年尾，都充满着杀伐和血腥。从司马懿迅速平定孟达开始，接着就是诸葛亮第一次出祁山（今甘肃省西和县西北）。

当时，从汉中北进，有两个方向四条通道。

一个方向是出秦岭入关中。在这个方向上有两条通道：一是出秦岭子午道，进入关中；二是经秦岭褒斜道，出入斜谷，进入关中西部。这两条通道谷长路险，均有栈道，大军行动比较困难。

另一个方向是往西经阳平关进入陇山，在这个方向上又有两条通道：一是出阳平关，经故道、散关，进入陇东；二是出阳平关，经武都、建威到陇右的祁山出天水。这两条通道道路较远，但略为平坦。

诸葛亮不用魏延以奇兵出子午谷直逼长安之计，而是事先对外宣称将走斜谷道取郿县，让赵云、邓芝设疑兵吸引曹真重兵，自己则率领主力大军西上进攻祁山，陇右的南安、天水和安定三郡反魏附蜀。

曹魏帝国大将张郃出拒，大破马谡于街亭。诸葛亮拔西县千余家返回了汉中。

可以说这一年的年初，在帝国的西南地区，司马懿平定孟达，随后在西北地区，张郃又击败了马谡，曹魏帝国都取得了胜利。

但是，到了这一年的八月，形势却发生了逆转。

事情可以追溯到这一年曹真、张郃平定西北之后。

这一年的四月，曹叡从长安回到了洛阳，他随即召见了司马懿，询问司马懿：“平定吴蜀两国，应先从哪个下手？”

司马懿回答说："吴国。"

接着，他阐述了自己的理由："吴国一直以为我军不习水战，因此，敌人敢于散居在东关（今安徽省和县附近。《文选·奏弹曹景宗》引用的《吴历》记载：'诸葛恪作东关，魏军距之，恪令丁奉等兵便乱斫，遂大破北军。《历阳郡图经》曰：东关，历阳县西南一百里。'），大凡攻击敌人就要直捣其腹心，那么，夏口（一说为今湖北省武汉市，但有争论）和东关就是吴国的腹心。如果命令曹休在东面向皖城，吸引孙权东去增援，我则南下夏口，就一定能把孙权击破。"

曹叡深以为然，于是，下令两道伐吴。

本来的计划是：以曹休作为诱兵，调动孙权回救，主力是司马懿的西路军，乘虚进攻夏口。

然而，事情的发展演变成了曹休在东路的孤军奋战，直到贾逵前去救援。《晋书》甚至连司马懿在这一年统兵南下夏口都没有记载，好像这次进军行动，仅仅是曹休个人受到吴国鄱阳太守周鲂（其子就是大名鼎鼎的周处）的欺骗，擅自攻击皖城的行动。

我们在研读这段历史的时候，总会自然而然地生出这样的疑问：司马懿跑哪去了？

透过史书上的蛛丝马迹，我们似乎看出了一点端倪。

《三国志·曹休传》记载：太和二年，帝为二道征吴，遣司马宣王从汉水下，休督诸军向浔阳。贼将伪降，休深入，战不利，退还石亭。军夜惊，士卒乱，弃辎重甚多。

《三国志·贾逵传》的记载则详细说明了当时的经过：魏国兵分三路进攻吴国：西路司马懿向江陵，中路贾逵（字梁道，魏国重臣兼忠臣，儿子贾充却和司马家一个鼻孔出气，贾充的女儿就是有名的贾南风）从西阳（今河南省光山县西南十公里）向东关（关隘名，今安徽省含山西南三十公里处的濡须山上，安徽省巢县南），东路曹休向皖城（今安徽省潜山县）。但是当曹休得知周鲂要投降的时候，就向皇帝请求再向南深入吴地，以接应从西南前来"投降"的周鲂。魏明帝曹叡为了保证有足够的兵力深入，就要求贾逵和曹休合兵一处，但是，曹休并没有等到贾逵的到来，就率领自己的部队南下了。当曹休发现被周鲂欺骗，并有被吴国主力包围的危险以后，却并未撤退，而是仗着兵精粮多，与陆逊在石亭

（今安徽省舒城县境）展开了一场大战，结果，被陆逊大军击败，败逃至夹石（山名，今名北峡山，在今安徽省桐城市北）。

与此同时，当贾逵到达东关的时候，发现这一战略要地，并无吴军驻守。贾逵立即意识到，此时的吴军一定全部抽调到打击曹休的前线去了。于是，贾逵立即部署诸将，水陆并进，急行军了二百多里，抓获了小股的吴国士兵，才得知曹休已经战败，孙权也已经派遣部队占据了夹石险要。贾逵的部将提议，暂时停止前进，等待后援部队的到来。贾逵果断地说："曹休已经在国境以外兵败，被敌人断绝了归路，进不能战，退也不得还，这是千钧一发之际，一刻也耽误不得。敌人以为曹休的部队没有后援，所以敢于前突到这里，企图断曹休的归路。如今全军要急行军，出其不意，这就是人们常说的先发制人以夺其心。敌人看见我军，肯定要往吴国境内跑。如果等待后援部队到来，敌人也已经占据了险要位置，来的兵再多，能有什么用！"

于是，贾逵率军强行，并打开很多战旗，擂响战鼓，吴军看见贾逵的部队，就撤退了。贾逵兵据夹石险要，接应曹休的败兵，给曹休的败兵送去军粮，曹休的部队才没被吴国全歼。

《三国志·周鲂传》《三国志·陆逊传》等也对这一战有详细的描述，周鲂诈降，是东吴继赤壁之战黄盖诈降以后，实施的又一次成功诈降。

这次战役的失败，直接原因在于曹休轻信敌人，孤军深入。其实，深层次的原因，还在于：这次行动，本身战略重点太分散，三路大军，三个目标，各自为战。而吴国则是集中兵力，全力围歼曹休一部。

这一战的直接结果是魏国的第一军人大司马曹休"惭愤"而死。

听说曹休战败，就在这一年的年底，诸葛亮写了《后出师表》，开始了他的第二次北伐。这次他选择了兵出散关，包围陈仓（今陕西省宝鸡市西南）。

当时驻守陈仓的是曹魏帝国将军郝昭。诸葛亮攻打陈仓二十多天，却仍未破城，蜀军军粮眼看就要吃完，并且，曹魏帝国原来为了对付吴国的进攻，把关中的名将张郃调往东南战场，此时，魏明帝马上下诏，命令尚在南阳方城的张郃部队回调关中，以应对诸葛亮的大军。

诸葛亮不得已又退回汉中。

总体上说，公元228年的这四次大战，曹魏三胜一负，可以说成绩还不错。

七　司马诸葛（一）

诸葛亮几乎没有给自己喘息的机会，也没给魏国多少喘息的机会，就又卷土重来。

他撤回汉中，经过简单的休整以后，就立马于第二年即魏明帝太和三年（公元229年）的春天，开始了他的第三次北伐。这次，诸葛亮的战略目的，不再企图一下子占领陇西诸郡，而是把目标缩小到消除汉中的西部隐患，保障汉中西部安全。在诸葛亮的率领下，蜀军很快就占领了处于汉中西部的武都、阴平，并在那里驻扎了军队。魏将郭淮企图救援，却被诸葛亮出兵威胁后方，郭淮不得不退却。

这次北伐以蜀国占据了两个人烟稀少、处于崇山峻岭之中的魏郡结束。

你掐我，我也要掐你。

到了魏明帝太和四年（公元230年），魏明帝晋封曹真为大司马，使之成为帝国的第一军人；又晋封司马懿为大将军，成为帝国第二军人；晋封远在辽东的公孙渊为骠骑将军（名义上的称号，也是为了羁縻公孙渊而已）。——曹叡的意思是，都给你们升官了，该为国出点力了吧。

诸葛亮像

于是，到了这年的秋天，魏国命令曹真从北路长安出发，从子午谷南入；司马懿从东路宛城出发，溯汉水而上，进攻汉中，约定两支大军在南郑（今陕西省汉中市南郑区）会合。结果，老天不作美，连日大雨滂沱，平地一片泥泞，崇山峻岭之中，时时出现泥石流险情，栈道断绝，而且，这雨一下就是三十多天，战争还未打响，魏军的战斗力已经丧失了一半。

曹真一心为公，与士卒同甘共苦，部队的粮饷不足，他把自己的家财也拿出来分发给将士，但是，那从天而下的瓢泼大雨却似乎没有停止的迹象，不能不影响到全军的士气。

结果，魏军的这次出兵根本就没看到蜀兵的影子，自己来了个千里大游行，二十多万人来回瞎跑了几千里，洗洗露天雨，又回原地了。

有来有往。第二年，也就是魏明帝太和五年（公元231年），诸葛亮开始了他的第四次北伐。

这次北伐有几个看点：一是蜀军首次用木牛流马运送军粮；二是因为在这年的三月，曹魏大司马曹真去世，司马懿首次作为主帅正面与诸葛亮对垒；三是司马懿一直尾随诸葛亮而不敢逼近；四是诸葛亮在退却的时候，设伏兵用弓弩射杀了张郃；五是在蜀国与诸葛亮一样是辅政大臣的李严被废黜，从此，诸葛亮独揽蜀国大权。

前年，诸葛亮派遣陈式占领武都、阴平，已经为今年的进攻方向埋下了伏笔。斜谷、箕谷和子午谷虽然与长安的垂直距离比较近，但是有层峦叠嶂作为天然屏障，山高路险，易守难攻。蜀国大军进发，不可能不走漏风声，魏军提前据险，不仅蜀军难以突破，而且部队极有可能被围歼。况且，道路崎岖，运粮极其困难。即使出得谷来，前有坚城，后有深谷，进亦难，退也难，风险巨大。因此，谨慎的诸葛亮只有远走较为平缓的武

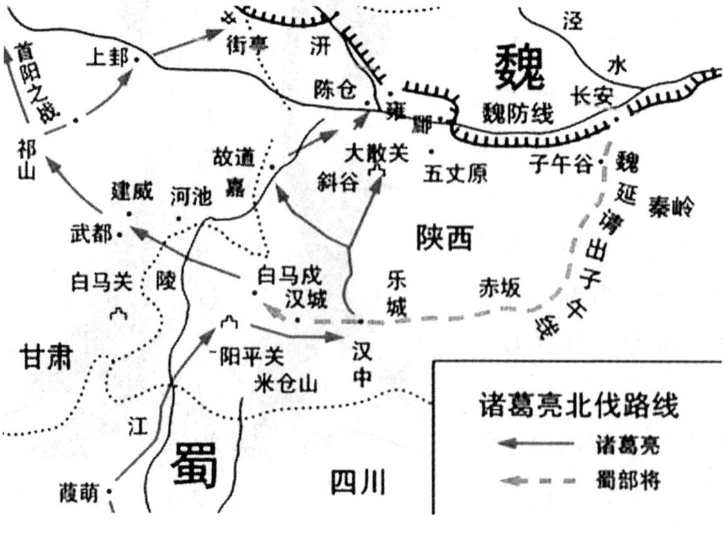

都、祁山，出兵陇上。

如果能全取陇上天水等郡，因粮于敌，并与塞外鲜卑柯必能等联络，对长安形成远距离包围的态势，寻机再夺取长安，那将是一个“先为不可胜而后待敌之可胜”的稳妥之计。

平心而论，诸葛亮为这次北伐做足了功课，先是将武都、阴平收入囊中，为下一步进攻扫清了道路。其次，把位高权重又总是不太听话、同时有一定人脉的李严调到汉中。第三，搜集到所有能够搜集来的兵力和粮草，并发明了木牛流马来运输粮草。第四，联络到了鲜卑的柯必能作为外援，同时，还联络孙权，让东吴协同作战。

诸葛亮所有能做的也都做了。

但是，令人遗憾的是，这次北伐曹魏的情况早已经远非第一次北伐可比。

整个曹丕在位的七年时间，蜀国前半段在与吴国交恶，后半段诸葛亮在平定南方，之后与民休息。第一次北伐前，曹魏的关中地区很久未见兵革，因此，当时曹魏在关中的防备十分薄弱，所以，魏延出子午谷之论还真有出其不意、险中求胜的可能。即便诸葛亮不采纳魏延的计谋，如果马谡能够在街亭之战中击败张郃（即便未能击败张郃，和张郃相持，等诸葛亮大军一起来到也好），诸葛亮应该也能在陇西扎下脚跟，因为陇上的南安、天水、安定等郡都投降了蜀国。形势一片大好。可是，马谡……这小子！真该杀……机会失去了，就永远不可能再来。

第二次北伐似乎只是一种试探性的进攻，陈仓不下，就草草收兵了。而第三次北伐，基本上就是顺手把手边的馒头吃掉。

截至目前，诸葛亮真正意义上的大规模北伐，也就是第一次和这一次。

但这一次已经不能够再用魏延的奇袭长安之计了，并且关中曹魏的兵力也非过去可比。双方的边境线也都处于一种基本稳定的状态。要打破这种均衡，势必需要付出更大的努力。

关于这次北伐的记载，主要见于《晋书》《三国志》《汉晋春秋》《魏略》等有关人物的传记中。但是《晋书·宣帝本纪》与《三国志》《汉晋春秋》以及《资治通鉴》的记载有很大不同。参见这些记载，我们还是可以简单概括出这场战役的大致经过。

战前态势：

魏国：由大将军司马懿、征西车骑将军张郃、征蜀护军戴凌（黄初元年，因劝谏曹丕不要经常出去玩打猎，而被曹丕给予相当于“死刑缓期两年执行”的待遇）率领大军驻扎在长安附近。雍州刺史郭淮驻守陇西。前将军费曜驻守上邽。将军贾栩（应该不是贾诩，《资治通鉴》写为贾诩，应当是写错了，文帝时贾诩已经位列三公，并于黄初四年去世，死时七十七岁）、魏平驻守祁山。

蜀国：由诸葛亮亲统大军，将领有魏延、吴班、王平（又叫何平）、高翔等，李严在后方负责粮草供应，蒋琬副之。

至于双方投入的兵力至今众说纷纭，莫衷一是。郭冲《五事》甚至说魏国兵力达到三十万，不过，郭冲的这种说法南朝的裴松之已经指出错误百出，不足为信。个人认为双方各自的兵力在十万左右。

战役首先从魏明帝太和五年（公元231年）二三月份开始，诸葛亮率军从汉中出发，西上经过武都，直至魏国前沿据点祁山，并开始围攻。

魏军在得知蜀军主力开始进攻祁山后，马上决定司马懿率军自长安西进陇西，增援祁山；同时令陇右郡的郭淮军增援上邽，确保该二线战略据点的安全。

此时，我想张郃一是因为顾及子午谷和斜谷有可能出现的蜀军；二是对司马懿这个后辈的能力也许不是太放心；三则也许不愿意给司马懿建功的机会。因为，曹真刚死，司马懿其时还是名义的帝国第二军人，但张郃却是帝国的第三军人，长久以来，张郃就在曹真的手下工作，并在曹真的直接指挥下，击败了马谡，从工作关系上看，张郃是属于曹真的人。作为曹真的人，张郃不能不知道曹真和司马懿之间的矛盾，如今自己却又在司马懿手下……

因此，张郃建议将部队分为前军与后军，前军前去营救祁山，后军继续驻屯雍州、郿县一带，以为声援。

如果按照张郃的建议，前去战斗的将是张郃，并且张郃将拥有全部的前线指挥权。而作为大军主帅的司马懿，则只能驻扎在后方干看。

张郃小看了百变司马懿。

张郃的话一出口，就立即遭到了司马懿的否决，他决定亲自带领所有野战主力出击陇西，集中主力迎战蜀军。

八 司马诸葛（二）

蜀军得知司马懿大军西进增援祁山以后，除了留一部分兵力继续围攻祁山要塞以外，大部队迅速北上上邽，企图占领这个战略枢纽。

而此时，天却又下起了连绵的雨。这该死的雨，使得双方的战争变成了一场争夺粮食的竞争。

蜀汉一方由于补给线太长，下雨使道路更加泥泞，木牛流马也举步维艰，粮草又一次变得难以为继。

而这种情况同样也困扰着魏国人。关中本来就乏粮，郭淮恩威并用，从胡羌等手中弄来了不少粮食，用来补给司马懿大军，但是，雨也使转运遇到了新的难题。

那么，上邽附近广袤的麦田就成了双方眼中的宝贝。

诸葛亮部队前插至上邽附近，开始化整为零，抢收这里的小麦。

此时，上邽城中驻守着郭淮、戴凌、费曜，只有四千兵马，但是，眼睁睁地看着城外的小麦被蜀军收割，成为敌人的军粮，他们亦心急如焚，决定不等司马懿到来，主动提兵出城，企图打诸葛亮个措手不及。

然而，出城的魏军毕竟人数较少，蜀军虽然分散收麦，但是诸葛亮心细如发，早就准备好一支伏兵，时刻防备着城中的魏军杀出。

等魏军从城中杀出，蜀军的这一支警戒部队迅速迎战，将魏军杀败。可惜，没能就势拿下上邽。不过，也有的史书上说诸葛亮曾拿下了上邽。

司马懿大军迅速推进至隃糜（今陕西省千阳县），对正在分散收麦的蜀军形成了威胁。

于是，诸葛亮开始收拢分散的部队，收割了上邽的一部分小麦（剩余的大部分可能被魏军收割，《魏书》记载："宣王与亮相持，赖得此麦以为军粮。"结合诸葛亮最后以粮尽而退，似乎能够得出，魏军收割的小麦占大部分），开始迎击司马懿，诸葛亮将部队前进至上邽以东，企图和司马懿决战。而此时，司马懿却据险固守，两军只能喊话，打都打不着。

诸葛亮只好率军往回走。

这是《汉晋春秋》《资治通鉴》的记载。

而《晋书·宣帝本纪》的记载却说，诸葛亮"忘尘而遁"。

个人感觉有点不合实际。这是因为：

一是诸葛亮在此之前从未和司马懿交过手，他对于打败马谡的张郃可能还有所忌惮（见《三国志·张郃传》），没有必要对一个从未交过手的人如此这般。

二是诸葛亮挟战胜之威，不可能望尘就跑。

三是从以后张郃以及魏将对司马懿持重的不满分析，诸葛亮因求战不得而退却，这种解释似乎才较为符合事情的发展轨迹。

可能的情况是：面对司马懿的大军，诸葛亮求战不得，上邽又踵其后，诸葛亮只好回军，于上邽和祁山之间寻求支点。

如果当时诸葛亮已经拿下了上邽，把上邽作为战略支点，就没有必要退却。因此，有的记载说诸葛亮曾经拿下了上邽，似乎也不确切。

客观地说，在战役的第一阶段，诸葛亮的蜀军并没有捞到多少便宜：一是身后的祁山要塞没有攻破；二是抢收的麦子也并不很多，不足以填补军需；三是上邽也未占领；四是未能歼灭司马懿的主力大军。

就这样，战役进入了第二阶段。

《资治通鉴》记载，这时，张郃对司马懿又一次建言献策，说："诸葛亮远来求战不能，以为我军只是为了坚守不战，以老蜀军。这时候，祁山要塞也知道我救援大军已经来了，一定会士气大振，一时诸葛亮也打不下祁山。现在大军可以屯驻在这里，另外分出一支部队，绕到诸葛亮的背后进行攻击（一是形成夹击之势，二是择机切断粮道）。我军如果只尾随其后，却不敢接战，将使陇西的民心失望。诸葛亮背后如有我军夹击，并且粮草不济，就会很快退去。"

张郃此番言论对畏敌如虎的司马懿进行了直接批评，同时，又一次表明了想独立带兵出战的意思。当时的张郃仅仅比司马懿位置低一点，又是百战名将，长期与蜀军交锋。《三国志·张郃传》也称，当时是皇帝下诏由张郃都督诸位将领来救祁山。因此，张郃在军中说话还是很有分量的。

但是，司马懿仍然没有采纳，他不敢分兵，也不愿张郃独自展翅高飞。

诸葛亮的部队一开始向后撤退，司马懿就开始了追击。诸葛亮停下，他也停下。于是，双方在祁山一带展开了几个回合的攻防战。

《晋书》记载：在汉阳，魏军与蜀军相遇，司马懿使将牛金（司马懿带来的荆州勇将，原曹仁的部下）轻骑饵之，"兵才接而亮退"，双方都在进行着试探性攻击，只是诸葛亮在撤退途中，未能选准好的战斗位置，而继续退却。

诸葛亮退至祁山附近，屯驻卤城，据南北二山，断水为重围。

在这里，《晋书》与《资治通鉴》的记载很不相同。

《晋书》记载："帝攻拔其围，亮宵遁。追击，破之，俘斩万计。"而《资治通鉴》没有采纳唐代编纂的《晋书》说法，而是采纳了《汉晋春秋》的说法，记载："（司马懿）既至，又登山掘营，不肯战。贾嗣、魏平数请战，因曰：'公畏蜀如虎，奈天下笑何！'懿病之。诸将咸请战。"

也就是说，在祁山附近，双方是陷于了僵持。这个时候，诸葛亮同样面临他在上邽时的局面，腹背受敌。

在张郃等全体魏军将领的强烈要求下，司马懿终于决定与蜀军开战。

五月份，司马懿开始部署军队直接进攻诸葛亮中军，派张郃进攻南面王平的大寨。诸葛亮则派魏延、吴壹、高翔等对魏军展开反击，双方展开激战，均有不少的伤亡；同时，由于王平忠勇善战，张郃军的攻击行动也没有成功。其中，《汉晋春秋》记载，这一战蜀军获甲首（有不同说法，个人认为是正规重装士兵的首级）三千级，玄铠（个人认为是重甲骑兵的铠甲）五千领，角弩（远程攻击武器，一般位于步骑之后，蜀军缴获如此之多，可见步兵是遭到了惨败）三千一百张。

蜀军取得了胜利，可是，就在蜀军取得大胜，诸葛亮准备进一步扩大战果之时，后方却出现了问题。

李严这个蜀国大臣中的第二号人物，本来是全权负责对东吴的防御，这次，诸葛亮为了最大限度地集中兵力，将李严所部两万人马也调往伐魏前线，统一由诸葛亮指挥，他不仅把李严兵权剥夺，而且还给人家安排个后方督运粮草这个出力不讨好的差事，又用自己的心腹蒋琬时时监视。战事从二月一直拖到六月，李严所能筹措的军粮也日渐减少，加上连日大雨，转运十分困难。他派使者到诸葛亮军中说明情况，劝诸葛亮退军。

于是，诸葛亮开始组织撤退。

《魏略》记载，张郃对司马懿说：“归师勿遏。”建议司马懿不要追击。

而司马懿却第三次拒绝了张郃的建议，并且，叫张郃亲自带兵去追赶蜀军，也许，司马懿是在公报私仇吧。张郃的愤懑可想而知。

果然，诸葛亮早已经在退路上埋伏了大量伏兵，当张郃所部追击至木门时，居高临下的蜀兵万弩齐发，魏兵死伤众多，一代名将张郃也被射中大腿，不治身亡。

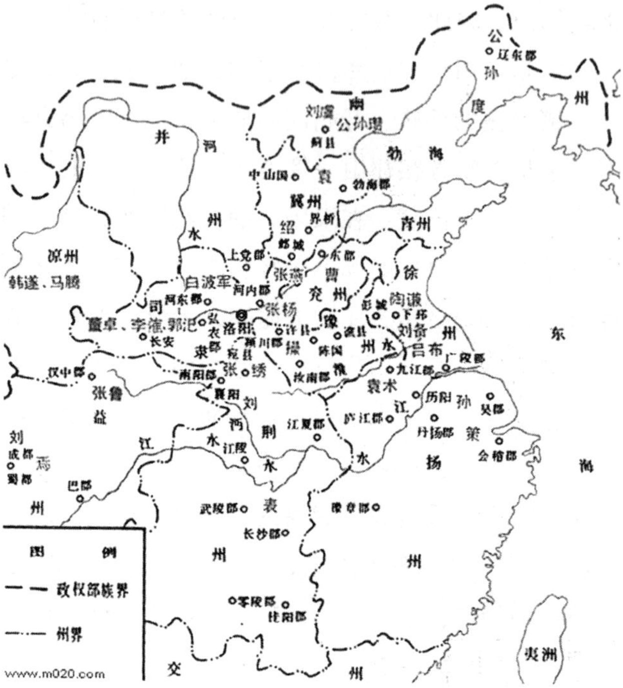

东汉末年地图

当听说张郃死去的消息，司马懿的心情应该是畅快的。难怪后人怀疑，张郃是司马懿用奸计给害死的。司马懿用兵从来都是小心谨慎，只是把蜀军赶出疆界，从不以消灭蜀军为目的，这次却命令张郃去追击，不是他害死的还能是谁？环视曹魏再也没有一个可以傲视他的名将，西北军区除了他以外，也再也选不出一个可以独当一面的战将了！

《晋书》所言，司马懿攻拔了诸葛亮的大寨，应该是大寨人都没有了，他才攻拔的吧？至于说司马懿“俘斩万计”，估计也是以一当十的传统做法，可是唐朝的作者也照单全收，不知道这些记载究竟来源于哪本书，反正到如今，除了《晋书》上这样说以外，其他再也看不到别的地方还有这样的记载，孤证不足为论，姑且不把它当真吧。

九　战后评定

从太和五年（公元231年）曹真去世到青龙三年（公元235年）初司马懿一直被任命为太尉（大司马），在这长达四年的时间里，曹魏帝国一直没有总司令。在太和五年，如果真的如《晋书》所说的那样，司马懿率军取得了大胜，也许他很快就会被任命为大司马了。

但是，事实上并没有。

也许历史的真相是：

一是司马懿在两军相持之时，双方野战，司马懿被诸葛亮击败，损失惨重（如《汉晋春秋》和《资治通鉴》描述）；

二是司马懿在诸葛亮退却时，不顾张郃的反对，又迫令张郃进行追击，致使帝国第三军人张郃被杀；

三是诸葛亮全军退去。

如果真是这样的话，当朝皇帝曹叡会怎么处置司马懿呢？

不杀了你就是好的了，你司马懿又有什么资格被封赏呢？哪跌倒哪爬起来吧，您老就留在西北给我守好得了。

于是，司马懿被留在了关中。

只是在青龙二年（公元234年），诸葛亮第五次北伐失败并病死以后，魏明帝曹叡才把曹魏帝国的荣誉第一军人封号给予了司马懿。

也许是因为那个时时刻刻叫曹叡心惊肉跳、“大名垂宇宙”的诸葛亮死了。

除此以外，还有别的原因吗？

明帝时候，曹操时代的名将都已经故去，只剩下了曹真、张郃，（司马懿原来是文人不算）而曹真、张郃又在同一年里相继死去，帝国面临空前的人才危机，这给了明帝很大的打击。屈指算来，可用的人只有东南的满宠、东北的田豫、西北的郭淮和北面的牵招了。

而司马懿呢？一句话，那就是：总是那么叫人不放心。

为什么呢？

除了听说过司马懿的狼顾之相，而且，还因为明帝器重的一个人的说法。

说到这个人，就必须先说说曹丕时代的那颗璀璨的明星——刘晔。

本来明帝对刘晔最为器重——在曹丕时代，刘晔言无不中，这给做太子的明帝留下了深刻的印象。以至在明帝继位之初，第一个召见的大臣就是刘晔，刘晔不仅成为众目睽睽之下第一个觐见新皇帝的大臣，而且，君臣一聊就是大半天，刘晔失踪的这大半天可谓无比荣耀，因为，全体大臣都在皇宫外面傻等着呢。

等刘晔出来的时候，大臣们争先恐后地问："新皇帝怎么样？"

刘晔慢腾腾地说："和秦始皇、汉武帝一样大气，但是，才能可能还不太够。"

刘晔恃宠而骄之态确实有点过头了。

在众多听到这话的朝臣中，应该有记性好又口舌灵便的人吧？谁能保证这话以后不会传到皇帝的耳朵里呢？

更为出格的是，对于军国大计，刘晔在大臣们中间是一套，在皇帝面前又是一套。当时，魏国朝廷讨论最多的事情莫过于是否伐蜀，报诸葛亮伐魏之仇了。

禁卫军将领杨暨是明帝的亲信，认为不能伐蜀。这个杨暨也和皇帝一样对刘晔很是敬重，甚至是崇拜（因为刘晔是明帝朝前期全体公认的聪明人），也多次找刘晔私下探讨商量，究竟伐蜀可行不可行，杨暨说不能伐啊，什么山路险峻，粮草难济之类的，刘晔深表赞同，不仅如此，刘晔还补充了不少杨暨意想不到的理由，比如，还有诸葛亮得众心等等，理由说得比杨暨还充分。

有一次，明帝和杨暨又在讨论伐蜀，杨暨还是坚持说不能伐，如此这般说了一通，说得明帝恼了，发话："你书生一个，知道什么！"可是，偏偏这个杨暨就是死脑筋，还是坚持，并说："我书生是笨蛋，我说的算放屁，但是，您老一直敬重的刘晔也说不可伐啊。"一听这话，明帝懵了，顺口就说，"刘晔明明对我说可伐，不可能！"结果，明帝曹叡立马传刘晔来对质。刘晔来是来了，可是皇帝再三问刘晔，刘晔就是不吭声，装糊涂。等单独和皇帝在一起的时候，刘晔反而责怪皇帝曹叡说："这是军国大事，怎么能到处乱说呢？军国大事就是强调一个保密，您老问问这个，问问那个，蜀国不是知道了吗？”说得曹叡连连称是。

可是，刘晔从皇宫出来，却又对杨暨说，“钓大鱼，可不能直接就拉，得顺着他，等他慢慢顺从了，你再把他从河里牵上来，人主的威严，不是比大鱼还厉害？”（你怎么能逆着皇帝的意思说呢？）刘晔的话，一方面把全部朝臣放到自己的对立面——皇帝和我们商量这事就要走漏消息啊？你和我们也留有一手啊，以后谁还和你老交心啊，不仅不和你不探讨大事了，以后私事也拜拜！另一方面，把皇帝也耍了——把皇帝比作你钓到的大鱼，你还是一个优秀的渔夫？你说的都对，但是，总不能这样损人吧？把皇帝的智商看得那么低，你还有好果子吃吗？所有的大臣对你的才华、地位、皇帝对你的宠爱都嫉妒死了，你竟然还这样说话。

果然，有近臣（极有可能是杨暨）对皇帝说，刘晔不忠——他总是窥探皇帝您的意思，顺着您的想法，再说出一番道理，根本不是他心里话，不信您试试，每次您都把您的真实想法隐藏起来，对他说相反的意见，您看看刘晔是不是还是赞成？结果不出所料，皇帝反着说了一个意见，刘晔也跟着附和。于是，皇帝笑了，你真不可靠，领导不在乎你说的对不对，也不在乎是有没有能力，甚至不在乎你的私生活，但是，绝对在乎的是你是不是说的心里话，是不是在玩我，是不是言无不尽。

这次，刘晔上当了，而且，这个当上得大了——从此失势，并很快死去。

于是，我们要说的那个人就要出场了。根据负负得正的道理，过去曾经被刘晔中伤的一个人迅速得到了明帝曹叡的信任——尚书令陈矫。

在曹真、张郃相继去世以后，曹叡忧虑帝国的安危，不知道能托付何人。按道理说替补的应该是司马懿了，但是，这人总是那么鬼，曹叡实在是拿不定主意。一天，他先设定了一个大前提，问陈矫：“司马懿很忠贞啊，你看能不能称作社稷之臣，能不能委以国家重任呢？”

陈矫的回答直截了当，切中肯綮：“司马懿是朝廷的希望，也很有人脉。但是，他是不是社稷之臣，能否忠贞为国，那我还不知道。”

陈矫的评价应该对皇帝的影响很大。皇帝本来对司马懿就不放心，你看，这样知名的大臣也都这样说你，可见你有问题！

不仅是汉代、三国、晋朝，就是在当今社会，别人尤其是名人对一个人的褒贬，都会对其起到举足轻重的作用，更何况在那样一个重视清议的时代呢？

那么，我们就趁着诸葛亮再次打来的几年间隙，说一说汉代对人物的品评吧。因为，这和九品中正制度、清谈、晋代的士大夫风尚都有着千丝万缕的关系呢。

十 清议察举

考察中国古代的舆论表达方式，大致可以分为以下几种。

一是击鼓鸣冤。主要是民众就涉及自身具体的事件向各级官吏进行表达。

二是民歌民谣。主要是民众就一些普遍的社会现象表达意见。

三是臣子谏诤。官方自身的监督和纠错制度。

四是乡校清议。主要是下层知识分子议论朝政得失，属于非官方的批评。

因为清议参与的大都是知识阶层，所以比民歌民谣看待问题更为深刻；也由于讨论的大多为“形而上”的问题，所以比击鼓鸣冤之类的就事论事更具理性；因为属于民间的讨论品评，自然与臣子谏诤有更多的自由度。

清议和前三者比较起来，显得更为超脱，也更能代表当时社会主流的价值趋向。

正如《红楼梦》所说的“汉家制度诚堪叹，樗栎应惭万古羞”那样，汉代自汉武帝“罢黜百家，独尊儒术”以来，中国的士人就把儒家的核心价值观作为最高的理想：仁、义、礼、智、信、温、良、恭、谦、让，富贵不能淫，贫贱不能移，威武不能屈。

在汉代，儒家学者空前绝后地高尚和纯粹，同时，社会上形成了品头论足的浓厚氛围，强大的舆论逐渐成为一个无形的政治势力，这都使汉代的士人高度重视品格的修为，除此之外，个人认为形成这种现象还与当时的官吏选拔制度和全社会强调道德的力量有关：当时的官吏选拔是选举征辟，有社会舆论的清议才有可能被朝廷征召，常出现因为一言之评而出将入相，反之，罢职丢官。这种任用办法其实是把官吏的选拔建议权完全交给了社会，往往使敦厚而且真正有才能的人被选拔到政府各级部门，因为，汉代的清议追随你一辈子，不是你当上官了，就没有人再品评你了。因此，士人和官吏对于公众意见十分敏感，非常谨慎地行事，为的是赢得好的名声。因此，顾炎武对清议的作用评价很高，他说："天下风俗最坏之地清议尚存，犹足以维持一二，至于清议亡，而干戈至矣。"（《日知录·清议》）

举个例子：《后汉书》记载："冀州名士崔烈因傅母入钱五百万，得为司徒，于是声誉衰减。"过了许久，他深感不安，问他的儿子："吾居三公，于议者何如？"崔钧答："大人少有英称，历位卿守，论者不谓不当为三公，而今登其位，天下失望。"崔烈又问："何为然也？"崔钧回答："论者嫌其铜臭。"

这种无形的力量避免了后代科举制度的只重才能的弊端。顾炎武《日知录·清议》："降及魏晋而九品中正之设，虽多失实，遗意未亡。凡被纠弹付清议者，即废弃终身，同之禁锢。"（至于清议到后来出现官官相护，彼此吹捧的现象，又当别论。）

真正使"清议"形成一种独特的社会现象，并产生强大的影响力的肇端，还在于东汉桓灵二帝时期出现的两次"党锢"事件。

当时的昏君上梁不正，"桓灵之间，主荒政谬，国命委于阉寺"，任用外戚和宦官，这些小人之间相互倾轧，正直的大臣势力与之展开了激烈的斗争。同时，政以贿成，士人失去了进身之阶，在野的士人与当朝大臣合流，激扬名声，非议朝政，清议由原来的察举举士，逐渐演变成了党人之议。当权派组织反扑，将在职的大臣削职为民，更使在野士人围绕在这些被削职的大臣周围，成为庞大的真正意义上的"在野党"。巨大的政治压力，也使得清议朝两个方向分化：一是继续入世，二是选择遁世，后者为魏晋源远流长的清谈、谈玄开了先河。

因此，个人感觉汉末的清议可以分成以下三种形态。

一是，品评人物，传统形态。到晋代逐渐从汉代的品评人的内在德操（如许劭评曹操，子治世之能臣，乱世之奸雄）变为注重人的外在风神（如说某人风神俊朗等等）。

二是，评价朝政，党争形态。到晋代高压状态下，基本绝迹。

三是，清谈务虚，遁世形态。到晋代出现"竹林七贤"，到东晋形成士大夫不理事务的普遍风气。

十一 九品中正（一）

说到九品中正制，就不能不说到一个人——陈群。

陈群，许昌人。

爷爷陈寔，德行高尚，在乡里威望很高，当时社会上流传着一句话：“宁可去坐牢，也不能被陈寔鄙视。”在党锢之祸中，陈寔为了宦官们别再抓别人而自请入狱，出狱后，他已经七十岁了，以后朝廷只要“三公”的位置空缺，就一定要征召陈寔。陈寔家曾经有一个小偷，伏在房梁上，陈寔看到以后，对子孙们说：“人不善良都不是天生的，像梁上这位君子，也是因为生活所迫才这样的啊！”中国历史上第一个把小偷称为“君子”的人，第一个把小偷也归结为能够成为“君子”的人，就是陈群的爷爷。

陈寔从来都是用善良的心来推己及人，真正实践了儒家“仁就是爱人”“有教无类”的思想——这才是中国传统文化的精髓，也是中国儒家文化之所以被尊崇的核心，是中华民族之所以有别于外族的灵魂。

陈寔有六个儿子，其中陈群的父亲陈纪是老大，陈纪与陈群的四叔，连同陈寔被大家评为“三君子”。

陈寔去世时八十四岁，“海内赴吊者三万余人，制蓑麻者以百数”，并刻石立碑，谥“文范先生（文为德表，范为士则）”。当时的司空荀爽（曹操的第一谋士荀彧的叔叔，因党锢而隐居十余年，写了很多儒家著作，献帝时被任命为地方官，任命才三天，就被提拔为司空，位列三公）等持子侄礼亲临送葬。

可见，陈群的家族不仅在当地属于名门望族，而且是全国的精神寄托。

陈群没有辜负人们的这种期望，大名鼎鼎的孔融本来比陈群的父亲陈纪小点，惺惺相惜，互为哥们，但是孔融与陈群交往以后，与陈群很是投机，后来，孔融每次见到陈纪，再也不敢以平辈相称，开始对陈纪持晚辈对长辈的礼节。

我们说过，汉朝的察举制，使汉代的文化人空前注重个人品德的修养，异常顾及周围人士的评价，小心翼翼地洁身修行，生怕被社会舆论责难。然而，到东汉末年，外戚和宦官的专权，使得察举制度在实际操作过程中完全变了味：公众评价指数高的人物，不被选拔；公众评价指数低的人物，可能会因为裙带关系或者行贿被选拔任用。

怎么会这样呢？

任你千般理，我只一路去。对于宦官和外戚而言，只任用我喜欢的人，管他什么才能不才能，在他们看来：即使是没有才能的人做官，国家不是照样运转吗？我就叫下面的人为我想提拔的人制造舆论就行了，甚至不用制造舆论，我直接任命就完事，管他什么舆论（清议）呢？

大有“我死后管他洪水滔天”的勇气——没有使命感的人总有这种勇气。

这变味的察举制、无序的官员任免制度，给年轻的陈群留下了深刻的印象，更何况身边还有被党锢的爷爷！

刘备做豫州牧的时候，就征辟陈群为别驾（刘备的副手），因此，陈群的起点非常之高。后来，因为刘备不听陈群的建议而接受了陶谦的徐州，从而招致袁术和吕布的两面夹攻，陈群感到不想和刘备玩了，就投奔了曹操。

陈群投奔曹操以后，上来就做到司空西曹掾属，除了后来做过一段时间的地方官，一直从事人事管理工作。虽然对曹操不拘一格选拔任用人才（即使是盗嫂受金，只要有才能的，就一概任用，见《三国志·武帝纪》，使曹操的人才层出不穷，以至达到“武将如云，谋臣如雨”的局面）不能不佩服，但是作为世家弟子，按照“德才并举，以德为先”的原则，陈群也不能不对曹操选拔的一些风云人物产生鄙夷甚至反感。

就拿郭嘉来说吧。

郭嘉也是许昌附近的人。《傅子》记载：“自弱冠匿名迹……”《三国志·郭嘉传》也未记载郭嘉有什么显赫的身世，可见郭嘉应为平民阶层，并且，在年少的时候也没有什么声望。这与陈群年少时就被孔融礼敬简直是不可同日而语。不过，郭嘉入道早，此时，郭嘉是司空军事祭酒，为曹操谋士之首，一直是陈群的上司。至今，谁也不否认郭嘉是三国一等一的人才，他能准确地预测孙策有可能被刺客刺杀，准确预测袁谭、袁尚的争斗，等等，他是个奇人和天才。也许，奇人和天才总有不同咱们凡人的“异禀”吧，史书记载，郭嘉“不治行检”，大约无外乎一些男女关系？不尊礼仪？言行放诞？诸如此类的吧。

实事求是地说，一般上辈地位高的人家，家教相对要好一点（起码表面上的仁义道德，公共礼仪方面体现得完备一点），而相对底层一点的，因为周围环境没有那么多的约束，也没有那么的眼睛盯着，表面上的规矩顾及的就少了一点吧。不是一个阶层的人自然有很多相互看不惯的地方。

而陈群却是以一个标准的士人的眼光看待郭嘉的。因此，他不满意。他以为自己的领导不应该是这样的，应该不仅要有才能，而且（甚至）更重要的是要有符合“士人”之所以能被称为“士人”应该具备的一般社会道德规范。

陈群要捍卫儒家的尊严，于是，他在大庭广众之下（儒家的君子不可以背后说人坏话）对曹操指出郭嘉的种种“劣迹”。

然而，郭嘉是何等人！郭嘉和曹操是什么关系？陈群即使指出了这些，郭嘉依然故我，既不反驳，也不记恨。

结果是，曹操依然看重郭嘉，同时，也对陈群一是一，二是二的君子作风赞赏有加。

但是，陈群还是对曹操身边群英荟萃（在他看来也许是群魔乱舞）感到不适应，他想建立真正的朝纲，选拔真正温文尔雅、既有才能又有起码的道德底线的人才，他想让这个崇尚权宜之计的乱世尽快终结。

东汉主昏于上、臣佞于下的朝廷，早就使公平、公正、公开的察举和品评变了样，而三国的乱世更彻底摧毁了这一制度，谁还在乎那悠悠然而来的品评，又有谁还在做那些悠悠然的品评呢？

十二　九品中正（二）

再举一个主昏于上的例子。

汉灵帝是公元167年被立为皇帝的，登基时年仅十二岁，在位二十二年，死后谥号为孝灵皇帝。“灵”字在谥法中解释：“乱而不损曰灵。”乱是真乱，没在他手里亡国，倒也是真的，贴切。

想来此人自登基以来就受到宦官钳制，任人摆布，长大后性格软弱无能，只能在满足个人生活上胡作非为，声色犬马。

他不仅对于宦官的专权无能为力，同时，对于朝廷大臣的激烈反抗也同样束手无策。

那么，就好好满足一下一个男人的自然需求吧！至于权力、国家、公众评价，我是鸵鸟，我怕谁？我不和你们玩啦。

开始因为年龄较小，灵帝刘宏也就玩点坐着驴车乱跑、在宫中开店铺、领着狗到处乱跑（把爱犬封官，谁叫我是皇帝呢）的游戏。

其实也就那样，皇帝也是人嘛。大权都叫你们宦官、大臣们弄走了，我追寻点个人刺激，提高点生活质量也没什么不好嘛。皇帝也总不能长期压抑吧？

渐通人事以后，他规定宫中的宫女必须穿开裆裤，而且不能在里面再穿内衣内裤，为的是发泄的时候方便。除了开裆裤创意以外，他还突发奇想，命令在西园修建了一千间房屋，房屋门槛外就是水渠，渠水中种满了莲荷，（西游记里天上宫阙的描写大约来自灵帝的灵感）在这个恍如仙境的花园里，他和宫女们都脱光衣服，嬉戏追逐，白昼宣淫，成为中国裸体运动的忠实实践者，他还给这处花园赐名为“裸游馆”。

此外，灵帝还非常爱财，尤其是喜欢存私房钱，大约在他的心里认为：天下是你们的，也是我的，但终究是你们的，进到我钱包里的才是我的。

如此大把花钱，又这样贪心，所以，总是感觉钱不够用。

于是，灵帝就和亲信一合计，明码标价卖官。这样也是公平的，卖官得来的钱归我皇帝，总比归宦官或者大臣们好吧？（想想孟达的父亲，用十斗葡萄酒就给张让换来了个刺史，度量衡不统一，暗箱操作，既不公开又不公平。）

于是，曹操的父亲曹嵩就是花了一亿买了个太尉。

另外，皇恩浩荡：您如果钱不够也可以，先欠着，等你上任以后，再慢慢给皇帝。皇帝够意思吧！

此时的皇帝只恨天下的官职太少，僧多粥少，哪里还任你乡间评议，察举授官呢？在这种环境下，察举制度形同虚设，世风日下。《三国志·武帝纪》建安八年秋七月，曹操令就记载："丧乱已来，十有五年，后生者不见仁义礼让之风，吾甚伤之。"清议也日趋愤激，因为有才有德的人都沦落到了下尘。然而，好景不长，黄巾起义这股沙尘暴立刻冲垮了现存的政治结构，地方官员逃的逃，被杀的被杀。

当危机真正到来的时候，尸位素餐的无能之辈被自然淘汰掉。所以，在曹操志在四方的时候，中央和基层的称职干部就出现了极其短缺的现象。

在开始的时候，曹操的干部主要来自自己的家乡，包括同事、同学、好友、亲属。干部选拔则主要通过相互推荐、介绍，由曹操交谈认可，比如荀彧就举荐了荀攸、钟繇、陈群等等。后来，征服的地方多了，又接纳了敌方投降的人士。在曹操阵营中真正依靠清议招聘来的，可谓凤毛麟角。原因很简单，那就是：当时只在平静的荆州地区还残存着一点文化氛围，其他地方战乱频仍，人们上顿不接下顿，哪有闲情去清议人物呢？

可是，这并不妨碍曹操的手下来自五湖四海。原因也很简单，那就是曹操大气。前面说过曹操的用人令，这里我想把它抄录下来，让大家切身感受到那种求贤若渴的精神：一个是《三国志》的记载：建安十五年（公元210年）春，下令曰："自古受命及中兴之君，曷尝不得贤人君子与之共治天下者乎！及其得贤也，曾不出闾巷，岂幸相遇哉？上之人不求之耳。今天下尚未定，此特求贤之急时也。'孟公绰为赵、魏老则优，不可以为滕、薛大夫'。若必廉士而后可用，则齐桓其何以霸世！今天下得无有被褐怀玉而钓于渭滨者乎？又得无盗嫂受金而未遇无知者乎？二三子其佐我明扬仄陋，唯才是举，吾得而用之。"

第二个也是《三国志》的记载：建安十九年（公元214年）十二月，令曰："夫有行之士未必能进取，进取之士未必能有行也。陈平岂笃行，苏秦岂守信邪？而陈平定汉业，苏秦济弱燕。由此言之，士有偏短，庸可废乎！有司明思此义，则士无遗滞，官无废业矣。"

第三个是《魏书》的记载：建安二十二年（公元217年）秋八月，令曰："昔伊挚、傅说出于贱人，管仲，桓公贼也，皆用之以兴。萧何、曹参，县吏也，韩、陈平负汙辱之名，有见笑之耻，卒能成就王业，声著千载。吴起贪将，杀妻自信，散金求官，母死不归，然在魏，秦人不敢东向，在楚则三晋不敢南谋。今天下得无有至德之人放在民间，及果勇不顾，临敌力战；若文俗之吏，高才异质，或堪为将守；负汙辱之名，见笑之行，或不仁不孝而有治国用兵之术：其各举所知，勿有所遗。"

如此不拘一格使用人才，这当然与曹操出身寒门有关。在正统的士大夫们看来，"国身通一""求忠臣于孝子之门"，修身治家之术，也同样适用于治国平天下，因此，名教就成为取士的法宝，而曹操这一革命性的做法无疑是对豪门大族利益的巨大冲击。

由此，也使我想到了雄才大略的汉武帝。

我们只要把汉武帝自己写的远光元年问贤诏和元封五年求贤诏简单对比一下，就能看出他们的共通之处了。

一个是汉武帝的远光元年问贤诏："朕闻昔在唐、虞，画像而民不犯，日月所烛，莫不率俾。周之成、康，刑错不用，德及鸟兽，教通四海，海外肃慎，北发渠搜，氐羌徕服；星辰不孛，日月不蚀，山陵不崩，川谷不塞；麟、凤在郊薮，河、洛出图书。呜乎，何施而臻此与！今朕获奉宗庙，夙兴以求，夜寐以思，若涉渊水，未知所济。猗与伟与！何行而可以章先帝之洪业休德，上参尧、舜，下配三王！朕之不敏，不能远德，此子大夫之所睹闻也，贤良明于古今王事之体，受策察问，咸以书对，著之于篇，朕亲览焉。"

第二个是汉武帝的元封五年求贤诏："盖有非常之功，必待非常之人。故马或奔踶而致千里，士或有负俗之累而立功名。夫泛驾之马，跅弛之士，亦在御之而已。其令州郡：察吏民有茂才异等可为将相及使绝国者。"意思是："大概有异乎寻常的事业，一定要依靠不同一般的人才能完成。因此，有的千里马飞速奔驰而能日行千里，有些有本事的人背着世俗讥议的包袱，却能建立功名。难于驾驭的马，放纵不羁的人才，只不过在于人们如何驾驭、如何使用他们罢了。命令州郡长官考察并向上推荐当地官民中具有超等杰出的才能、可以作为将相以及能出使极远国家的人。”

对比一下曹操的令和汉武帝的诏，处处充盈着求贤若渴的精神，千载以下，读之令人荡气回肠！能遇到这样的君主，谁不愿意倾心效力呢？

之所以说这么多，是因为，在用人方面真正能够做到“不拘一格”，实在是难上加难。姑且不说那是在古代，也姑且不说在实际操作中，因为利益关系大臣之间有很多的掣肘，即使在当今，即使是你我身处其外，当我们看到一个有才能但是有种种叫人恶心的陋习的人才时，我们也会有意无意地生出嫌弃之心——由此更能看出汉武帝和曹操的伟大。

曹操的手下偏偏是五花八门，有贾诩（来自张秀）、有辛毗（来自袁绍）、有陈登（来自吕布）等等，数不胜数。甚至还能包容狂人祢衡。这种不拘一格的求贤，给曹操带来了大量的干部，不少充实到了基层，使曹魏的工作效率有了很大的提高。但是，随之而来的问题是：良莠不齐。有的是徒有虚名，有的只有文才，没有经论事务的才能；有的品质有问题（有伤风化的曹操一般能允许，但是不少是不忠心，或者贪污受贿等等），逐渐地，曹操也发现了这一问题，因此，他在《论吏士行能令》中，也提出了“治平尚德行，有事尚功能”的人才方针，用人政策也开始向德才并举转化。

作为名动四海的全国精神文明楷模之孙、现为组织部门负责人的陈群，在选人的时候自然而然地会更看重一个人的人品，这也无可厚非。

十三　九品中正（三）

几乎没有人质疑这句话：得民心者得天下。

我也不否认这句话的价值，但是我想说的是另外一句很相似的话：得人才者得天下。《三国志·荀彧传》中荀彧就曾对曹操说过："古之成败者，诚有其才，虽弱必强；苟非其人，虽强易弱，刘、项之存亡，足以观矣。"考察古代之所以成功失败的原因：如果确实有人才，即使开始是弱小的，那么终究也能变强；如果没有才能，即使开始强大，以后也会变得弱小，刘邦和项羽就是很好的例子。

很少有人明目张胆地否认人才对于一个国家、一个政权的重要性。但是，古往今来，却只有伟大的、以创立功业为己任的君主能够善于发现人才、重用人才，并且把来自五湖四海的人才变成自己的忠实仆人，成为狭隘意义上的"私人"——对自己忠心耿耿；而平庸的君主只知道任用私人——表面意义上自己的旧交，而不知道广泛地选择人才，使大量的人才与世沉浮、默默无闻，致使出现的不少实际问题没有良策予以解决，更有甚者，朝廷之上文恬武嬉，国家终于逐渐衰落，乃至灭亡。

强盛的国家个个相似，灭亡的国家各自不同。然而，即使是有为的君主在选拔人才的时候也有不同的方法。

曹操是一个"阳光"的人，看曹操那篇作于公元210年的著名的《让县自明本志令》，直抒胸臆，光明磊落，字字真挚。他在使用人才上，很多时候全凭直觉和印象。比如《魏书》上说曹操："知人善察，难眩以伪，拔于禁、乐进于行陈之间，取张辽、徐晃于亡虏之内，皆佐命立功，列为名将；其余拔出细微，登为牧守者，不可胜数。"当政二十多年中，用人"决于胸臆""各引其类"的情况大量存在，由于这种选拔人才的偶然性，也会造成一些失误。比如，对于禁，曹操晚年就很痛惜；再如：根据《三国志·陈群传》记载：建安三年（公元198年）当时有人向曹操引荐乐安人王模、下邳人周逵，曹操均召而用之。陈群向曹操力言不可，主要是以为王模、周逵二人德秽行劣，最终必然坏事，曹操不听。结果王、周二人果然贪鄙犯事受诛，曹操方信陈群之言，并向陈群承认错失。从这件事情上看，当时投入曹门的也是泥沙俱下，鱼龙混杂。

陈群作为组织部门的主管，一直认为应该把人才的品行放在更加突出的位置。

这在当时的确有着极其重要的意义：在动荡年月里，更是需要人的忠贞，既要忠诚于首脑，更要爱护百姓，如果才高八斗，却时有反心，重用这种人的话，那玩笑是不是开得有点大了？

魏国作为国家建立以后，再靠大臣们的相互举荐的话，又会产生“朋党”“门生”的大臣集团，从而危害皇权；而在当时世风日下，利用乡闾评议，还是摆脱不了当朝大臣的影响和左右，甚至有可能操纵选举；并且各处乡党评价标准也不统一、考核质量也参差不齐、工作的主动性也各不相同。因此，有必要在政府部门设立公正的统一标准的选人评价机构，推动选拔工作的开展，因此，这个机构的生命和灵魂就是——中正。（陈群当时肯定也没有想到以后这个名称会变得那样名不副实。）

陈群提出这个建议是在黄初元年。

当时，曹丕刚刚继位魏王，还没有称帝，严格说，那时候，还是汉献帝延康元年。曹丕是一个名副其实的小人〔说他小人，一点都不冤枉他，汉朝以孝道治天下，汉朝的君主名号前面都是有一个“孝”字的，而继承汉朝衣钵的曹丕却对他母亲很不好，以致母亲把他骂为“狗不啃”的人；“孝”（尊老）和“悌”（爱弟兄）是相互联系的，再看看他对他的兄弟们是啥样？看到父亲死了，自己坐上了梦寐已久的位置，竟然高兴地情不自禁，搂着辛毗的脖子，对老头笑嘻嘻地说：看，我真成功啦！忽忽！！叫所有的人都瞠目结舌。〕，小人亲昵的一定也是小人，小人得志，就露出了小人之心，曹丕身边的小人们争先恐后地建议曹丕一定要任用自己身边的人，这时候，司马懿的弟弟司马孚说了句公道话：你刚刚继位，应该任用海内英贤，怎么能借此机会只让我们相互荐引呢？

负责选拔人才的陈群没有像司马孚那样直言相谏，而是拿出了一套办法，那就是后来被人们称作九品中正制或者九品官人制的制度。

一是，各州设大中正，各郡设中正，中正本身一般为九品中的二品即上品。郡中正初由各郡长官推选，晋时改由州中正荐举，中正由司徒府任命。

二是，中正根据文化人的家世、道德、才能做出高下的品定，称为“品”。品共分为九等，即上上、上中、上下、中上、中中、中下、下上、下中、下下。但大类却只有上品和下品两种说法。一品无人能得，形同虚设，故二品实为最高品。三品西晋初尚可算高品（上品），以后降为卑品（下品）。其中对道德和才能做出的评语，叫“状”，直接影响到被评人的前途和命运。

三是，重要人物中正亲自评议，一般人物由中正的下属评议。中正评议结果上交司徒府复核批准，然后送吏部作为选官的直接根据：将被评人的所获品级与即将授予的官职品级对应，高的做官起点也高，反之，也低。

四是，中正评议人物三年一调整，三年内表现好的，随时升品，官职也随之晋升，反之，黜降。同时，中正的评价一锤定音，不允许更改，具有很高的权威。

虽然九品中正制规范了选拔人才工作，但是，身为累世大官之后的陈群，他在德才以外又增加了家世这个标准，就不能说他是公正无私的。当时士族与庶族之间等级森严，舆服有别，彼此不通婚、不共坐，作为士族之后的陈群这样规定，一定是对于那些个曹操选拔出来的庶族们古怪的行为、不懂规矩的做法早有意见。因此，这一制度从一开始就包含着压制庶族的味道。

但是，在陈群的心目中，也许各个阶层都按部就班，各行其道，天下就稳定和谐了吧？

十四　青龙二年

从太和五年（公元231年）诸葛亮第四次北伐以后，大将军军师杜袭、督军薛悌就对司马懿说，明年诸葛亮还会来的。在建安二十年（公元215年）曹操平定张鲁以后，杜袭就长期主持关中地区的军务，说到此人，还有一个小故事：曹丕还是太子的时候，就与夏侯渊的侄子夏侯尚关系很好，但是杜袭却说夏侯尚不咋地，等曹丕继位以后，夏侯尚十分宠爱自己的一个小妾，可是，夏侯尚的妻子是曹家的姑娘，爱管闲事的曹丕知道后，就派人把夏侯尚的那个小妾给绞杀了。这对夏侯尚打击太大了，变得整天神情恍惚，精神几近崩溃，等到那小妾下葬很久了，夏侯尚还是思念得不得了，叫人把小妾的坟墓又扒开，还泪眼迷离地左看看右看看，哭得撕心裂肺。曹丕知道后才说："难怪杜袭说这家伙不地道，现在看来还真是的……"

司马懿听了两人的警告，却说："诸葛亮总共出兵三次（占武都阴平那次他没算），二次去的是祁山，一次出陈仓，都是因为粮草不济而退兵，我料想下次他肯定不再迂回到西北的祁山了，而是要直接东来，不过，他要来的话，估计要等到三年以后，他储备好充足的军粮，才会再来的。"

真的如司马懿所料，从太和五年到青龙二年（公元231到公元234年），魏蜀边境真的就整整平静了三年。

在这三年里，诸葛亮在汉中积谷练兵，司马懿也一刻没闲着。他调来其他州县的农民到关中进行农耕，并于青龙元年（公元233年）组织人力，将汉时的成国渠重新挖掘、整修。《晋书·食货志》记载这一次施工说："青龙元年开成国渠，自陈仓至槐里。筑临晋陂。引千、洛溉舄卤之地三千余顷，国以充实。"成国渠位于魏蜀前线，对成国渠的重修使得前线增加了数千顷的良田，直接解决了粮草问题。南北朝时期一直到唐代都对成国渠十分重视，经过唐代的整修，成国渠灌溉面积增至二万余顷，与白渠居于同等重要地位。

中场休息完了，双方继续掐。

魏明帝青龙元年（公元233年），诸葛亮就开始把军粮集中到斜谷南口，同时命令修葺斜谷栈道，以备来年的北伐。

魏明帝青龙二年（公元234年），魏明帝继位已经八年多了，此年魏明帝曹叡已经三十一岁。这年二月，诸葛亮率领十万大军，开始从汉中出发走上斜谷北去的道路。而这次蜀国与吴国紧密协同，约定同时讨伐魏国，同年五月，孙权亲自率军，从中路推进到巢湖湖口（今安徽省巢湖市），直指合肥新城（今安徽省合肥市西北，公元232年满宠所建）；西路派大将军陆逊、左翼军事总监（左都护）诸葛瑾，率万余人，进入江夏郡（今湖北省鄂州市）沔口（今湖北省武汉市，汉水入长江口），直指襄阳（今湖北省襄阳市）；东路派将军孙韶、张承，直指广陵（今江苏省扬州市）、淮阴（今江苏省淮阴市）。

年初，魏明帝还在大修宫室，一派升平景象，转眼之间，帝国四境就狼烟四起。似乎注定这个读起来十分顺溜的公元234年要出大事。

因为，就在这一年里，死去了两个划时代意义的人物。他们的命运也许相互关联，也许是南辕北辙。但是，他们的死似乎多少暗示着一个时代的结束，也多少提醒着人们将跌跌撞撞地进入到另外一个陌生的时代。

在这一年的三月庚寅日，山阳公刘协去世。

今天的山阳公、昔日的汉献帝，就这样离去了。

他带走了一个质朴而又谨厚的汉文化，那个曾经在很多年以后，被郁闷的嵇康仰慕的汉文化，那个千百年以来为后人敬仰、津津乐道的既进取、又质重，既张扬，又含蓄，既简单、又通脱的充满了人类本真的汉文化。

虽然偏安一隅的蜀国还打着汉的旗帜，虽然公元186年以后还出现一个自称是汉帝后裔的人建立了南朝的刘宋政权，虽然公元713年以后还有一个建立了后汉的人，但是，我们却深切地感到那个令人神往的时代已经远去，只留下我们这个民族的名称还深深地纪念着那段恢宏的历史，至于后来那些个上演的几出短剧并未继承到一点汉的文化，不过是些狗尾续貂的把戏，实在是不足挂齿。

刘协作为刘宏的儿子本身就是一个悲剧，似乎注定要为父亲的荒淫无耻来还账，即使从小聪明伶俐也不例外。——人有的时候，从出生开始，就真的已经注定了是要还账的。从这个角度看，刘协太可怜。

他从小就没有了亲生母亲，母亲王美人被何皇后弄死。

九岁继位，亲眼看见嫡母（何皇后）被董卓杀死。

十岁，看到自己的兄弟（少帝）被董卓杀死。

十岁，从小生活的家被董卓焚毁，自己也随着离开了洛阳，来到陌生的长安。

十岁，看到董卓杀了城门校尉伍琼、督军校尉周珌，杀了太傅袁隗、太仆袁基一家。

十岁，被迫宣布自己的高祖和帝、高祖安帝、曾祖顺帝、爷爷桓帝没有功德，就差没宣布自己的亲生父亲也混账了（不过他的确名至实归）。以后代这样宣布，在以孝道治理天下的汉朝来说，以儒家“为尊者讳”的原则来审视那个在诏书上签名的孩子，无疑是自己打自己的耳光，自己把自己判了死刑，自己把自己置身于大逆不道的境地。

十二岁，看到王允杀了董卓，两个月后，王允又被李傕所杀，长安死了一万多人。

十四岁，在西凉军人的“保护”下，为百姓祈雨；命令把仓库中的米拿出来赈济饥民，可是饥民死的还是很多，他怀疑当官的欺诈，在大殿上亲自用量器量五升米豆，当场做出三大盆粥，才知道大臣们真的在作假，全体朝臣都谢罪，提出要把经办人处死，可是献帝不忍，只打了办事的五十下屁股。这样献帝还不放心，他竟然亲自为贫苦人们施粥，从此以后，官员们才实实在在地给饥民做粥，因此而救活了很多老百姓。

十五岁，李傕和郭汜相互打架，殃及池鱼，把献帝的住宅也烧了。李傕随后把献帝挟持到北坞。同七月，开始东归，一路艰险，宫人、大臣被杀在眼前。

十六岁，这年七月，经过整整一年的颠沛流离，才回到洛阳，曹操接着又挟持到许昌。

二十岁，看到自己的岳父董承、妻子董贵人被杀。

三十五岁，保护不了和自己生活了二十四年之久的皇后，也保护不了自己的亲生儿子，伏皇后和两个皇子被曹操所杀。皇后披着头发光着脚，来与献帝诀别，说：“不能复相活邪？（就真的不能救活我了吗？）”帝曰：“我亦不知命在何时！（我也不知道什么时候死！）”

三十六岁，与朝夕相处的妻子阴阳分隔仅仅相隔一个月，就不得不立曹操的女儿贵人曹节为皇后。以刘协的聪明，也许是自己主动要求的吧？毕竟死人已死，人还是要“擦干眼泪”继续活下去的，这样做也是一种自保之计吧？范晔的《后汉书·献穆皇后传》记载：“建安十八年，操进三女宪、节、华为夫人，聘以束帛玄纁五万匹，小者待年于国。”——我们真的不知道曹操同日把三个女儿都嫁给刘协是什么意思？到底是爱？抑或是……以曹操雄厚的国学基础，是不能不知道“三女为粲”的典故的吧：当密康公同时接纳三姐妹的时候，他母亲对他说了一句话，“人三为众，兽三为群，女三为粲，即使是天子打猎也不猎取群兽，诸侯外出巡视对民众也要谦下行事，天子选妃嫔不娶三个同族的女子。三个孪生姐妹是美好的事物，这样美好的事物都归之于你，你有什么德行才能承受得了呢（是要犯天忌的）？天子尚且不能承受，何况你这种渺小的人物呢？小人物承受了美好的事物，终究要灭亡”。后来密国真的就灭亡了。刘协也不能不知道“娶粲灭亡”的道理吧，但是，他不能不接受。曹操为了凑够这个数，把待字阁中的曹华也算上来充数，面对这种看似恭敬实则是含情脉脉的诅咒，献帝唯一能够做的就是接受。用三个女儿换来老天对汉朝的“厌弃”，曹操沾光大了。不过，好在虽然是曹操的女儿，但皇后曹节是站在丈夫一边的。等到曹丕废汉自立的时候，派遣使者索要玉玺，妹妹曹节盛怒拒不交出，最后，被逼无奈，曹节才将玉玺扔出门外，痛哭失声着诅咒自己的哥哥曹丕：“上天是不会保佑你的！”身边的人也都低头落泪。

三十七岁，自己的儿子刘熙被曹操所杀。

四十一岁（公元220年），禅让给曹丕，被封到偏僻的山阳（今河南省修武县），都城在浊鹿城（今河南省修武县五里源乡李固村），相传刘协到山阳以后，以医为业，造福山阳百姓，多次到云台山采药。

五十四岁（公元234年），去世，葬禅陵，在河南修武。

这就是那个曾经“生活”了五十四年的人的一生。没有太多的事迹，但是史书上仅有的那些个镜头，却都是那么地惊心动魄。这一张短短的履历表记述了太多的苦难、眼泪、鲜血和凄凉。他没有做错什么，他甚至很善良，他也很聪明，有良好的教养，没有人会怀疑他会成为一个好君主、一个好父亲、一个好丈夫。但是，他却什么也没能做到，什么也不是！

刘协去世了，他的心受过太多的惊吓，他的眼看过了太多的鲜血，他的臂膀承担了太多的苦难，让他安息吧！

但他的小国（一万户）山阳国还没有消失，那里还用着大汉的礼仪。第二代山阳公是刘协的嫡孙刘康，公元285年死去，第三代是刘瑾，公元289年死去，第四代刘秋于公元309年，在永嘉之乱中被胡人（应该是另一个自称是刘邦后代的匈奴主刘渊吧）所杀——正统的汉代后裔被冒认一家的“兄弟”所杀。

不过，还没有完。

根据《日本书记》《古语拾遗》《续日本纪》等记载，刘秋的一个兄弟刘阿知在西晋太康十年（公元289年）农历五月一日召集旧臣说：“我久在此地，恐有覆灭之祸，闻东国于日本，有圣天子”，遂率领儿子刘都贺、舅舅赵舆德和族人刘国鼎、刘涛子、刘鹤明、刘信子等男女两千零四十人，漂洋过海，于日本应神天皇二十九年九月五日来到日本，被倭奴国国王赐号东汉使主，定居于大和国高市郡桧前村。今天日本的奈良县桧前村和冈山县仓敷市妙见山顶有“阿知宫”，是后人祭祀阿知王的场所。虽然日本历史言之凿凿，但是在我看来，却不无疑问：因为，我们知道当时“出国”与今天相比，难度有过之而无不及。两千余人浩浩荡荡地离开故里，乘船远去，如果没有朝廷的批准是难以想象的，那么，朝廷会批准吗？百分之百不会吧。

之所以想多说点刘协，是因为我看到了一个历尽人间磨难而内心深处还对民众充满悲悯的人，我认为这就是伟大，这兴许也就是所谓的“不失赤子之心”吧！

他是皇帝，更是囚徒；他是汉帝，更像是每一分钟都可能被殉难的牺牲者；如果他被杀，我们会轻易地说他是无数朝代更迭的牺牲品，但是他懦弱地选择了活着，他心中还有点滴的希望，他更像是身处炼狱中的圣徒；他也曾经想到了反抗，也有些许的血性，但是最后总不得不选择懦弱；他一直循规蹈矩、小心翼翼，为的是外人挑不出一点毛病；他贵为皇帝，却终日无所事事，只能潜心研究医学，为的是济世救人。

我不知道假如他的妻兄曹丕能够认真辅佐，或者曹植继位魏王，是不是世事会有所改变？那样就没有了短命的曹魏，短命的西晋了吧？

也许老天真的怜悯起这个一直被他所厌弃的孩子了吧？我想刘协从做山阳公开始，可能快乐了些吧？一些东西放下了也就放下了，人反而轻松愉快。远离了权力中心，身边有善良的相濡以沫的曹皇后，刘协过了十三年“人”的生活。河南省焦作市至今还流传着山阳公、曹皇后为民治病的传说，虽然是传说，但是，我宁愿相信它是真实的。因为，在我看来，在世世代代老百姓心中流淌着、口耳相传的历史远远比那些貌似真实的史书要鲜活，也更真实，据说至今禅陵附近的村庄还有祖祖辈辈为刘协护陵的庄稼人！

相比之下，那个喜爱糟蹋别人幸福的小丑匆匆地得到了七年的江山，但是他失去了妻子，失去了母亲，失去了兄弟，失去了姐妹，甚至失去了生命，真正地成为“独夫”……

十五　最后北伐（一）

魏明帝青龙二年（公元234年）的四月，西北高原上还显得春寒料峭，诸葛亮的十余万大军出现在了斜谷的北口。

从这年的二月开始，诸葛亮的十万大军艰难地爬过横亘在汉中平原北部的秦岭山脉，走了近两个月的时间，才通过褒斜谷（今陕西省太白县西南褒河山谷）到达战场。而此时，司马懿早已听到了风声，从容地在渭河驻军，以逸待劳，等待着蜀军的到来。

虽然司马懿早就说过，诸葛亮再北上的话，绝对不会再迂回西北去陇西，但是身处陇西的郭淮也绝对不敢掉以轻心，在祁山、上邽一线还是屯驻了一两万的防守兵力。

既然司马懿算无遗策，那么，你在斜谷部署兵力，应该能够给予诸葛亮以迎头痛击吧？

是山太高无法布兵？还是另有隐情呢？我们不知道。

现在，不管如何，诸葛亮总算是顺利地走出了斜谷，他的十万大军也出现在了渭河南岸。

渭河发源于甘肃省渭源县鸟鼠山，是黄河的最大支流，沿着秦岭北坡从西向东，在陕西省的潼关县汇入黄河。它的流域范围主要在陕西省中部，东南有东西走向的秦岭，北有六盘山。渭河流域大致可以分为东西两部：西为黄土丘陵沟壑，东为关中平原。

在诸葛亮的部队眼前就是渭河，身后就是刚刚走出来的斜谷口，它通向汉中；西面是地势逐渐抬高的丘陵，一直向西通向上邽、陇西；沿着渭河东去，就是眉县、武功，直到长安。诸葛亮出现在这里，目的就是企图掐断陇西与长安的联系，如果能横跨渭河站稳脚跟，等于把关中与陇西的魏军一分为二，像一颗钉子一样插在他们中间。

然而，摆在诸葛亮面前的难题是：东进打击司马懿？还是西上围攻陇西呢？

在进攻以前，诸葛亮肯定做过认真的思量，但是，我们从以后的事态发展上看，诸葛亮的战略意图却很模糊。

此时，司马懿的兵力究竟是多少，史书上没有准确的记载，只是记下了魏明帝派遣秦朗率领两万精兵，帮助司马懿阻击蜀军。

秦朗，小字阿稣，是明帝的近臣，其父秦宜禄，为吕布部将，曹操攻围吕布的时候，关羽对此请求等城破以后，把秦宜禄妻杜氏许配给自己做妻子，曹操也是个色鬼，就怀疑小杜很美，等城陷以后，曹操先一看，果然美如天仙，就纳为自己的第*N*个夫人了，秦朗随着母亲一直生活在曹操身边，曹操把他当亲生儿子，曾经对大家说："世有人爱假子如孤者乎？"

现在多数人以为司马懿当时有五万左右的兵力，再加上秦朗的两万，大约有七万人马。这是因为，魏国实在不能抽调出太多的兵力了，从荆州一直到东海漫长的魏吴边境上都需要屯兵，并且有消息说，孙权正要配合诸葛亮大举进攻。

因此，魏明帝确定了关中防守、东南进攻的策略。

几乎与诸葛亮出现在渭河南岸的同时，司马懿的大军也来到了眉县的渭河北岸。

沿着渭河南岸与秦岭之间，是一片狭长的冲积平原，这里土壤肥沃，是粮食的主产地。如果诸葛亮全取渭河南岸地区，那么，蜀军就可以在这里屯田，变客为主。

因此，司马懿对部下说："百姓囤积的粮食都在渭南，这是必争之地。"

于是，他勇敢地引军渡过渭河，并勇敢地背水扎营。本来背水为营是自陷死地，因为如果敌人攻破营垒，大军将退无可退，然而"兵无常势，水无常形"，历史上韩信也曾经背水为营，自陷死地，却大破赵军；项羽破釜沉舟也曾大破章邯。并且，韩信和项羽的难度似乎更大一点，因为他们二人是进攻，而司马懿的自陷死地，却只是防守。这也是随后司马懿任诸葛亮百般挑战拒不出战的原因之一吧？因为，在司马懿看来，一旦出击失败，将面临全军覆没的结局，根本没有生还的可能，而战场上存在的偶然因素又太多了。在死地出战的风险太大，即使是韩信那样一等一的名将，如果不是预先布置两千轻骑绕到赵营背后拔旗易帜，当日战斗的胜负，也的确难料。

司马懿坚守在此，实际上不仅封住了诸葛亮通往关中的道路，而且也不能使诸葛亮放心大胆地进行屯田，看似防守，其实暗藏杀机。司马懿只要在这里，对方除非有必死的决心，坚决不要后方，否则，就不敢越过司马懿的大军，去进攻司马懿背后的武功或者长安；并且，即使诸葛亮有必死决心，也只能沿着秦岭，翻山越岭向东移动，而大部队从山路行军，成为一字长蛇配置，侧翼和后方完全暴露给司马懿，那将十分危险。

就算司马懿不敢全力进攻或者让诸葛亮的部队顺利地进军到司马懿的后方，由于蜀军走上山路，随身所带粮草必然很少，那么，东进能否掠来粮草或攻下城池将直接决定战争的胜负，而这又都在未知之中。对这一切，诸葛亮都没有把握。

而诸葛亮需要的是有把握的胜利。

可是，世界上从来都没有百分之百有把握的事情。

从某种意义上讲，战争就是一场博弈，或者叫赌博。而诸葛亮却不敢，于是，就形成了诸葛亮被堵在斜谷口的局面。

对于主军而言，时间拖得越长，对自己越有利，因为时间长了，客军的粮草就成了问题，而对于客军来说，越早决战越好。

诸葛亮也深知孤军深入，利在速战。

问题是，怎么战？

十六　最后北伐（二）

如果坚决不要后方，率领大军沿着渭河南岸，一直向东进击，甚至越过武功，直扑长安呢？

即使长安魏军没有多少兵力，但是在没有消灭司马懿主力之前，直扑长安，屯兵坚城之下，胜算也不大。不过话说回来，这样一来，司马懿必定要尾随前来，他在渭南的大营就自动作废，然后，再与司马懿进行决战。这也是兵法中“攻敌所必救”的道理。

然而，以司马懿的深通兵法，即使是这样，应该也是有对策的，比如，司马懿可以分兵攻击诸葛亮留守在斜谷口的驻守部队（诸葛亮必须要在这里驻扎军队，如果不驻兵，司马懿也不要后方了，直接都打到汉中了。不过，这种可能性不大）；司马懿也可以断诸葛亮的粮道，把诸葛亮的主力和留守部队一分为二，那样双方就真的赌得太大了。

但是，诸葛亮如果深入到司马懿后方的话，一旦打下武功这座城池，就可以扎住脚跟，不仅因粮于敌，而且，会切断司马懿大军与后方的联系，逼着司马懿与蜀军决战，变被动为主动，调动司马懿绕着自己的指挥棒运动。

不过，这样进入一个完全陌生的地区，四周全是敌占区，领兵大将需要很大的勇气和决心。

因此，司马懿说：“诸葛亮如果真的英勇的话，他就带领部队沿着秦岭一直向东，（避实击虚，攻击我们的城池；或者以攻击我们的城池为诱饵，围城打援，等魏军救援的时候，野战打击）如果诸葛亮西上五丈原，就没事了！”

司马懿的确很高明，他看似被动，但是，从他进军渭南那时候起，其实就已经掌握了战役的主动权了。

在这个决定整个战局走向的关键时刻，诸葛亮犹豫了。史书上司马懿是这样评价自己的这个大名鼎鼎的对手的：“诸葛亮多谋少决。”这个评价我们似曾相识，在官渡之战时，郭嘉也曾对曹操说过袁绍多谋少决，而称赞曹操说：“得策则行。”可见，优柔寡断，患得患失是为将的大忌。

而诸葛亮还在反复权衡……

东进应该能够调动司马懿回救，但是风险太大；那么，西进并择机渡过渭河，进入地势较高的山地，从而彻底把陇西魏军和司马懿切为两段，再寻找战机，也不失为一条出路，况且，陇西山地对于熟悉山地作战的蜀兵来说，也可以扬长避短，胜算较多，也比较稳妥。

最后，诸葛亮的眼睛瞄上了渭河南岸的高地五丈原和渭河北岸的北原。

五丈原，位于陕西省宝鸡市岐山县境内，东距西安一百三十公里，西距宝鸡市五十六公里，北距岐山县城二十五公里，它南依棋盘山，北临渭河，东西两面为河流冲的深沟，形势险要。

于是，诸葛亮兵上五丈原。

司马懿笑了，他暗暗说：诸葛亮啊诸葛亮，你还是太谨慎了啊，你上五丈原，我就去渭河的北原（位于今陕西省宝鸡市与郿县之间的渭水北岸）防守，不让你过渭河半步。

这一点，长期驻守陇西的雍州刺史郭淮也同时看到了，他向司马懿建议：“若亮跨渭登原，连兵北山，隔绝陇道，摇荡民心，此非国之利也。”（载《百战奇略·争战篇》）

司马懿马上心领神会，立即传令，胡遵、郭淮率军上与五丈原隔渭相望的北原。胡遵，是安定临泾人，死后追封车骑将军，有六个儿子，个个都很了得，他的一个孙子胡渊在钟会反叛的时候杀了钟会，到南北朝北魏的时候，胡遵的后人中出了那个千载以降争议不断的胡太后。

等诸葛亮派兵渭河争北原的时候，胡遵、郭淮已经占领有利地形，正在修筑堡垒。

魏军立刻发起反击，击败了蜀军。

接着，诸葛亮汲取了前次兵力较少的教训，率大军假装向西前进。

郭淮却判断蜀军如此明显地西进，必声东击西，调动魏军主力西援，以便趁机渡渭河向东进攻阳遂（故址在北原东，即今陕西省郿县西之渭水北）。

果然，蜀军趁夜猛攻阳遂，魏军早有准备，双方会战于积石，蜀军又没能成功渡过渭河。（《三国志·郭淮传》）

可以说，诸葛亮的步步算计，都没有逃出司马懿和郭淮的眼睛。

到了这时，五丈原东有司马懿的大营，隔河北面、西面就是胡遵和郭淮的部队。诸葛亮东去与司马懿求战不得；北上又渡不过渭河；再回到出发点，越过司马懿大营东出，恐怕连想都不敢想。

战事陷入了僵局。而这个僵局正是司马懿愿意看到的：作为客军，你的粮草总有吃完的一天吧，到时候，我再揍你。

诸葛亮也不是没有看到这一点。那么，怎么能变被动为主动呢？

一方面，诸葛亮派军连日到司马懿营前挑战；另一方面，诸葛亮分出一部分兵力，开始在渭河南岸谷地进行屯田。

你不出战，不是想拖死我吗？好，我索性把这当家了，咱们老哥俩对着耗上了，看谁能耗过谁！

如果你想趁我分兵屯田来打我，那正好咱们拼拼！

目前两军的态势是：蜀军在五丈原一带的渭河南岸地区占据一片区域，东面是司马懿主力沿渭河一线筑垒坚守，北面是郭淮军依托北原的地势筑垒防御，其西面是坚固的陈仓要塞。只有南面是通往汉中的斜谷。

从五月到八月，诸葛亮多次向魏军挑战，但是，魏军就是坚守不出，这样度过了一百多天。

期间，为了激怒司马懿，更为了激怒司马懿手下的部将们，诸葛亮派使者对司马懿说："您老一直守在这里，征尘不洗，衣服也顾不得换换，给你送一套新衣服穿。"司马懿满心欢喜，打开包裹一看，傻眼了，明显穿不上嘛，原来诸葛亮竟然送去了一套女式时装。

不言自明，诸葛亮你是把魏国堂堂的大将军司马懿比作妇女！你玩笑开大了吧，司马师、司马昭都成人了，叫这哥俩脸往哪搁？我们统帅都是妇女了，我们算什么啊？被妇女牵领着的，该是一群丫鬟或者是无知顽童吧？

司马懿的部将们顿时血往上涌，你诸葛亮有什么了不起的？徒有虚名！今天一定把你打个落花流水不可！

请战……

请战……

一遍又一遍地请战。

魏营几乎炸了锅了，一片请战之声。

兵熊熊一个，将熊熊一窝，甚至有人开始骂娘了。

而与此相应的是，魏军军营外面蜀军的叫骂也越来越难听了。尤其是那个魏延，一副欠揍的横样，真叫人受不了，打的是什么窝囊仗啊，老子去和他们拼了！我们整天驻在这里，白吃白喝，百姓种粮容易吗？朝廷养兵千日，用兵一时，现在正是用我们的时候，眼瞅着张牙舞爪的蜀军就是不让打。

不少有思想觉悟的将领就差对司马懿说：主帅，你想通敌？

此时的司马懿处境异常艰难。

他甚至能够看到对面的诸葛亮在暗自发笑。

然而，此时的司马懿表现出处变不惊的风度，那风度是：即使受到韩信所受的胯下之辱也不动于心的名将风度。

这是作为优秀的将帅必备的要求。

兵法有云："将不可愠而致战。"

他做到了。

虽然看透了诸葛亮的把戏，但是，手下目前的状态任其蔓延下去，军心不稳，兵将自溃，后果也是不堪设想的。

于是，司马懿卖了个关子，郑重其事地说："诸葛亮欺人太甚，因为皇帝命令我不准开战，我将请求皇帝诏书，等皇帝命令下来了，我们和诸葛亮决一死战！"

他把皮球踢给了皇帝。

真是狡猾！

人们是等啊等。

等了好久，终于等来了皇帝的诏书。不仅如此，还等来了一个大臣——辛毗，并且带着皇帝的节。

十七　最后北伐（三）

辛毗，字佐治，颍川阳翟（今河南省禹州市）人。他是个正直而又固执的老人家，为人刚正，常常犯颜直谏。

曹丕曾经喜欢带着一大群大臣打猎玩，玩足玩美以后，曹丕得意扬扬地问辛毗说：咋样？很高兴吧？辛毗直接回答他：“对你来说很高兴不假，可是对于我们做臣子的，很苦！”（于陛下甚乐，而于群下甚苦）说得曹丕无话可说。

他就是这样一个有名的倔老头。

说到辛毗，捎带说说他的女儿辛宪英，也是个了不起的人物。《晋书·列女传》称“宪英聪明有才鉴”，曹丕登基那天，高兴地搂着辛毗的脖子，让辛毗猜自己高兴不高兴，辛宪英听说以后，就说曹丕在父亲刚死的情况，竟然做出这样轻佻的举动，断言曹魏会是一个短命的王朝；她后来还准确断言司马懿高平陵事变的性质；准确断言钟会反叛。后来她嫁给羊耽，成为著名的太傅羊祜的婶子。她的外孙夏侯湛，与潘岳其名，神逸貌美，时人号为“连璧”，过去有诗歌把辛宪英的智慧、曹娥的孝道、花木兰的忠贞、曹令女的气节、苏若兰的文才和孟姜女的刚烈并称为“女中之冠”。

而辛毗为什么那么牛？绝不是因为自己有一个宝贝女儿，而是因为老人家对曹魏立有大功，可谓是破家为国。

本来辛毗和哥哥辛评在袁绍手下工作，辛毗看到袁绍无能，就对哥哥说改投曹操，可哥哥辛评却没有同意，官渡战败后，袁绍不久就死去了，那时，辛毗在袁谭手下，袁谭派辛毗去曹操那里搬兵打自己的弟弟袁尚，曹操就趁机把自己久闻大名的辛毗扣在了身边。那头，邺县城里的审配发现辛毗投敌，就以此为由把辛家满门抄斩。

然而，审配的侄子审荣和辛毗私交很好，对自己叔叔审配的做法十分厌恶，等曹军围困邺城的时候，就偷开了邺城城门，让曹军攻下了袁尚的老窝。

这样孤零零的老头子，不倔强谁信？

在曹叡派遣辛毗来司马懿军中的时候，他的官职是卫尉，位列九卿，负责皇宫的警卫，这个职务都是皇帝最放心的人物担任。而这次派来的身份则是大将军军师，并且加“使持节”号，这是持节中最厉害的一种，可以自行诛杀两千石以下的官吏。

“持节云中，何日遣冯唐。”节，是什么？

汉代的节，“以竹为主，柄长八尺，以牦牛尾其旄三重”。汉一尺约合今二十三厘米，可知是在一根约长一米八十厘米的竹柄上，束有三重用牦牛尾制的节旄。皇帝不能事事躬亲，所以必须指派人代行，可空口无信，以节为凭。节代表皇帝的身份，凡持有节的使臣，就代表皇帝亲临，象征皇帝与国家。因为辛毗是使持节，所以，实际上魏军西北军区的最高统帅不是司马懿，而是辛毗。所以，《三国志》里也说：“明帝以毗为大将军军师，使持节，六军皆肃，准毗节度，莫敢违犯。”

在蜀军没日没夜的辱骂当中，司马懿的军中众将度日如年，大家引领东望，终于把辛毗给盼来了！

而此时，吴国的部队也开始了对魏国的进攻，魏明帝则正准备御驾东征。

魏明帝的思路非常清晰，他在让辛毗带来的诏书中明确要求：“我要你坚守营垒，摧毁敌人的士气，使他们想进攻无法进攻，想决战无法决战，用时间换他们的粮食，粮食耗尽，又没有地方可以抢夺，自然撤退，等他们撤退时进击，可以大获全胜。”一句话，西线无论如何都必须采取守势，违令者，斩！

西线将领们的情绪降低到了极点！！！

司马懿的情绪随着众人也“降低到了极点”！！！

无数个西北汉子对着骄横的蜀军怒目圆睁，但又无可奈何。

终于有一天，在长久的忍耐中，在忍无可忍中，一个人接着是一群人，咆哮着，跨马持枪要带领手下冲出营门！他们的忍耐到了极限，他们决定不顾皇帝的诏书，去与狂妄的蜀军拼个你死我活！

遥遥地，在军门正中，站着一个老人。

西北高原上刮来的风，吹动着他花白的胡须和那同样花白的头发，在高大的营门中，在威武的军马下，他显得那么的瘦小，甚至令人怀疑风都能把他刮倒。

他手中紧紧地握着一把节！

节上的牦牛尾在阳光的直射下显得那么的耀眼、醒目。

老头目视前方，纹丝不动。他从喉咙中发出沙哑低沉的嘶叫：

“敢迈出军门一步者，杀无赦！”

周围只剩下呼呼的风声和战马的长嘶。

在这个倔强老头子的威严下，魏军躲在营垒后面整整三个月！

期间，司马懿也不失时机地秀了好几把，做出积极请战的姿态，甚至也披甲上马，试图冲出军门。据《魏略》记载：宣王数数欲进攻，毗禁不听。宣王虽能行意，而每屈于毗。

回想起来，以司马懿的狡诈，这样做有几个好处。

一是把自己紧紧地和那帮有勇无谋、但又手握兵权的将军们绑在了一起，提高自己在那帮实力派心中的地位。

二是显示自己的勇。作为帝国名义上的第二军人，实际上的第一军人，如果没有勇气，没人从心眼儿里服你——这在关键的时候非常重要，比如说在大败被敌人追杀，尤其是在那些官位不起作用（比如政变）的时候，靠的就是平时对其他人深刻的影响所换来的忠诚、敬佩，才在瞬间决定一个人对你的取舍。

三就有点卑鄙了。司马懿千里请战，姑且不说是场把戏，我们也不知道请战书到底是怎么写的，但揣测起来，势必请词激烈，魏明帝被逼到了墙角，人家请战，你总不能压着不报吧，魏明帝担心之下就派去了辛毗，一切懦弱怨气从司马懿的身上化解得无影无踪，转嫁到魏明帝的身上，虽然你是皇帝，但基层干部对你印象并不咋好！

这一点与真正的忠臣时时刻刻维护皇帝的形象截然相反。

你司马懿在西北三年，一临战就真的弹压不住西北军区的将领了吗？非得指望皇帝的节吗？要不你就是无能，不称职。

要你做大将军做什么？西北军区的将领都治不服，你能管住全国的？

对于司马懿的千里请战，诸葛亮早有说法，然而诸葛亮没有说司马懿那个卑鄙的诿“过”于上的目的。蜀军和魏军距离很近，鸡犬相闻，对方的一举一动尽收眼中，姜维见辛毗来了，就说：“哎，这下司马懿真的不会出来了。”诸葛亮淡然一笑说：“他本来就不想战，之所以这样，只是他司马懿为了对自己的手下显示自己的威武，将在外君命有所不受，我军如果真是出现了漏洞，他肯定会第一时间出战，（真是他无机可乘，才如此这般）哪有远隔千里去向皇帝请战的道理？”虽然魏军充满了怨气，但是蜀军也好不哪去。前进的所有道路都被魏军堵得严严实实，如今是求战不得，后退不甘，真可谓进退维谷。

时间一天一天地过去，双方就这么干耗着……

不过，打不成仗，相互之间还是有交往的。司马懿对诸葛亮派来的使者，不谈军事，只是关心诸葛亮的身体状况，你家丞相吃饭吃得咋样，休息得好不好，一副关心的模样。使者说：“诸葛公勤劳为国，每天天不亮就起床工作，一直忙到夜深，对于处罚二十棒以上的都要亲自审问，每顿吃得很少。”在司马懿温情脉脉的“关心”下，使者无意中透露了蜀军最大的军事秘密——主帅的身体健康。等使者走后，司马懿对手下说：“诸葛亮吃得少，处理的事情又多，长期这样，身体怎么能受得了呢？”

终于，八月的一天，一个长长的彗星落到五丈原上。所有的人都看到了那颗明亮璀璨的星星陨落了，伴随着那颗大星的陨落，发出了震耳欲聋的声音。

据说，如今的五丈原上依然能见到当时陨落的那颗陨石……

过了几天，诸葛亮发病，病死在五丈原上。人们都说诸葛亮是劳累死的，死时，才五十四岁。

我惊奇地发现：

他竟然和汉献帝刘协同年生，同年死。汉朝的最后一个君主和为了复兴汉室殚精竭虑、堪称汉朝最后一个的宰相——同年死去。这是历史的巧合吗？

它意味着什么呢？

瑟瑟的风依然在吹着。

而那个时代将永不再来。

平心而论，从纯军事的角度来看，诸葛亮的确不是一个顶尖的军事家。

诸葛亮第四次出祁山时，魏延率领一万精骑长驱沓中并击败郭淮，从这一点可以看出，在诸葛亮的训练下，当时的蜀军，不论从长途奔袭还是双方对攻，战斗力都是很强的。有这么好的士兵，但是和司马懿一旦对垒起来，总是没有好的办法，打破平衡，束手无策。其实，打仗就是这么邪乎，用兵贵在用奇。可诸葛亮总那么正儿八经，即使陈寿也评价道：“……（诸葛亮）然连年动众，未能成功，盖应变将略，非其所长欤！”

不过，诸葛亮绝对是一个伟大的政治家和外交家。很多年以后，当晋武帝问樊建诸葛亮之治国，樊建回答说："诸葛亮闻恶必改，而不矜过，赏罚之信，足感神明。"

在卧龙岗上就提出了三分天下的预言，并设计出从荆州和汉中两路夹击曹魏的策略，如果当时认真做好与孙权的关系，并且分出进攻的主次，采取虚虚实实的战略，名义上汉中王在汉中北进，但主攻方向增加足够的兵力从荆州进攻，成功的希望还是很大的。后来，毛泽东在读苏洵《权书·项籍》中有关评说诸葛亮"弃荆州而就西蜀，吾知其无能为也"一条时，写下了批语：其始误于《隆中对》，千里之遥而二分兵力，其终则关羽、刘备、诸葛三分兵力，安得不败。老人家批评诸葛亮两路出击没有集中兵力于一路是错误的。我个人则认为，两路打击并没有错，错的是平均分配兵力，没分主次，试看以后蜀国失去荆州以后，只能从汉中北出，再无第二条出击道路，魏国防守游刃有余；而只能北出的蜀国，"其守不可出，其出不可继，兢兢自安犹且不给，而何足以制中原哉？"（苏洵《权书·项籍》），顿时局面大变。

然而，千载以下感动我们的还是诸葛亮的忠诚、勤恳，还有那种明知不可为而为之的类似殉教一样的执着。

鲁迅说，悲剧，就是把美好的事物毁灭了给人看。

读刘协，读诸葛亮，总有一种悲剧感，让人久久不能释怀。

十八　合肥之战

让我们暂时把目光从关中飞越千里移到曹魏帝国的东南边境。

我们说过，为了配合诸葛亮的北伐，这年五十三岁的孙权（他比刘协、诸葛亮都小一岁）派遣陆逊、诸葛瑾率领一万人马从今天的武汉出发，沿着汉水北上，攻击襄樊；孙韶、张承攻打广陵、淮阴；孙权亲自率领十万人马围攻合肥。

屈指算来，这已经是孙权第四次进攻合肥了。

第一次是汉献帝建安十三年（公元208年）赤壁之战后，曹操大败北归。孙权企图乘机捞点好处，派周瑜率军攻打江陵，派张昭进攻九江的当涂，而自己则亲自进攻合肥。曹操接到孙权大举进攻的消息后，立马派出了援兵解围。孙权听说曹军援军来了，便慌忙撤退回江南，第一次合肥之战告终。

第二次是在汉献帝建安二十年（公元215年），曹操率大军进攻汉中。孙权趁曹操主力陷在汉中之机，带十万大军围攻合肥。当时驻扎在合肥城中的是张辽、李典和乐进，兵马七千。孙权围城立足未稳，张辽即率领八百勇士主动出城，大败吴军。后来，孙权围城十余日，又听说了曹操主力从汉中回师，便匆匆撤军了。但莫名其妙的是孙权却带领一千名近卫军给大军断后，结果张辽纵兵追击，在逍遥津又大破孙权的近卫军，致使孙权险些丧命。十万人打七千人还被打败……

第三次是在去年，即魏明帝青龙元年（公元233年）。在此之前，魏扬州都督满宠认为合肥城靠近江河，魏军不易相救，而孙权来攻时却可据水得势，于是，就决定将合肥城移到距离江河较远的鸡鸣山下。孙权听说曹魏要移城，就再度率众来攻。因合肥新城离水较远，孙权在船上待了二十多天不敢上岸，到后来，最终还是忍不住了上岸游行一下，结果被满宠早就埋伏在芦苇荡中的奇兵袭击，有的被赶下了水，有的在岸上被杀，损失了数百人，弄得孙权颜面大失。孙权派去进攻六安的全综，也没有攻下，只好夹起尾巴回家了。

今年这是第四次了。

那么，为什么孙权对合肥那么情有独钟呢？

要解开这个谜底，只要我们看看魏吴的边境就知道了。

魏吴边境从西部中分荆州，往东则沿着长江北岸，基本上和长江的走向一致；东面，孙权以长江为依托，占据了长江北岸一部分地区，基本上与曹魏中分淮南。

而合肥就在长江和淮河的中间地带，南临施水。施水是长江的一个支流，由北流来，自西向东穿过合肥城，向东南方注入巢湖，巢湖水经濡须水向东南注入长江。在施水北面是淝水，淝水则向北注入淮河。施水和淝水距离很近，在夏季江河暴涨时，两条河流相互连通，船只可以经由此条水陆从淮河驶入长江。因此，合肥成了联系江淮两条大河的水陆交通枢纽。

曹魏占据合肥后，如果再控制濡须水口，就可以把其在淮河水域的水军调到长江，对孙吴的江防体系形成严重的威胁。因此，在曹操占据合肥后，孙吴就全力经营濡须口，在巢湖驻扎水军。一是阻止敌人挺进长江沿岸，二是确保对巢湖水域的控制。

从陆路上看，合肥向东可进入涂水，魏军沿涂水东进可达到长江北岸的瓜步渡口，逼临吴国都城建业北大门。但由于瓜步附近江面宽阔，渡江困难。而从合肥向东南到达历阳，历阳—采石之间的江面宽度最小，并有自然形成的渡口，是最佳渡江地点。历代对江南的进攻大都是从这里渡江的。

如果曹魏全取合肥及其附近地区，那么，吴国的首都建业将直接置于魏国的威胁之下，吴国赖以作为屏障的长江天堑将与魏国分享，因此，合肥对于魏吴来说，是军事上的必争之地。

当孙权进攻合肥的时候，魏国东南军区司令满宠打算率领人马救援合肥，这时，田豫建议，敌人大举进攻合肥，估计其目的是围城打援，我们如果去救，正好中计，倒不如让他屯兵坚城之下，先挫挫锐气，等他疲惫之时，再进攻，一定能成。

而满宠却又想撤守合肥新城，魏明帝坚决不同意，魏明帝认为：东南有合肥、西南有襄阳、西北有祁山，敌人来经常就是失败在这三处，因此，这三个地方分别是帝国的三个战略支点，你们一定要坚守城池，我将亲征合肥。

于是，满宠只好命令守将坚守合肥，合肥魏军派遣勇士偷偷将吴军攻城的器具焚毁，在攻城过程中，孙权的一个弟弟也在城上被射杀。

这时，满宠也把东南军区轮休的士卒召回，会合魏中央政府派遣的八千精兵，并将其中的三千骑兵耀武扬威地从吴军阵前疾驰而过，绕到了吴军的后方。

孙权看到这种情况，又听说曹叡要亲征，再看看全军士气十分低落，只好又一次下令撤军。

我们纳闷吴国的每次进攻，总是虎头蛇尾：一是不敢上岸，二是不敢死战，三是听到魏有援军就跑。这与诸葛亮倾尽全力、欲制敌死命的做法截然不同。究其原因，估计：

一是孙权早没有了哥哥孙策经营四方的志向和能力。如果孙策不被刺死，极有可能趁曹操官渡之战之机，偷袭许昌。

二是孙权没有诸葛亮的历史使命感，没有兴复汉室的理想，再加上对自己的作战能力也没有多大信心，因此，割据江东就成了最佳选择。

三是客观上步兵作战能力低下，难以抵抗北方骑兵，不敢离水上岸。

基于以上三点，孙权的主要进攻方式就选择了乘虚进攻，而不敢正面与曹魏大兵团对抗。

魏明帝青龙二年（公元234年），曹魏确定西守南攻的策略，成功化解了吴蜀两面的进攻，从这一点上看，显示了曹魏帝国的年轻领袖曹叡对打仗还真有一手。

十九　明帝之伤

暂时化解了蜀国和吴国的进攻危机，就可以在国内瞎折腾。

首先，在青龙三年（公元235年）春天，在任命司马懿为帝国第一军人（太尉）以后，曹叡就逼死了当今的皇太后郭女王。

曹叡的亲生母亲就是大名鼎鼎的甄洛，虽然，甄洛美貌异常，但女人的容貌易逝，等曹丕登上魏王王位以后，甄洛已经是三十八岁的中年妇女了。由于甄洛长期住在邺县，和曹丕两地分居，自然地，在众多的女人堆里，曹丕喜欢上了更加年轻的郭女王。

甄洛在幽怨之余，写下了她唯一传世的作品《塘上行》："蒲生我池中，其叶何离离。傍能行仁义，莫若妾自知。众口烁黄金，使君生别离。念君去我时，独愁常苦悲。想见君颜色，感结伤心脾。念君常苦悲，夜夜不能寐。莫以豪贤故，弃捐素所爱。莫以鱼肉贱，弃捐葱与薤。莫以麻枲贱，弃捐菅与蒯。出亦复苦愁，入亦复苦愁。边地多悲风，树木何翛翛。从君独致乐，延年寿千秋。"据说，就是这首诗，经过了郭女王的添油加醋，被曹丕看了大怒，于第二年将甄洛赐死，并且，郭女王害怕甄洛死后向神明诉说自己的冤情，命令人们在给甄洛殡葬的时候，没有大殓，而是"披发覆面，以糠塞口"。又有一种说法是：甄洛的死是因为郭女王对曹丕进谗言，说按照曹叡出生的时间计算，曹叡不一定就是曹丕的亲生骨肉，但是这种说法没有史料佐证。还有说与甄洛和曹植的爱情有关等等不一而足。

不过可以肯定的是，甄洛的死是与郭女王被曹丕宠幸有关。

等曹叡继位以后，宫中的李夫人把甄洛的死因详细地告诉了曹叡，明帝听后"哀恨流涕"。（《魏略》）哭过之后，急躁冲动的曹叡立马去问郭太后自己母亲的死状，逼问之下，郭太后有些慌乱，她说："是你父亲自己命令杀的，问我做什么？你作为儿子难道说还要追恨你父亲，为了死去的母亲要杀活着的母亲吗？"

明帝一听更恼了，命令使者逼郭太后自杀，并且，殡葬时候也和自己母亲一样的，"披发覆面，以糠塞口"。

曹叡报仇了，从这里可以看出曹叡的狷急，不过也情有可原。分析一下曹叡的性格，真的是继承了他爷爷曹操一部分，更是继承了父亲曹丕一部分。比如，他对战争的理解，很多地方都遗传了曹操的基因，在公元234年曹魏面临吴蜀两面进攻的情况下，始终坚持一路防守、一路进攻的策略，同时，在满宠请求撤掉合肥之守的时候，他坚决予以拒绝。表现出了卓越的军事才能。再比如，他的好色，和他爷爷、父亲，几乎如出一辙。在他做皇帝的时候，后宫女人数千。曹叡还是个"合格"的女权主义者，在他当政的时代，他为了巴结自己后宫的女人们，给予了妻子们很高的待遇，皇宫小妻子群的官位和俸禄，比照政府文武百官：第一级"贵嫔"；第二级"夫人"，位爵极尊，无所比；第三级"淑妃"，位比相国，爵比亲王；第四级"淑媛"，位比御史大夫，爵比公爵；第五级"昭仪"，比一级侯爵（县侯）；第六级"昭华"，比二级侯爵（乡侯）；第七级"修容"，比三级侯爵（亭侯）；第八级"修仪"，比关内侯；第九级"婕妤"，比中二千石；第十级"容华"，比真二千石；第十一级"美人"，比二千石；第十二级"良人"，比千石。他还遴选读书识字的美女六人，担任"女秘书"，处理政府官员呈报的奏章。后宫女人们的地位比外面辛辛苦苦操劳国事，或者领兵打仗的臭男人可是高多了！他还曾经下令将吏民妻子夺取配给戍边的战士，并把其中长得好的纳入皇宫。历代我们都听说过拣选未婚的女子纳入皇宫，还没有听说过太平时节，拆散人家家庭、强夺已经婚配女人的。

成年的曹叡也继承了他父亲曹丕的纨绔习气，似乎他对建设宫殿有瘾。青龙二年（公元234年）洛阳的崇华殿失火烧毁以后，他就下令不仅要建许昌宫、洛阳宫、昭阳太极殿、总章观等；还突发奇想，想把洛阳北的邙山山顶铲平，在上面盖大殿，遥望黄河。老天也许是和曹叡作对，等崇华殿盖好的第二年，又一场大火把它烧得干干净净。曹叡似乎和老天爷耗上啦，紧接着命令继续盖。这其间，皇帝变成了一个专业包工头，整天泡在工地上，看到施工进度慢，就把监工的大臣叫来，大臣吓坏了，说话也期期艾艾的，本来曹叡自己就是个结巴，看到大臣结结巴巴说不清楚就着急了，一个眼神，身边的侍卫手起刀落，大臣就身首异处了。

曹叡还继承了父亲曹丕喜欢打猎的习惯。曹叡把洛阳附近很多地方都圈为皇家打猎场，打猎场里的麋鹿太多了，冲出猎场，四处糟蹋庄稼，农民们却不敢动麋鹿一指头，因为按照当时的规定，打死一头皇家麋鹿，是要被砍头的。

有谁愿意用麋鹿的头来换自己的头？

曹叡还和曹丕一样奢靡。在青龙四年（公元236年）的时候，他派人去吴国要求用马换取珠玑、翡翠、玳瑁等。古代的战马是军需物资，十分珍贵，由于江南不出产战马，战马在江南更是如此。孙权当即就说："这些珍宝都不是我需要的，能得到马匹，有什么不可以交换的呢？"

曹叡就是这样一个人：智慧而又狷急；苛细而又粗暴；纨绔而又一意孤行。

让我们再说说曹叡的婚姻。

要说奇妙也真是奇妙。就在曹叡愤恨郭太后和自己的亲生母亲争宠，愤恨自己的父亲把自己的母亲处死的时候，曹叡自己同样因为宠爱一个姓郭的女人，而把自己的原配妻子毛氏赐死。

毛氏出身贫下中农，因为贫穷，毛老爹把女儿卖给了王府，结果，坏事变好事，年纪轻轻的曹叡一见这个少女喜欢得不得了，等曹叡登基以后，就册封毛氏为皇后，把其父亲也封了侯。皇帝想抬高岳父的社会地位，把大臣们都叫去毛家吃饭，老毛估计是乐晕了，不知道说什么好了，开口闭口地"侯身"，就好像现在一开口就说"大官我，如何如何的"，惹得大家暗笑不已；朝中的贵族都不想去，但又不能不去，安排座位的时候，正好名士夏侯玄与毛皇后的弟弟坐一起，这下可把夏侯玄难受死了，这曹叡都看在眼里，立马找个"空谈误国，搞小团体"的理由，把夏侯玄等人解职回家。

可是，人无千日好，花无百日红。短短几年下来，曹叡又爱上了更可人的郭妹妹。

于是，就发生了下面这次看似轻松平常，结果异常严重的事情。

一次，曹叡和自己喜欢的郭夫人喝酒玩，玩到兴头上，郭夫人对曹叡说："要不把皇后也叫来吧？"曹叡说："叫她干吗？"并让周围的人不要把这事告诉皇后。谁知，毛皇后很快就知道了，第二天，毛皇后见到曹叡，就挖苦说："你昨天玩得真是好啊！"弄得结巴的曹叡面红耳赤的，一句话也说不上来，可是，曹叡心里气啊，回头就把昨天身边的十几个人全杀了。

又过了两天，曹叡就莫名其妙地下诏把毛皇后赐死。史书没有记载毛皇后有什么出格的举动，但是，却遭到杀身之祸，真不知道曹叡内心到底是怎么想的。

我甚至怀疑曹魏皇室进入了一个猜忌而又残忍的怪圈。

明帝因为荒淫，子嗣稀少。好不容易有个爱女，也在太和六年夭折了，同年，皇子曹殷也死掉了。这样的打击使曹叡神情恍惚了好久。眼看着自己膝下无子，曹叡就从宗室中抱来了两个小孩做自己的儿子，一个封为齐王，叫曹芳，另外封为秦王，叫曹询。

二十 北方边境

让曹叡头痛的岂止女人和子嗣，还有北方的局势。

当时，一直是北方霸王的匈奴已经衰落。

匈奴兴起于公元前三世纪（战国时期），衰落于公元一世纪（东汉时期），共活跃了约三百年，开始主要在漠南黄河河套地区（指内蒙古自治区和宁夏回族自治区境内贺兰山以东、狼山和大青山南、黄河沿岸的地区，统称河套）和阴山（今内蒙古自治区狼山、大青山等）一带。他们“逐水草迁徙”“食畜肉，饮种酪，衣皮革，被毡裘，住穹庐”。东汉时期，南匈奴归附，居住于山西离石一带。汉末黄巾起义，当时的羌渠单于派遣其子于扶罗将兵帮助朝廷征讨黄巾，后来，羌渠单于被人所杀，于扶罗就带兵驻屯在河内郡（今河南省武陟县西南）。汉献帝从长安回洛阳，匈奴右贤王去卑曾出兵保护献帝还洛。在曹操时代，于扶罗死去，弟弟呼厨泉继位，任命于扶罗的儿子刘豹为左贤王。后来，呼厨泉单于入朝，被曹操留在了朝廷，等于是做了人质，令右贤王去卑回国代替单于统领部众，并将匈奴分为左、右、中、北、南五部，其中，左部住在太原兹氏（今山西省汾阳市，山西省兹氏县），右部住在祁（今山西省祁县），中部住在大陵（今山西省文水县，或者山西省交城县），北部住在新兴（今山西省忻州市），南部住在蒲子（今山西省隰县），人数多达数十万。此外，山西还居住着其他少数民族，比如，在山西的武乡还居住着羯族；在山西北部的代县和大同则居住着鲜卑族拓跋部。

对于匈奴以及依附于匈奴的羯族，曹叡还不是特别担心，令他担心的是居住在更北方的鲜卑族。

在中国古代东北地区，居住着东胡。匈奴强盛的时候，打败东胡，东胡分为两支：一支退保乌丸山（今内蒙古自治区阿鲁科尔沁旗西北四十里），就叫乌丸（也叫乌桓）；一支退保鲜卑山（今大兴安岭），就叫鲜卑族。（当然，对于鲜卑和乌丸的来源，还有其他不同说法，今从众。）乌丸的蹋顿在汉献帝初平三年（公元192年）统一各部。汉献帝建安十二年（公元207年）曹操大破蹋顿于柳城，得降众二十余万人，这些乌桓人被迁入内地，与汉族融合，成为曹军中天下著名的骑兵——乌丸骁骑；少数留居塞外的乌桓人，为鲜卑人所征服，成为鲜卑人。从此乌丸消失，北方只剩下了鲜卑。

由于匈奴西迁和乌丸内附，长城以北的广大地区地空，鲜卑各族逐渐南进、西进。向西一直到达今内蒙古自治区和林格尔县、凉城县至山西省大同市一线。按照地区分布大致可以分为：东部鲜卑、北部鲜卑和西部鲜卑，总人口达到二百余万人。东部鲜卑后来发展成为慕容氏、段氏、宇文氏；北部鲜卑主要是指拓跋氏；西部鲜卑主要是河西秃发氏、陇右乞伏氏以及青、甘的吐谷浑。

令曹叡烦恼的就是如此庞大的鲜卑族。在曹操时代，鲜卑各部各不统一，时叛时降，自相攻击，其中较大的是柯必能和步度根两部，曹魏政权对他们两部也只是羁縻而已。到黄初五年，柯必能与东部的素利、步度根相互战斗，护乌丸校尉田豫劝解不听，就率军从背后攻击柯必能，从此，柯必能怀有二心。在魏明帝青龙元年（公元233年）的时候，柯必能又一次劝诱了步度根和自己联合，试图把步度根的部属从并州迁往北方，并州刺史毕轨派遣将军苏尚、董弼出战，却被柯必能击败，二人被杀。

种种迹象表明，柯必能已经成为曹魏帝国北部边境的最大威胁。

必须除掉柯必能。

和柯必能野战？

不行。

因为，柯必能从来不与中央军正面冲突，他带领着他的骑兵，来去如风，只和政府军玩猫腻，根本不和你正儿八经地打。等你调集重兵去打他时，他早跑得无影无踪了；可是等你大兵一走，他有卷土重来，看你是小股部队，他一个一个地吃掉；如果没有部队，那更好，他就掳掠边民、财物……

想来想去，曹叡想到了派遣刺客去刺杀柯必能的办法。

鲜卑部落众多，一旦柯必能被杀，势必陷于混乱，自顾不暇，怎能再对中原有所危害？

他立即给幽州刺史王雄写信，命令王雄选拔武艺超群的勇士，接近柯必能，将其刺杀。

果然，在魏明帝青龙三年（公元235年），曹叡终于等到了好消息，王雄不辱使命，派人顺利地刺杀了柯必能。

柯必能死后，鲜卑部落重新分散，不少部落归顺了朝廷。

帝国的西北、北部边境暂时安稳了下来。

随即，曹叡的目光又转向了帝国的东北部。

那里盘踞着已经三世的公孙渊。曹操讨伐袁尚的时候，公孙渊的父亲公孙康杀了袁尚，示好于曹操，加上中原的局势也不容曹操久留辽东，所以，曹操一直容忍公孙康这个辽东独立王国的存在。公孙康死后，公孙康的两个儿子公孙晃、公孙渊都还小，就由弟弟公孙恭继位辽东太守，公孙恭为了向曹操表明忠心，把哥哥的大儿子公孙晃送到洛阳做了人质。

公孙渊一直认为辽东太守的位置应该属于他家，既然自己的哥哥暂时不在，这位子理应由自己继承。在他看来，是自己的叔叔趁自己和哥哥年龄小，才把辽东太守的位置抢去的。

于是，公孙渊一直暗中联络自己父亲在位时的亲信大臣，蓄养死士，经过精心准备，终于在魏明帝太和二年发动政变，把叔叔公孙恭囚禁，自己当上了辽东的主人。魏明帝鞭长莫及，只好顺水推舟，拜他为辽东太守。

要说公孙渊应该满足了吧。

但是，人苦于不知足。

这公孙渊一面对曹魏称臣，一面却和东吴联系，想在两者之间跳芭蕾，他好像以为自己是个举足轻重的角色，魏吴都离不开他似的。

公孙渊的做法无疑是在玩火。

曹叡老早就想拍打拍打这个梦中人。

在魏明帝太和六年（公元232年）的时候，派田豫打了一回，但是，田豫不仅没有拍打住人家，反而叫人家拍打了一回；以田豫护乌丸校尉的身份，也就是东北军区最高司令都没有打胜，这使公孙渊更加有恃无恐了，以为曹魏也害怕自己和吴国好，于是，就一不做二不休，直接向孙权称臣去了。

他忘记了一句话：要想你灭亡，先让你疯狂。

孙权得到公孙渊称臣的消息，虚荣心大大地得到满足，他大喜过望——咱哥们从来都是对人家魏国称臣，当儿子，即使是称了大帝，总是感觉名不正言不顺的，一没有人家魏国地广兵强；二没有人家蜀国腰板硬——不管八杆子打着打不着，怎么说刘备也是一个的皇叔啊。

今儿竟然从天上掉下来个公孙儿子。

今个今个真高兴呀，真高兴！

这不是天大的喜事吗？

孙权当即决定，派太常张弥等带兵一万渡海，封公孙渊为燕王。为什么要带那么多兵？在孙权看来，也许是为了渡海安全，也许是为了展示大国威严，也许是为了借机解决公孙渊，也许是那句“受降如受敌”的古话，使得孙权加倍小心。不管孙权是如何想的，总之，孙权的使者们浩浩荡荡地来到了辽东。

谁知道，这个公孙渊的脑袋比计算机转得都快。在公孙渊看来，自己的国土上一下子来了这么多南方的兵士，总是感觉不舒服，本来公孙渊也只是想玩一下纵横捭阖之术，给自己以后称王加分，谁知，老孙竟然当真了，你以为我真的想投降你吗？

等吴国送来了大批的金银珠宝以后，一个十分现实而又严峻的问题，立马出现在公孙渊的脑海里：

自己如果真的接受了吴国的封号，那就意味着和曹魏真正翻脸了。

他开始急速地进行一个十分简单的四则运算：

从洛阳出兵到辽东，等辽东知道消息，即使是第一时间报告给东吴，单从空间距离上看，东吴的大兵来到辽东的时间也是魏军行走时间的两倍，这还不说季风和潮汐等大海中难以捉摸的因素。

地理位置决定了弱国只能认曹魏一个娘，至于东吴嘛，干娘也不能认啊！

此时，公孙渊的头脑突然变得清醒了起来。

也许现在还有挽回的机会。在公孙渊看来，要想挽回不良影响，那只有下狠招了：

公孙渊还是满脸微笑地招待吴国的使者们，只是对使者说，国家太小了，一下子来了这么多人，实在是供应不下，还是把兵士们安置在各个州县吧。

也许孙权的使者实在没想到公孙渊的鬼主意，也许，他们临来以前的确受到孙权的特别吩咐，分散到地方正好可以控制辽东的各地。

谁知，公孙渊早有预谋，在把孙权派来的一万士兵分散安置在辽东的各个地方以后，整个辽东在同一时间开始了规模空前的大屠杀。只有少数吴国使者经过千辛万苦，来到朝鲜，后来渡海回到吴国。

完事以后，公孙渊把张弥等人的人头送到了洛阳，免不了对曹叡说了很多忠心耿耿、永为臣子的话。

谁用小脚趾头都能明白这样一个道理：苍蝇不叮无缝的蛋。

你不主动向孙权示好，人家是宝贝多了没处使，非要千里迢迢地送你？如果说你是诈降计，骗了孙权这些珠宝，杀了吴国那么多士兵，那你提前也没打声招呼啊。谁知道你心里咋想的？

但是，那时候，聪明的曹叡还腾不开手收拾他，只好封他为大司马、乐浪公，好好安抚安抚他，只要你别在北边捣乱就成。

公孙渊的这一手却差点没把孙权给气死。吴大帝孙权从小到大，阅人无数，竟然没有见过这样的人渣。孙权当即就要举倾国之兵渡海攻击公孙渊，怎奈大臣们苦苦相劝，只好忍忍，再忍忍，咽下这口难咽的气。

虽然吴国与辽东远隔大海，无能为力。不过，公孙渊的这一场表演，也使全天下的人都知道了一个真相，那就是：

他公孙渊不是个东西。

人无信不立。当所有的人都不再信任你，所有的人都不愿意和你玩的时候，那么，你的末日也就不远了。

如今已经到了魏明帝景初元年（公元237年），距离青龙元年（公元233年）曹叡封公孙渊为大司马、乐浪公的时候，已经过去了整整四年，曹叡一直没有把这个喜欢玩点小动作的乐浪公忘掉，而公孙渊却更加骄横跋扈，时时口出狂言。

曹叡暗暗下定决心要消灭这个土皇帝了。

但，问题是派谁去呢？

二十一　平定辽东（一）

曹叡首先想到了一个人。

那人是自己当平原王时候的下属，他的父亲曾经是武威太守，在黄初年间平定叛胡的战斗中，名声仅次于金城太守苏则。

他就是——毌丘俭，目前，正担任荆州刺史。

曹叡把毌丘俭调任为幽州刺史，加渡辽将军、持节、护乌丸校尉，使之成为帝国东北地区的党政军一把手。

为什么要任命毌丘俭呢？因为，毌丘俭给魏明帝上书直截了当地说：“陛下，你继位以来，没有建立什么值得大书特书的功业（说的真直接呀！），如今吴蜀两地都依靠着险阻，仓促之间还不能很快地平定，还是用我镇守的这无用之地，来克平辽东吧。”（口气好大，不过再过几年，他真的显了威风，几乎灭了一个国家）

由此可以看出，此人绝对是一个桀骜不驯的人。

另外，曹叡还听说孙权也正在积极地联络高丽，企图从高丽进攻公孙渊。“兼弱攻晦”，善之善者，如今，这个绝佳的时机到来了，毌丘俭的战略企图正好符合曹叡的打算。于是。曹叡讨伐公孙渊的决心就这样确定了下来。

不过，朝廷中也有不同的意见。光禄大夫卫臻就劝谏说：“公孙渊在辽东已经有三代了，对内做军事准备很多年，对外又招募乌丸、鲜卑，毌丘俭企图利用幽州本地的部队就想攻下公孙渊，我想是不可能的。并且，吴国这些年经常骚扰我们的边境，我们也没有精力进行反击，主要原因还是老百姓很疲劳。”言外之意：如果要打公孙渊，就必须派遣中央的精兵，否则，很难取胜；但是如果要劳师远征，老百姓又要受罪了。

但是，魏明帝主意已定：当然最好是毌丘俭就能把公孙渊给办了，虽然很难，不过，试试也无妨嘛。

毌丘俭来到辽东以后，为进攻公孙渊做了大量的准备工作。主要是，他以曹魏帝国的名义招降处于辽东的乌丸、鲜卑人，封官许愿，使他们脱离公孙渊，斩断了公孙渊的外援。在毌丘俭的招诱下，辽西的乌丸、鲜卑五千余人投降了曹魏帝国。

接着，毌丘俭于魏明帝景初元年（公元237年）就率领本部人马加上乌丸鲜卑骑兵，开始向辽东进攻。公孙渊毫不示弱，搜集全国的兵力，前去迎敌，双方在辽隧（今辽宁省海城市西）相遇。当时天上突然下起了大雨，辽河暴涨，双方经过大战，魏军不利，毌丘俭只好统领魏军返回了右北平（今辽宁省凌源市西南）。

打败了毌丘俭，公孙渊对于形势产生了盲目的乐观，也变得更加狂妄，他很快就自立为燕王，分封百官，并且到处拉拢鲜卑、乌丸，给这么一个单于的名号，给那个一个都督的官职，忙得不亦乐乎。如果公孙渊战败毌丘俭以后，能审时度势，卑辞厚礼地向曹叡道歉，说是不得已的还击，仍旧谦恭地归顺曹魏，那么，曹魏也许会对这个远在辽东的土皇帝继续睁一只眼闭一只眼。可是，公孙渊的做法，把双方都弄得下不来台，双方关系再无回旋的余地。再不打你，曹魏帝国的脸还往哪搁？以后各个地方军阀都闹起独立来，那还了得？也只能硬着头皮打你了。

说你公孙渊政治上不成熟，还真没看走眼。就那么在乎那个虚名？即便你就不叫那个燕王，你不还是辽东的土皇帝？你就叫这个燕王了，土地不多一分，人们不多一户，军士不多一名，和以前不还是一样的吗？

看我曹叡下一步怎么收拾你！

我曹叡就是用牙咬，也要把你这颗钉子给咬下来！

——这回，曹叡是真恼火了。

二十二　平定辽东（二）

这次，再也没有人敢劝阻皇帝了。

毌丘俭失败以后，魏明帝于第二年即景初二年（公元238年）正月，就把司马懿从西北军区召回洛阳。皇帝的打算是用四万精兵长途跋涉，彻底平定公孙渊。虽然不敢正面提出异议，但是，还是有人提出这么远距离的征讨，花费太大了。可曹叡的回答是：四千里的征伐，一方面要临阵用计；另一方面还是要有雄厚的物资做保障，不惜一切代价！皇帝说不惜一切代价，那这仗就好打了。

下面是曹叡和司马懿之间的对话，两人已经在谈论战役的具体细节了。

曹叡问："太尉，你说公孙渊会怎么和你对垒？"

司马懿回答："如果他提前弃城逃跑，逃得无影无踪，那对于他而言是上计；如果他到辽东据守，抗拒大军，那是中计；如果坐守襄平（今辽宁省辽阳市），那肯定要被活捉。"

曹叡紧接着又问："那你估计他会怎么做呢？"

司马懿答："只有聪明睿智的人，才能客观准确地判断敌我之间的实力对比，才能知道什么是该放弃的，提前坚决予以放弃。公孙渊不是这样的人，同时，他一定认为，我军这次长途进兵不能支撑很久，所以，我估计他肯定要预先派兵到辽河岸进行阻击，然后再防守襄平。"

曹叡又问："你带领大军征讨公孙渊，大约要多久？"

司马懿回答说："去的时候用一百天，打仗用一百天，回来用一百天，再用六十天作为休息时间，大约一年就足够了。"

司马懿的回答令曹叡很满意。

曹叡亲自看着司马懿带领部队走出西明门，（根据北魏杨玄之的《洛阳伽蓝记》记载，西明门是当时洛阳四个西门中，最南边的那一个城门）踏上漫漫的征途。细心的皇帝命令司马懿的弟弟司马孚和大儿子司马师一直从洛阳陪着司马懿到司马懿温县的老家，并且赏赐给司马懿很多酒肉，让他在老家和亲朋好友饮宴几天，好好地风光一回。

曹叡的暗示大约有二：一是体现对你的关爱有加；二是时时刻刻提醒你，你的家人都在皇帝的掌控之中呢。这次出征没给你配政治委员，但是你也要自警自爱啊！

司马懿心领神会，在老家喝酒的时候，也吟诗一首，大致是说：自己因遭遇机会，才为国家效力边疆，如果扫除了敌人，我就将回到老家，安安生生地在家归老还乡。

司马懿的这次作秀，完全就是王翦向秦始皇索要土地田宅、故作庸俗的翻版。当年王翦带兵攻楚国的时候，在路上不断向秦王要田要地，表现成一个为自己的子孙后代斤斤计较的老头子。你把君主所有的部队都带走了，君主就成了真正的孤家寡人了，只有这样，才说明你没有反心，皇帝才放心。

而此时司马懿也说，平定公孙渊以后，自己的志向就是解甲归田、安度晚年，这歌完全是唱给曹叡听的。

一听到曹魏帝国的第一军人司马懿亲自率领四万步骑杀来，公孙渊一下子又慌了。他派人连忙向孙权求救，似乎忘记了自己手上还沾满人家一万人的鲜血——见过厚颜无耻的，没见过这样厚颜无耻的。孙权看到公孙渊的使者气都不打一处来，立刻命人把使者推出去杀了。这时，吴国的督军使者羊衜[①]说：“如果把使者杀了，那是为了泄私愤的举动，而不是追求霸业的做法。倒不如因此对公孙渊好起来，偷偷地派兵去。如果魏国打不过公孙渊，那我们出兵千里，也是非常讲信用的举动；而如果魏国打败了公孙渊，那么，我们趁机掳掠公孙渊的边境地带，把边民和财物弄走，也算是对他背信弃义的惩罚吧。”

---

① 根据《三国志·孙和传》下引的《吴书》似可推出此羊衜死于吴国桂阳太守任上，并且是南阳人，而不是以后的晋国名将羊祜的父亲羊衜，根据《晋书·羊祜传》记载，羊祜的父亲也叫羊衜，爷爷羊续做过南阳太守，不过，传上明确说羊祜是山东泰山（今山东省莱芜市羊里镇羊里村）人，可能是重名？还是羊祜的父亲羊衜在后来投降了曹魏，做了曹魏的上党太守？没有答案。

孙权冷静地想了想，勉强同意，对使者回话："愿意出兵相救。"

司马懿在本年的六月份到达辽东。其实，司马懿的主力部队在六月前就已经抵达右北平，部队经过短暂的休整，会合了毌丘俭的地方部队和鲜卑乌丸骑兵，总兵力远远超过来时的四万。然后，司马懿以京都精兵为中军，以毌丘俭幽州部队为两翼，杂以鲜卑乌丸骑兵，浩浩荡荡地向东开去，一直进军到辽河西岸。

遥望辽河东岸，旌旗飘扬，鼓声阵阵，公孙渊在这生死存亡的关头，派遣大将军卑衍、杨祚，倾全国之兵，来到辽河东岸，沿着辽河走势，南北构筑六七十里的大营。

看到这里，这阵势是否十分眼熟？是啊，三年以前，诸葛亮第五次北伐，出褒斜谷进攻关中，当时也是司马懿据渭河挡住了诸葛亮的去路，而作为进攻一方的诸葛亮也曾经试图渡过渭河，并且是声东击西，但是被司马懿和郭淮看破没有成功，随后还军五丈原，双方陷于僵持。即使诸葛亮不死，其实当时的蜀军也已经师老兵疲了。

现在，看看司马懿如何打破这个僵局。

二十三　平定辽东（三）

司马懿的众将纷纷请战，要求直接渡过辽河，正面进攻卑衍、杨祚的营垒，诸将的理由非常正当：一是乘新来的锐气，一鼓作气荡平公孙渊；二是长途来此，速战速决，不然粮草不济。

但是，司马懿却说："敌人之所以构筑堡垒，就是想让我们去攻，来消耗我军力量，如果现在去攻正好中计。敌人主力在这里，他的巢穴一定空虚，我们绕过眼前的敌人，直接进攻襄平他的老巢，肯定能够拿下。"于是，司马懿在自己阵营的南侧，打出很多大旗，分明写着这个部队的，那个部队的，做出要从辽河下游渡河的假象。卑衍、杨祚根本没经过大脑，也不管虚实，把所有精锐都调动到南边防守。而司马懿却带领主力部队悄悄地从辽河的上游（出其北）渡过辽河。这声东击西的计策，司马懿用得滴水不漏。

司马懿渡过辽河以后，还是没有对这些不是精锐的公孙渊驻防北边部队进行打击，而是开始构筑长长的围堑，先保护好自己，同时远远地围着敌人。

众将又一次不解了："您远来这里，难道就是当泥瓦匠的？这样围而不打，是示弱于敌。"

司马懿又一次进行耐心的课前辅导，他说："古人说，敌人的营垒虽然很高，但是不得不和我作战的原因，是因为我方进攻敌人的地方，是敌人不得不救的地方。我现在直接进军襄平（今辽宁省辽阳市，公孙渊老巢），敌人肯定内心都很担心老窝的安危，从堡垒出来和我野战，那时候肯定能够击败他。"

于是，司马懿在轻松渡过了屏障公孙渊的第一个天然险阻——辽河以后，接着安顿了粮草，并不慌不忙地在辽河东岸站稳了脚跟，然后大摇大摆地从卑衍的营垒边向东开去——目的地只有一个，那就是公孙渊盘踞的地方襄平。

"皇上"公孙渊在老窝啊，不说公孙渊了，自己的妻子孩子也都在家啊，能不救吗？

《资治通鉴》上说，卑衍命令部队趁夜回救，你为什么趁夜呢？只想安全回家？与此稍有不同，《晋书·宣帝本纪》是这样说的：（卑衍）看到司马懿整阵而过，运动到自己的后方，就从营垒中出来，进行邀击。看到这个敌人出营了，司马懿对手下说：所以不攻其营，正想着把他弄到这里作战呢，机会不要失去了！于是，魏军努力作战，三战皆捷。——把你调动出来了吧？

个人认为《晋书》的说法还是比较真实的，卑衍哪有不出来交战，直接就畏敌如虎，并偷偷地夜间回家的道理？偷偷出营趁夜回家，应该是在被击败两次以后。

卑衍权衡利弊，最后，决定回家保护襄平。

你在这里构筑工事可以，起码练练手工活，可是，人司马懿不打你这里，人家走了去打你老家去了——那里可有你的皇上啊，你还在这里空等什么？

如果你是卑衍，会怎么办？试着想想，留一半兵在这里，攻击司马懿的长围？那就反主为客了，估计不好攻。那咱切断他粮道呢？不失是一个好主意。分一半兵回救，有城池，应该人数足够。

卑衍没有这样做，他不敢分兵，而是全军回救，当部队走到首山（今辽宁省辽阳市境内，上有清风寺，不是锦州西南兴城的首山）附近的时候，被早已埋伏在此的魏军，突然包围，大破卑衍，卑衍带着残兵退进襄平城中。

真漂亮！

本来是两军对垒，好像双方都没有什么破绽，但是，经过司马懿这一折腾，公孙渊的部队彻底陷于被动，全被人家牵着鼻子走。

接着，司马懿就把襄平城给围了起来。实际上，从此时起，公孙渊的失败只是早晚的问题了。

不过，司马懿也够倒霉的。围城的工程作业刚开始，就遇上了大雨，这大雨还一连下了一个多月，辽河的水暴涨，当时，给部队运粮的大船可以从辽河入海口直接抵达司马懿的军营。平地上的水都有几尺深，魏军将士心中开始恐慌起来，纷纷请主帅把军营移到地势较高的地方，但司马懿坚决不允许。那么咱就眼睁睁地看着士兵们一直在水中浸泡？

都督令史张静把自己的营帐移到了高一点比较干燥的地方——文人嘛，就是干净、讲究，司马懿知道了，立即下令将其斩首。

为什么司马懿不允许移营呢？千年以后，我仍无法理解他的做法。难道就让士兵们在水中站岗放哨，吃饭睡觉？你不是不知道关羽水淹七军，你想做第二个于禁？

思量下来，大约是显示一种决心？也许，压根就是司马懿的一步昏招儿。

答案可能在于：当时不仅单单是军营屯驻，更重要的是还在建筑长围，一旦离去，将前功尽弃。

公孙渊城内的人依仗着下雨，开始打开城门到城外砍伐树木，采集蔬菜，放牧牛羊。司马懿的手下请示是不是出兵把眼前晃动的城里人给抓起来，司马懿还是不同意。《资治通鉴》详细记载了司马懿与陈珪的谈话，从中我们可以看出司马懿之所以这样做的原因。军司马陈珪说："从前，进攻上庸（今湖北省竹山县西南田家坝）时，八路同时进发，日夜不息，十五天攻陷城池，杀了孟达。这一次我们跋涉的路程更远，却这么安闲，我实在想不通。"司马懿回答："孟达守城的部队少，可是粮食却多得够吃一年，我们军队人数比他多四倍，粮食却不能支持一个月，用一月攻击一年，怎么能不速战速决！我们用四个人攻击一个人，就是我军死一半，只要能攻克，还是要去做，因此不顾死伤，那是跟粮食竞争。现在情形恰恰相反，敌人军队多，我们少；敌人粮少，我们粮多。何况大水泛滥，我们无法行动，就是想攻城，又怎么攻？自京师出发，我不担心被敌人攻击，只担心敌人逃走。现在，敌人的粮食快要吃完，可是我们的包围圈还没有完成，如果掠夺他们的牛马，阻止他们砍柴放牧，势将逼他们逃走。战争是一种诡诈的行为，必须随机应变。敌人仗恃庞大的军力，又仗恃大雨不止，所以虽然饥困，亦不肯认输，我们要装作我们束手无策，这样才能让他们安心固守。贪图一点小利，使他们受到惊吓，弃城逃走，不是好的计谋。"

老谋深算吧！

大雨终于停止，司马懿把外围的包围圈完成以后，开始作灭国性攻击，高堆土山，挖掘地道，使用楼车监视城中动静，冲车撞击城墙。士卒用盾牌遮住头部，手执钩链，冒死攀登，日夜不停地猛烈攻击，城上的箭和投掷的石头密集如雨。

而此时，公孙渊窘困紧急，城中粮食已经吃光，开始了人吃人，将领杨祚等也出城投降。

挪到八月，燕王公孙渊派相国王建、最高监察长（御史大夫）柳甫，出城晋见司马懿，请求远征军暂时解围，稍向后退，公孙渊君臣当自己捆绑，出来投降。

司马懿可不傻。

他果断下令斩了王建、柳甫，然后开始义正词严地装糊涂，让人给公孙渊传话说："我是全国武装部队总司令，而这两个糊涂的家伙却打算教我解围后退，这是什么态度？对这两个传话错误的老糊涂，已经诛杀。你如果还有别的话要说，可派头脑清楚、年轻一点的来。"——司马懿的打算是：对于公孙渊的智囊，能多杀一个是一个。

公孙渊只得再派侍中卫演晋见，请求指定一个日期，愿送出人质。这次司马懿摊牌了："军事对决，大致上有五种结局：能战就战，不能战就守，不能守就逃；其他两条路是：投降或死亡！公孙渊不肯把自己捆绑投降，当然是决心死亡，不必送什么人质。"——对你说明白了，你要么死，要么降，就这，其实降也是死，只是降了，可能把你送到洛阳五花大绑地游行你N圈以后，再弄死。

公孙渊绝望了。《晋书》记载，有一颗长星，色白，有像小刺的光芒，从襄平的西南落到东北，坠进梁水。到八月二十三日，襄平陷落，公孙渊跟他的儿子公孙脩，在数百骑兵保护下，突围向东南逃走，曹魏远征军急行追击，在梁水（太子河，辽河支流）河边追及，斩公孙渊父子。据说公孙渊父子被杀死的地方正是星坠的地方。——对此司马光估计不相信，所以在《资治通鉴》上没说。

又是一颗彗星，真的吗？不禁让人联想到五丈原上的那颗。

司马懿进入襄平后，诛杀燕王国三公、部长级以下官员两千多，把十五岁以上的男子（人吃人的幸存者，估计城内是全民皆兵、亦兵亦民了吧？）共七千余人全部杀掉，二者相加在万人以上，筑成"京观"（把尸首累积在一起，再用土累积在群尸之上，堆成高丘，称"京观"）——怎一个惨字了得！

也许是司马懿怨恨这些人没有像杨祚那样投降，但是，大屠杀，尤其是对失败者的大屠杀，到什么时候都叫人恶心。

司马懿这次战役的成果不仅消灭了一个地方割据政权，而且还把公孙渊统治下的辽东郡、带方郡（今朝鲜沙里院城）、乐浪郡（今朝鲜平壤市）、玄菟郡（今辽宁省沈阳市）同时全部收归了国家。

二十四　曹叡之死（一）

司马懿也没有开疆拓土的意思，整整经过了八九个月的战争，司马懿对这里似乎也不十分感冒，核收户口四万，人口三十万。对于来自中原的辽东居民，他下令可以随便回老家。在回师的路上，司马懿还顺便做了一件事，发明了阴阳转向酒壶，杀了魏国名将牛金。据王隐《晋书》记载："宣帝既灭公孙渊还。作榼两口。二种酒。持著马上。先饮佳酒。塞口而开毒酒口。与牛金饮而死。"杀掉牛金，是因为司马懿相信"牛继马后"的预言，要防患于未然。

《晋书》总喜欢神神叨叨的，不过，下面的事情，就不是神神叨叨可以解释得了的了。

据司马懿自己说——只能是他自己事后说的："刚拿下襄平的时候，自己梦见曹叡头枕着自己的大腿，对司马懿说，看我的脸。"据说，当时司马懿就有不祥的感觉。但是，事实上，随着部队回师的司马懿并不知道在洛阳的曹叡已经于十二月八日的时候得了重病，此时，司马懿正跟随着得胜归来的大军走到汲县（今河南省卫辉市），《晋书》上说的是白屋，我们无法知道白屋的确切位置。

魏明帝曹叡已经在位十三年了，我们不知道曹叡年纪轻轻的究竟得了什么病？有人说按史书记载曹叡三十六岁死亡，就不可能是曹丕的儿子，又都是些陈年旧账，不提也罢。如今，反正是曹叡得了急病。

在这个时候，我们不得不说到两个人。很多年以后，当读史的人为司马懿夺权扼腕叹息的时候，也同时把鄙夷的眼光投向了这两个人，他们是中书监刘放和中书令孙资，这两人相当于当时的宰相。

刘放年轻的时候曾经说服自己的上司投降曹操，此后，就一直在曹操身边服务，《三国志·刘放传》记载："善为书檄，三祖（曹操、曹丕、曹叡）招命有所招喻，多放所为。”孙资曾经是贾逵的同乡，贾逵力劝孙资出仕，曹操第一谋士荀彧一见之下，大为激赏，同时，孙资不念旧恶，为人宽厚。他们两个在曹操时代就是贴身秘书，深得曹操信任。到曹丕做皇帝时候，曹丕也是十分喜欢二人，他创设了中书监一职，就叫刘放担任，又安排孙资做中书令，同掌帝国核心机密。明帝时候，二人更是赢得明帝的欢心，两位历仕三朝，眷顾不减，可见为官、处事、文字写作和协调能力不同寻常。但是，估计也得罪了不少当朝权贵。这也难怪，也是一般秘书的通病：身在兵位，常为帅谋——出的一些主意必然会损害一个人的利益；自己又只能忠诚于领导一人，难免有时会有狐假虎威的嫌疑，即使你自己没有，别人也看着不顺眼；秘书本身不是一方大员，没有实力，一旦大树倒掉，你什么也没有。

曹叡刚有病的时候，打算任命曹宇为大将军，连同统军将军夏侯献、武卫将军曹爽、屯骑校尉曹肇、骁骑将军秦朗五人共同辅政。曹宇过去一直不太出名，但是，我们不要忘了，看看和曹宇有关系的，可都是大名鼎鼎的人物。曹宇是曹操的儿子、魏明帝的叔叔、曹冲的同母弟弟。曹宇的儿子后来入继大宗，就是曹魏帝国的最后一个皇帝常道乡公曹奂——他父亲、哥哥、侄儿、儿子都是皇帝。根据正史的记载使得我们留下了一个印象：这个曹宇是个拿不上台面的阿斗，只想做一个王公贵族，享享清福，根本不想做帝国的总司令。据说，在被任命为大将军的四天时间里，曹宇费尽心思想怎么把这个大将军推掉，反复对病中的皇帝说自己能力不行等等。按照这个推论，以后事情的发展，起码曹宇是主动退出政治舞台的，但是，事情真是这样子的吗？

《资治通鉴》记载，曹宇自知不是做大将军的材料，所以推辞不做。这时，曹叡招刘放、孙资问两人的意见，二人举荐身边的曹爽，并提出：“应引用司马懿作为辅佐。”但是，这段记述平淡无奇，似乎曹宇根本就不想做大将军，然而，事情却并非那么简单。因为在此期间，曹宇还建议魏明帝下诏让司马懿直接回关中，要得胜回京的司马懿不再回京述职，直接从轵关（今河南省济源市西，太行山中多东西向横谷称为“陉”，其中，军都陉、薄阳陉、飞狐陉、井陉、滏口陉、白陉、太行陉、轵关陉，古称“太行八陉”）去长安。这种安排，明的说是关中地理位置重要，时时刻刻离不开你司马懿，实际上，就是不让你留在中央。因为，看看地图就知道，去长安走洛阳也顺路啊。何必如此呢？曹宇的心里是在担心司马懿，虽然司马懿是总司令，但是我把你弄到地方上，你充其量也只是个西北军区司令。

史书上这不经意的一笔，也让我们知道了一点，那就是：此时的曹宇不仅在考虑着作为大将军需要考虑的事情，而且也在做着属于大将军的工作。

说曹宇坚决不干，可能本身就是无稽之谈。

接着，究竟又发生了什么事情呢？

二十五　曹叡之死（二）

要说清楚其间还发生了什么，那就还得说说另外四个人：中央禁军总监（领军将军）夏侯献、武卫将军曹爽、骑兵指挥官（屯骑校尉）曹肇、骁骑将军秦朗。夏侯献，不知道他的出生本末，是中央禁卫军的总司令，三品。曹爽，四品武卫将军，属于禁卫军将领。曹肇，四品屯骑校尉，属于野战军将领，是野战五校尉之首。秦朗，四品将军。

除了夏侯献，由于史书上没有记载，我们不知道背景，但是肯定是夏侯惇、夏侯渊家族之后。曹爽就是后来的大将军，前大司马曹真的儿子。曹肇，是前大司马曹休（与吴国石亭会战战败的那个）的儿子。这个曹肇，《三国志》上讲，他有当世才度。并且，曹肇有“殊色”，就是长得非常好，和曹叡是很好的玩伴，吃住在一起。也可以说是曹叡的男宠、同志，有时候，两人打赌，赌皇帝的一件时装，结果皇帝输了又舍不得给，曹肇就直接爬上御床拿走，可见，两人亲密无间。秦朗，就不用多说了，前面也说过，他母亲是关羽的梦中情人，结果让曹操一见之下笑纳了，秦朗也成了曹操的干儿子，一直是魏国的近臣，并且立有军功。

这些个人，哪一个不是嫡系？

但是，问题就出在这里。一头是，刘放、孙资长期处于权力核心，另一头是这些个皇亲国戚，在这些皇亲国戚眼里，你刘放、孙资算老几？还站在我们头上？——矛盾自然而来。

夏侯献和曹肇在皇宫的角落里嘀嘀咕咕，当二人看到刘放、孙资走了过来，因为双方素来就有恩怨，夏侯献和曹肇就对着皇宫里专供公鸡晚上睡觉的树，指桑骂槐地说：“公鸡占这棵树也够久了，看它还能再占几天？”——明摆着说给孙刘二人听的。

这句话不打紧，接下来发生的事情着实令人眩晕，《汉晋春秋》上记载的就更为惊心动魄。梳理《三国志》有关人物的传记、《资治通鉴》《汉晋春秋》等书，当时的情况大约是这样的：夏侯献和曹肇关于公鸡栖树的谈话，成了刘放和孙资反击的直接导火索。

景初二年（公元238年）十二月甲申这一天（十二月二十七日），病中的曹叡呼吸微弱，大将军曹宇从皇帝住的大殿里出来，找曹肇说事，这时候，皇帝身边只有曹爽伺候着。刘放看到这种情况，赶紧找孙资商量向皇帝建议重新任命辅政大臣，孙资说："已经没有办法挽回了啊。"刘放说："我们都将要进汤锅被杀死了，还有什么不可以做的呢？干吧。"说完，就拉着孙资冲到病中的曹叡面前，哭着说："皇帝您呼吸微弱，一旦有什么不合适，天下您要托付给谁啊？"

曹叡说："你没有听说托付给燕王曹宇了吗？"

刘放说："陛下，你忘记了先帝的规定了吗？藩王不能够作为辅政大臣，并且，陛下，你现在还在生病中，曹肇和秦朗都已经和宫中伺候您的妇女们嬉戏了（两人本来就经常在宫中，大约是习惯成自然了吧，直接在男人的心窝子上捅！），燕王曹宇派兵在宫门南面，不让我们随便出入（那你们是怎么进来的？），这是竖刁（齐桓公的近臣，将齐桓公活活饿死）和赵高的作为啊！"——这是刘放直接朝"准辅政大臣们"摊牌了。

接着，刘放继续说："现在太子幼弱，境外有强敌，境内有饥民，皇帝你不远虑，全用曹家的人，把祖宗的家业托付给两三个平凡的人手里，您卧病这两三天，宫内宫外的消息都堵塞了，社稷危殆，作为您的臣子，我们真的好痛心！"

曹叡听了这话，大怒——我托付后事的人，竟然在我没死的时候，就和我的小妻子群打情骂俏！

紧逼着问了一句："那你说托付给谁？"

这个时候，只有曹爽在跟前，刘放随口就说："曹爽。"——总不能把眼前的他也得罪了吧，如果那样，这人在皇帝面前和我对嘴，那就麻烦了。

皇帝看了看曹爽，问曹爽："你行吗？"

曹爽吓得汗流浃背，口不能言语。刘放在他旁边轻轻地踢踢他，偷偷在他耳边教他说："我可以以死不辜负陛下所托。"

《三国志》和《资治通鉴》里，写的就没有这么剑拔弩张了，说的是：燕王曹宇，性情谦恭温和，向老侄曹叡恳切推辞。曹叡把刘放、孙资唤到卧室，问：“燕王究竟是什么意思？”刘放、孙资回答说：“燕王有自知之明，知道负担不了这么重大的责任。”——双方显得是那么的温文尔雅。

问题的关键是为了把未来的常道乡公曹奂的父亲在这件事情完全撇清，把曹宇美化成为一个不问世事的高人。

我倒宁愿相信《汉晋春秋》的说法。

往下继续说。

在向皇帝说了曹爽以后，刘放和孙资又加了一句：“应该把司马懿招来和曹爽一起辅政。”

皇帝曹叡同意了，就让孙、刘两人下去做命令去了。

这时候，曹肇又进来，知道情况后，痛哭流涕地说：“坚决不能这样。”

皇帝又犹豫了，就叫曹肇出去让原来的命令停下来。等曹肇出门，刘放、孙资又跑着回到殿中，重新说服了皇帝。皇帝重新又听从了刘放和孙资的意见。这次，刘放汲取了几分钟前的教训，对皇帝说：“您还是把您的最后意见写下来，给我写个字。”皇帝没劲，动不了，刘放就跳到御床上，拿着皇帝的手，写下了罢免大将军曹宇等的字据。然后，刘放拿着字据（手诏），走到殿外，大声说：“有诏免去大将军曹宇等人的官，马上离开皇宫。”

曹宇等四个人大哭着，回到了各自的府邸。

对于这四个人各是怎么离开皇宫的，《三国志·刘放传》引《世语》上是这样说的：曹肇因事暂时出宫，等第二天，刘放孙资对宫门宣布诏书，不得让曹肇再进宫，并且罢免了曹宇的职务。这时候，作为皇宫卫戍部队的总司令夏侯献还在宫中。皇帝亲自对他说：“我已经好些了，你快出去吧。”于是，夏侯献也哭着走了。

同日，皇帝擢升曹爽当最高统帅。曹叡担心曹爽能力不足，再擢升政务署执行官孙礼，当最高统帅府秘书长（大将军长史），做曹爽的助手。同时，曹叡派随身仆役辟邪，拿着手令，征召司马懿进京。

司马懿先后接到两种不同（第一个是曹宇建议皇帝让司马懿直接去长安）的命令，怀疑京师发生变故。于是，紧急上路，《晋书》上说连着接到五道诏书，其中一道写着：“一刻也不停地盼望着你的到来，来了就直接推门进来，看我的脸。”

嘘，是不是与俺司马懿的梦一样？

本来没有份的司马懿（甚至是被排挤和边缘化的对象）凭空捡到了一个天上掉下来的大宝贝，他坐着追锋车一晚上就到了洛阳。他哭着进入皇帝的寝宫嘉德殿，曹叡握着司马懿的手，说：“我把后事托付给你，你和曹爽一起辅佐太子。原来死亡也是能够忍耐的，我忍受着死亡来等待你，见到你就没有遗憾了。”——因此，后世叫这次托付为“忍死之托”啊！

曹询比曹芳大，个子也高，曹叡特地把曹芳叫到司马懿的跟前，用手狠狠地抓着司马懿，叫司马懿认清楚，“君谛视之！”并且叫曹芳抱着司马懿的脖子。

司马懿哭着直磕头。

不一会儿，曹叡就死了。就这样，曹芳继位。帝国第一大臣是曹爽，第二是司马懿。给二人加侍中（皇帝的贴身顾问），假节钺（可以暂时代替君主，有生杀予夺的权力），都督全国的部队；每人各带三千名甲士，轮流到皇宫值班。

这就是所谓的“忍死托孤”。曹叡想让司马懿做一回诸葛亮，但是，这真的是一次赌博，并且，赌注很大，大到几年以后，很多人会流血。

曹芳时代开始了，魏国权臣也进入二元体制之中。历史走进了著名的九年暗流涌动的“正始年间”。

第二部 暗流涌动

二十六　正始玄学（一）

在叙述那刀光剑影、尔虞我诈的正始政治之前，还是说说正始作为一个独具魅力的文化符号，留存于中国历史上的那些文化、文学、风尚吧。

司马懿等朝廷大佬们把新皇帝曹芳（当时只有八岁）的年号定为正始，大约是取“正始之道，王化之基”的意思。估计这与司马家以后致力于确定“君君臣臣，父父子子”的名教不无关系吧。自己控制了皇帝，还口中大谈名教，让手下的人忠于自己。于是，就有了形形色色的思想叛逆，这叛逆有的充盈着人性的光芒，千载以降，让人的眼睛为之一亮。

那么，先说说正始的玄学。

玄学，作为一个独立的称谓，我个人认为是从魏晋开始的。后世说到玄学，也一般是指魏晋玄学，而魏晋的玄学发端于正始前后，说到这里，我们不得不提到三个人——何晏、夏侯玄、王弼。

首屈一指的人物当属何晏。

何晏，字平叔，南阳宛县（今河南省南阳市）人，汉大将军何进之孙。曹操纳何晏之母尹氏为妾，何晏的境遇与秦朗一样被曹操收养，成了曹操的干儿子。何晏是个出名的帅哥，脸庞很白皙，年少的时候就“以才秀知名，好老、庄言”，为曹操所宠爱。《世说新语》记载，还是在何晏七岁的时候，就已经“明慧若神”，曹操非常喜欢他，就把他带到宫中，想收为自己的亲儿子，而何晏聪明过人，立即知道了曹操的意思，他还真的没想着姓曹有什么高贵的，但是又不好正面拒绝，小小年纪的他，就在宫中找个地方，画了一个方方正正的正方形，自己站在其中，有人问他做什么，何晏回答说：“这是我姓何的家。”曹操听说后，马上就把何晏送出了宫廷，任其回家了。

虽然和秦朗的境遇一样，但是何晏却不像秦朗那样谦恭，而是显得更加潇洒通脱，做什么都无所顾忌，他穿着打扮也和太子曹丕一样光鲜，气得曹丕一见到何晏就直接称呼他——假子，从来不提名字。当然，曹丕是挖苦何晏，并提醒何晏，你不过是我父亲的假儿子，别当真了！

假子怎么了？你看不上我，我还真也没有把你放在眼里呢！帅哥是天生的，你嫉妒，门也没有。因为帅，所以，何晏更加注重外表，经常“行步顾影”，被人称作“傅粉何郎”。何晏娶的妻子是曹操的金乡公主，《魏末传》上说，就是何晏的同母妹妹，因为何晏好色，公主到母亲跟前告状，可是，母亲反而笑着说，你是不是妒忌你老公的美貌啊？因为得不到曹丕的赏识，所以在曹丕执政的几年里，何晏只是个闲散的官——这对于一个长期处于权力中心、有激情创业的人无疑是一记沉重的打击。

打击归打击，不过， 也使得他有很多闲暇时间，去研究他喜爱的老庄哲学，尝试服用五石散，并和一群失意的才子们谈玄。

第二个人物是：夏侯玄。

夏侯玄，字太初。夏侯玄的父亲就是夏侯尚，母亲就是曹真之妹，魏德阳乡主。

说到夏侯玄一家，真是个悲剧。

本来父亲夏侯尚是夏侯渊的侄儿，和曹丕关系很好，就是因为喜欢自己的小妾，夏侯玄的母亲德阳乡主吃醋了，回娘家给自己的哥哥曹真说了，曹真又把这个纯粹是别人的家务事报告给了皇帝曹丕。

当时，曹真是大司马啊，曹丕正用曹真去应付吴蜀呢！怎么能叫我的大司马为这种小事分心呢？于是，曹丕下令把夏侯尚宠爱无比的小妾绞死，前面我们已经说过，夏侯尚哀痛过分，还挖开棺木对着死人痛哭流涕，不久也郁郁而终。——夏侯玄的思想上估计也是继承了父亲这种不顾名教、不循规蹈矩的作风吧？

因为曹爽是曹真的儿子，其实，夏侯玄和曹爽就是姑表弟兄。

而夏侯玄的一个妹妹，嫁给了和洽之子礼部尚书和逌，生下和峤、和郁兄弟，后来和峤成为晋朝名臣，他十分仰慕舅舅夏侯玄的为人。

夏侯玄的另一个妹妹夏侯徽，嫁给了司马懿的大儿子司马师。在那个死去了两个伟大人物的读起来很顺溜的年度——公元234年，被司马师亲自毒死！《晋书》记载：夏侯徽知道司马师有反叛之心（非魏之纯臣），而夏侯徽的母亲又是曹真的妹妹，于是，在曹真刚死，司马懿刚刚成为帝国的最高司令的时候，就被司马师残忍地杀害了。

有人说，司马懿并没有背叛曹魏，理由是终司马懿一生，没有称帝。姑且不说高平陵政变以后，司马懿把政敌斩杀殆尽，独揽大权，其实从《晋书》记载的司马师在魏明帝青龙二年（公元234年）就毒杀了自己的妻子夏侯徽这一点，就可以看出，司马家其实从很早的时候就已经在秘密地筹划培植自己的势力，企图颠覆政权了。要知道公元234年才是魏明帝的青龙二年啊，到嘉平元年的公元249年司马懿发动高平陵事变，还有整整的十五年之久！在那之前，夏侯徽已经看到了什么，也听到了什么，要不然，司马师不会下此狠手！具体夏侯徽看到过听到过什么，我们无从得知，但是，让我们看看公元234年究竟发生了些什么，也许能捕捉到一点蛛丝马迹吧。

青龙二年二月，诸葛亮第五次伐魏。三月，刘协死。四月，魏国发生大的传染病。五月，吴国大规模进攻魏国。七月，魏明帝南下亲征。八月，诸葛亮死。十一月，洛阳地震。可以说，前半年的魏国，一直处于风雨飘摇之中。

而司马师的父亲被任命为帝国西北军区的最高统帅，抵抗着诸葛亮，并把军心不满的怨气转嫁到魏明帝身上，逼迫魏明帝派辛毗去弹压。板荡不仅是识忠臣，也是识奸臣的。我们的司马家可能在蠢蠢欲动，也可能在做一些帝国如果崩溃的准备。

夏侯玄、何晏和司马师本来玩得也很好，何晏曾经品评夏侯玄和司马师说："看问题深刻，所以能通达天下之哲理，就数夏侯玄；看问题细微，能处理好天下事务的，就是司马师啦；至于能达到不行而至、不谋而成的神化地步的人，我还没见到第二个。"（晏尝曰："唯深也，故能通天下之志，夏侯太初是也；唯几也，故能成天下之务，司马子元是也；唯神也，不疾而速，不行而至，吾闻其语，未见其人。"）当时，以通达哲理为上流，对处理俗务为下等，何晏这样区分，明显把司马师排在下等，从此，司马师对何晏恨之又恨，对夏侯玄嫉妒得不行。

魏明帝的时候，诸葛诞、邓飏喜欢品评人物，和夏侯玄他们玩得好，相互品定，把夏侯玄等四人列为"四聪"，诸葛诞等为"八达"，虽然刘放、孙资、卫臻的儿子，在这些人的眼里看不上，但是碍于他们父亲的地位，也把他们三个列为三豫（三个预备人才），但是，夏侯玄栽在了看不起明帝的内弟小毛这件事上了，明帝心想，看不起我内弟，就是看不起我。你名士怎么了，我照样掐了你。就让夏侯玄闲居在家，不过正好，也有时间谈玄了。

不光是谈玄，夏侯玄的文采也很高，他写的《乐毅论》因为被后世的王羲之手书而名驰四海，成为宝贝。

第三个人是王弼。

王弼，字辅嗣，山阳高平（今山东省邹城市、金乡县一带）人。

王弼也十分了得。东汉末年的“八俊”有两个都和他有关系：他的外曾祖父就是刘表，他的五世祖就是王畅，位列三公。而他的继爷爷则是大名鼎鼎的王粲，（“建安七子”之首，和曹植并称为“曹王”。）东汉末年，王弼的爷爷王凯与族弟王粲避乱荆州，依附刘表，刘表重粲之才。想把女儿嫁给王粲，可是又嫌他形貌丑陋，就把女儿嫁给了王凯，生子王业，王业生了王弼。后来王粲绝嗣后，以王业为继嗣。因为王粲年轻的时候十分了得，过目成诵，十四岁到长安大学者蔡邕（蔡文姬之父）家，蔡邕是倒穿着鞋迎接，并把家藏书籍文章万卷送给了王粲，王粲最后又把书传给了王弼。

王弼从小就喜欢黄老之学，当时的名士在一起谈论问题，大家都一致认为某个道理是正确的，等王弼一来，三下五除二，就把大家说的道理给推翻了，令名士们全都佩服得五体投地。正始初年，何晏被提拔为吏部尚书，在学术界声名藉甚，而当时王弼才只有十五岁，何晏呢，已经五十岁左右了，可他一见到王弼就大为欣赏，认为他可以与自己共同探讨“天人之际”，感叹着说：“仲尼称后生可畏，若斯人者，可与言天人之际乎？”

那么，他们究竟在谈些什么呢?

二十七　正始玄学（二）

人活着，总要给自己找一个活下去的理由。

每天，阳光像金子般地洒在身上，洁净无比的空气荡涤了胸中的污浊。那么，仅此就是生活的全部意义吗？

也许是，也许不是。

但是，对于一个从小尊贵无比、聪颖美貌、有学有识、有志于建功立业而被搁置一旁、无所事事的何晏来说，我敢肯定不是。每天，日出日落，吃喝拉撒，有意义吗？夏侯玄的家庭悲剧，官场的失意，现实生活的平庸和冷酷，也不得不使人把头伸到“窗外”透透空气。如果不让做事，那么，咱就好好地生活，开开文化沙龙，探讨探讨哲学，著著书立立说，也很惬意嘛！

如果在这个世界上生活是真实的，那么，我死去以后呢？

要么是什么也没有。如果什么也没有，那对于我而言，这个世界不是也不存在了吗？

如果进入另外一个世界，那么，这个世界对于我而言，不是就像昨晚我做过的梦一样，彼时是那么真实，而此时却是虚无的吗？因此，这个世界的一切爱恨情仇不都是一场梦境，都来源于无，复归于无吗？

在何晏的思索、论辩和倡导下，当时的士人大多数对于“无是万物产生的本原”这一看法，都比较认同。

我们每一个人大到建功立业，小到穿衣吃饭，在我们的思想深处都有左右着我们非此即彼的原动力，一个政权的施政方针也与统治者看待事物的根本方法密切相关。西汉初年一直到汉文帝的时候，一直崇尚老庄哲学，君主“清心寡欲”“无为而治”，认为，统治的根本在于统治者不折腾、不打扰、不干涉，那么，天下自然按照自然的法则发展。到了汉武帝，思想界发生了一次革命，那就是“罢黜百家，独尊儒术”，原生态的不管不问的治国理念，在雄才大略的汉武帝眼里，已经失去了昔日的作用，而儒家的入世进取、等级观念、忠诚理念等正符合那个时代的需要。

而三国，却是一个颠覆的时代。

各种思想空前活跃，曹操本人通脱自然，引领着那个时代的发展。人们开始重新审视各种古老的思潮和文化，审视那已经走上神坛的儒教。自由清新的空气扑面而来。

何晏，在被压抑的仕途上，逐渐成为第一个试图把儒家和道家合二为一的人，他用道家的眼光去诠释儒家，援道入儒，调和儒道。他试图用思辨、用开诚布公的讨论，把被阴阳五行、谶纬迷信神秘化了的儒家思想还原其本来可亲的面目，用老庄哲学思想解释这个世界。到曹爽执政的正始年间，何晏、夏侯玄因为与曹爽关系友善，被提拔重用，他们在野期间形成的处世哲学并没有因之而改变，反而因为王弼的到来而更加丰富多彩了。可以说，魏晋玄学的开山者是何晏，而集大成者，为王弼。何晏本来注了《老子》，可等看到王弼的《老子注》，自己也就放弃了，而把自己写的书改成《道德二经》。

“无”作为何晏哲学的最高范畴，也是一切事务、论辩、行为的出发点。《晋书·王衍传》称：“魏正始中，何晏、王弼等祖述老、庄，立论以为：天地万物皆以无为本。无也者，开物成务，无往不存者也。阴阳恃以化生，万物恃以成形，贤者恃以成德。不肖者恃以免身。故无之为用，无爵而贵矣。”然而，同为玄学，王弼却对于“无”有自己的解释，他认为世界“以无为本、以有为末”，而不是老子说的“天下万物生于有、有生于无”；“无”既然无形无象，它本身就不能独立存在，必须通过“有”（具体事物）来体现，所以，“无”存在于天地万物之中，“无”和“有”，只是本末和体用的关系，“有之所以为利，皆赖无以为用”，万物虽有万形，最终只能回归它们的共同根本——“无”。基于“以无为本”的观点，何晏、夏侯玄、王弼都主张为人、为政、名教上都要顺应自然。比如，王弼说：“善治政者，无形、无名、无事、无政可举，闷闷然，卒至于大治”；对名教与自然的关系，认为，自然是主，尊卑高低、制度约束等是次，因此，名教也要合乎自然；人性上，王弼主张性为主，情为末，即所谓“性其情”。

如今看起来很稀松平常的事情，在把皇帝和圣人神圣化的时代却有着很大的意义。何晏就不敢承认圣人也是有七情六欲的人，而王弼认为圣人照样有喜怒哀乐，只是他们善于控制罢了。

除此之外，玄学家讨论的问题还非常广泛。在认识论上，所谓“言尽意”还是“言不尽意”，就是说语言能不能说清道理，也一直是魏晋玄学讨论中的一个重要课题。王弼的“得意妄言”，对于中国以后的诗歌、绘画审美境界有极大的影响。

因为，这些问题都十分务虚，语言交锋十分玄妙，使得这些人不仅关注的问题脱离事务，语言随之不便被一般人理解，行为也不同寻常，这对以后东晋上层社会产生了巨大的影响——以做具体工作为“俗务”，以只言片语体悟玄妙，以超凡脱俗为高标。

从哲学的高度解决了世界观的问题以后，在现实生活中，何晏选择了及时行乐的态度，这种态度影响了魏晋以后的很多人。由于何晏纵情声色，他开始尝试服用很多年来没人敢服用的“寒食散”，从此以后，服药（特指服用寒食散）成为魏晋名士的标志性符号，也成为上流社会的风尚。巢元方《诸病源侯论》引晋皇甫谧曰：“近世尚书何晏，耽声好色，始服此药，必加开朗，体力转强，京师翕然，传以相授…….晏死之后，服者弥繁，于时不辍，余亦豫焉。”苏轼亦说：“世有食钟乳、乌喙而纵酒色以求长年者，盖始于何晏。晏少而富贵，故服寒食散以济其欲。”

什么是“寒食散”？

古代约书中有不同的方剂，配剂中主要有紫石英、白石英、赤石脂、钟乳石、硫黄五种矿石，因又称五石散。举一例：紫石英二两半，白石英二两半，赤石脂二两半，钟乳石二两半，硫黄二两半，海蛤（并研）二两半，防风二两半，栝楼二两半，白术七分，人参三两，桔梗五分，细辛五分，干姜五分，桂心五分，附子（炮）三分（去皮）。（《千翼方》）

中国古代医学理论认为：石钟乳：温肺气，壮元阳，下乳汁；白石英：温肺肾，安心神，利小便；石硫黄：壮阳，杀虫；赤石脂，涩肠，收敛止血，收湿敛疮，生肌；紫石英，镇心，安神，降逆气，暖子宫。这些药，都是所谓的“猛药”，弄不好就有生命之忧。并且吃散之后，一是必须要散步，叫作“行散”。魏晋时期“披发行散”的高人成为时尚。二是必须大量吃冷东西，服药以后，身体先热后冷，但不能吃热东西。三是喝热酒。四是穿薄衣服。五是洗凉水澡。

据说，服药以后，皮肤白皙鲜嫩，所以不敢穿紧身衣服，这使得魏晋衣服都成了宽袖博带的大衣，风度翩翩；同时衣服也不能换，为的是害怕新衣服刮破了皮肤，所以，穿得久了，名士们的衣服里就有了“客人”，“扪蚤而谈”取代诸葛亮的“羽扇纶巾”成为时尚，嵇康在《与山巨源绝交书》中也写道：“性复多虱，把搔无已，而当裹以章服，揖拜上官，三不堪也”；以后的王猛“扪蚤而谈”大为苻坚激赏；服药以后，性欲大发，所以魏晋有“偕妓上东山”的诗句；何晏自己也曾说过：“服五石散，非唯治病，亦觉神明开朗。”

玄学和服药，对魏晋文化、风尚、服装、文学等都产生难以想象的影响。

二十八　正始文学

人们习惯于把三国文学从建安元年（公元196年）开始到晋朝建立的泰始元年（公元265年），以曹植在魏明帝太和六年（公元232年）逝世为分界，划分为“建安文学”（公元196—232年）和“正始文学”（公元233—265年）。由于正始时期司马氏集团对文人无情的迫害和社会上弥漫的“质胜于言”的虚无氛围，使得正始文学与被誉为“建安风骨”的建安文学风格迥异。

建安文学，继承了汉乐府民歌的现实主义传统，采用五言形式，以风骨遒劲著称，兼具有慷慨悲凉的独特风格，主要人物是文坛巨匠“三曹”（曹操、曹丕、曹植）和建安“七子”（孔融、陈琳、王粲、徐干、阮瑀、应玚、刘桢），其中艺术成就最高的曹植的文章，被誉为“骨气奇高、词采华茂”。

较为著名的有曹操的《蒿里行》：“关东有义士，兴兵讨群凶。初期会盟津，乃心在咸阳。军合力不齐，踌躇而雁行。势利使人争，嗣还自相戕。淮南弟称号，刻玺于北方。铠甲生虮虱，万姓以死亡。白骨露于野，千里无鸡鸣。生民百遗一，念之断人肠。”《短歌行》：“对酒当歌，人生几何？譬如朝露，去日苦多。慨当以慷，忧思难忘。何以解忧？唯有杜康。青青子衿，悠悠我心。但为君故，沉吟至今。呦呦鹿鸣，食野之苹。我有嘉宾，鼓瑟吹笙。明明如月，何时可掇？忧从中来，不可断绝。越陌度阡，枉用相存。契阔谈宴，心念旧恩。月明星稀，乌鹊南飞，绕树三匝，何枝可依？山不厌高，海不厌深。周公吐哺，天下归心。”曹植的《野田黄雀行》：“高树多悲风，海水扬其波。利剑不在掌，结友何须多？不见篱间雀，见鹞自投罗？罗家得雀喜，少年见雀悲。拔剑捎罗网，黄雀得飞飞。飞飞摩苍天，来下谢少年。”《白马篇 》：“白马饰金羁，连翩西北驰。借问谁家子，幽并游侠儿。少小去乡邑，扬声沙漠垂。宿昔秉良弓，楛矢何参差。控弦破左的，右发摧月支。仰手接飞猱，俯身散马蹄。狡捷过猴猿，勇剽若豹螭。边城多警急，虏骑数迁移。羽檄从北来，厉马登高堤。长驱蹈匈奴，左顾凌鲜卑。弃身锋刃端，性命安可怀？父母且不顾，何言子与妻？名编壮士籍，不得中顾私。捐躯赴国难，视死忽如归！”还有美艳之极的《洛神赋》以及悲怆的《赠白马王彪》。

对比下来，正始中的文化人除了谈玄，就是吃药、喝酒、怪诞荒唐。文学只集中在两拨人：一批“竹林七贤”（阮籍、嵇康、山涛、刘伶、阮咸、向秀、王戎），一批“正始名士”（王弼、夏侯玄、何晏、钟会、荀粲、裴徽、傅嘏等），而真正代表着正始文学的，也只有阮籍和嵇康二人了。阮籍的代表作是咏怀诗八十二首，随便撷取其中三首：“夜中不能寐，起坐弹鸣琴。薄帷鉴明月，清风吹我襟。孤鸿号外野，翔鸟鸣北林。徘徊将何见，忧思独伤心。”“独坐空堂上，谁可与欢者。出门临永路，不见行车马。登高望九州，悠悠分旷野。孤鸟西北飞，离兽东南下。日暮思亲友，晤言用自写。”“林中有奇鸟，自言是凤凰。清朝饮醴泉，日夕栖山冈。高鸣彻九州，延颈望八荒。适逢商风起，羽翼自摧藏。一去昆仑西，何时复回翔。但恨处非位，怆恨使心伤。”

那种沉闷、感伤而又无可奈何之情跃然纸上。

二十九　正始初年（一）

我们知道，主导正始初期曹魏政坛的是曹爽。

他是曹真的大儿子，字昭伯，曹爽年少的时候就与魏明帝关系非常好，明帝继位以后，就被任命为散骑常侍，后来逐步晋升为武卫将军，成为禁卫军的一名将领。明帝驾崩以后，曹爽与司马懿一起被任命为顾命大臣，辅佐年少的齐王曹芳。

虽然，司马懿是曹爽的长辈，但是，曹爽是一把手，司马懿是二把手，朝廷大事的最终决定权握在曹爽手中。此时的曹爽可谓是“龙骧虎步，高下在心”，就在明帝曹叡去世不到一个月时，曹爽就开始了第一次大规模的人事调整。

一、任命司马懿为太傅，位居三公。根据惯例，三公为人臣之最，是皇帝的论道之臣，朝廷的日常工作、奏事一般不先“麻烦”这样德高望重的老臣看。虽然地位高了，但司马懿知道这是明升暗降。为了安抚老司马，特意任命司马懿长子司马师为散骑常侍，其他三子弟为列侯，四个子弟为骑都尉。骑都尉不过就是羽林骑兵的小官，这些司马懿岂能不知道？于是，司马懿坚决拒绝了子弟们的官职。

二、以曹爽二弟曹羲代替夏侯献为中领军、三弟曹训代替曹爽的武卫将军，以夏侯玄为中护军，曹爽五弟曹彦为散骑常侍、侍讲，其他曹氏兄弟如今加侍从，作为皇帝身边的近臣，随时控制着小皇帝的耳朵。

三、任命何晏为吏部尚书，任命邓飏、丁谧为尚书（东汉时，尚书台不仅是天子政令所自出，而且也是总揽政务的机构，其长官尚书令总揽纲纪，无所不统。尚书令与御史中丞、司隶校尉皆专席而坐。当时号称“三独坐”。大约类似于政务院总理），任命毕轨为司隶校尉（主管京师的治安），把过去的吏部尚书卢毓迁为尚书仆射（类似于副总理）。

四、还有一个李胜，被任命为洛阳县令。至于曹爽的其他亲戚故旧提拔的应该是举不胜举，可谓是一人得道，鸡犬升天。

这是景初三年发生的事。年号还没有改，还没有进入正始年间。

看似一切都进展得非常顺利。曹爽的直系亲属不仅盘踞了皇帝身边的文职位置，而且也控制了皇帝身边的武装部队，把持了人事、政务和京师周边地区的警务力量。可以说，以小皇帝曹芳为中心，安排了四层势力圈，可谓盘根错节。同时，曹爽还要控制地方兵权。

他以王凌为征东将军，假节都督扬州诸军事，王凌外甥令狐愚为兖州刺史，屯平阿。舅甥并典兵，专淮南之重，为东南军区司令（《三国志·王凌传》）；迁毌丘俭为左将军，假节监豫州诸军事，领豫州刺史（《三国志·毌丘俭传》）；以诸葛诞为御史中丞尚书，出为扬州刺史，加昭武将军（《三国志·诸葛诞传》）。

曹爽任命的这些人不少名声不好。邓飏，字玄茂。《魏略》上说：他是东汉开国大将军邓禹之后。明帝时为尚书郎、中书郎。后来因为和李胜等为浮华友，被明帝斥出不用。此人能言善辩，既要名，也贪财，后来，吏部尚书何晏用人不得人心，多因此人举荐不当所致。一个叫臧艾的人找到邓飏跑官，竟将父亲的小妾送给了邓飏，被当时传为笑谈，品评邓飏为："以官易妇邓玄茂。"

丁谧，字彦靖，丁斐之子。丁斐与曹操同乡，关系很好。丁斐天生贪财，一次，把自家的病老牛偷偷去换公家的好牛，受到处分。曹操爱开玩笑，一天见到丁斐，就问他："你的官印呢？"丁斐也知道曹操是挖苦他换牛的事，就说："拿去换饼吃啦。"曹操大笑，对身边的人说："我不是不知道这老东西的毛病，但是，我身边有这家伙，就像家里养了个喜欢偷吃的猫一样，虽然偷吃，但是却能给我抓老鼠，我的东西被偷吃，是有损失，但是口袋却避免了被老鼠偷吃，还是满满啊。"丁谧的性格与他父亲截然相反，比较阴沉清高，甚至连何晏也看不起，但是对曹爽却很忠心，是曹爽的核心谋士，经常为曹爽出谋划策。

毕轨、李胜，都是曹爽的私人。回过头来看，在第一次的人事安排上，曹爽可谓是占尽先机，司马懿什么好处都没捞到。

然而，刚刚上任大将军的曹爽，这一年就做出了三件对将来影响深远的错事。

三十　正始初年（二）

第一件就是奏免卢毓。

此前的吏部尚书是卢毓，曹爽为了抓住人事权，就要把这个位置弄到自己人的手中，他将卢毓提拔为尚书仆射，估计曹爽还是感到此人碍手碍脚的，又把卢毓调任廷尉。可不久，毕轨又上书说人家不称职，廷尉干脆也不让人家干了！

卢毓是什么人？东汉末年，大名鼎鼎的北中郎将卢植的小儿子。曹操曾经评价："故北中郎将卢植，名著海内，学为儒宗，士之楷模，国之桢干也。"（《后汉书》）卢毓也和他父亲一样，为人十分正直，魏明帝的时候，奢靡之风逐渐盛行，高堂隆经常上书劝谏，明帝十分恼火，身为侍中的卢毓对明帝说："君明则臣直，因此，高堂隆才敢给您直谏进言，这事本来是我们做近臣的事，我们没有做到，这是我们赶不上高堂隆的地方。皇帝您还是多多包涵他吧。"同时，他也很客观地看待文化人的名气问题。明帝讨厌何晏等人互相吹捧，进而对有名气的人一概反感。而卢毓却说："正是因为文化人遵循道德，才注重名声，有名气不一定就是坏事。只是现在只按照人的名气用人有失偏颇，没有对政绩的考核，才造成鱼目混珠的局面。"所以，以后才实施了对官员政绩的考核制度。景初二年的时候，明帝问叫谁当司徒，卢毓推荐韩暨（曾孙韩寿，就是"窃玉偷香"的那个美男子）、崔林（曹魏老臣，景初中为司空）、常林（司马懿老乡，历任尚书，大司农，司马懿见到就经常下拜《三国志·常林传》）。

卢毓可是长年身处官场核心的人物，在朝中有很大的人脉关系。于是，史书记载："众论讼之"，引起了众怒。结果，曹爽只好妥协，重新任命卢毓为光禄勋。

这次算是彻底得罪了卢毓，此时的曹爽也许还不知道，几年以后，自己就犯在了人家手里。

第二件是调离孙礼。

孙礼，字德达，涿郡容城（今河北省容城县）人。建安十年（公元205年），曹操平定幽州，召为司空军谋掾。曹操时代一直被任命为地方官。后入朝为尚书，为人耿直不屈。一次明帝出猎，一只猛虎上前，孙礼立即下马奋剑杀虎。明帝临去世的时候，在床前拜孙礼为大将军长史，为的是让孙礼辅佐曹爽。

孙礼作为从曹操时代就为曹魏效命的老臣，明帝把他安排在曹爽的身边，一方面，他能够为曹爽出主意，想办法；另一方面，他也有着很好的人脉。但是，孙礼性格倔强，与曹爽也素无交情，很多事情总是和曹爽不合拍。曹爽一气之下就将孙礼加封为伏波将军，赐爵关内侯，任命为扬州刺史，远远地调离了身边。曹爽把孙礼外派，其实，就是把自己的人推到了中间派的阵营。

以后，还有一件事情，则使孙礼彻底投到了司马懿的怀抱。

第三件是罢免傅嘏。

傅嘏，字兰石，北地泥阳人，是傅介子（汉武帝时人，当时，楼兰国对汉朝怀有二心，傅介子带领一百人深入楼兰，斩杀楼兰国王）之后人。傅嘏为人才干练达，有军政识见，好论人物国计。年轻的时候就被司空陈群辟为掾属。正始初年，任黄门侍郎。傅嘏本来是个中立派，甚至还有点偏向曹爽，他对曹爽的弟弟曹羲说："何晏表面上平静安详，但内心却急躁冒进，沉溺于投机取巧，并且利欲熏心，我担心时间长了会误导你们兄弟，这样，仁人志士就会远离朝廷，朝政就荒怠了。"曹羲给曹爽一说，曹爽又告诉了何晏，这下，何晏怀恨在心，找个机会把傅嘏给罢免了。

司马懿兼收并蓄，团结一切可以团结的人，很快就把傅嘏任命为自己的从事中郎，从此以后，傅嘏成为司马懿集团的智囊，为司马懿家族的夺权斗争立下了汗马功劳。

在曹叡死后不到一年的时间里，曹爽干的这三件事情都不漂亮，比如：第一件企图罢免卢毓，结果使一大批老臣站到了自己的对立面，引发了普遍的反抗，不仅丧失了朝中一些老臣的支持，而且，也降低了自己的威信。第二件调离孙礼。把本来属于自己阵营的人推到了中间派的位置，可谓是自斩臂膀。第三件罢免傅嘏，把中间力量推到了自己的对立面。曹爽集团也不是没有极力拉拢过傅嘏，《世说新语·识鉴》记载："何晏、邓飏、夏侯玄并求傅嘏交，而嘏终不许。诸人乃因荀粲说合之。谓嘏曰：'夏侯太初一时之杰士，虚心于子，而卿意怀不可。交合则好成，不合则致隙。二贤若穆，则国之休。此蔺相如所以下廉颇也。’傅曰：‘夏侯太初志大心劳，能合虚誉，诚所谓利口覆国之人。何晏、邓飏，有为而躁，博而寡要，外好利而内无关籥，贵同恶异，多言而妒前，多言多衅，妒前无亲。以吾观之，此三贤者，皆败德之人尔。远之犹恐罹祸，况可亲之邪！’后皆如其言。”到司马懿阵营以后，傅嘏提出了选拔人才要全面，强调评鉴人物应以“实才”为主，不仅要看言谈议论，而且还要看精神境界。特别是针对当时何宴的“才性异”观点，傅嘏针锋相对地提出了“才性同”的观点。

关于“才性四本”的合同离异。《世说新语·文学》记载：“钟会撰四本论始毕，甚欲使嵇公一见，置怀中既定，畏其难，怀不敢出，于户外遥掷，急回便走。”（注引魏志曰，会论才性同异传于世。四本者，言才性同，才性异，才性合，才性离也。尚书傅嘏论同，中书令李丰论异，侍郎钟会论合，屯骑校尉王广论离。文多不载。）当时争论的焦点是：人的才能（治理俗务，比如政务等的能力）和认识世界的本领（“能通天下之志”的性）到底是统一的，还是不同的？是能够融合的，还是能分离的？

一、傅嘏认为处理具体事务的能力和探究认识世界的本领是统一的——其实是暗指司马懿既有处理实务的能力，也有认知真理的本领。

二、主张“异”的李丰，不敢与司马懿决裂，主张性和才还是不一样。“中书令李丰，虽宿为大将军司马景王所亲待，然私心在（夏侯）玄。”（《三国志·夏侯玄传》注引《魏略》曰：“曹爽专政，丰依违二公间，无有适莫。故于时有谤书曰：‘曹爽之势热如汤，太傅父子冷如浆，李丰兄弟似游光。’”）

三、主张“离”的王广是王凌之子，倾心于曹氏，主张是分离的。

四、司马懿的人钟会主张“合”，也就是说，处理政治实务的能力和认知真理的本领是可以融合的，互为补充。

东汉士大夫阶层以仁孝道德（性）为本，推广到治国平天下之术（才）为末，他们认为，本末必须要兼备，这就是傅嘏和钟会的主张，也是司马氏的主张；而李丰、王广则以为是不同的，可以分离的。所以说，才性四本的同异合离，便是反映了政治上派系间的同异合离的。因为，司马懿是强调名教，维护豪门利益的，这恰恰与曹操不拘一格选拔人才格格不入。而曹爽集团把傅嘏推到司马懿集团，也使他成为司马懿集团思想上的先锋和闯将，傅嘏不仅在具体事务上死心塌地为司马懿服务，而且在理论上也大力为司马家族做宣传。

三十一　正始初年（三）

在司马氏方面，虽然暂时表面退让，暗中却也在布置。卢毓的任免风波，最后造成“众论多讼之”的局面，幕后也似乎能看到司马懿的身影。

司马懿善于用兵，善于审时度势，也善于利用一切可以利用的机会和力量打击对手。在曹爽亲信主持朝政时期，洛阳屡屡出现各种奇怪的谣言，比如，“何邓丁，乱京城！”等，这些谣言的产生，都是有幕后的策划者和创作者的，而那个幕后的人物则不言而喻。

在利用机会打击对手的同时，司马懿当然也没有忘记尽其所能在朝廷的关键部位安插上自己的亲信，他在夏侯玄被任命为西北军区司令的时机，让儿子司马师代夏侯玄为中护军，并将自己的亲信蒋济升为太尉。除此之外，朝中倾向于司马懿的人还有王昶（魏明帝青龙四年，由司马懿向皇帝推荐，从此成为司马氏家族的亲信，后来王昶一族成为在西晋显赫一时的太原王家）、邓艾（被司马懿从一个普通地方官吏提拔）、高柔、钟会、孙礼、王基、王观（司马懿从事中郎，后为少府。《三国志·王观传》记载：“大将军曹爽使材官张达斫家屋材，及诸私用之物，观闻知，皆录夺以没官。少府统三尚方御府内藏玩弄之宝，爽等奢放，多有干求，惮观守法，乃徙为太仆。”直接与曹爽较量）、卢毓、郭淮、傅嘏等人。对于这些人，司马懿分别采用不同的方法进行拉拢：一是对于和自己同辈或者资历相当的，以谦和之礼争取感情上的亲近。如高柔、卢毓。二是对于资历稍逊的，或者是中间派人士，制造机会极力拉拢。如孙礼、傅嘏。三是对于有能力的后辈，大力提拔，使之成为自己的心腹。如邓艾、钟会等。四是对于原属于自己阵营的成员，极力推荐到各个重要岗位。如王昶、王基、王观等人。

司马懿暗中一刻也并没有闲着。虽然他不是首辅，但他毕竟是太傅，还依然持节，都督中外诸军。他要充分利用自己的权力，用尽可能多的时间控制军队，熟悉军队。

而这时，吴国给了他机会。

正始二年（公元241年），吴国想趁着魏国新君继位之初进攻魏国。像以往一样，吴国的进攻还是那种抢劫式的。吴主孙权之所以喜欢这种战法，与当时吴国的综合国力有相当大的关系，当时的吴国人口较少，人口少就意味着兵员少。因此，兵员问题一直是孙权十分关心的问题。他听说夷州（今中国台湾）有民，曾经在太和四年，不顾陆逊、全琮等人的反对命令将军卫温、诸葛直率领甲士万人涉海抢掠人口，第二年，二人掳掠了几千野人回来，可是万余训练有素的士兵却也因为感染传染病而死了几千，劳而无功；孙权多年以来还命令地方官搜捕南方境内的五溪蛮以及丹阳（今江苏省南京市）附近、会稽等地深山密林的士人（诸葛恪就曾经请求担任丹阳太守，并且做出保证用三年时间搜捕到四万甲士）；也就是在正始元年的前一年四月，吴还趁着司马懿平定辽东，大军撤回以后，派遣督军使者羊衜击辽东守将，俘人民而去。

因此，这次吴国发兵对魏国的攻击，其实还是老一套，抢点人口、粮食、财物而已，并没有诸葛亮那样的雄心壮志。对此，吴国零陵太守殷札就向孙权建议："如果每次都不是倾全国之力去进攻，还是像以往那样，轻率出击，用处不大，并且，刚一出动，就撤退，反复这样，不仅人民劳顿，而且也会丧失国威军威。"（若不悉军动众，循前轻举，则不足大用，易于屡退，民疲威消，时往力竭，非上策也。）然而，孙权不听。

他部署：

东路：全琮略淮南，决芍陂（又名安丰塘、龙泉陂，今安徽省寿县南三十公里处，是由人工修造而成的蓄水塘）；诸葛恪攻六安；以上两路，主要还是在合肥北部及附近地区战斗。

西路：朱然进围樊城，诸葛瑾攻柤中。[①]以上两路，在西线，一方面进攻曹

①《襄阳记》曰：柤音如租税之租。柤中在上黄界，去襄阳一百五十里。魏时夷王梅敷兄弟三人，部曲万余家屯此，分布在中庐宜城西山鄢、沔二谷中，土地平敞，宜桑麻，有水陆良田，沔南之膏腴沃壤，谓之柤中。今湖北省宜城市附近。

魏在西线的战略支点樊城；另一方面打击曹魏荆州地区的粮仓——柤中。

当时驻守东南的曹魏将领就是：征东将军王凌和扬州刺史孙礼。王凌是何许人呢？

说到吕布杀董卓，读三国的朋友可以说是无人不晓，对于那位足智多谋、义贯长虹的司徒王允，也是无人不知。而王凌就是王允的亲侄子。王允杀掉董卓以后，董卓部将李傕、郭汜等乘虚攻下长安，王允满门被杀，王凌和哥哥王晨翻城墙逃归乡里。后来王凌被曹操招为手下。魏文帝曹丕的时候，曹休石亭一战，幸亏王凌殊死血战，才保全了曹休性命。战后，王凌即被任命为扬州、豫州刺史，正始初年，王凌又被任命为帝国东南军区总司令。他是一个忠勇过人的魏国重臣。

这次，王凌与刺史孙礼一道，率领军区的全部部队，与全琮在芍陂展开激战，双方激战数日，最终全琮被击败，率领部队逃走，诸葛恪也仓皇退回。东线战事结束。

而此时的西线战斗还在进行。

朱然在吕蒙死后，即代替吕蒙为东吴西北军区司令，是东吴硕果仅存的老将，他率军将曹魏帝国的樊城围得水泄不通。魏国荆州刺史胡质率领轻装骑兵火速救援樊城，双方交战，互有胜负。

就在此时，司马懿要求带领大军，前去救援樊城。

司马懿给曹爽出了一个难题：此番如果曹爽前去，那么，京师将无人坐镇，司马懿极有可能出手。如果让司马懿去呢？司马懿一定会利用统军的机会，进一步加强自己在军队里的影响力，如果击败吴军，又将进一步提高司马懿的声望。

曹爽看出了司马懿的心思，在曹爽的暗示下，朝臣纷纷劝阻，理由是：樊城城池坚固，敌人屯兵坚城之下，很快就会退却，不必太傅亲自出马。

但是，司马懿决心已定。

他避开从纯军事的角度谈出兵的必要性，而是从帝国安危的角度，义正词严地说："现在大敌临境，南方柤中的军民隔在汉水南岸，流离失所，（大臣如果）还安居庙堂之上，（都这样没有责任心）这才是最让我担忧的啊！"

说得曹爽无话可说，只好同意。

等司马懿大兵一到，朱然就撤退了，然后，司马懿开始追击，据说大有斩获，有的书上说是俘获或斩杀近万人。司马懿的声望再次提高，增封食邑达到万户，子弟十一人都被封侯。

司马懿实现了初衷。

三十二　声望日隆

尝到了甜头，第二年，司马懿故技重演，这次，他把目光转向了淮南地区。

司马懿想在东南地区屯田，就派了自己一手提拔的邓艾前往考察。邓艾出身低微，一个偶然的机会进京向司马懿汇报工作，被司马懿选做太尉府掾属，接着提拔为尚书郎，从此，邓艾成为司马懿的忠实下属。邓艾从陈县（今河南省淮阳县）、项县（今河南省沈丘县）一直巡视到寿春。经过考察，邓艾提出了两项重要建议：第一，开凿河渠，兴修水利，以便灌溉农田，提高单位面积产量和疏通漕运；第二，在淮北、淮南实行大规模的军屯。

邓艾的建议得到了司马懿的充分肯定，并立即着手实施。首先，曹魏帝国开凿了广漕渠，将黄河水系与淮河水系连接起来。①然后，北以淮水为界，自钟离以南，横石以西，至沘水源头之间的四百多里范围的土地上，五里设置一个军屯营，每营六十人，一面屯田，一面戍卫。同时，淮阳、百尺两条河渠也拓宽了，从黄河引水注入淮水和颍水，颍南、颍北修成了许多陂田和淮阳、百尺二个水渠，灌溉农田二万顷，从而使淮南、淮北连成一体。几年之后，从京都到寿春，兵屯相望，鸡犬相闻，并从洛阳可以乘船抵达淮河，进入长江。

在大规模组织军屯的同时，司马懿又准备将驻扎在皖城（今有安徽怀宁、

① 具体广漕渠的位置，史书说法有异，《水经注》的记载："沙水又南与广漕渠合，上承庞官陂，云邓艾所开也。"《读史方舆纪要》陈州·贾侯渠条："又州南有广漕渠，《水经注》以为邓艾所开。"清时陈州即魏时陈县，地在今河南省淮阳县。但是从《晋书·宣帝本纪》记载：开广漕渠的目的是"引河入汴"，这里的汴应当为汴河，东汉时叫汴渠。似应在上游，而不在陈县。

潜山二说）的吴国的诸葛恪赶走。

魏国朝堂上立即又展开了一场激烈的辩论。曹爽一派说："诸葛恪驻兵皖城，有坚城粮草，强攻不易。如果我们远程进击，吴国必然来救，那很危险。"而司马懿反驳道："吴军所长就是水军，我们现在去进攻他的城池，看他怎么应对。如果他要弃城而去，那还算他聪明；冬天水浅，敌人援军的船也到不了城边，如果他们上岸打，是弃其所长，我们也是有胜利把握的。"

正始四年（公元243年）秋九月，司马懿率兵进驻舒（今安徽省舒城县），做出要大规模进攻诸葛恪的架势。

孙权命令诸葛恪把城中粮草烧掉，弃城逃往长江以南的柴桑（今江西省九江市）。

司马懿又一次得手，此次虽然没有斩获敌人，但是，不战而屈人之兵，把吴军逼到了江南。

这次，齐王曹芳让司马懿持节检阅部队。

再这样下去，曹爽的脸还往哪搁？司马懿的每一次成功无疑都在刺激着曹爽的心灵，也刺激着邓飏、夏侯玄的长史李胜等人的心。

就在司马懿吓退诸葛恪以后，曹爽的亲信们纷纷劝说曹爽亲征蜀国，立下功名。

一个从未打过仗的大将军当然不能服众。

那就打。

曹爽同意了，他决定带领兵马去进攻蜀国，也为帝国立下汗马功劳，让十三岁的小皇帝看看，让那个六十六岁的司马懿也看看，让全天下的人都看看，你们的大将军也会打胜仗！

于是，曹爽立即投入到了伐蜀的准备工作中去了。

三十三　曹爽伐蜀（一）

要进攻蜀国，就必须以关中地区作为战役的出发地，因此，曹爽首先想到了让名望素著的夏侯玄做西北军区司令（都督雍凉诸军事）。夏侯玄本是中护军，如果要去西北，那么，必将把中护军的职位让出来。然而，关中地区，司马懿经营多年，那是司马懿的禁脔之地。

曹魏王朝确立了以领军和护军将军为主体的禁卫武官制度。最高官职分别为领军将军、护军将军，但基本上虚设，一般以资历稍轻的中领军、中护军为首脑，中领军掌管宫城内的禁卫军、中护军掌管宫城外的禁卫军。[1]在曹魏时代，中领军的地位比中护军稍高，曹丕时代，以曹休为领军将军，夏侯尚为中领军；后，朱铄、陈群、卫臻等相继为中领军。明帝时代，夏侯献、薛悌、荀霬、桓范等人担任中领军（或领军将军），从以上来看，中领军几乎全部出于曹氏同乡、姻亲等亲信。中领军管辖：五校尉（屯骑校尉、越骑校尉、步兵校尉、长水校尉、射声校尉，每名校尉领兵大约在千人）、中垒将军、武卫将军三营（《典志》载：曹魏领军“主五校、中垒、武卫三营”）。中护军隶属于中领军，但是中护军有一个很厉害的职权，那就是负责军队武官的提拔，等到司马氏家族真正控制朝廷以后，中护军则主要负责司马懿家族的安全，地位开始上升并最终超过了中领军，到了晋代，司马师曾经做过中护军，中护军终于脱离中领军而独立成军。中领军、中护军维护以宫殿—宫城为中心的京师安全，尤其保卫皇帝（后期以司马氏权臣为主）为主要职责。

---

[1] 对此，现代学者有不同看法，有的以为中领军与中护军的划分内外是指中央军队与地方军队，有的是指中央军内部的宫城内外的，我们采用后者的说法。

曹爽势力想要渗透到西北军队，就得做出一定程度的让步，于是，曹爽提出让司马师接替夏侯玄做中护军。这个让步在当时看来对曹爽没有任何威胁，因为，中领军中最核心的武卫将军还是曹爽的弟弟曹训（大名鼎鼎的许褚就曾是中坚将军，后升为武卫将军），也就是说，中央禁军的主力部队都在曹爽的掌握之中。但是，事实证明，这一当时看来无关紧要的让步，却最终要了曹爽的性命。

在解决了人事问题之后，曹爽开始确定伐蜀的具体路线，最终决定，大军走傥骆道，直扑汉中。据《三国会要》记载，三国时秦蜀之间的通道大致有三谷四道。三谷者，即汉中西北的褒谷、北骆谷、东北子午谷。四道即：子午道、傥骆道、褒斜道及南栈金牛道。傥骆道，又叫骆谷道，从长安去汉中，自周至向西南要先越骆水，入骆谷。《通典》记载："汉中去长安，取傥骆道，凡六百五十二里。"是当时从长安通往汉中的三条古栈道（另两条为子午道，褒斜道）中最近的一条，也是在两者之间的一条山道。

曹爽的计划是，以迅雷不及掩耳之势，迅速穿越谷地，兵临汉中！

三十四　曹爽伐蜀（二）

司马懿当然不愿意看到曹爽建功立业，他提出反对，但是，曹爽置之不理。

正始五年（公元244年）三月，曹魏大将军曹爽从洛阳出发抵达了长安（今陕西省西安市），在那里集结大军十余万人，（《三国志》上说是七万）与征西将军、都督雍凉诸军事的表弟夏侯玄从骆口（今陕西省周至县西南）南下，直指汉中郡（今陕西省汉中市）。

此时，诸葛亮已经去世整整十年。在这十年当中，蜀国军政一把手是蒋琬，为大司马；费祎为尚书令，主要负责政府工作；姜维在曹爽伐蜀的前一年，升为镇西大将军，领凉州刺史，主要负责帝国西北地区的军事。在诸葛亮刚刚去世的头几年，虽然魏蜀之间没有发生大的战争，但是蜀汉帝国的领导人还继承着诸葛亮的遗志，时时寻找进攻的机会。蒋琬驻军汉中，任命姜维为军中司马，蒋琬鉴于诸葛亮生前数次出兵陇西无功而返，也曾经设想从汉中沿着汉水上游，顺流而下，进攻魏国的魏兴、上庸等地。但是，从这一路东出，道路十分艰险，如果交战不利，回军很难。同时，蒋琬是个病鸭子，在汉中一病就是六年。这六年当中，吴国频频骚扰魏国，也频频失利。东吴失利，魏国已经度过了最艰难的时期，随着时间的推移，中原地大物博，人口众多的优势，开始慢慢显示出来了。蜀国大军全部驻军汉中已经不能应付来自陇西的魏军压力。东进、北上都风险太大，于是，蒋琬决定把大军退守绵阳，只留二三万人马驻守汉中。

蒋琬的计划是：如果魏国发兵从秦岭山谷南下进攻汉中，大军可以从绵阳向东北增援；如果可能，由姜维带兵出西北，扰动陇西。

因此，在曹爽十余万大军进攻汉中的时候，由于汉中地区蜀军防御薄弱，其实是极有可能取得成功的。不过，曹爽的这次伐蜀和十九年以后的钟会伐蜀比较起来，的确也存在诸多不利因素。

一是，魏国上层意见不统一。司马懿一开始就提出反对，魏国上层两派的对立，使得曹爽此次伐蜀之初就出现了不和谐的声音，司马懿集团在西北军区的亲信对这次战役也并不热心。更为重要的是，曹爽决定走骆谷，目的就是出其不意迅速越过山险，突然出现在汉中平原，而司马懿不愿意看到曹爽打胜仗，因此，伐蜀的风声早已传到了蜀国人的耳朵，使战役丧失了突然性。

二是，兵力配置不合理。十万大军只走骆谷一路，而不是多路进攻，蜀军容易据险扼守，而如果多路进攻，将使数量有限的蜀军防不胜防，即使设防，也会因为兵力薄弱而容易被击溃。对比钟会伐蜀，不仅在进攻汉中一路就从子午谷、骆谷、斜谷三道并进，而且，在陇西方面，也有邓艾等人的数万兵力牵制姜维。

三是，毕竟这次兵力还不是十分充足。

蜀汉帝国驻防汉中郡的边防部队不满三万人。将领们听到魏国大举伐蜀的消息，都大为恐惧，众将都打算坚守汉中城池，等待从涪县（今四川省绵阳市）来援的救兵。

汉中郡太守王平却说：“汉中距涪县将近一千里，曹魏帝国如果攻陷关城（今陕西省宁强县西南阳平关），祸不可测。应先派护军刘敏，固守兴势（今陕西省洋县北），由我担任后卫。如果曹魏军分出部队攻击黄金（今陕西省洋县东北，城东即子午谷的出口午口），我率一千人亲自迎战。周旋之间，涪县援军当可到达，这是上策。”各位将领都感到怀疑，只有刘敏同意。

两个主将意见一致，统一了思想，刘敏就率领部队，进驻兴势（今陕西省洋县北），满山遍野，插上旗帜，连绵一百余里。

闰三月，刘禅派费祎率各军出发援救汉中。动身之际，光禄大夫来敏前来送行，要求与费祎下一盘棋。这时，紧急军事文书，从四面八方交集而来，人穿铠甲，马备雕鞍，出动命令已经下达。可是，费祎跟来敏对弈，仍兴趣盎然。来敏说：“我是故意考验你罢了，你真了不起，一定可以击败魏军。”

曹爽的部队到达兴势，却被兴势的蜀军扼守险要，挡住去路。关中以及氐部落、羌部落转运的粮秣，供应不上，牛马骡驴，很多死亡，无数汉人、胡人，守着死去的牲畜哀号。而蜀国援军也抵达了前线。

曹魏参军杨伟建议迅速撤退，而邓飏、李胜与杨伟在曹爽面前发生争执。杨伟说：“邓飏、李胜，要坏国家大事，应该诛杀。”此时，司马懿也写信给夏侯玄，说："《春秋》严厉责备的人，都因为爱他太深。从前，武皇帝曹操第二次进入汉中，几乎大败，详细情形，你都知道。兴势地势，至为凶险，蜀军已经先入据守，进攻时敌人不肯应战，后退时敌人已切断归路，一定会全军覆没，你如何谢天下？！"司马懿发了狠话。如果曹爽在前线失败的话，司马懿也许在后方就要对曹爽问罪！

夏侯玄慌了，把司马懿的威胁告诉了曹爽。

魏军的前锋是司马懿的老部下雍州刺史郭淮。郭淮在曹丕还是五官中郎将的时候，就是曹丕的手下：门下贼曹（负责缉捕盗贼），而司马懿则是太子中庶子，同为曹丕下属；后来郭淮转为丞相兵曹议令史，又和司马懿一同随着曹操征讨汉中；在明帝时代，司马懿做西北军区司令，郭淮作为雍州刺史，一直是司马懿的直接下属和得力将领。到后来司马懿诛杀王凌，而王凌的妹夫是郭淮，司马懿本来派人来抓郭淮的妻子去洛阳斩首，郭淮五个儿子叩头流血，要求把母亲追回来，最后郭淮同意了，数千骑兵飞一样的东去，把郭淮的妻子追了回来，即便如此，司马懿还是看在郭淮的面子上饶了王凌之妹一命。可见，两人既是同事，又是部下，还是一个阵营的人。

而作为前锋的郭淮又做什么呢？

大军被堵于关口之后，作为前锋的郭淮一看事情不妙，"辄拔军出"，后代的史学者在晋朝无法明说，就一个"辄"字，让我们知道了曹爽之所以大军败还的原因。也就是说，司马懿的亲信郭淮看到关口难以攻下，并风闻蜀国援军已经抵达的消息之后，就带领着自己的关中子弟兵擅自撤退了！

五月，曹爽也不得不撤退。

这时候，费祎率军进驻三岭（沈岭、衙岭、分水岭。三岭皆在陕西省周至县西南）进行阻截，曹爽军争险夺关，步步苦战，才得以逃出，部众伤亡惨重。根据《资治通鉴》的记载，此次战役，关中地区因之民穷财尽。

三十五 伐蜀之后

此时，齐王曹芳已经做了五年多的皇帝，而曹爽和司马懿也已经做了五年多的辅政大臣了。

伐蜀的失败，使曹爽的声望降到了最低点，曹爽也经历了一生中最艰难的阶段。而司马懿应该十分开心。

但是，物极必反。本来，曹爽对司马懿是很尊重的，曹爽一直是以对待父辈的礼节对待司马懿的。然而，这些年来，司马懿步步为营、暗地里做的种种手脚使得曹爽真的不爽了！可以说，曹爽伐蜀事件是双方真正决裂的标志。从此以后，两个阵营再无和好的可能。

当人一旦执拗起来，就会做出一些非同寻常的举动。

在接下来的二三年里，曹爽开始步步紧逼。曹爽的饮食用具都像皇帝的一样；各方进贡给皇帝的贡品也有很多落在了曹爽家里；宫廷内侍把明帝时期的七八个宫女送给曹爽；又把宫中的三十三个乐师、舞蹈家送到大将军家做歌舞教师；曹爽家里还开了一个地下酒吧，专门在里面和何晏等近臣喝酒作乐，并且请东南的孙礼与吴国交易，想买点珍宝——此事也许可疑。

就在曹爽展示自己的英雄气概下，司马懿依然不慌不忙地暗中准备着。

但是，曹爽也不是孬种，他除了与何晏等人喝酒以外，也加紧了树立亲信、巩固自己地位的步伐。

正始六年（公元245年）八月，也就是曹爽伐蜀失败一年以后，曹爽下令把本属于中护军的中垒中坚营划归中领军曹羲统辖，这是明目张胆地削弱司马师的兵权，同时，也许捎带着损害了皇室的利益。据《三国志·明元郭皇后传》记载，郭太后的堂叔叔郭芝当时是长水校尉，堂兄弟郭建、郭德“俱为镇护将军，皆封列侯，并掌宿卫”。史书上没有记载郭建、郭德具体是禁卫军的哪个将军，因此，无从查考，但是，我们推测，对于禁军的调整，也许就是把属于郭建、郭德的部队撤销而直接归于曹羲指挥。为何曹爽一党如此讨厌郭太后呢？这是因为郭太后与司马家特殊的关系，郭太后没有子女，因此，很喜爱两个侄儿郭德、郭建，而这两个人又分别娶了司马师和司马昭之女为妻。与郭太后结亲，正是司马懿在曹爽当权之后摆脱被动局面的一着妙棋，因为，当时“值三主幼弱，宰辅统政，与夺大事，皆先咨启于太后而后施行”。这样，就让曹爽不仅要防备司马懿，而且还要防备郭太后的势力。紧接着，曹爽以皇上成年为由（曹芳于正始四年十二岁加冠）请太后迁回本宫，少管闲事，到正始八年（公元247年），曹爽又采纳了何晏等亲信的建议，干脆把皇太后迁出皇宫，居永宁宫，不让皇太后和齐王整天住在一起，影响朝政。结合对郭太后的处治，我们更有理由相信，毁中垒中坚营正式将郭建、郭德的部队撤销了。

曹爽从伐蜀前线回来所作的一系列举动，是他感到地位受到威胁的一种强有力的反击，也是曹爽与司马懿斗争表面化的象征。司马懿感受到了曹爽咄咄逼人的攻势，但是，老谋深算的司马懿依然选择了观望。

就在曹魏宫廷嫌隙日深的时候，正始七年（公元246年），在帝国的东北却发生了一件不大不小的事情。

毌丘俭灭高句丽。

三十六　灭高句丽

大多数史籍都认为高句丽建于公元前37年或公元前1世纪中期。

据推测，高句丽人在其成立的初期可能是由秽貊人和部分迁移到这一地区的扶余人组成的。“秽貊人”这一词语最初并非指一个确定的民族实体，而是对东北地区的一些古代部族的泛指。汉元帝建昭二年（公元前37年）扶余人朱蒙在西汉玄菟郡高句丽县（今辽宁省新宾县境内）建国，故称高句丽。在高句丽建立之初，与扶余长期处于军事对抗中。扶余与中原王朝关系十分友好，为了扼制处于成长期而十分具有侵略性的高句丽政权，中原与扶余在军事上常常协同打击高句丽，相关记录在《三国志》《汉书》中时有出现。在东汉光武帝建武二十九年（公元53年），高句丽太祖王，将高句丽分散的五个部落设为五个省，实行集权统治。在东汉光武帝中元元年（公元56年），太祖王吞并东沃沮，后又吞并东秽一部分领土。随后，高句丽又对乐浪郡、玄菟郡和辽东发动攻势。完全摆脱汉朝的控制。高句丽的扩张，导致了与汉朝的直接武力冲突。汉朝军事压力迫使高句丽迁都到丸都城（今吉林省集安市）。

司马懿对辽东公孙渊打击以后，分兵把原属于公孙渊的辽东四郡纳入国家的版图，交给了幽州刺史毌丘俭。

当时的东北地区除了东部鲜卑以外，在今天的吉林中西部等地居住着扶余，吉林北部和黑龙江等地到俄罗斯境内居住着肃慎，高句丽则在辽宁东北部和朝鲜的东北盖马高原一带，而辽东四郡则统治着辽宁南部和今天朝鲜半岛北部地区，在带方（今朝鲜沙里院城）、乐浪郡（今朝鲜平壤市）还居住着秽貊等其他种族。

司马懿大军的撤出，使高句丽的国王高位宫感到有机可乘，多次派兵骚扰魏国边境。

当时的幽州刺史毌丘俭率领步骑数万进攻高句丽，高句丽国王高位宫率领两万军队和毌丘俭的部队相遇于沸流水上（个人认为是鸭绿江，有争议），双方在梁口（有人认为是通化县大泉眼镇江口村，有争议，存疑）展开激战，高位宫战败逃走，毌丘俭进入首都丸都，屠城；斩杀及俘虏数千人。高位宫和他的王后，落荒逃走，毌丘俭撤退。不久，毌丘俭又发动了第二次攻击，派玄菟郡（今辽宁省沈阳市）郡长王颀（其孙子是永嘉之乱中大名鼎鼎“飞豹”的王弥）追击，高位宫只好逃向买沟（今朝鲜会宁市）。魏军越过沃沮部落（朝鲜东北部）一千余里，到肃慎部落（黑龙江下游一带，现在的俄罗斯境内，符拉迪沃斯托克北）南界，刻石立碑，记载这次远征的功绩，然后班师，斩杀及裹胁八千余人。曹魏帝国政府论功行赏，封侯爵的一百余人。

经过此次战役，魏国认为高句丽已经完全被打败，所以，命令毌丘俭全师而退。

因为这样的功绩，使得曹爽名正言顺地把亲信毌丘俭提升为假节监豫州诸军事，领豫州刺史，转为镇南将军，把原来司马懿的亲信王昶从那个位置上换了下来。

三十七 风暴前夕

时光缓慢地进入正始的第八个年头。

我们说过，伐蜀的失败，使曹爽恼羞成怒，他做了两件色厉内荏的事情：迁太后，毁中垒中坚营。他想借此公开和司马懿叫板：撕破脸皮，就此一搏！然而，当曹爽张牙舞爪地站在拳击台上的时候，他发现一个对手都没有。

就在这一年（公元247年）的四月，司马懿的夫人张春华去世了。二十二年以前，当张春华夫人三十七岁的时候，司马懿就已经因为张夫人“年老色衰”而称其为可憎的“老物”， 二十二年后的今天，在前来吊唁的名士面前，苍老的司马懿一副悲恸欲绝的模样，他那副嘴脸在诠释着一个负责任的丈夫应该显示的礼仪。随后，这个老人被晚年丧妻的悲痛击垮了，他生病了！而且这一病就是整整两年！

作为一个异姓大臣，他时刻站在物议的潮头，每次危急他总能够妥善予以化解，当对面的敌人伸出拳头要和自己较量的时候，他清楚地知道站出来就是送死！没有人能够阻挡那个志得意满的人，只有忍耐，忍耐，寻找对方的破绽。司马师所统领的人马已经寥寥无几，只能暗中从民间用重金网罗到三千死士，可是，那三千死士与彪悍的禁卫军较量起来，简直就是飞蛾扑火。

如果有足够的耐心，足够的细心，对方的破绽总会有的，机会总会到来。司马懿现在所要做的就是不要被曹爽找借口掐死。

在司马懿生病期间，位高权重的刘放、孙资、卫臻竟然同时提出辞呈，离开了朝廷。他们是不是看到了暴风雨即将到来的某些征兆？

而在这两年里，身为皇帝的曹芳知道，无论曹爽与司马懿哪一方取胜，他们都会大权独揽。因此，他对于两人的激烈斗争，熟视无睹，在后宫游宴无度。

何晏曾上书劝谏说："皇帝您以后在宫内游玩的时候，还是跟从大臣，有大臣陪伴，不时地讲论经书，探讨理论，这才是正道啊。"但是，皇帝一概不听。

司马懿已经抱病一年多了。在这一年多的时间里，司马懿杜门不出，朝政的事情一点都不干预，好像在帝国的政坛上消失了，他瞒过了几乎所有的人。

时光就这样又平静地走过了一年。

过去，因为清河国（今山东省临清市）与平原国（山东省平原县）发生边界纠纷，当时的冀州刺史孙礼，要求找出魏明帝曹叡封为平原王时的地图作为标准，对此，司马懿支持，而曹爽反对。就因为这个事情曹爽和孙礼翻脸，彻底把孙礼推到司马懿的怀抱。此时，孙礼被任命为并州刺史，在拜见司马懿的时候一脸怒容。司马懿问："你是嫌并州太小？还是对分界的事不平？"孙礼说："您说话怎么这样离谱？我虽然没有才能，怎会为官位和往事烦恼？我认为先生可比伊尹、姜子牙，辅佐帝国皇家，上报先帝托孤，下建万世勋业。而今国家十分危险，这才是我不高兴的原因。"说罢不禁涕泪交流。司马懿说："不要这样，忍耐别人忍受不了的事！"

即使像孙礼这样的人也被司马懿瞒过，逼得司马懿只好对他直说："忍常人所不能忍。"

此时的曹魏朝堂之上似乎已经遍布曹爽的人，在曹爽看来，即便是偏向司马懿的蒋济虽然身居太尉，但也不过是尸居余气，虽然还时不时地对何晏的改革上书提出点不同的意见，也没什么大不了的，难怪司马懿说出这种话来。

尽管如此，在这一年多的时间里，曹爽还是不敢前去司马懿家探病。为了消除疑虑，就在正始九年（公元248年）年底，他派李胜前去司马懿家探病。如果司马懿拒之不纳，那就肯定有诈；如果他引入相见，你李胜要看清楚他到底病得怎样？真病假病？

《魏末传》对李胜拜见司马懿的经过进行了栩栩如生的描写：

司马懿见客的时候，一副老态龙钟的模样，叫两个奴婢在身边侍候，在奴婢的服侍下拿衣服，手也拿不稳，衣服落到了地下；在客人面前，司马懿对着奴婢指指嘴，意思是想吃点，奴婢侍候着老司马吃粥，吃着吃着粥从嘴唇边流下，胸前弄得一塌糊涂。

李胜心中那个阴沉强悍的敌人，突然之间变成了眼前这个可怜的老人；曾经叱咤风云的帝国军神，如今竟然如此苍老不堪。一种英雄末路的悲凉陡然撞击着李胜的心灵。

李胜哭了。其实，曹爽集团的很多人都是些正人君子，即使不是，起码也还是性情中人，绝不是冷血动物。在他们的心中，和司马懿之争仅仅是权位之争，根本没有对司马懿们要赶尽杀绝的意思。

李胜对司马懿哭着说："现在皇帝年龄还小，帝国天下还全仰仗您掌舵。可是大家都说您过去的旧病复发，没有想到您贵体竟然到了这种地步啊！"

司马懿咳嗽得上气不接下气，过了很久才平复下来，徐徐说道："年龄大了，旧病复发，恐怕活不了多久了。你被派到并州，那里有胡人，你还是要好好做，以后咱们恐怕也见不着了啊！哎，可叹啊！"

李胜说："太傅，我是被任命到我家，是荆州，不是并州啊。"

司马懿又糊涂了。继续顺着自己的思路往下说："你要到并州，好好干啊！"

李胜又把自己被任命为荆州刺史，不是并州刺史说了一遍。

司马懿似乎回过神来，说："我老了，脑子不够用，听不懂你的话。如今你还乡，升为荆州刺史，好啊。今天要和你分别，自己看看自己的身体，估计咱爷俩永远也见不到了啊。以后我的儿子司马师、司马昭就托付给你了，你们要结成朋友，以后多照护他们哥俩，可不能不管不顾啊，这也是我这个老人对你的最后托付了啊。"

说着说着，司马懿老泪纵横，悲不能言。说得李胜也是唏嘘长叹，悲从中来。

等李胜出来见到曹爽，把经过的所有细节都给曹爽一一做了汇报，又对着曹爽等人流着眼泪说："太傅的病看起来是无力回天了，想起来真的叫人难过。"李胜的话，使曹爽一直紧绷着的神经很快松弛下来。过去，桓范曾经建议曹家弟兄们不能一起出门，有一段时间，曹爽坚持得很好，现在，司马懿就要死了，曹爽紧绷一年多的神经终于松弛了下来。

然而，敏感的何晏却对这种宁静和诡异，心怀畏惧，他写下五言诗《言志》透露出了这种恐惧："鸿鹄比翼游，群飞戏太清。常畏大网罗，忧祸一旦并。岂若集五湖，从流唼浮萍。永宁旷中怀，何为怵惕惊。"（《世说新语·规箴》注引《名士传》）

正始九年（公元248年）十二月二十八日，当时的著名术数大师管辂前往晋见何晏，何晏跟他谈论《易经》，当时，邓飏在座，对管辂说：“你自认为了解《易经》，可是谈话内容，并没有涉及《易经》的精义，是什么缘故？”管辂说：“真正了解《易经》的，绝不轻易谈论《易经》。”何晏含笑赞扬说：“先生真是要言不烦！”问管辂说：“请你替我占卜一卦，看我能不能升到三公官位？”又说：“一连做了同样的梦，梦见苍蝇数十只，聚集在鼻子上，赶也赶不走，不知是什么意义？”管辂说：“先生现在地位高贵、权势尊重，可人民感念你恩德的，少之又少，畏惧你权势的，却多之又多，这不是小心求福的道路。至于那个奇异的梦，在相书上，鼻子被称为‘天中之山’，俗话说：‘居高位而没有危险，才可以长久保持富贵。’苍蝇是一种肮脏的东西，而竟聚集在鼻子之上。居高位而太凌厉，一定跌倒；做事轻率粗心，一定覆亡；不可以不三思！但愿阁下舍弃你膨胀的一面，补充你欠缺的一面；不合道理，不合礼义的事，不要去做；三公自会得到，苍蝇也自会飞散。”邓飏说：“这不过是老生常谈。”管辂反唇相讥说：“老生常看到不生的人，常谈的人常看到不能谈的人。”管辂回到馆舍，把谈话经过给自己的舅舅说了，舅舅把管辂责备一通，然而，管辂却说：“我是和死人在说话，我有什么好怕的！”

快过年了，今年的新年，大家应该能过得舒舒服服了吧。曹魏的江山大约能够安生下来了吧。

但是，这山雨欲来风满楼的寂静只有老谋深算的孙资、刘放、卫臻准确地捕捉到了，除了他们以外，还有那被后世作为魏晋文化符号的“竹林七贤”，也准确地捕捉到了一点蛛丝马迹，远远地避开洛阳这个是非之地，在嵇康的别墅——云台山百家岩幽静的竹林里悠然地做着竹林之游。

三十八　竹林之游

人们难以想象，在那个充满了杀戮和阴谋的时代，有这么一群高雅恬淡、率真洒脱的人物，他们创造了美轮美奂的书法、文学、音乐、绘画，更为重要的是带给我们一种神奇的精神，千年以来让我们无尽神往。在这一特殊时期，心向曹魏的名士均受到司马氏残酷的打击，大体选择了自然，倡导老庄；而死心塌地为司马氏效力的人则大都选择了维护名教。

就在高平陵之变的前一两年，一群人聚集在嵇康在山阳的山间别墅，饮酒啸歌，谈玄论道，躲避着即将来到的风暴。嵇康选择在山阳安家，也许是为了追寻汉献帝的足迹，也许是为了能够见到附近苏门山上得道高人孙登、王烈，也许是自己的好友向秀、山涛的邀请，也许是那风景绝美的云台山吸引了他的目光。

嵇康，字叔夜，谯郡铚县（今安徽省濉溪县）人。据史书记载，嵇康身高将近两米，面貌英俊，不事修饰，是一个伟岸的大丈夫。《世说新语·容止》记载，山涛曾经赞叹嵇康说："嵇叔夜之为人也，岩岩若孤松之独立；其醉也，傀俄若玉山之将崩。"后来有人称赞嵇康之子嵇绍说："卓卓如野鹤之在鸡群。"王戎不屑一顾地说："那是你没有见到他父亲长的模样罢了。"

嵇康喜好老庄，擅长音乐，注重养生，质性恬淡，神交者只有阮籍和山涛二人，和他一起玩的还有向秀、刘伶、阮籍的侄子阮咸、王戎，号称"竹林七贤"。王戎说和嵇康一起二十多年从未见到过他脸上有高兴或者发怒的神色。嵇康幼年丧父，成年后娶长乐亭主曹璺（一说为曹操孙女，即沛王曹林之女；而《三国志·曹林传》注引《嵇氏谱》则称：为曹林之孙女）为妻，任郎中。曹林是曹操的杜夫人所生，而何晏之妻金乡公主也是杜夫人所生，何晏也就是嵇康的姑父或者姑爷。因为何晏的关系、自身的才能、宗室的地位，嵇康被任命为中散大夫。

就在正始八年（公元247年）五月司马懿称病不朝以后，嵇康就明显地感到了朝政的危险，他在第二年（公元248年）就放弃了官位，离开洛阳，来到了二百里外的山阳寓居。

嵇康爱竹，他在自己的寓所周围遍置竹子，从此，竹子成为历代文人高尚纯洁，不畏强暴的象征。他还喜欢打铁，并擅长书法、绘画，草书写得非常好，唐张彦远《书法会要》将嵇康的草书评为第二，而王羲之的草书，才被评为第八（同时，张彦远把王羲之的真书、行书评为第一）。嵇康还通晓音律，尤其喜爱弹琴，作《长清》《短清》《长侧》《短侧》四曲，被称为“嵇氏四弄”，与蔡邕创作的“蔡氏五弄”合称“九弄”，是我国古代一组著名琴曲。隋炀帝时期，曾把弹奏“九弄”作为科举取士的条件之一。

嵇康绝对是一个不世出的通才、玉人。虽然如此，嵇康曾在山中遇见高人孙登，临别时，孙登说了一句直至人心的话：“您性格刚烈，而又有过人之才，在这个世上能逃脱得了吗？（性烈而才隽，其能免乎！）”后来，嵇康又遇到了隐士王烈，王烈曾经在山中找到如膏状的石髓，自己吃了一半，余下的另一半给嵇康吃，可是，等嵇康拿到手中，那糊状的石髓却变成了一块硬硬的石头；在山中的石室中王烈见到一卷素书，连忙喊嵇康去取，嵇康却找不到。于是，王烈叹息道：“叔夜虽然志趣不同凡响，但是，却总是不能飞黄腾达，这是命啊！”

同时敏锐地觉察出不安的还有阮籍和山涛。

阮籍，字嗣宗，陈留尉氏人。父亲阮瑀是魏丞相掾，知名于世。《晋书》记载：“籍容貌瑰杰，志气宏放，傲然独得，任性不羁，而喜怒不形于色。或闭户视书，累月不出；或登临山水，经日忘归。博览群籍，尤好《庄》《老》。嗜酒能啸，善弹琴。当其得意，忽忘形骸。时人多谓之痴，唯族兄文业每叹服之，以为胜己，由是咸共称异。”阮籍曾经和叔父去拜见兖州刺史王昶，终日相对无言，王昶以为阮籍深不可测。蒋济做太尉以后，要把阮籍招为下属，阮籍婉言谢绝，惹得蒋济大怒，阮籍只好就职，但不久，就又请了长期病假回家。曹爽辅政，也慕名想把阮籍召为参军，阮籍又以生病加以拒绝，来到了山阳。阮籍也曾在苏门山找寻孙登，和孙登探讨哲学方面的问题，孙登还是不发一言，于是阮籍长啸一声离去，（阮籍非常擅长长啸，也就是吹口哨，是名士风度的一种标志。）等到阮籍下到山半腰，他突然听到孙登在山上那天籁般的长啸，宛若鸾凤之音，令他神迷，回家以后，就写了著名的《大人先生传》。

“竹林七贤”中年龄最大的是山涛，也是后来做官做的最大的一位，王戎曾称其为“璞玉浑金，人莫知其器”。据《世说新语》载：山涛之父山曜的姑姑山氏夫人为魏粟邑令张汪之妻，而山氏夫人的女儿张春华为司马懿的正室夫人，也就是说：山涛的堂姑奶是司马懿的岳母，山涛和司马师、司马昭论起来是远门的表兄弟。

名士图

听到司马懿称病的消息时，山涛还是一个州里的从事，晚上和石鉴（以后位之司空，也是一个了不起的人物）睡在一起，山涛夜里起床就用脚踢起石鉴，说："今天是什么时候了，你还这样呼呼大睡啊！你难道看不出太傅称病的意思吗？"石鉴说："按规定，如果宰相三次不参加朝会的话，皇帝下一道命令，就勒令退休回家了，你又有什么可担忧的呢！"山涛说："嘿！你老石别在马蹄间找抽了吧！"立马弃官而去。

"竹林七贤"的向秀，字子期，从小就和嵇康、吕安关系很好，向秀曾经注释《庄子》，嵇康说："这样的书还需要注释吗？弄不好反而弄得僵滞。"后来向秀把注释给嵇康看，嵇康感觉向秀的注解使《庄子》的玄理更美妙了。在向秀的注释里，以"无"为"万物之总名"，认为万物都是"自生""自化"的，不存在"生生者"或"化化者"。并强调合"自然"与"名教"为一的思想。后人在研究魏晋玄学乃至整个老庄哲学的时候，都非常重视向秀的思想。在后来嵇康、吕安被杀以后，向秀不得不出仕做官，但是，他时刻怀念两个死去的好朋友，终于写下了那篇著名的、悲愤伤感的《思旧赋》，那情词深切、蕴藉含蓄意境，读来令人扼腕叹息，余味悠远，成为哀悼逝者的千古名作。

酒仙刘伶的传说和故事就更多了。刘伶至多一百四十五厘米，相貌丑陋，但是性格开朗豁达，经常坐个鹿车，放一壶酒，车后面装个锄头，对跟着的从人说："喝死了，就把我随地埋了！"有一次，他妻子涕泗纵横地劝他说："你酒喝得太多了，这不是养生之道，戒了吧！"刘伶回答说："好呀！可是靠我自己的力量是没法戒酒的，必须在神明前发誓，才能戒得掉。烦你准备酒肉祭神吧。"他的妻子信以为真，就拿来了酒肉，于是，刘伶把酒肉供在神桌前，跪下来祝告说："天生刘伶，以酒为名；一饮一斛，五斗解酲。妇人之言，慎不可听。"说完，取过酒肉，结果又喝得大醉。刘伶醉后，有时在屋里赤身裸体，客人进屋找他，说他无礼，他却回答："天地是我的房屋，室内是我的衣裤，你们为什么要钻进我的裤裆里来？"据《峄县志》记载，他曾到鲁南一带游历，因酣醉而死，死后便葬在今峄城东北刘耀村（今山东省枣庄市市中区西王庄乡）。《峄县志·古迹考》载："晋建威参军刘伶墓，县东北二十里。"

阮籍之子阮咸，字仲荣。性格通达不拘于常理。阮咸的母亲去世，阮咸服丧期间，与来家吊唁的姑姑家的一个鲜卑婢女私通。开始姑母答应将此婢女留下给阮咸，但离开时又私自把她带走了。当时阮咸正在会客，听到后立马借了客人的驴子去追，穿着丧服与婢女共骑一头驴回来，说："人种不可失。"东晋名士、吏部尚书阮孚就是阮咸与此婢的儿子。

阮咸曾与族人一起喝酒，人家喝酒都用酒杯，但一看阮咸来了，干脆换个大盆子，大家就着盆子喝。喝着喝着，一群猪也闻到了酒香，于是，阮咸就和猪群一起在盆子边共饮。阮咸还善弹琵琶，精通音律，他改造了从龟兹传入的曲项琵琶为直项琵琶，后世亦称琵琶为阮咸，简称阮。

年龄最小的王戎，很小就很有名。一次，王戎和一群孩子在路上看到一棵结满李子的李树，其他孩子都争着爬树摘李子，王戎却说："路边的李树如果结的是好李子，肯定都叫人摘光了，这树上结的肯定是苦李子。"结果真是如此。阮籍与王戎之父王浑（此王浑不是王昶之子）是同事，可见到王戎之后，两人就成了忘年之交。小时的王戎神采奕奕，目光炯炯，据说可以直视太阳。后来官居司徒的王戎再也没有竹林中的清逸之气了，虽然还是喜欢独自出游，但却成了守财奴，自家的李树好吃，就拿出去卖，但又担心人家吃了李子留种，于是，在卖以前把每颗李子的核钻坏。虽然很有钱，但是从来不知道享受，吃穿都很差。女儿借他点钱没还，回娘家，王戎就一脸不高兴，女儿赶紧还钱，父亲才又高兴起来。王戎的侄子成婚，王戎只送了他一件单衣，完婚后却又要了回来。《世说新语·惑溺》记载：王戎之妻常以"卿"称呼王戎（按礼，妇人应以"君"称其夫，"卿"是夫对妻的称呼）。王戎说："妇人卿婿，于礼为不敬，后勿复尔。"意思是说，妇女用"卿"来称呼丈夫，从礼仪上来说是不恭敬的，以后不要这样了。其妻却说："亲卿爱卿，是以卿卿。我不卿卿，谁当卿卿？"意思是说：亲你爱你，所以才称你为"卿"，我不称你为"卿"，那你说谁有资格称你为"卿"呢？——成语"卿卿我我"即出于此。

对于是否真有竹林之游，刘注引《竹林七贤论》称："俗传若此，颍川庾爰之尝以问其伯文康，文康曰：中朝所不闻，江左忽有此论，皆好事者为之也。"是说庾亮称这种说法在西晋的时候并没有听说，是东晋初期传出的。姑且不论庾亮所说是否属实，但是，"竹林七贤"和"竹林之游"作为魏晋时期一个独特的文化符号，人们倒愿意相信它是真实的。

第三部 大权独揽

三十九　政变高平（一）

暂时离开那些追求至真本性的人们，让我们把眼光回到那笼罩着诡异气氛的洛阳。

除了那些名士们，其实，还有很多敏锐的人也都觉察到了危险。《晋书·列女传》记载的杜有道妻严氏就是其中的一个。史书称严氏，字宪，十八岁就寡居了。当时，傅玄要娶严宪为继室，可傅玄与曹爽不是一个阵营，严氏亲戚都很忧虑，严宪却说："晏等骄移，必当自败，司马太傅兽睡耳，吾恐卵破雪销，行自有在。"一个深闺中的妇女尚且知道司马懿的厉害，将其比作睡着的野兽，曹爽等人竟然不知！

正始十年（公元249年）正月初六，新年刚过，皇帝曹芳为埋葬在高平陵的干爸曹叡扫墓。据《水经注》记载："又来儒之水出于半石之山，西南流径斌轮城北。昔魏文帝猎于此山，虎超乘舆，孙礼拔剑投虎于是山，山在洛阳南，山阿有魏明帝高平陵。"据《洛阳县志》说"魏明帝曹叡，高平陵，在茹店东二里许霸陵山下"，即在今汝阳县茹店村东南霸陵山下。地面有夯土冢，高约十五米。《洛阳历史》记："魏明帝高平陵，即曹魏第二代皇帝，曹丕长子的陵墓，在偃师市寇店乡一带。"孙盛《魏世谱》记载："高平陵在洛水南大石山，去洛城九十里。"众说纷纭，但现在较多的说法是，高平陵在洛阳伊川吕店乡梁沟万安山。

大将军曹爽与弟弟中领军曹羲、武卫将军曹训、散骑常侍曹彦全部都跟着皇帝一起出城。也许大家的心情很好，司马懿快死了，帝国的政治从未像今天这样稳定，虽然是扫墓，但大家一定把他当成了春游，闷在城里一冬的人们终于可以出来透透气了。

当“踏青”的人群渐行渐远，最后终于看不到身影的时候，洛阳各个城门将校接到了郭太后的命令，要求关闭洛阳城的各个城门。

与此同时，中护军司马师和叔叔司马孚一身戎装，带领手下兵丁和三千多名民间的敢死队员，出现在洛阳城内。司马师先屯驻司马门（皇宫外门），并以皇太后的命令打开皇家的武器库，把手下全副武装起来，然后，司马昭带人环卫两宫，紧接着，司马懿也从病榻上爬起，坐车从家里出来，带着人去武库，与司马师会合。

一切都来得那么突然！

当司马懿的车子经过曹爽家的时候，由于人多路窄，司马懿的车子停下来了。外面的喧哗声让曹爽的妻子刘氏十分担心，她对曹爽的卫队长严世说：“现在大将军在城外，城内却兵起了，怎么办？”严世说：“没事。”转身就登上楼去，看到端坐在车上的司马懿。严世张弓搭箭就要射杀司马懿，但身边的另一位将领孙谦却说：“事情还不知道结果如何呢？”（事未可知。似乎也可以理解为：还不知道发生了什么事情呢？）在严世的旁边多次拉着严世的胳膊，干扰他把箭射出。司马懿又逃过了一劫。

来到皇宫前，司马懿看到司马师手下的队伍严整，不禁又平添了一丝必胜的信心，他脱口称赞说：“这孩子竟然还可以啊！”

包围了皇宫的司马懿，等于先控制住了皇太后，于是，他向皇太后上奏要求废除曹爽兄弟。

早对曹爽兄弟不满的郭太后，对司马懿自然是有求必应。紧接着，皇太后下令：“废除曹爽兄弟，命令司徒高柔，拿着节杖，占据曹爽的军营；让曹爽的死对头，现在司马懿心腹的太仆王观代理中领军，占据曹羲的中领军大营。”有了皇太后的命令，一切都显得顺理成章。

虽然高柔是个公平正直的人，也虽然有皇太后的诏书，但在这紧要关头，心细如发的司马懿还是不放心，毕竟高柔不全算是自己一党。于是，司马懿对高柔既是鼓励，又是称赞地说道：“你今天将是汉朝的周勃了。”司马懿此时把高柔比作周勃，使高柔不禁心头一热，顿感自己目前所做的事情是多么的伟大，成功以后的褒赏也非同小可。而他恰恰忽略了问题的关键点：眼前的司马懿是陈平吗？

本来司马懿对桓范很看好，想以太后的命令任命他为中领军，去接管曹羲的军队，而桓范也在犹豫，他儿子对他说："皇帝在城外，还是出城的好！"于是，身为大司农的桓范假借皇太后的命令，说："太傅谋反！"骗过了城门，投奔曹爽。听说桓范出了城门，司马懿说："曹爽的智囊逃了啊。"蒋济却说："曹爽和桓范其实内心比较疏远，曹爽的智力又赶不上桓范。曹爽就像匹劣马还会留恋客栈里那点常吃的豌豆，一定不会听他的。"（此处《晋书》与《三国志》等处的记载不同，说话的人物与内容对调。）奔出城的还有曹爽的司马鲁芝、主簿杨综，他们听到政变，就率领亲信骑兵，武力打开了洛阳津门（洛阳南城西头第一门），出城而去。准备投奔曹爽的时候，鲁芝劝同是曹爽参军的辛敞一同出城。辛敞问自己的姐姐辛宪英，辛宪英说："司马懿此举，不过以诛曹爽罢了，不会颠覆社稷。"辛敞接着问："那司马懿能不能成功呢？"辛宪英说："肯定能成功，曹爽根本就不是司马懿的对手。"辛敞问："那我还是不出城吧？"辛宪英说："怎么能不出城呢？你是曹爽的下属，忠于职守是做人最重要的。即使是路人有难，还要帮助呢，何况是自己的上司呢？随大溜嘛！（也没有性命之忧）"辛敞就和大家一起出城了。事后的结果全部如辛宪英所料。

在城内安排妥当以后，司马懿本人拉着太尉蒋济带领部队进驻城外的洛河桥，阻止曹爽回城。

在军中，司马懿上书曹魏帝曹芳，弹劾曹爽的罪行，说："我从前从辽东回军，先帝让陛下、秦王曹询和我同登御床，握着我的手臂托孤，当时，我说：'太祖曹操、高祖曹丕也曾经把后事托付给我，陛下都亲眼看到，请不要悲愁。万一有不如意的事，我以死完成旨意。'而今，曹爽违背先帝遗命，败坏国家制度，对内自比皇帝，对外专权；破坏部队序列，控制全部禁军；重要官职，全都委任亲信；宫中卫士，也全部换成他的私人，越来越无法无天。不但如此，曹爽又用黄门张当做都监，监视陛下，挑拨陛下母子感情，离间骨肉，天下动荡，人心恐惧。陛下等于是傀儡，岂能保持久安？这不是先帝的本意！我虽年老力衰，岂敢忘记从前誓言。太尉蒋济等一致认为：曹爽心中已无君王；曹家兄弟不能再统领禁卫部队，已经奏报皇太后批准，命我负责执行。我已下令：免除曹爽、曹羲、曹训的官职，剥夺他们的军权，各以侯爵身份，返回家宅。不准继续任职，胆敢阻挠御驾返宫，便交付军法处分。我已率军进驻洛水浮桥，监视他们下一步的行动。"

奏章送到曹爽手里，犹如晴天霹雳。

明媚的春光陡然暗淡下来，司马懿不是快死了吗？

为什么不把那个郭太后也弄上一起出来扫墓呢？

城内我的军队呢？难道就这么完了？

怎么就没想着多带点军队出来呢？

弟兄们的玩心也太大了一点吧，只要留一个在城内也好啊！！！

世上没有后悔药。

他脑子一片混乱，不知如何是好，手里拿着司马懿的奏折，看了一遍又一遍，就是不敢转呈给曹魏帝曹芳。

还是先在伊水之南露宿吧。本来出来没打算在郊外过夜，现在也只有委屈一下皇帝了。

初春的夜里很冷，随行的军队砍伐树木，构筑“鹿角”阵地，同时，征调附近进行屯垦的武装部队数千人，担任临时警卫。

四十　政变高平（二）

那一夜注定是个不眠之夜。

城外的人们都处于焦灼之中，曹爽更是这样。平时爱放大言的他，再也笑不出来了，一副愁眉苦脸的样子。

桓范说："还耽误什么工夫啊！皇帝的车驾从洛阳到许昌不过半宿，然后发四方兵勤王！一切还来得及！"但是，曹爽还是犹豫不决。

有人建议："还是先派人探听到司马懿真实的意图吧。"曹爽同意了，摸清对手的真实想法当然是最关键的。于是，曹爽派遣侍中许允（桓范朋友）、尚书陈泰（陈群之子）和司马懿接触，司马懿热情地接待了他们。

司马懿诚恳地对他们说："只要曹爽回来，只是免官而已。"许允、陈泰向曹爽如实汇报了情况。

桓范急了，他对曹爽兄弟说："这事再明白不过了！你们平时读那么多书有什么用啊！像你们兄弟这样的地位，想做一个贫贱的人还能吗！！一个平头百姓如果绑架了一个人，还想求活，你们和皇帝在一起，发布命令于天下，谁能不响应呢！！"

曹爽、曹羲两兄弟就是不说话。

桓范嘴皮子都磨破了："你曹羲的中领军和其他的军营在郊区，洛阳的屯田士兵也在城外，你都能把他们招来，今天去许昌，许昌也有武器库，足以能够把士兵们武装起来。所担忧的是军粮，但是，我提前都已经想到了，我身上带着大司农的印章！"

可是，曹爽还是下不了决心。

司马懿就像是曹爽肚子里的蛔虫，准确地把握着曹爽的心理变化，他一刻也没闲着。

就在当天的深夜，司马懿接二连三地派来使者，先是侍中高阳、后是曹爽信任的校尉尹大目，大家一直信誓旦旦地对曹爽说：“太傅说了，没事的，只要安生回洛阳，只是罢官而已。”

同时，司马懿指着洛河发誓决不食言，太尉蒋济也写信表示，司马懿的意思仅仅就是罢免你，你只要把权交出来，就没事了。

时间一分一秒地流逝，但是，曹爽还是拿不定主意。就连皇帝曹芳都替他着急，撂下一句话：“你还是赶快想出个解决办法，总不能老这样拖着吧，什么办法都成，我听你的！”

一直拖到后半夜，曹爽终于下定了决心，他抽出佩刀，但是，不是振臂一呼，而是把刀又重重地扔到了地上，说：“我也不过就是做个有钱的老头而已！”

听了这话，桓范老头哭了以来，他哭着说着：“曹真啊曹真，多好的一个人！竟然生出你们这样的兄弟，真是一对蠢猪蠢狗！没曾想，今天竟然因为你们这样的猪狗不如的东西，使我桓范全家被诛杀啊！！！”就在曹爽要交出大将军印的时候，曹爽的主簿也说：“你身边有皇帝，有兵权，现在你却把这东西交出去，是要到东市被问斩啊！”

曹爽派遣许允、陈泰给司马懿回话，承认错误，并把司马懿给皇帝的奏折上报给皇帝曹芳，曹爽请求皇帝曹芳把自己的兄弟免去官职，然后，护卫着皇帝曹芳回到洛阳，曹爽兄弟以侯爷的身份回到自己的家里。

就这样，司马懿不费一兵一卒，轻松把曹爽拿下。

而此时的曹爽，还幻想着能够平安地度过一生。回到家的曹爽立刻被监视起来，司马懿从洛阳地区找了八百名农民，围着曹爽的宅邸，在四角建造了四个高楼往曹爽宅邸里瞭望。曹爽郁闷，拿着弹弓到后园要打鸟，楼上的人就大叫：“故大将军往东南去了！”曹爽又是发愁，又是郁闷，到自己的听事堂上和弟兄们商量怎么办，商量的结果是，给司马懿写信，就说府中被围，里面什么吃的也没有了，这当然也是探探司马懿的真实意思——是不是想要饿死我们。

他们太小瞧司马懿了，司马懿要你们死，但是，绝不会这样把你们弄死，而是要“名正言顺”地彻底诛杀。司马懿接到信以后，故作大惊，马上回信说：

“不知道府里这么匮乏，马上命令送去一百斛大米以及大豆、干肉、豆豉等物品。”

而曹爽兄弟接到这些东西，又高兴起来——看来人家司马懿不是想饿死我们啊，还是要我们活呢！

四十一　政变高平（三）

但是，仅仅四天以后，司马懿就不想再和曹爽玩了。

司马懿的摇尾系统奏称：“黄门张当私自挑选宫中美女，献给曹爽，可能有阴谋。”朝廷立即逮捕了张当，交付廷尉审讯。司马懿让与何晏有不共戴天之仇、对曹爽恨之入骨的卢毓当司隶校尉，主持审理，卢毓深知仅凭“挑选宫中美女”的罪是杀不了曹爽的，于是，很快张当就供认了曹爽要谋反的大罪！

张当在口供中承认：“曹爽跟何晏、邓飏、丁谧、毕轨、李胜等，准备在三月中旬发动政变。”在此之前，大司农桓范也因他出城门时候，说的那句“太傅谋反”，根据“诬人谋反应反坐所诬之罪”也被送入了监狱。

由于谋反是诛灭三族的大罪，需要朝廷重臣召开“廷议”，集体讨论通过，做出下列结论：“春秋之义，‘君亲无将，将而必诛’。爽以支属，世蒙殊宠，受先帝握手遗诏，托以天下，而包藏祸心，蔑弃顾命，乃与晏、扬、当等图谋神器，范党同罪人，皆为大逆不道，按律诛灭三族。”于是，逮捕曹爽、曹羲、曹训、何晏、邓飏、丁谧、毕轨、李胜、桓范。

朝臣上书皇帝，弹劾他们“大逆不道”，跟张当同时斩首，并屠杀三族。

这时，蒋济因为曾经信誓旦旦地保证过曹爽无事，就对司马懿说了一句：“曹真的大功劳也不能忘记啊，怎能叫曹真死后没有人扫墓呢？”但是，司马懿以“国法不可废”为由，断然拒绝。

《魏氏春秋》记载：司马懿最初命何晏主持这个巨案，何晏对昔日同党，穷追猛查，希望借此获得宽恕。司马懿告诉他，要屠杀八族。何晏呈报丁谧七人的时候，司马懿深沉地对他说：“还差一家。”何晏恐惧地说：“难道还有我吗？”司马懿说：“恭喜你，你答对了。”就又逮捕了何晏。《魏氏春秋》的记载，虽然极富戏剧性，但感觉有点不可思议——如果张当案是何晏主持审理的，那么，张当开始的供词就不可能牵扯到何晏；仅凭司马懿深沉的一句话而没有相关的"证据"，就把当朝的名人总理何晏杀掉，那是不可想象的，司马懿似乎也不会那样做。《三国志》明明记载："爽等见收，太傅司马宣王使毓行司隶校尉，治其狱。"而且根据常识，也不可能叫何晏去审理，《魏氏春秋》的描写，不过是为了进一步诋毁何晏的形象，把何晏描写得叫人不齿。

当然，在司马懿看来，曹爽一党各个都有被杀的理由：丁谧、邓飏作威作福，任人唯亲，声名狼藉，把太后迁到永宁宫就是丁谧的主意；毕轨要曹爽排斥司马懿，从而曹爽与司马懿产生嫌隙；李胜，最先提出要曹爽伐蜀，司马懿的二儿子司马昭也任命为征蜀将军，明明是做曹爽的人质。因此，司马懿对于曹爽及其亲信一族，可以说是必欲除之而后快，斩尽杀绝，连嫁出去的姑娘也要追回来被诛杀。

但是有一个例外，那就是感天动地的夏侯令女。

曹爽堂弟曹文叔的妻子夏侯令女，早就守寡，膝下又没有子女。老爹夏侯文宁想让她再嫁，夏侯令女用刀割掉自己两只耳朵，表明拒绝的决心。平常，夏侯令女依靠曹爽生活，曹爽死后，她家人上书声称，要跟曹爽家断绝姻亲关系，把夏侯令女强迫迎接回娘家，要她再嫁。夏侯令女暗中进入寝室，以被子蒙着头，用刀割下自己的鼻子，血染被褥，家人惊骇怜惜，对她说："人生在世像一粒轻尘落到微弱的小草上，何必自己这么苛待自己？而且，你丈夫家已经被全部屠灭，一个人都没有留下，你又为谁守节？"夏侯令女说："有爱的人，不因对方的盛衰而改变态度；有义的人，不因对方的存亡而改变心意。曹家鼎盛时，我还要守节，今天衰亡，我怎忍心抛弃？这种禽兽行径，我不能做。"司马懿听到这件事情，顿起敬意，就任凭她领养孩子，做曹家的后代。

而对于曹爽的下级官吏，一般是要被免官。但是，对于比较有名气的，司马懿则采取了拉拢的策略，以树立自己崇尚礼教的形象。比如，对于鲁芝和杨综，司马懿就说："人各为其主，赦免他们。"不久，任命鲁芝当御史中丞，杨综当尚书郎。对于曹爽一派的其他人则剥夺实权，比如，名气很大但这次又没有办法牵连上的夏侯玄，则把他从西北军区司令的位置上拿下来，安排到朝中做了个闲差事——大鸿胪。对于有可能同情曹爽的地方实力派，司马懿则采用了拉拢的策略，比如，对于王凌，则升为太尉。

诛杀曹爽以后，司马懿把重视名教提高到巩固执政基础的地位，一些否定儒家思想的言论被封杀，一些正始时代的名士被禁锢。刘晔的儿子选部郎刘陶，被邓飏称赞可比伊尹、姜子牙。刘陶曾经对傅玄说：“孔丘算不上是什么圣人！智慧之士，面对一群愚劣，就跟手掌里玩一团泥一样，能把大家玩得团团转。孔丘竟不能控制天下，圣什么圣！”傅玄不回答，只说：“天下之事，变化无常，今天这番议论，充分显示出你并没有给自己留余地！”高平陵之变以后，刘陶被夺官——和他父亲一样，就是多话。

事变以后，管辂的舅父问管辂说：“你怎么看出何晏、邓飏的结局？”管辂说：“邓飏走路的姿势，肌肉松懈，包不住骨骼；不管起立、落座，或斜靠卧榻，都像一摊软泥，仿佛没有手脚，相书上称之为‘鬼躁’。何晏看人的时候，不敢正眼直视，眼睛乱动，魂不守舍，面无血色，浮着一层霉气，好像一棵枯树，相书上称之为‘鬼幽’，二者都不是有福的面貌。”

杀了八天的人，到正月十八日，司马懿觉得该杀的都杀了，为了避免人人自危，开始大赦天下，安定人心。

四十二　政变以后

正始年间走到第十个年头，因为曹爽的被杀而结束了。正始十年也改为嘉平元年。改年号，意味着与民更始，和过去划清界限。

这年二月，皇帝曹芳任命司马懿为丞相，增繁昌、鄢陵、新汲、父城为其封邑，前后其计八县，食邑二万户，特许奏事不名。司马懿固辞丞相之职不受。十二月，诏命加九锡之礼，朝会不拜，又固辞九锡。嘉平二年（公元250年）春，魏帝命司马懿在洛阳立庙，并可以任命左右长史，掾属员额达十人，每年可以向朝廷推荐两名掾属做御史和秀才，并封两个儿子司马肜、司马伦为侯。

以高平陵事变为界限，我们发现在此之前，司马懿对于朝廷的封赏，一般是避实就虚，以免树大招风，引起猜忌；在此以后，就开始避虚就实，什么丞相、相国等，一概不要，而实实在在的封地、对儿子们的封侯，还是照单全收，为的是进一步巩固自己的实力。

事变以后，司马懿又“病”了，目的是借故不上朝，待在家里安全。朝廷上的事情，自有自己的摇尾系统负责处理。史书记载，每遇大事，天子亲自到他府中去征询意见，这一点，被自己的两个儿子继承，自此，晋王府成了决定天下大事的场所。

高平陵之变后四个月不到，太尉蒋济就去世了。此君的确是个既想做婊子又要立牌坊的主，总是把人给出卖了，然后还装作无辜的样子，去自我谴责。过去，司马懿曾经问蒋济：“王凌怎么样？”蒋济回答说：“王凌是能文能武，儿子王广又胜过王凌。”回头又后悔说：“我说的这话是能灭人全家的啊！”可见，他是深知司马懿为人的。现在据说，此人也是因为愧对曹爽而死。

改元后的朝堂上也的确出现了大的变化，过去曹爽的门生故吏一概被免职，司马懿的亲信把持了朝廷的各个要职。以西北军区为例。征西将军、都督雍凉诸军事的夏侯玄被调到中央，提拔司马懿的亲信雍州刺史郭淮为征西将军、都督雍凉诸军事，提拔司马懿的亲信陈群之子陈泰为雍州刺史（陈泰和许允一起劝说曹爽放弃努力，所以司马懿一直把两个人看作有功之臣），讨蜀护军夏侯霸逃奔蜀国以后，任命徐质为讨蜀护军，任命邓艾为南安太守。

除了人事安排以外，司马懿还广泛地向大臣征求治国的意见，比如，王昶就上书陈述应该改革的五件事：第一是崇道笃学，抑绝浮华，让学子们进入太学学习；第二，用考试来选拔人才，把考试作为准绳，改变过去仅仅凭借感觉来判断一个人的优劣；第三，要让当官的在一个地方时间相对长一点，有治绩就增位赐爵；第四，要约束当官的不能做买卖，和老百姓争利；第五，杜绝侈靡，崇尚节俭，上下尊卑要有差别，储谷畜帛，使民风归于朴实，等等。

夏侯玄也积极上书进言说：第一，在选官用人，要收归政府，至于对人的道德评价，则由乡闾评价；第二，去除冗官，把郡、州、县三级改为郡、县两级；第三，改变服制，归于朴素等。

尘埃落定，让我们回过头来，再审视一下被司马懿所杀的那些人们真的是否一无是处。

何晏是个例子。毫无疑问，他是魏晋玄学的开山鼻祖，第一次敢于撕破儒教神秘的面纱，打破压抑人性的种种约束。他把道家和儒家融合起来，强调一切出于自然本色，不拘泥于形式，不束缚自己的灵魂，和谐地对待自然环境和社会环境。何晏在《道论》上说："有之为有，恃'无'以生；事而为事，由无以成。"什么是"道"？道可道，非常道。在何晏看来，道就是一个字——"无"。天地万物是"有所有"，而"道"则是"无所有"，无语、无名、无形、无声是"道之全"。

在我们的印象中，似乎何晏就是一个与王衍一样空谈误国的人，其实并非如此。何晏当政中并非无所作为。作为一代大师，魏明帝死后的谥号也是由何晏主持选定的（《北堂书钞》："何晏《魏明帝议谥表》云：'案外内群僚议，宜曰明'。余所执难，各不同。……今称'明'者可谓众矣。"）；在司马懿的主持下写了《论语集解》《孝经注》等书；《三国志·傅咸传》载傅咸称赞何晏："正始中，任何晏以选举，内外之众职各得其才，粲然之美，于斯可观。"正始后期，何晏也曾经苦口婆心地劝谏齐王曹芳不要太贪玩了。并且，何晏是宽厚的，当管辂对他说出那么冒犯的话，他也只是呵呵一笑了之。聪明的他也感到了莫名的恐惧，但是，就像已经站在了高峰之巅，再无下山的道路了。魏明帝所罢斥的浮华之徒，何晏并不在其中。何晏的被杀，也是因为身份与曹魏皇族太近，更是因为自己的名气太大。不杀他，不足以使天下的名士们为司马懿家服务——以后的实践证明，司马家每杀一个名士，就会有无数担心被杀的名士出山为司马家服务！

读过史书，这些正始名士给我们留下的印象就是：浮华、无所作为、空言、贪财等等，对于这些名士评价最多的莫过于傅嘏了，然而，放开傅嘏充满恶意的评价，历史还是能给我们些许的真实。比如，那个司马懿忘不了的夏侯玄，也是值得我们记住的人。夏侯玄不仅容貌俊美（《世说新语》称其为“朗朗如日月之入怀”），而且，温文尔雅，名气很大，以“雅量”闻名于世。《世说新语》记载，“夏侯太初尝倚柱作书，时大雨，霹雳破所倚柱，衣服焦然，神色无变，书亦如故。宾客左右，皆跌荡不得住”。靠着柱子写字，柱子被雷劈，衣服都烧焦了，夏侯玄依然神色不变，仍旧写字。

夏侯玄是正直的，这一点司马懿不会不知道。在夏侯玄做中护军的时候，“拔用武官，参戟牙门，无非俊杰，多牧州典郡。立法垂教，于今皆为后式”。（《世说新语》）中护军是个肥差，是军中的组织人事部门，与夏侯玄形成明显反差的是那个小丑蒋济。蒋济做中护军时，就有谣言“欲求牙门，当得千匹；百人督，五百匹”。司马懿和蒋济有私交，问蒋济是否属实，蒋济哑口无言，只好开玩笑说：“咱到集市上买东西，少一分钱也是不行的呀！”（《魏略》）

但是司马懿并不看重这些，于是，司马懿才把夏侯玄从掌握曹魏西线军政大权的征西将军（二品）调入朝中任大鸿胪（三品，九卿之一），这当然是司马懿的激将之法，不仅夺你军权，而且把你降级使用，目的只有一个，那就是逼着你反！如果你能逃亡蜀国，那更好，即便有千般理由，一个叛国者在自己的国家也是遗臭万年的，而且你走了，乐得我清净。

然而，夏侯玄却坦荡地选择了面对，轻轻地放下军权，不顾堂叔夏侯霸投降蜀国的劝说，对夏侯霸说：“我怎么能为了苟活在这世上，投降敌人呢？”毅然回到了洛阳——他没有背叛，也没有反抗，也许在他走回洛阳的时候，也曾把希望寄托在司马懿的仁慈上，两家毕竟是结过亲的啊！而他的堂叔讨蜀护军夏侯霸本来就与郭淮关系不好，如今司马懿得势，郭淮也因之做了自己的上司，夏侯霸只好选择了逃亡蜀国，好在夏侯霸的堂妹是张飞的妻子，外甥女张氏是如今蜀主刘禅的皇后，去到蜀国也不是没有人照应。

夏侯玄像一名殉道者一样回到了洛阳，虽然知道回去的路很难走，但是他还有一丝的希望，希望曹魏帝国能够一路走好……

四十三　最后三年

如果司马懿在高平陵之变以前死去呢？或者即使是高平陵之变以后就死去呢？还会不会有晋朝？

一切假设都是没有意义的。

“周公恐惧流言日，王莽谦恭未篡时。向使当初身便死，一生真伪复谁知。”如今为司马懿翻案的人不在少数，但是，没一个人敢说司马懿是周公，他身处周公之位，所行悖逆之事，虽然身前并未篡位，但，他绝不是周公。

司马懿最后的三年发生的事情，大约可以归结为三句话：

一守，二攻，三擒。

一守。

嘉平元年（公元249年）的秋天，蜀汉卫将军姜维发起了对曹魏帝国雍州的进攻。

姜维是在诸葛亮蜀汉建兴六年、魏明帝太和二年（公元228年）第一次北伐的时候，投降蜀国的，为诸葛亮十分赏识。诸葛亮死后即成为蜀汉军事上的第二号人物。他一直认为自己熟悉陇西羌胡的习性，可以诱使西方的羌胡作为自己的羽翼，这样，关中以西的陇西就可以掌握在手，然后再瞧准机会东下关中。

此时蒋琬已经于蜀汉延熙九年、曹魏正始六年（公元245年）去世，作为第一号人物的费祎却说：“你我比诸葛亮丞相的才能差远了，诸葛丞相还不能统一华夏，何况你我？还不如休养生息，保境安民，如果将来有更有才能的人，我们就把这殷实的家业交给他，不是很好吗？不必孤注一掷，把帝国的生死存亡寄托于一战上！”

每次出兵，费祎也就给姜维万把人马，根本没有用。

这次也是如此。

姜维绕过北面的祁山要塞，向西进行了更大的迂回，来到了陇上的麴山（今甘肃省岷县东百里）筑了两城。关中虽云为“四塞之地”，但是，其西北方向的陇山以及陇山以西的陇西高地，对其有俯瞰之势。如果占领了陇西，关中危急。因此，诸葛亮出祁山也好，姜维多次北伐也好，目的也都是控制陇西高地，进而威胁关中。筑城以后，姜维派牙门将句安、李歆等人驻守，然后联合羌胡人进攻曹魏附近各郡。魏军以征西将军郭淮与雍州刺史陈泰统兵抵御。郭淮采取“围城打援”的策略，命陈泰率领讨蜀护军徐质、南安太守邓艾进围麴城（今甘肃省岷县东南），切断交通及水源，麴城蜀军困窘不堪。姜维被迫领兵救援，进至牛头山（今甘肃省岷县东南，洮河南岸），为陈泰军阻挡。陈泰另让郭淮绕到姜维背后，企图切断姜维的归路，姜维闻讯，便迅速率军撤回。而句安、李歆等人因孤立无援，最终投降了魏国。郭淮又打算西击叛降蜀国的羌人各部，邓艾说：“姜维还没走远，还是分点兵留守吧。”于是，郭淮就留下邓艾屯白水（今甘肃省白龙江）北岸，以防蜀军反攻。果然，姜维并没走远，三天以后姜维反身杀回，他令廖化驻军白水南岸牵制邓艾，自己率重兵奔袭洮城（今甘肃省临潭县西南）。邓艾对部下说：“敌人人多势众，却不强渡白水，那是要东袭洮城。”当夜抢占洮城，姜维只得撤军退走。

可以说还是小打小闹。姜维并没有捞到多少便宜。

二攻。

说到攻，得先说说进攻的理由。

孙权太子孙登于吴赤乌四年（公元241年）去世。第二年，孙权立王夫人所生的儿子孙和为太子。孙和当上太子以后，地位并不稳固，开始主要来自同母弟弟孙霸的挑战，孙霸四处诋毁孙和，但陆逊等朝中重臣还是倾向于太子一边，后来，孙权对孙霸的所作所为有所察觉，也开始厌恶起孙霸。

孙权宠爱的步夫人给孙权生了两个女儿，大的叫孙鲁班，号称孙大虎；小的叫孙鲁育，号称孙小虎。周瑜死后，孙权把孙鲁班嫁给了周瑜的儿子周循，可是好景不长，风度翩翩的周循很快死去。到公元229年，孙权又将她嫁给了卫将军兼左护军兼徐州牧全琮。因为嫁给了全琮，孙鲁班在史书上又有了一个“全公主”的名字。全公主不愿看到王夫人的儿子孙和将来当上的皇帝，就经常到父亲孙权面前说王夫人和太子孙和的坏话。

孙权在爱女的谗言下，首先疏远了王夫人，王夫人被疏远以后，立即就有人填补被宠爱的空——生了孙亮的潘夫人。

看到日渐受到宠爱的潘夫人和同样受到孙权宠爱的少子孙亮，全公主立马让自己婆家哥哥全尚的女儿嫁给孙亮。同时，全公主在第二任丈夫全琮死后，又和孙权的亲信侍中孙峻勾搭成奸，利用孙峻来影响孙权。

经过全公主的不懈努力，晚年昏庸无道、果于杀伐的孙权终于在魏嘉平二年（公元250年）的秋天，废掉太子孙和，赐死孙霸，立孙亮为太子，并杀掉所有敢于劝谏的大臣，包括孙小虎的丈夫朱据。

吴国境内顿时杀气腾腾。

这时候，魏国征南将军王昶上言："孙权流放良臣，適庶分争，可乘衅击吴。"朝廷听从了，于是，派遣新城（今湖北省房县）太守州泰袭巫县（巫山）和秭归（今湖北省秭归县），荆州（治所河南省新野县）刺史王基向夷陵（今湖北省宜昌市东南），王昶向江陵（今湖北省荆州市）。东吴帝国曾决开沮水、漳水河堤，引水淹没江陵北方广大土地，以阻挠曹魏帝国的攻击，王昶用竹子编成绳索做成桥梁，越过水淹地区。吴国大将施绩，连夜逃回江陵固守。王昶打算把东吴军引到平地上决战，先命五支部队顺着大路，向北撤退，又把缴获的铠甲、马匹，在江陵四周展览，以激起东吴军的愤怒。施绩果然追击，王昶迎战，大破东吴军，阵斩东吴将领钟离茂和许旻。

以前，我们很少看到魏国主动进攻吴国，这一次也是魏国不怕两面作战、实力增强的一个标志。

吴国失败了。这次失败也促使晚年的孙权只求自保，他不仅命令西北军区的江陵等地挖河水淹平地，以阻挡魏军，而且还征集了十万人的工兵，在堂邑（今江苏省南京市六合区）破坏涂水（滁河）堤防，淹没北方通往江南（长江以南）所有道路。

而就是孙权的这个决定，又引发出了司马懿临终前做的第三件事情——擒。

四十四　仲达之死

曹魏帝国太尉、驻东南军区司令王凌，在得到东吴帝国利用涂水（滁河）淹没南下通道消息后，就请求中央下发出兵的虎符，允许发兵攻击吴国，但是皇帝（事实上是司马懿）却下诏不准。此前司马懿曾允许王昶发兵进攻吴国，同意王昶发兵的理由到现在并没有消失，王凌向来与司马懿的哥哥司马朗、死去的贾逵关系很好，对司马懿也如同兄长一样，但是这次司马懿又为什么不同意王凌发兵呢？

那是因为，司马懿得到了一个消息。

高平陵之变以后，小皇帝事事还要到司马懿家里请教，这让王凌强烈地意识到曹魏帝国已经快要成为司马氏的天下了！

为什么出现这种情况呢？在王凌看来，司马懿之心也是路人皆知的，要保住曹魏的天下，就必须除掉司马懿，拥立年长的新君，王凌把目光转到了在自己外甥兖州刺史令狐愚治下的楚王曹彪身上。

曹彪，字朱虎。建安二十一年（公元216年），封为寿春侯。黄初二年（公元221年），徙封汝阳公。三年，封弋阳王。同年徙封吴王。五年，改封寿春县。七年，徙封白马。太和五年冬，朝京都。六年，改封楚。曹彪几乎每年都要改封，在曹丕时代，他几乎都是奔走在路上！

重温一下曹植写的《赠白马王彪》吧！

其六

心悲动我神，弃置莫复陈。丈夫志四海，万里犹比邻。
恩爱苟不亏，在远分日亲。何必同衾帱，然后展殷勤。
忧思成疾疢，无乃儿女仁。仓卒骨肉情，能不怀苦辛？

而如今的曹彪已经五十七岁了，完全符合王凌的条件。

王凌跟令狐愚秘密讨论，认为曹魏帝曹芳暗弱，而又受到司马懿的控制，而楚王曹彪则智勇双全，打算在许昌拥戴他当皇帝。

嘉平元年（公元249年）九月，也就是在高平陵事变过去半年以后，令狐愚派他的部将张式，前往曹彪所在的白马城（今河南省滑县东），与曹彪商议。王凌又派舍人劳精前往首都洛阳，告诉儿子王广，王广反对说："凡是发动一件大事，一定要顺应民心。曹爽因为骄傲奢侈，激起反感；何晏徒有其名，没有做事能力；丁谧、毕轨、桓范、邓飏，虽然有很高的名望，但都热心追求名利，不断修改法令，不切实际。他们势力很大，但是一旦同时被杀，却社会安定，没有人哀悼，因为他们失去了民心。现在，司马懿心里想的什么，虽然难以预料，但是直到今天为止，他还没有叛逆的迹象，反而选拔贤能人才，擢升能力比他更强的官员（指蒋济、高柔、孙礼、陈泰、郭淮、邓艾等），整理旧有法令，满足人民的期盼。曹爽所做的坏事，司马懿都一一革除。从早到晚，兢兢业业，况且，他们父子兄弟都手握军权，不易灭亡。"王凌拒不采纳。

同年十一月，令狐愚再派张式晋见曹彪，还没有复命，而令狐愚却患病逝世了。第二年，王凌看到北斗七星里出现了一颗星星，就说："这预示着应出现突然富贵的人。"另外，《魏略》记载：王凌知道东平一个农民浩详懂得星象，浩详知道王凌有别的想法，就迎合王凌，不说吴国即将有国王死去，而是说淮南和吴国都属于一个地区，淮南应当出现皇帝。

令狐愚当兖州州长时，延聘山阳郡（今山东省金乡县西北昌邑镇）人单固当州别驾，他与治中杨康同为令狐愚的心腹亲信。令狐愚逝世后，杨康接受了司徒高柔的延聘，杨康到洛阳后，就把令狐愚和王凌的密谋告诉了高柔，高柔报告给了司马懿。

司马懿知道以后，不动声色，暗中加强了防备，并任命了新的兖州刺史黄华。而王凌也头脑简单，派将军杨弘把他的兵变计划，告诉了黄华。于是，黄华、杨弘联名向司马懿告密。

司马懿反应迅速，一面亲率大军乘船舰南下讨伐，一面用皇帝名义，下诏赦免王凌一时的错误，同时，司马懿又给王凌写信，言辞十分恳切，来麻痹王凌，免得王凌狗急跳墙，强行起兵。很快，司马懿的大军已到百尺（今河南省沈丘县颍水北岸）。王凌自知无法抗拒，就独自一人乘坐一条小船，西上亲迎，并派秘书王彧晋见司马懿请罪，缴还所有印信、符节。司马懿大军抵达丘头（今河南省沈丘县东南），王凌在小船上自己捆绑起来。司马懿代表皇帝下诏，派主簿替王凌解开绳索。

王凌认为皇帝已有赦令，而自己跟司马懿又是老友，感到已无性命之忧，就打算晋见司马懿，却被司马懿拒绝。王凌这时才发现不对，向司马懿呼喊："你写几个字叫我来，我敢不来？为什么还带军队？"司马懿说："正因为你不是写几个字就能叫来的人。"王凌说："你欺骗我！"司马懿说："我宁可欺骗你，不能欺骗国家。"遂派步骑兵六百人，押送王凌前往洛阳。王凌为了试探司马懿的真实想法，请求发给自己几个钉棺材的铁钉，司马懿同意了，王凌这才绝望了。干宝《晋纪》说："王凌走到项县，看见岸上有贾逵庙，王凌大喊说：'贾梁道，我王凌此心忠于朝廷，只有你的神灵知道。'"

五月十日，王凌走到项县（今河南省沈丘县），服毒自杀，年龄八十岁。

司马懿到了寿春以后，开始采取他惯用的后发制人、穷追猛打的做法，寿春城的王凌老部下张式等纷纷自首。司法官找到单固，问："令狐愚有没有谋反情事？"单固说："没有。"但杨康却揭发单固参与了，司马懿逮捕了单固和他的家属，单固咬死说没有，司马懿命杨康和单固当面对质，单固痛骂杨康："你这老奴，你既出卖长官令狐愚，又屠灭我全族，难道你还想活？"杨康最初认为他检举叛逆，一定可以封侯，可后来的口供前后矛盾，司马懿就把杨康一并斩首。临上刑场，单固怒骂杨康："老奴才，你早就应该死。如果死后有知，你在阴曹地府，有什么面目见人？！"

司马懿下令，凡是口供中牵连到的人，全都屠灭三族！！！并挖掘王凌、令狐愚的坟墓，剖开棺材，把尸首拖出来在附近村落暴晒三天，焚烧棺材中殉葬的印信、衣服，再把尸体裸葬。据干宝《晋纪》记载，东平的一个习武的小吏马隆，装成令狐愚的家人，自己拿钱把令狐愚的尸体重新收殓安葬，并且为令狐愚守孝三年！——此马隆我们以后还会提到。司马懿然后强迫楚王曹彪自杀，鉴于这个教训，为防患于未然，司马懿还下令所有曹魏皇族，全部集中在邺城（今河北省临漳县西南邺镇），严密监视，不准跟外人交往。

蒋济曾经对司马懿说过王凌父子文武双全。《魏氏春秋》记载，王凌除了大儿子王广以外，还有弟弟王飞枭、王金虎，都才武过人。《魏末传》记载，王凌的小儿子王明山，最知名，不仅书法无双，而且，武艺高强。当通缉令下达的时候，王明山逃往太原老家，追兵眼看赶到，王明山看到不远处的桑树上落满了飞鸟，他抬起弓箭一下就射下一只，追兵吓得一哄而散，等到家的时候，王明山饥饿难忍，投奔亲戚家吃饭，被亲戚举报送官，被杀。

这就是史书上所谓的“寿春第一叛”。

在迅速处理了王凌事件以后，也许是司马懿感到自身去日无多了，七月二十八日，他任命自己的弟弟司马孚为太尉，又定下遗书四条：一、葬于京城东北八十里之首阳山，不坟不树，保持原地形不变。二、敛以时服，不设明器。这是说下葬时穿平常的衣服，不放器物与之合葬。三、日后死者不得与其合葬。四、日后子孙不得祭陵。这是避免他们家再出现一次高平陵事变。不管司马懿临死前是出于何种考虑，才立下这四条规矩，但是，司马懿的这四条开创了两晋王朝皇室薄葬的传统。

魏齐王曹芳嘉平三年（公元251年）八月五日，司马懿去世，年七十三岁。史书记载，司马懿的死是梦见王凌、贾逵向其复仇而受到惊吓，发病而死。此年，齐王曹芳刚好二十岁。

司马懿终于死了。但是，曹操的那个“三马共食一槽”的梦魇，才刚刚开始。

四十五　子元秉政

司马懿死后，司马家的摇尾系统纷纷向皇帝曹芳建议，应该“父死子继”，由司马师继承司马懿的辅政地位。

当时的司马师已经因为高平陵有功，而被封为长平乡侯，任命为卫将军，掌握着京师的全部武装力量。曹芳无奈，只得任命司马师为抚军大将军辅政，并主管政府的机要。

司马师，字子元，是司马懿的大儿子。司马懿一共有九个儿子，大妻子张春华生司马师、司马昭、平原王司马干，伏夫人生汝南文成王司马亮、琅邪武王司马伷、清惠亭侯司马京、扶风武王司马骏，张夫人生梁王司马肜，柏夫人生赵王司马伦。在这九个儿子中，除了司马京早死、司马干荒唐（此人好像精神不很正常，表面上像谦谦君子，和常人无异；可对于给自己的俸禄、赏赐，一点都不在乎，放在外面任凭风吹雨淋，腐败烂掉；自己的几个小妻子死了，也不让埋掉，而是放在堂上，时时奸尸，等尸体腐烂才让埋。）以外，其他几个都是赫赫有名的人物，以后我们会一一提到。

回过头来说司马师。

高平陵事变，全部是司马懿和司马师两个人一手策划，等到事发的前一夜，司马懿才把计划告诉司马昭。晚上，司马懿派人观察两个儿子的反应，只见司马师好像没什么事似的，呼呼大睡；而司马昭却心事重重，辗转难眠。

司马师上台后，面临的第一件事就是如何在短时期内平复高平陵事件带来的不利影响，团结一切能够团结的人员，稳定自己上台后的政局。

嘉平四年（公元252年）正月，二十一岁的齐王曹芳任命四十五岁的司马师为大将军，加侍中、持节、都督中外诸军、录尚书事，由此，司马师成为曹魏帝国最有权势的大臣。中年的司马师，已经具备丰富的执政经验，为了稳定政局，他在政府中安排了来自各方势力的人员：诸葛诞、毌丘俭、王昶、陈泰、胡遵为地方军区司令；王基、州泰、邓艾、石苞为典州郡；卢毓、李丰主抓选举；傅嘏、虞松参计谋；钟会、夏侯玄、王肃、陈本、孟康、赵酆、张缉分别被任命为政府官员，参与朝议。同时，命令百官：举贤才，明少长，恤穷独，理废滞。史书记载："四海倾注，朝野肃然。"

也就是这个时候，"竹林七贤"们有自愿的，有被迫的，出来做事。阮籍在高平陵之变以后，就被迫做了司马懿的从事中郎，现在变为司马师的从事中郎；《晋书·山涛传》记载，山涛找司马师求官，司马师说："姜太公也要出山为官吗？"就命令司隶举为秀才，任命为郎中。由于政治上的强制，正始以后，竹林中的大部分人先后出山做了官。阮籍等人害怕卷入政治纠纷而又无法远离政治的矛盾，使得他们表现为一种奇特的"世隐" 或"朝隐"式的生活态度：身在庙堂，心在山林；身任官职，却遗落世事；他们或"口出玄远，或酣饮纵放，或服食求仙"成为当时特定的社会政治环境下的独特现象。

同时，司马师也意识到了少数民族尤其是居住在山西境内的匈奴可能发生的隐患。

城阳郡（今山东省诸城市）太守邓艾上书说："单于被留在内地，羌夷人失去统御，无论离散或集合，都无人管理。而今，匈奴民众与单于日益疏远，而各部部长的威望却日益加重，对于他们的动向，要特别戒备。听说刘豹（左部）有一部分叛变的部众，最好是利用这个机会，把他们分割为两部，以削弱他们的实力。右贤王去卑，曾在东汉王朝末年建立功勋，可子孙不争气，遂告衰弱。我们应该封他们一个尊号，让他们驻屯雁门郡（今山西省代县）。"又说："羌胡跟汉人混杂居住的现象，应该制止。应逐渐把他们迁出汉人聚集区。"司马师全都采纳。

可以说，在司马师开始执政的一年半时间里，曹魏的大局还是基本稳定的。

而与此相反，南方吴国却发生了一件惊天动地的大事。

四十六　孙权之死

就在司马懿去世的那一年（公元251年）十一月，东吴的孙权也到了回光返照的时刻。

此时，孙权又想起了被他废为平民的前太子孙和，打算将孙和召回建业。但是，孙鲁班和侍中孙峻、中书令孙弘坚决不同意，病中的孙权也显得很无奈，只是封孙和为南阳王，让他去了长沙。

因为，太子孙亮年纪不大，孙权也要考虑辅政大臣的人选。于是，孙峻推荐了大将军诸葛恪。

诸葛恪，是诸葛瑾的大儿子。据说，诸葛恪小的时候很聪明，父亲诸葛瑾脸比较长，一次，孙权大会群臣，叫人牵一头驴，在驴的脸上题字“诸葛子瑜”（诸葛瑾的字），诸葛恪灵机一动，在下面加“之驴”二字，引来举坐赞赏。还有一次，孙权和群臣一起喝酒，轮到诸葛恪给张昭倒酒，张昭喝得脸红了，不想再喝，说：“这不是尊敬老人之道。”孙权说：“你要是能说得他老人家理屈，那他得喝。”于是，诸葛恪就说：“姜太公九十岁还与武王一起拿着节钺，带领着军队，也没有听说言老。今天，军旅方面的事情，不让你老冲在前面；喝酒这样的事情，却让你先喝，怎么说不是尊敬老人呢？”张昭没办法，只好喝酒。

虽然这样，当孙峻提出由诸葛恪做辅政大臣的时候，孙权还是皱起了眉头，说：“诸葛恪？这家伙太刚愎自用了。”

孙峻反过来劝孙权，如今没人比诸葛恪更精明能干。

孙权心想这话倒也不错，陆逊已经去世，其他再也挑不出多合适的人选了，就将镇守武昌的诸葛恪调回建业。诸葛恪临行时，上大将军吕岱告诫他说：“你这次回去，凡事要小心，务必十思而后行。”诸葛恪却不以为然地说：“古人云三思而后行，孔夫子更是说过思考两遍就可以了。如今您却让我十思，明明是看不起我，说我不行嘛！”这一番话让这位九十一岁的老前辈无言以对，只好苦笑两声。

其实，自从孙权在废立太子一事上胡来以后，东吴内部就危机四伏，吕岱劝诸葛恪小心点并非多余。

诸葛恪到建业后立即觐见孙权。病榻上的孙权任命他以大将军身份加太子太傅，任命孙弘为少傅，并将所有的政务都交给了诸葛恪，除生杀大事以外可以先斩后奏。

嘉平四年（公元252年）四月，孙权病逝，享年七十一岁。作为江东的领袖，孙权和曹操、刘备齐名，其实年纪小得多。赤壁和夷陵是曹操和刘备生平最大的败仗，就是败在了这个“碧眼儿”的手上，难怪曹操会以“生子当如孙仲谋”来赞叹。

孙权死后，东吴地位仅次于诸葛恪的孙弘与诸葛恪私人关系恶劣，他担心被诸葛恪杀掉而密不发丧，反要伪造孙权的诏书杀掉诸葛恪。诸葛恪得到孙峻的举报后（后来杀诸葛恪的也是这个孙峻）先下手为强，假装请孙弘商议政务而杀掉了孙弘。杀掉孙弘以后，诸葛恪这才将孙权病逝的消息公开，并拥立孙亮为皇帝，尊谥孙权为大皇帝。

与司马师一样，诸葛恪当政后确实也想有些作为。

他励精图治，精兵简政，轻徭薄赋，撤销了孙权后期设立的间谍机构，免除长期还不上的债务，废除设置在各处的收税关卡，吴国军民都很高兴，当时甚至出现了人人希望一睹诸葛恪风采的现象。

曹魏与东吴都呈现出一派新人新政的新气象。

四十七　初次交锋

从嘉平三年（251年）八月开始到正元二年一月，司马师执政了短短三年零五个月的时间，魏吴发生了两次较大规模的战争。

就在嘉平四年（公元252年），诸葛恪和司马师，这两个新上任的执政大臣之间就迫不及待地展开了第一次对决。

过去，在巢湖上，孙权曾经构筑了一条东兴（今安徽省巢县东南）大堤，使得大堤南边的湖面成为一个停泊战舰的良港，后来，大堤逐渐废弃。就在公元252年的十月，诸葛恪带领军民来到东兴，开始重新整治东兴大堤，并在大堤的两头，各修建了一个军事据点，每个据点驻扎了一千人马，分别由将军全端（东吴名将全琮之从子）和都尉留略（吴将留赞之子）镇守。

东吴的这一系列举动，对于魏国的将领而言，无疑是一种挑衅。

魏国的征南大将军王昶、镇南将军毌丘俭、镇东将军诸葛诞、征东将军胡遵等纷纷上书，提出进攻吴国的方案。司马师征求傅嘏的意见，傅嘏认为，在各项作战计划中，只有扩大武装屯垦比较好，应该下令王昶、胡遵等，选择险要地区，筹备设施，命令部队，同时进驻，夺取敌人的肥沃土壤，强迫他们退到贫瘠地区，这样一来，我们的部队在前线都可以吃到自己种的粮食，不用后方的运输，而且，还加大了战略纵深，所以，现在的问题不是急于去打击敌人，而是要把部队向边境线推进，把屯田的范围扩大到前线。从而达到“敌人安逸，使他疲劳；敌人温饱，使他饥寒”（《孙子兵法》）的目的。

但是，这不是一个能够立竿见影的意见，司马师没有接受，而是接受了前线将领们的意见。

嘉平四年（公元252年）十一月，司马师下令三道伐吴。征南大将军王昶

（治所在河南省新野县）攻击南郡（今湖北省江陵县）；镇南将军毌丘俭（治所在河南省正阳县东北）攻击武昌；征东将军胡遵、镇东将军诸葛诞（时二人皆在寿春）率军七万攻击东兴，胡遵、诸葛诞下令各军搭建浮桥，连接濡须水两岸，在堤上扎营布阵，向东西两城分别攻击；城高墙厚，一时不能攻取。

十二月十九日，东吴诸葛恪率军四万，昼夜兼程赴援东兴。诸葛恪命冠军将军丁奉，率吕据、留赞、唐咨担任前锋，沿山西上。丁奉对各将领说："我们的行动太过缓慢，如果敌人占领有利地形，就很难对抗，现在，让我先行！"丁奉率领直属部队三千人，强行向前挺进。当时，正逢北风，丁奉张帆鼓浪，只用两天，便到东关（今安徽省含山县西南），立刻进驻徐塘（东关东）。天气寒冷，大雪纷飞，千里冰封，一片银白；胡遵、诸葛诞等正在司令部摆设酒筵，欢乐痛饮。丁奉发现曹魏军的警卫部队人数不多，对部下说："夺取侯爵，领取赏赐，正在今日。"命士卒脱下铠甲，扔掉枪矛，只头戴铁盔，手拿大刀、盾牌，赤身露体，沿着堤防而上。曹魏军远远看见，忍不住放声大笑，没有立即戒备。东吴军遂攀上堤岸，杀声震天，直砍曹魏军前哨各营。

这时，吕据各军也已抵达，立即投入战场，曹魏军大吃一惊，四散逃走，争先奔向浮桥，浮桥却忽然中断，曹魏军跌落水中；没有跌落水中的，互相践踏，前锋指挥官（前部督）韩综、乐安郡（今山东省邹平县东北苑城乡）郡长桓嘉等，全被斩杀，曹魏军死亡数万人。诸葛恪俘获辎重，堆积如山，得胜而归。

东面失败，曹魏西边的两路也迅速回撤。

这场战役胜利了，但是，取得这场战役胜利主要还是因为吴军行动迅速，特别是老将丁奉的奋不顾身，勇猛杀敌。虽然战役的结果不同，但对魏吴两国的影响却是那么深远。

因为，这场战役对魏吴两国的影响却截然不同。在曹魏方面，司马师主动承担了错误，只是把自己的弟弟司马昭销爵以示惩罚，并没有追究其他一线将领的任何责任。这当然是司马师收买人心之举，但是也确实起到了"人人不仅惭愧，而且高兴"的局面，使得曹魏上层更加团结。而在吴国一方呢，这次胜利的效果却刚好相反，由于有了这次胜利，使得本来就刚愎自用的、自以为天下雄才的诸葛恪头脑发晕，以为曹魏不过如此，产生了轻敌之心，幻想着再来一次更大规模的胜利，实现自己叔父诸葛亮未竟的事业。

四十八　二次交锋

紧接着，就在嘉平五年（公元253年）的三月，吴国的诸葛恪又发动二十万之众，向曹魏帝国发起了新一轮的进攻。

此时，蜀国第一人费祎已经被曹魏间谍刺死，姜维再也没有费祎的掣肘，他与诸葛恪相配合，也率领数万人马出石营（今甘肃省礼县西北），包围曹魏所属的狄道（今甘肃省临洮县）。

有人对诸葛恪建议："如果深入敌境，可能民众会逃散，劳而无功；倒不如包围新城，引诱魏军前来救援，我们围城打援，可以取得大的收获。"诸葛恪采纳了这个建议。举如此大兵，你的战略意图是什么？还是像以前那样搞搞抢劫？应该不是。既然不是，那还听信这样的意见？

司马师问虞松怎么办？虞松回答："今天诸葛恪如果全军而上，趁着锐气，足可以取得战果；但是他却屯兵于坚城之下，等到他攻不下新城的时候，士兵都疲惫了，这样，他肯定要逃跑，所以说现在我们的将士不敢向前，在今天这样特定的情况下，不能不说对我方还是有利的。至于说姜维，不过是以为我们全力对付吴国，所以他才放心大胆地远来攻击狄道，想因粮于我，如果立即命令关中的全部部队前去救援，姜维会知难而退的。"

于是，曹魏帝国派遣太尉司马孚也率领了二十万人马前去迎战诸葛恪；命令关中所有的部队去解狄道之围。

很显然，司马师在东线的策略就是，采取守势，不去救援新城，用新城作为消耗诸葛恪大军的棋子。而在西线，则采取有力措施，迅速展开救援。

事实证明，这样的决策是完全正确的。

当时新城的守将是魏国的张特（字子产，魏国涿郡人），他的士兵只有三千人。

以三千对二十万。

这在任何时候都是一个奇迹。

张特率军死死地守着新城。诸葛恪在城外垒砌土山，连着攻了三个多月，竟然没有攻下。最后，等到城池快被攻下的千钧一发的关头，张特对吴国人说：“我今天不想再打下去了。但是根据魏国法律，如果将领坚守城池超过一百天，而救兵不来的话，就是投降，家里的老小也不被连坐；到现在你们已经攻击了九十多天了，城中本来有四千士兵，死了一多半，现在剩下不到一半的人还是不想投降，等我回头好好劝劝他们，这是我的印信，给你们做凭证。”

吴国人相信了张特的话，也没有要他的印信，就停止了进攻。

而张特却命令连夜把城内的居民房屋拆掉，用拆下的木材做成栅栏堵住了城墙的缺口。

等第二天天一亮，吴国人发现城墙的缺口被堵上了，同时，耳朵里也传来张特的声音：“我只有战斗而死，绝不投降！”

把吴国人气个半死。

气归气，但是，城却还是攻不下来。

这次诸葛恪出兵是在三月，本来已经长驱直入魏国腹地，却不知道听从了谁的计策，回军围了新城，围新城的时候是在五月，围到七月，天气暑热，不少吴国兵士得了传染病，拉肚子，最后，诸葛恪看强攻不下，魏国的救兵也到了，开始退兵。

这次出兵失利，使诸葛恪的名声大损。

很快地，吴国孙峻借着众人的怨气，就在孙亮的宫中设计将诸葛恪杀死了。

四十九 宫中惊变（一）

实践证明，司马师执政之初广纳各方贤才，不过是稳定政局的一种权宜之计罢了。司马氏父子在把握进退节奏上，都已经到了炉火纯青的地步。随着时间的推移，司马师冷眼旁观着被自己推举出来的每个人的表现。

曹芳逐渐长大，时年已经二十三岁了，虽然还是那么贪玩，但是越来越像一个成年人，这叫司马师浑身不自在，司马师的眼光紧紧地盯牢和皇帝曹芳接触的每一个人。

有一段时候了，中书令李丰和曹芳常常单独密谈。虽然司马师在宫中安插了不少眼线，但也探听不出皇帝曹芳和李丰究竟说了些什么。

“好话不背人，背人无好话。”在司马师看来，曹芳和李丰一定在密谋些什么。

李丰，字安国，原来是魏明帝东宫时的文学侍读，名气很大，甚至当时的吴国都知道。魏明帝死后，因为当权者以为他名过其实，就把他安排到郭太后那个永宁宫做太仆，不掌实权，但朝位却在司隶校尉、河南尹之上。李丰在司马懿、曹爽执政时任尚书仆射，尚书仆射虽然是执政官，但在曹爽专权时连尚书令司马孚都不掌权，尚书仆射当然也成为闲职。他经常称病，当时规定病休百日解职，他总是不到百日就暂时任职几天，然后再病休。人们评价：“曹爽之势热如汤，太傅父子冷如浆，李丰兄弟如游光。”

李丰不是一个勇敢的人，《魏略》称：“及宣王奏诛爽，住车阙下，与丰相闻，丰怖，遽气索，足委地不能起。”所以，李丰在两大集团中间，两面讨好也是迫不得已的事情。司马师一向器重李丰，史称：“中书令李丰虽素为大将军司马景王所亲待，然私心在玄。”司马师执政后，在选任中书令时，任用了李丰。

李丰是廉洁的，史料记载，生活只靠工资，皇帝的赏赐全部分给亲友，等到被抄家的时候，家无余财。

《魏书》记载：李丰被杀的原因是和皇后的父亲张缉商量，拥立夏侯玄为大将军，张缉为车骑将军，后被司马师发现责问李丰而被杀。

根据史书记载，李丰是当场被司马师所杀，因此，李丰密谋如何如何，其实都是司马师罗织大狱以后诸人的“供词”，而这样的“供词”真实性又有多少，实在是一个大大的问号——因为，接着我们就会说到夏侯玄的“供词”是怎么产生的了。

所以，今天，我们也许可以说，这件惊天动地并引发了以后很多事情的案件，起因也许并不复杂，也许“供词”中所说的密谋废黜司马师的举动根本就是子虚乌有、欲加之罪，也许事情的源头本来就只是因为一件偶然的小事——那就是，你李丰伤了我司马师的心了，我对你那么信任，把你从一个闲差弄成中书令，本指望你监督皇帝来着，你倒好，反过来和皇帝说的什么话，却不对我讲清楚！你反了你！

司马师绝对是一个刚狠的人，如今的他，不仅需要你忠于我，而且需要你所忠于的人只有我——如果不，那你就得死！

接下来发生的事是那么突然。

正元元年（公元254年）的二月，司马师把李丰叫到自己的大将军府，问李丰：“你和皇帝曹芳说了些什么话？”

和皇帝说什么话，你也管得着吗？说晚上皇帝临幸几个女人，你也眼馋？——知道你生理有问题，但也不至于这样变态吧？

其实，在司马师把李丰招进大将军府的时候，就没有打算让他出去，司马师要在皇帝身边安插一个能够随时向自己汇报小皇帝动向的人，而不是一个既讨好我，又讨好皇帝的李丰，更何况从种种迹象表明，李丰更偏向皇帝。

李丰究竟回答了些什么，我们不得而知。——估计也就是说，和皇帝没说什么啊，就是聊聊天，说说宫内宫外的事情，天气、女人、游戏什么的。

司马师当然不满意，继续逼问。

《魏氏春秋》记载：李丰正色说：“你司马师父子心怀狡诈，企图倾覆社稷，只是我太笨，没能把你们擒杀呀！”

等李丰说完，司马师命武士用刀劈了李丰的腰，当场将其杀掉。

把李丰当场杀掉，等于没有了活口，往后的审理怎么进行下去呢？

司马师就是司马师。

在他看来，没有了活口更好办，供词更能制造得顺畅。反正没有人敢对自己怎么样，而我想怎么样就得怎么样！

性无能的司马师具有常人不具备的强忍，只要叫他稍微猜忌到你不忠诚，你就完了；从李丰的被杀，我们也能深刻地感受到，当时政治气氛的肃杀，也就慢慢理解了阮籍等人的苦闷、悲伤；也更切身体会到司马师的狂暴—— 一个中书令，说杀就杀，杀了以后，再罗织罪名。

难怪曹芳在听说李丰被突然杀掉以后，十分恼火，连连叫嚷着要去找司马师问个清楚——从这一点上来看，皇帝和李丰也不一定就有要谋杀司马师的图谋，不然，小皇帝先就理亏了，也不至于这样。对司马师来说，你李丰和皇帝密谈也不行，任何人的任何行动都要在我的视线里，否则，你就得死！

也许，李丰的死只是一个偶然事件，但是，司马师很快地利用了这个偶然事件，把它作为去除异己势力、巩固司马氏地位的有利时机。

得知自己的岳父被杀，见风使舵的贾充立即和自己的夫人、李丰之女李氏离婚，留下李氏生的一双女儿，把李氏送上了漫漫发配之路。

五十　宫中惊变（二）

也许，李丰的死正是一个铲除隐患并让每一个大臣都无条件服从于司马家的契机。

夜里，李丰的尸体被人从大将军府抬到了廷尉府，廷尉钟毓是太傅钟繇之子，钟会的哥哥。钟繇曾率二子见曹丕，钟会时年七岁，其兄钟毓年八岁，钟毓见帝惶惧，汗流满面。曹丕问钟毓曰：“你为什么出汗啊？”钟毓回答：“战战惶惶，汗出如浆。”曹丕问钟会：“那你为什么不出汗呢？”钟会回答：“战战栗栗，汗不敢出。”聪明的钟毓不敢接手这个案子，他知道这事难缠。

后来，宫内送出命令让接手，钟毓才接手下来。于是，廷尉府按照司马师的指示，将李丰生前友好的皇后父亲张缉、夏侯玄等人逮捕。

和专门喜欢构陷他人、充当司马氏的大特务的弟弟钟会稍有不同，哥哥钟毓还有那么一丝为人的良心。

即使是他，也素来敬仰夏侯玄的为人。

司马师要求得到的供词是：“李丰、张缉等人密谋，杀掉司马师，拥立夏侯玄做大将军、张缉为骠骑将军。”

那么，即便李丰等人确有此谋，与夏侯玄何干？

对于这个冤案，夏侯玄本来就一概不知，而作为名士的他，也决不会自污。

在司马师的淫威之下，就需要昧着良心把这事给办成，要不然自己的性命也难保，于是，廷尉钟毓不得不亲自出面。

见到钟毓，夏侯玄正色责备道（我们似乎看到身陷囹圄的不是囚徒而是法官，而来审讯他的却是个可怜的囚徒）：“你说我应当说什么好？”——夏侯玄多么聪明的人，早已经知道自己难逃一死。——“你是想让历史去谴责我啊，那你就随便替我写吧！”——夏侯玄那种无牵无挂的名士风度又展现出来了。

结案的期限就要到了，钟毓既不想对夏侯玄用刑，但又不能不拖延结案。

于是，连夜把夏侯玄的口供写了出来，史书称，钟毓写完以后“令与事相符，流涕以示玄”。

流涕以示玄！

那应该是每一个稍微有良心的人留下的眼泪，是无可奈何的眼泪，是感觉自己卑鄙无耻的眼泪！

史书记载：夏侯玄看了看别人代替自己制作的供词，只是微微点点头而已！

那点点头，是无奈，也是无可无不可，是欲哭无泪的苍凉！

史书也不忘了刻画一个小丑的嘴脸——钟会。

钟会一直是司马氏阵营的忠实走狗，洛阳城内处处都有他的影子，他就像一条狗一样时时刻刻警觉地探寻着周遭的一切，然后迅速报告给自己的主人。

他是聪明的，也是猥琐的。

夏侯玄从来没有正眼瞧过此人，如今，夏侯玄入狱了，钟会感到可以好好戏弄戏弄人家了。他嬉皮笑脸地来到正襟危坐的夏侯玄跟前，提出想和夏侯玄交朋友！

高傲的夏侯玄终于忍不住了，但是他仍然是那么有分寸，只是严厉得像教训自己的孩子那样，说道：“钟君，你何苦这样相逼呢？！”

从夏侯玄供词的制作过程来看，我们完全可以大胆地推测：

李丰、张缉企图杀掉司马师一说，完全就是无中生有，只不过是司马师借此排除异己的一个冤案而已。

为什么要有这一冤案？

答案很简单：

司马师要杀掉任何一个他看着不顺眼的人。

五十一　宫中惊变（三）

司马师想除去的另一个人物是中领军许允。

许允，字士宗。他和在高平陵事变中被处死的桓范是好朋友。许允的妻子很丑，但很聪明，刚结婚的时候，许允不愿意和丑妻在一起，对妻子说："妇有四德，你有几个？"妻子说："新妇所缺乏的只有容貌。士有百种优良的品行，君有其几？"许允骄傲地说："我都具备。"妻子说："士有百种优良的品行，以德为首，您却好色不好德，怎么说都具备了呢？"许允无言以对，从而开始敬重妻子了。

照理说，许允对司马氏家族是有功的，在高平陵事变中，许允和陈泰一起劝说曹爽归降司马懿，使司马懿兵不血刃，就放倒了帝国第一执政曹爽，因此，高平陵事变以后，许允被司马氏任命为"保卫"皇帝的禁军首领——中领军。

然而，中领军的特殊地位使得许允和皇帝的接触自然多了起来，这立即引起了司马师的警觉。

于是，一件奇怪的事情发生了。

一天一大早，在许允的大门口，有一个自称传达皇帝诏书的人，骑着快马，对着门房叫喊一声："有诏书！"等门房出来看的时候，那人早已经跑得无影无踪了，地上是一卷诏书。门房赶紧拿给许允看，上面写着："任命夏侯玄为大将军，许允为太尉。"许允赶紧把那"诏书"烧毁。这奇怪的事情，是李丰干的吗？如果李丰要密谋杀掉司马师，有这样干的吗？那会不会是皇帝曹芳干的呢？这样平白无故，事前没有预谋的投书，不是形同儿戏吗？

结论是：最有可能这样干的，就是司马师本人！

司马师这样干一举数得：一是，看看你许允对我是不是忠心，得到这个诏书，你是不是第一时间向我报告。二是，如果你向我报告了，上面的计划正好是谋杀我司马师的书面证据；这下可好了，不光是有口供，也有了物证，好说多了，也正好让我拿夏侯玄等人开刀。三是，既然是诏书，那你皇帝曹芳就逃脱不了干系！四是，既然是"谋反"大罪，上面有你的名字，就是你向我举报了，你的小命仍然在我手心掌握，从此，你必须时时刻刻对我效忠。

然而，许允却把那封"诏书" 神不知鬼不觉地烧掉了！使得司马师的一切计划泡汤了。

我本来让你上台来表演一下，你却不给面子，好，你有种！——不过，现在还不是收拾你的时候，得先把狱中的几个人"快审快结""一了百了"！

很快地，廷尉奏报："丰等谋迫胁至尊，擅诛冢宰，大逆无道，请论如法。"

很快地，朝廷大臣集体讨论通过。

很快地，夏侯玄等人被杀。据史书记载：夏侯玄被处死的时候，"颜色不变，举动自若，时年四十六"。

后世有人说，也许何晏被处死，就因为他曾经评论了司马师只能处理好俗务；后世也有人说，也许夏侯玄被处死，就因为他曾经被何晏评论为能探究世界的大道，让司马师一直怀恨在心。史书记载，司马昭流着眼泪向哥哥司马师请求赦免夏侯玄。司马师说了一句话："你难道忘记了那次赵俨追悼会上的一幕吗？"——司空赵俨的追悼会上，司马师和司马昭哥俩和群臣先到，夏侯玄后到，群臣们见到夏侯玄到了，全都纷纷站起身来迎接。——这一幕，一直折磨着司马师狠毒的心灵，杀夏侯玄有政治需要，然而，更多地似乎来自司马师那颗被嫉妒煎熬着的内心。

虽然，流传下了那句"司马昭之心，路人皆知"的谚语，但是，从司马昭对夏侯玄、嵇康、阮籍等人的态度上来看，比起那个阴冷无比的司马师来，要人性许多。

东晋时，袁宏作的《名士传》把自曹魏以来的名士分为三个时期。《名士传》今已不存，《世说新语·文学》刘孝标注说：袁宏以夏侯太初（玄）、何平叔（晏）、王辅嗣（弼）为正始名士。阮嗣宗（籍）、嵇叔夜（康）、山巨源（涛）、向子期（秀）、刘伯伦（伶）、 阮仲容（咸）、王濬冲（戎）为竹林名士。裴叔则（楷）、乐彦辅（广）、 王夷南（衍）、庾子嵩（敳）、王安期

（承）、阮千里（瞻）、卫叔宝（玠）、 谢幼舆（鲲）为中朝名士。其实，除了这三个阶段的名士以外，整个两晋，似乎还应该把东晋时期的名士也算上，叫江左名士吧。正是这些不同寻常的人们，使得那段历史除了阴谋和血腥以外，还给予了我们点滴的温馨和洒脱，使得我们看到了别样的人生，心灵得到丝丝的温暖和慰藉，也使我们神迷于那个时代。

王弼已经于嘉平元年（公元249年）早逝，何晏也于同年被杀，而夏侯玄比他们仅仅多活了五年。

到曹魏帝国齐王曹芳的嘉平六年，也就是高贵乡公曹髦的正元元年（公元254年），再没有了正始的名士。

五十二　废黜曹芳

然而，司马师还没有完。

等到把夏侯玄等人处死以后，他想到了和夏侯玄关系很好的那个中领军许允。如此重要的位置上，绝不允许有首鼠两端的人存在。

正好镇北将军刘静死了，司马师想到了一个调虎离山之计。大约是因为京城死的人太多了，应该让他神不知鬼不觉地死去。

司马师给许允写信，既是勉励，又是爱护，说："镇北所属地方虽然少事，但是也是一方诸侯，想到你神气十足地回到家乡，成为家乡的最高统帅，这就叫作穿着好衣服在白天里行走啊！"接到司马师的来信，许允长长地松了一口气，在他看来，司马师放过自己了，许允心里高兴得不得了，不仅和朝廷有关部门商量把自己的旗鼓换成华美的，而且，他本人善于相印章，对于刻工刻的印章，很不满意，多次要求重新刻。

他再也想不到，这只是司马师废黜曹芳的一个步骤罢了。

因为许允做过侍中，因为和皇帝还有点私交，在这样的时刻，皇帝身边又走了一个贴心人，曹芳的心情可想而知。曹芳为许允安排了一个很隆重的告别仪式，宴会上，许允感激涕零，唏嘘流泪。

许允前脚走，就有有关部门提出了一个弹劾许允私自盗用公家钱谷的奏章，于是，朝廷派人又把走在路上的许允抓了回来，送交最高法院审判（廷尉），判决结果出来了：死刑改为流放到边疆。在流放的路上，许允又被司马师派来的人杀了。即便这样，司马师还不放心，又派自己的特务头子钟会到许允家中探望，看看许允的两个儿子素质到底高不高，结果看着一般化，就没再斩草除根。

作为皇后父亲的张缉被处死了，那皇后也自然当不成了。

三月，司马师废黜了张皇后。四月，立王皇后。

嘉平六年注定是一个不平静的年头，司马师在这一年刚一开始，就杀心四起，二月杀李丰、夏侯玄、张缉等七人，全部诛杀三族，三月废掉皇后，杀掉许允。

此时的曹芳，已经二十三岁了，在司马师制造出的恐怖气氛中，因苦无良策，而采取了一种近乎破罐子破摔的态度。

他恨郭太后与司马氏家的亲密关系，所以和郭太后的关系搞得也很僵。

在立王皇后的问题上，郭太后不同意，曹芳很恼火，说："曹家天子从来就是捡自己喜爱的女人立成皇后的，我愿意！"

郭太后的母亲杜氏去世，郭太后当然很伤心，可是，身为"儿子"的曹芳却不去安慰。

母子关系的迅速恶化，导致郭太后找了个理由，把曹芳宠爱的两个妃子——一个张美人、一个叫禺婉诛杀。

曹芳几乎要疯掉了。

母子关系彻底破裂。

就在宫廷内部斗争白热化的情况下，曹魏帝国的西方还承受着蜀国姜维的进攻压力。

司马师决定派遣屯驻在许昌的弟弟司马昭率军西进，抗击姜维。就在司马昭大军从许昌来到京城洛阳的时候，皇帝在平乐观举行例行的阅兵仪式。曹芳的手下给曹芳献计，利用司马昭上殿拜别的时候，将司马昭诛杀。然后统领司马昭的大军，把司马师杀死！

这不能不说是一个近乎空想的计划，更是一场赌博。

等到司马昭进来向皇帝请安的时候，曹芳正在吃栗子，身边的优伶唱着："青头鸡！青头鸡！"

这是一个发动的暗号。

但是，曹芳很害怕，一直不敢有所行动。

也许是司马师听到了曹芳计划的蛛丝马迹，也许是箭在弦上不得不发，等到弟弟司马昭的大军进驻洛阳城的时候，司马师决定废黜皇帝曹芳。

此时的曹芳真正成了孤家寡人。

司马师以郭太后的命令召集群臣商议，大家一致认为，应该废黜曹芳。然后，派遣郭太后的堂叔叔郭芝到宫中要皇帝的印绶。

当时，郭太后和曹芳正坐在一起，虽然有矛盾，但毕竟是母子，郭太后听说以后，心里很不高兴。郭芝说道："太后有儿子却教育不到位，现在大将军已经决定了，只能按大将军的要求去做！立彭城王曹据！"

郭太后说："我要见见大将军。"

郭芝说："大将军哪能随便见，快取印绶！"

曹芳就起身离开，也许，他早就不想再坐这个位置了。

皇帝的印绶被取过来，郭太后放到了自己身边，郭芝马上给司马师汇报，司马师很高兴；接着，把曹芳安排在皇宫的西宫，并把齐王印绶给了曹芳，曹芳拿着齐王印绶，和母亲郭太后洒泪而别，离开了洛阳。

然而，在立下一个皇帝的问题上，郭太后和司马师之间出现了分歧。

司马师原定立彭城王曹据。

但是，郭太后表示反对。理由是：曹据是曹操的儿子，按照辈分是明帝的叔叔，也就是郭太后的叔叔。叔叔当皇帝，那郭太后何以自处？——女人还是想的精明。

司马师没办法——郭太后一直拿着那皇帝玉玺不放。

那你说立谁？

郭太后说："曹丕的孙子，东海定王曹霖的儿子曹髦。"

司马师想了想，反正曹三、曹四都一样，而且这个曹髦今年才十四岁，更好。

于是，大家都同意了。

司马师又问郭太后要玉玺，郭太后还是不给，说："曹髦，我小的时候见过，我要亲自把印绶交给他！"——还是害怕司马师变卦。

齐王曹芳在位十五年被废黜，旧皇帝去了，新皇帝来了，年号随之改为正元元年（公元254年）。

五十三　毌丘起兵

毌丘俭自辽东踏平高句丽以后，就被任命为左将军，假节监豫州诸军事，并且领豫州刺史，成为曹魏西南地区的最高军事长官。

毌丘俭是河东闻喜人（今山西省闻喜县人），在魏明帝的时候是明帝的亲信，他曾经上书魏明帝劝谏明帝不要大兴宫室，他说："诚使二贼不灭，士民饥冻，虽崇美公室，犹无益也。"就是说吴蜀不灭，你盖什么宫室啊，没意思。后来，历任荆州刺史和幽州刺史，并踏平了高句丽。到嘉平四年（公元252年），吴国诸葛恪兴起东关战役，身为曹魏镇东将军的诸葛诞惨败于从侄吴国的诸葛恪手下。（《世说新语·品藻》记载："诸葛瑾弟亮，及从弟诞，并有盛名，各在一国。于时以为'蜀得其龙，吴得其虎，魏得其狗'。诞在魏与夏侯玄齐名；瑾在吴，吴朝服其弘量。"）东关战役以后，司马师把原来在豫州的毌丘俭与诸葛诞对调，由毌丘俭负责帝国东南军事，诸葛诞负责帝国西南军事。

毌丘俭与李丰、夏侯玄等人私交很好。正元元年（公元254年）司马师的大肆杀戮，引起了毌丘俭的不安，思前想后，自己还不是司马家的贴心人，也许很快司马师的屠刀就会架到自己的头上。

说来也奇怪，帝国的东南从王凌算起，一直都处于动荡之中。嘉平三年（公元251年），太尉王凌"谋反"；嘉平四年（公元252年），魏吴东关战役，魏国大败；嘉平五年（公元253年），魏吴新城会战，吴国大败；接着到了今天的正元元年（公元254年），毌丘俭和下属扬州刺史文钦密谋讨伐司马师。

此时的司马师之心，也是路人皆知的了。他不仅随意诛杀不如己意的大臣，而且，对皇帝也随意废黜。曹魏所有的诸侯王都被软禁在邺县，中央军完全掌握在司马氏手里，地方军也遍布司马氏的爪牙，更有无数的眼线充斥在皇宫内外，大街小巷。曹魏王室已有累卵之危，此时的司马师再也没有父亲司马懿那种儒道的遮羞布，而是赤裸裸地相逼。

司马师用杀伐之举逼迫曹魏皇室顺从，也是在逼迫天下士人归心于己。

与王凌的儿子王广不同，身在朝中的毌丘俭之子毌丘甸也显示出对世事的担忧和焦灼，他给父亲写信说："大人你作为一方诸侯，朝廷目前如此危机，你如果还好像无所事事的话，那真的就要被天下人所责备了！"毌丘甸是在以大义责让自己的父亲。

这更坚定了毌丘俭推翻司马师统治的决心。

而扬州刺史文钦呢？这个神秘的人物，在《三国志》《晋书》中均无本传。只在《三国志·毌丘俭传》注引《魏书》中有比较详细的记载。从那里，我们可以看到文钦的大概情况。

文钦，字仲若，和曹操同乡，父亲文稷，是曹操时代的骑兵将领，有勇力。文钦本人武艺也很高，但是，文钦性格有缺陷，那就是刚暴无礼，目中无人，不听上司的话，魏明帝曹叡不喜欢他。后来，他升为淮南牙门将、庐江太守、鹰扬将军。当时，王凌曾经上奏朝廷，说文钦不宜镇守边境，要求朝廷把文钦免官治罪。曹爽为了拉拢军方实力派，又因文钦是老乡，不仅没治文钦的罪，而且还让他继续留任庐江，并加冠军将军。曹爽被杀以后，司马懿为了安抚文钦，又加封其为前将军，后来，他代替诸葛诞为扬州刺史。自从曹爽被杀以后，文钦一直因为与曹爽关系亲近而心怀不安，但是，他与自己的顶头上司诸葛诞不和，所以，没办法合谋反叛。后来诸葛诞和毌丘俭对调，文钦就和毌丘俭结谋，推翻司马师。不仅文钦的身世神秘，而且文鸳的弟弟文鸯、二弟文虎都充满了传奇。可惜的是，正史中都没有找到本传。更为离奇的是，有人传说，文钦的大女儿文鸳，竟是姜维之妻，大约只是后人的附会吧，据说，文鸳从小就与姜维定亲，容貌端庄，英姿飒爽，不仅文辞、书法很好，而且，武艺高强。假如真是如此的话，那自然是一段佳话，但是，从文钦与姜维的居住地来说，东西悬隔，怎能从小结亲？因为，没有史料佐证，还难以下结论。

高贵乡公曹髦正元二年（公元255年）正月，毌丘俭、文钦谎称得到了郭太后的手诏，要求讨伐司马师，他们将淮南的大小将领都召集到寿春城内（今安徽省寿县），在城西筑坛，歃血为盟，留下老弱驻守寿春城，其余的五六万人向西北进到项城附近（今河南省项城市），毌丘俭构筑工事，文钦则率领机动部队在外围。同时，两人向天下发出公告，揭露司马师的罪恶，并分别给诸葛诞、郭淮、吴国等写信争取支持。而郭淮才死，诸葛诞杀了来使，吴国倒是积极来援了。

司马师广泛征求各方的意见，大多数的意见是要深沟高垒，以持重待敌，等到敌人锐气消磨掉以后，再给予歼灭性打击。

此时的司马师眼睛上出了个肉瘤，刚刚动过切除手术，有人认为不可亲自出动，而由太尉司马孚统军，足可应付。但是，当时的河南尹王肃、尚书傅嘏、中书侍郎钟会，都说此次司马师必须亲征，其中傅嘏还吓唬司马师说："淮南兵团骁勇善战，如果毌丘俭等长驱直入，我们万一有个差错，就会全盘都输。"司马师吓了一身冷汗，从床上跳了起来说："好，我带着病东去！"

正元二年（公元255年）正月初五，司马师任命弟弟司马昭为中领军，留守首都洛阳，同时，征召东西北三方各州郡驻屯军，在陈郡（今河南省淮阳县）、许昌（今河南省许昌市东）会师。又派遣荆州刺史王基，担任前锋，统御陪都许昌军区各军。

而王基却不同意司马师既定的坚壁不战的指导思想，他认为："毌丘俭本来能够继续挺进，可是却一直停留在项县，肯定是当地军民并不想叛乱，受毌丘俭等人欺骗和威胁才这样的。我们如果不展示威力，收揽民心，却困守不动，就会给人一种畏惧怯懦的印象，军事上将丧失优势。如果毌丘俭、文钦，大肆裹胁人民入伍，扩大部队；或者我们的士兵家属落到他们之手，军心就会离散。……一旦东吴再趁机动手，则淮河以南就会失去。谯郡（今安徽省亳州市）、沛国（今江苏省沛县）、汝南郡（今河南省息县）、颍川郡（今河南省许昌市东），都将陷于混乱。我们应火速占据南顿（今河南省项城市），坚守南顿，利用充足的粮秣，先声夺人，就足以使敌人心怀不安，这是消灭敌人的重要一步。"经过王基的不断请求，司马师才接受，王基于是率军进抵石梁河，并进一步占领了南顿。

在正面战场上，司马师下令加强防御，坚壁不战。但在其他方向，却命令诸葛诞统御豫州部队，从安风（今安徽省霍邱县）出军，攻击寿春；命征东将军胡遵，统御青州、徐州部队，前进到谯郡、睢阳（今河南省商丘市）之间集结，切断淮南兵团退路；司马师则进屯汝阳（今河南省商水县）。

毌丘俭、文钦进攻则敌人拒不应战，撤退又恐怕受到袭击，不知如何是好。

毌丘俭初起事时，派人星夜送信到兖州（州政府设廪丘，山东省郓城县西北），兖州州长邓艾诛杀送信使节。

司马师让邓艾率一万余人，兼程南下，直到乐嘉城（今河南省周口市东南），建立浮桥，引诱毌丘俭。

毌丘俭企图各个击破，他命文钦率军迎击邓艾，但是，没有想到的是邓艾只是司马师的诱饵，目的就是故意露出破绽，让你各个击破呢？当司马师发现毌丘俭部队向邓艾所部移动的时候，司马师暗中率军向邓艾靠拢，从汝阳秘密到乐嘉城，在那里布置了一个大大的口袋。

《魏氏春秋》记载，文钦突然发现司马师主力，大吃一惊，手足失措。文钦的儿子文鸯，年十八岁，勇力超人，对老爹说："在他们还没有安定下来之前，可以击破。"于是，分为两队在深夜对司马师大营发动前后夹攻，文鸯率敢死队首先冲入，杀声鼓声，震动天地，司马师大军一片混乱。司马师吓得半死，刚动完手术的眼睛，伤口崩裂，眼珠掉了出来，唯恐将士知道，用被子蒙着头，强忍剧痛，牙齿连被子都咬破了。可是，文钦大军在约定时刻，却没有及时赶到，文鸳见天色已明，只好撤退。

司马师急令各军迅速追击。

文鸯率十几个勇士，直冲追军，无人敢挡，保护着文钦大军撤退，司马师命左秘书长（左长史）司马班，率八千精锐骑兵紧追不舍。文鸯单枪匹马，反身杀入八千骑兵中，击斩及击伤一百余人，扬长而出，然后再突然杀入，再扬长而出，反复攻击六七次之多，追兵不敢逼近。有人把这段文鸯单骑退魏兵，比做长坂坡上的无敌将赵云和张飞。嘉靖版《三国演义》有诗："昔日当阳喝断桥，张飞从此显英豪。乐嘉城内应无敌，又见文鸯胆气高。"毛本《三国演义》有诗："长坂当年独拒曹，子龙从此显英豪。乐嘉城内争锋处，又见文鸯胆气高。"

《魏末传》记载，此时，随司马师出征的殿中人尹大目，知道司马师一只眼珠已经暴出，司马师将不久于人世，想给文钦送信说明情况，就对司马师报告说："文钦本是您的心腹，只是被毌丘俭引入歧途。他又是天子的同乡（文钦是谯郡人），跟我感情至好，请准许我追上去化解误会，说服他反正，使他再跟你合作。"司马师同意。尹大目单身匹马，穿上铠甲，去追文钦，追到之后，遥遥对话。尹大目想说明白，但是又不能说明白，只说："您为什么不能多忍耐几天？"可是，文钦理解不了，反而厉声诟骂尹大目说："你是先帝的家人，不图报恩，反而跟司马师同当叛徒，不顾天理良心，天不饶你！”拔箭张弓，要射尹大目，尹大目只好痛哭说道：“大势已去，你自己多保重！”

当天，毌丘俭得到文钦败退的消息，大为惊骇，六神无主，连夜撤出项县，向东退走，一时之间，全军崩溃，四散逃亡。文钦回到项县，只看到一座空城，打算回寿春，可是，寿春已被诸葛诞攻陷，只好投奔东吴帝国。

毌丘俭向北逃亡，逃到慎县（今安徽省颍上县北），闰正月二十一日，安风津口（今安徽省颍上县南淮河渡口）平民张属，发现行踪，击斩毌丘俭，把人头送到京师；曹魏帝国政府封张属侯爵。

诸葛诞被重新任命为镇东大将军，仪同三司（派头跟三公完全一样）、扬州军区司令。

而这次，与司马懿大肆屠杀王凌反叛人物相反，司马师仅仅屠灭了毌丘俭三族，并杀了毌丘俭同党中十余个重要人物而已。

就在毌丘俭被杀后的第七天，闰正月二十八日，司马师在许昌逝世，终年四十八岁。

五十四　子上执政

司马昭，字子上。

得知哥哥司马师病重的消息，卫将军司马昭立刻意识到军队的重要性，他暂时放下中领军的差事，急急忙忙地从洛阳赶到许昌军中。

在军中，司马师任命弟弟司马昭为总统诸军——说不上是一个正式官位，倒像一个临时想出来的名词一样。而此时，朝廷方面对于司马师的健康也十分关注，司马师病危的消息很快就传到了宫中。

自从废黜曹芳以后，过去一直是盟友的郭太后似乎与司马家也出现了一丝不快，而新上任的皇帝曹髦虽然年轻，却不甘心屈服。等司马师去世以后，宫中立刻传来了诏书，要求尚书傅嘏、黄门侍郎钟会带领大部队回到洛阳；而命令卫将军司马昭驻守在许昌防备寿春方向。显而易见，在这紧要关头，朝廷是想趁机收回一直牢牢控制在司马氏家手里的军权。

然而，从司马懿开始，傅嘏和钟会都已经是司马氏家族的心腹近臣，曹髦此举无疑是毫无结果的。傅嘏和钟会经过商量，很快达成一致，并将此事直接通报了司马昭，同时，建议，一边给朝廷写奏表，说明司马昭和大部队一起回洛阳的原因，一边不等朝廷的批准，直接带着部队回到洛阳，驻扎在洛阳城南。

新登基的高贵乡公曹髦没办法了，再不册封司马昭，曹髦自己就有性命之忧，他只得于正元二年（公元255年）二月封司马昭为大将军，录尚书事。

从嘉平元年（公元249年）的高平陵事变司马氏家族大权独揽到今天司马昭正式走上领导岗位，已经过去了七年。司马懿父子三人仿佛是在进行着接力赛，赛棒总是有惊无险地传了下来。回顾这七年，发生了太多的事件，每一件都是那么惊心动魄、扣人心弦：公元249年年初，诛杀曹爽一党。公元251年，诛杀王凌；司马懿死。公元252年初，司马师为大将军；吴主孙权死，孙亮继位，诸葛恪为吴国太傅；魏吴东关之战，吴国大胜。公元253年，魏吴新城之战，吴国大败；孙峻与吴主孙亮一起设计诛杀诸葛恪，孙峻任吴国丞相。公元254年，司马师诛杀李丰等八人，并废黜齐王曹芳，另立曹髦。公元255年年初，毌丘俭、文钦掀起“寿春第二叛”，平叛以后，司马师即病死在许昌。

历史似乎在重新上演三年前的一幕：三年前，二十一岁的曹魏皇帝曹芳不得不任命四十五岁的司马师为大将军；今天，十五岁的曹魏皇帝曹髦同样不得不任命司马师的弟弟、同样是四十五岁的司马昭为大将军。曹髦是去年的十月才刚刚登基为帝，四个月后，司马昭就任大将军。两人可以说是一前一后几乎同时登上了曹魏帝国的政治前台，那么，在双方共事期间，又发生了哪些大事呢？

高贵乡公曹髦公元254年十月继位到公元260年五月被杀，期间不过五年零七个多月的时间。期间，除了蜀国的姜维在曹魏帝国西北地区不断制造麻烦以外，对曹魏帝国和司马氏集团影响最大、持续最长的动荡，就是寿春的诸葛诞叛乱，史称“寿春第三叛”。

诸葛诞，字公休，琅邪阳都人，是蜀国丞相诸葛亮的从弟。魏明帝时期，因诸葛诞与夏侯玄、邓飏等人友善，共为浮华之友，被免官。正始初年，曹爽执政，任命诸葛诞为扬州刺史，加昭武将军，后转为镇南将军。毌丘俭、文钦反叛的时候，诸葛诞率领荆州之军参与了讨伐二人的军事行动，并抄了毌丘俭、文钦的老巢寿春。毌丘俭、文钦败后，寿春军民十余万户躲避战乱逃往深山，司马昭以诸葛诞久在淮南，又任命他为镇东大将军、仪同三司、都督扬州。

应该说诸葛诞开始的时候，还是效忠于司马氏集团的，他协助司马师平定毌丘俭、文钦之乱就是明显的例证，但是，诸葛诞却并非司马氏家族的死党，作为琅邪诸葛家族，他尚有忠君之心，对司马昭企图取代曹魏政权是不满的。应该说，司马昭上台以后，再也没有耐心和曹魏皇族们兜圈子了，尤其是曹髦试图趁着司马师去世之机，夺去司马家的大权，这让司马昭十分不快。过去司马师在的时候，一切都好招呼得过来，一个出征，一个留守，如今只剩下自己，再这样玩下去，自己没那精力，一旦出个差错，那可不是玩的。因此，司马昭加紧了篡夺曹魏政权的步伐。

鉴于王凌、毌丘俭都被诛灭，诸葛诞也开始在寿春轻财好施，笼络人心，交结数千死士豪杰，到甘露元年（公元256年）冬天，吴国企图进攻寿春，诸葛诞请求朝廷另派十万兵马助战，并请允许自己在淮河岸边筑城防备敌人。司马昭计算诸葛诞的所属部队足以应付敌人，因此，感觉诸葛诞有自疑之心。此次吴国对魏国的进攻，以吴国执政孙峻暴病死去而草草收场，并引发了吴国政局的一次事变，事变过后，孙峻的堂弟孙綝执掌了吴国大权。

为了探听地方军阀的口风，司马昭派遣贾充去四方打听，以了解地方实力派的真实想法。

当贾充来到寿春的时候，和诸葛诞谈到国家大事，贾充说："京都的大臣们都很赞成由司马氏禅代曹魏，这是你所知道的，不知你是什么意思呢？"

诸葛诞不会拐弯，他当即严厉地回答说："你难道不是贾逵贾豫州的儿子吗？！我们世受魏恩，怎么能把魏国的社稷让给他人呢？这不是我能忍心听到的话！如果洛阳有这样的事情，我宁可去死！"说得贾充默默不语。回到洛阳以后，贾充立即向司马昭做了汇报，并且建议："诸葛诞这是第二次做东南军区司令了，很得众人的心。今天如果把他招到中央，他肯定不来，但是如果他现在反叛的话，为祸反而要小；如果时间长了，等他在那里做大，为祸要大。因此，不如现在就召他进京。"

甘露二年（公元257年）四月二十四日，十七岁的曹髦下诏任命诸葛诞为司空，让他进京。《三国志·诸葛诞传》记载："二年五月，征为司空。"当指诏书到达寿春的时间。

此时，司马昭与诸葛诞的矛盾已经表面化了，如果回到京师，自己势必要在司马昭的卵翼之下终老一生，甚至还有可能被司马昭所杀。诸葛诞接到诏书以后，对下属说："我做三公也只能在征南大将军王昶之后，怎么现在就给我三公的高位！朝廷不派遣正式的使者，而只是派来善走之人送信，就让我将兵权交给乐綝，这肯定是乐綝的诡计。"

于是，诸葛诞采取了以下措施。

一是诛杀乐綝。据《魏末传》记载，请自己的牙门将置酒饮宴，并且也请牙门将带来的士兵一起喝酒，直把全部的人都灌醉，然后对众人说："当初刚刚做好一千多人的铠甲兵杖，本来打算为国效力，今天被朝廷征召回洛阳，以后再也用不了兵杖了，想暂时带人拿着你们的兵杖出去玩耍一回，一会儿就还你们，你们都在这里等着。"诸葛诞素来礼贤下士，自己养了很多游侠刺客，都是武艺高强的人，于是诸葛诞带着这些死士和亲兵共七百多人，拿着牙门将士带来的兵杖，走出军营。

扬州刺史乐綝闻讯，赶紧关闭了城门，诸葛诞到南门大声说：“我应当回洛阳，只是带人出来暂时游戏一下，扬州城为什么闭门？”到东门，东门也关闭不开。于是诸葛诞命令自己带的兵爬上城墙，攻破城门，因风放火，焚烧府库，就把乐綝给杀了。

二是上书朝廷。称：“臣受国恩，统兵在东，乐綝却诬陷我与吴国往来，又扬言要代替我的职位，我愤恨他不忠，于本月（应为五月）六日，率七百人将其斩首，现将人头送上朝廷。我对国家忠心耿耿，如果朝廷明白我的真心，我还是魏国之臣；如果朝廷不明，我就是吴国之臣！”

三是集结军队。诸葛诞立即下令将淮河南北的十几万屯田部队，迅速从驻地集结到寿春城，并将扬州刺史乐綝手下的四五万部队也全部集结，往城内囤积了足够全体军民食用一年的粮食，固守寿春。

四是请求外援。为防备司马昭的打击，诸葛诞又派遣长史吴纲与儿子诸葛靓同去吴国称臣，并以手下将领的子弟作为人质，请求吴国援军。吴国得知诸葛诞投降，不禁大喜，立即任命诸葛诞为左都护、大司徒、假节、骠骑将军、青州牧、寿春侯，命令文钦、唐咨、全端、全怿率兵三万，作为先头部队，前来解救寿春。吴国的三万增援部队在司马昭还没有完全围住寿春的时候，抢先进了寿春城。

司马昭听到诸葛诞反叛的消息以后，立即做出反应，他命令因平定毌丘俭、文钦兵变而升为豫州刺史的王基，以豫州刺史身份代理镇东将军，都督扬州、豫州军事，作为讨伐军的先头部队朝寿春进发，并请求皇帝曹髦御驾亲征。因为，此时的司马昭已分身乏术，如果自己去了前线，洛阳他不放心；可如果自己在洛阳看着皇帝，前线更是不放心。只好把皇帝也带在身边得了。这次，司马昭没有急于进攻，而是征发了几乎能够征发的全部兵力——二十六万大军，朝寿春压来。

五十五 寿春之役

甘露二年（公元257年）六月，司马昭挟持着皇帝曹髦和郭太后进屯项县（今河南省沈丘县），司马昭则前进到丘头（今河南省沈丘县东南）。

司马昭确定了“围城”与“打援”并举的战略，他一方面命令镇东将军王基与尚书、代理安东将军陈骞一起率军作为围困寿春的主力。王基，字伯舆，东莱人，出身寒微，王凌为青州刺史的时候，为王凌别驾，由于他的努力才使得王凌在青州名声鹊起，后来，王基成了司马懿父子竞相拉拢的对象，后来，王基参与平定毌丘俭、文钦之乱，立下战功，被封为镇南将军、都督豫州诸军事兼豫州刺史，此次司马昭选王基担任前敌总指挥，也是看中了王基的才能。而陈骞是前尚书令陈矫的儿子，陈矫本姓刘，后养于外公陈家，改姓，但后来又娶妻刘氏，这在当时是为清议和主流社会所不容的。司马氏家族兼收并蓄，极力拉拢陈骞，而陈骞也只有背靠司马氏这棵大树，才能步步高升，从相国司马、长史、御吏中丞，一直升为尚书，封安国亭侯。前不久，持节都督陇西诸军，多次击败姜维的进攻。

除此之外，又任命奋武将军石苞都督兖州刺史州泰、徐州刺史胡质率领青州、徐州、兖州地方部队担任外围警戒，负责随时击退吴国外来的增援。石苞，字仲容，渤海南皮人，史称其“仪容伟丽”，因此，家乡有句谚语叫：“石仲容，姣无双。”早年为县吏，与邓艾一起去邺城公干，公事一时没有办完，就在邺城做起贩铁生意，在司马师为中护军期间，此时正是高平陵之变前，司马师到处暗中寻找死士，石苞当时极有可能就是因此而被司马师选中，被任命为中护军司马的。从此，成为司马氏家族的爪牙。他共有六个儿子，其中，小儿子石崇最为有名。州泰，河南南阳人，深受司马懿赏识，也是司马氏家族的亲信。胡质，字文德，过去为荆州刺史，正始二年（公元241年），齐王曹芳刚继位一年的时候，吴国朱然曾大举进攻樊城，胡质在司马懿大军到来前，就曾率轻装部队救援。后被任命为征东将军，都督青州、徐州诸军事，但根据则有点问题，《三国志·胡质传》的记载，此人于嘉平二年（公元250年）就已经去世了，距今已去世七年之久，而《资治通鉴》则根据《晋书·石苞传》的记载，说此人也参战了，可能是错误的。

吴国除了先前进城的三万援军以外，另委任朱桓之子朱异为大都督、假节，率领三万人马进屯寿春西面安丰（今安徽省六安市霍邱县），遥为声援。

此时，司马昭担心吴国军队来势汹汹，要求王基将部队撤去寿春之围，占据北山等险要位置。前敌总指挥王基对部将们说："如今刚刚把寿春合围，构筑好坚固的堡垒，士兵们只需要安全地躲在堡垒后面，防备城中的敌人脱逃。却让部队转移到险要地带，如果城内的敌人出城逃跑，那就没有办法了。"于是，他上书司马昭，说："现在与敌人对垒，只需要不动如山即可。如果迁移，将军心动摇，诸军只要坚守堡垒，军心自然安定，不可轻动。"坚决予以拒绝。

而与此同时，州泰率军进攻吴国增援的朱异所部，在阳渊（今安徽省寿县西南）大破朱异兵团，杀伤二千人，朱异南撤。

听说前线战败的消息，吴国的大将军孙綝不禁大怒，再次广泛动员，征发大兵，亲自率军推进到镬里（今安徽省巢湖市西北），并派朱异率丁奉、黎斐等五万大军去解寿春之围。

朱异把辎重留在都陆（今安徽省寿县南），率军挺进到黎浆。（《水经注》：芍陂渎水东注黎浆水，水东经黎浆亭南，又东注肥水，谓之黎浆水口也。）朱异派将军任度、张震等选拔六千名敢死队，在大营西边六里处架设浮桥，趁夜渡河，构筑半月形滩头阵地，曹魏监军石苞、州泰击破这支敢死队，部队只好撤出营垒，退到山地。朱异另制作车箱进攻五木城，石苞、州泰率军转攻朱异所部，朱异再次战败难逃。同时，曹魏泰山郡郡长胡烈用五千骑兵袭击都陆，焚烧朱异所有辎重。朱异率残兵败将，沿途摘吃树叶投奔孙綝大营。

孙綝另给朱异三万人马，要求朱异再进军死战，朱异因士卒饥饿疲惫，不肯接受命令，孙綝大怒。

九月，孙綝将朱异斩杀之后，返回了建业。

对此，后来柏杨先生评价说："在兵力相等下，没有不可以解救的重围，内外夹攻，围城军注定腹背受敌。孙綝没有经过磨炼奋斗，便早地拔葱，继承父兄事业，对内'窝里凶'足足有余，对外真刀真枪，便露出草包原状。他亲率大军北伐，自己不动手，只依靠朱异吃树叶的三万饥饿部队作战，而把自己统率的主力部队聚集在巢湖湖畔，按兵不动，怎么会有这种奇异的谋略？斩朱异之后，主力并没有损失，自己就应该前进。如果自问无力解救寿春，则直指项县，摆出攻击曹魏帝国首都洛阳或陪都许昌的声势，至少还有可能减轻寿春所受的压力，守军突围的成功机会也就相对提高。想不到孙綝却一言不发，回头就走。人们对官大、权重、钱多的人，往往有一种信任感。问题是，草包永远是草包，受信任的程度越高，他为自己和为别人所招来的灾难也越大。”

从六月到九月，东吴派出共计八万救援部队，但都遭到惨败，事到如今，寿春的外部救援已经没有了。

五十六　诛杀公休

此时，司马昭说："朱异未能抵达寿春城下，并非他的罪过，而孙綝却将其杀掉，目的只有一个，那就是向诸葛诞谢罪，让其固守寿春。目前，我们所要做的就是：一要巩固寿春前线的阵地，防止敌人逃跑；二要派出奸细多方误导敌人，让其坚信吴国的援军还会到来，不至于狗急跳墙。"

于是，司马昭派出奸细说："吴国大兵就要来了，司马昭的部队已经没有吃的了，很快就要去淮北就食去了。"寿春城内诸葛诞的守军开始放心大胆地吃喝，结果，到了这一年的十一月，城内慢慢开始缺粮了，而吴国的救兵却迟迟不见踪迹。

这时候，诸葛诞的两个部将蒋班、焦彝对诸葛诞说："朱异等以大众来救援却被阻挡不能进，孙綝把朱异杀了，自己却退回了江东，表面上是说回去征发部队，实际上看来，他不过是想坐山观虎斗。现在还是趁着大家还团结一心，士卒还能为我所用，我们集中力量，进攻魏军围堑的一面，突围出去，虽然可能有伤亡，但是肯定能冲出去。"

蒋班、焦彝的意见是趁着目前士气还很高，突围到吴国去。

但是，这个意见遭到了现在已经是吴国将领文钦的坚决反对，这个文钦向来自恃武艺高强，从来不把他人放在眼里，他以为："吴国肯定是和我们一心一意的，根本不存在坐山观虎斗的问题，理由是：我文钦和吴国的全端等将率领三万吴兵，和你诸葛诞一起守在这座孤城里，是铁了心要和你一起战斗到底的，即使吴国的大将军孙綝要坐观成败，但是，这三万吴军的家属可都是在江东的啊，他们能答应不来救我们吗？更何况，魏国军民都很疲惫了，现在再让他们围困我们一年，他们内部肯定有人要生出异心，叛变的事情肯定就快要发生了。"

文钦还是着眼于胜利，而蒋班、焦彝则是着眼于小败，突出重围，留下活命。

因此，双方根本谈不到一起。

蒋班、焦彝多次劝说诸葛诞，文钦大怒。虽然两个人是自己的心腹，但是诸葛诞不得不顾及吴国将领的感受，同时，诸葛诞因为小事要诛杀蒋班，两个人一合计，干脆投降司马昭得了！

诸葛诞的心腹大将都投降了，然而，还没等文钦说风凉话，文钦带来的吴国全怿等将也率领自己的部属越城投降了！

文钦盘问之下，才知道：原来全怿的两个侄子全辉、全仪和族里人闹矛盾，就带着家属离开建业，投降了魏国。魏国的司马昭大喜，将计就计，让钟会假作全辉、全仪寄给全怿的书信，带到城内，上面写着，吴国皇帝恼怒全怿等人不能得到寿春，要杀掉我们全家人，所以，我们才逃到魏国。全怿接到“家信”，信以为真，就越城投降了。

蒋班、焦彝、全怿等人的投降，使寿春城内的军心开始不稳。

到了甘露三年（公元258年）正月，文钦看看一直困守在城内也不是个办法，才旧话重提，向诸葛诞建议突围。据《三国志·诸葛诞传》注引《汉晋春秋》记载，当时，文钦说：“蒋班、焦彝以为我们的意见是坚守不突围，所以，才越城投降，全端、全怿也率众投降了敌人，现在是敌人不做防备的时候，可以出战突围了。”诸葛诞等都表示同意。

于是，寿春城内的部队悉数出动，全力进攻魏军长围的南边。长围上面的魏军弓弩像雨点一样打下来，诸葛诞的部队死伤无数，血流成河，就这样不分昼夜进攻了五六天，还是冲不上去，诸葛诞、文钦等人只好垂头丧气地又回到城内。

经过这次惨烈的突围，诸葛诞守军的士气进一步低落，相继投降的人就有几万。文钦对诸葛诞说：“投降的人大部分是北方的人，因此，不如把北方人都赶出城，只留下吴国士兵，因为吴国士兵家属都在江南，不可能轻率投降——而且这样也能节约下粮食。”

把所有的北方人都送出城？

诸葛诞的第一感觉就是：“那我不就成了光杆司令了吗？你文钦想得倒好，我的人都是北方人，我的人都让你给打发走了，我还算什么呢？况且，你文钦和我过去积怨很深，你想怎样？”

诸葛诞坚决不同意。在毌丘俭事变的时候，诸葛诞杀了毌丘俭的来使，还抢先占领了寿春，文钦对于诸葛诞本来就没多大好感，现在双方更不和了。

俗话说：强龙不压地头蛇。在寿春的地盘上，诸葛诞还是说了算的。自己广施恩义，手下有几千可以为自己赴汤蹈火的武林高手。于是，诸葛诞先下手为强，趁文钦来商量军事的时候，就把文钦给杀了。

文钦的两个儿子一个文鸯，一个文虎，听到父亲被杀，怒火中烧，率领手下兵丁，就要来和诸葛诞拼命，但是，诸葛诞早有准备，二人只好越城投降司马昭。

城内的这场内讧，使得本来就已经涣散的军心更无一点斗志。到了二月，当司马昭骑着大马来到城边，发现城上的诸葛诞部队看到司马昭就像什么也没看到一样时，司马昭大喜，说："是进行总攻的时候了。"

于是，魏军展开全线总攻。

诸葛诞带着亲兵想逃，被胡遵之子司马胡奋（其女后来嫁给了晋武帝司马炎）所杀。随同诸葛诞的几百义士全部被捕，这几百个人都被押在刑场上，刽子手每杀一人，都先问降不降，几百人逐一问过，没有一个投降的，一个接着一个被杀。

经过八个月的苦战，诸葛诞的兵变终于被平定下去了。之后，司马昭采取了与自己父亲、哥哥不一样的怀柔策略，对于投降的吴国将领，即使是因走投无路而投降的，如唐咨、王祚、文鸯、文虎等，也都封了官职，对投降的吴国士兵一个不杀，全部安置在附近郡县，对于淮南被诸葛诞胁迫的军民全部赦免。司马昭的这种做法，使诸葛诞叛乱的消极影响降到了最低限度。

这次规模空前的战役，对于魏吴两国都产生了深远的影响。一是，司马昭的地位得到了巩固。人们在平叛中看到了司马昭驾驭全局的能力和军事才能，也进一步提高了司马昭的威望，甘露三年（公元258年）五月，曹髦以并州的太原、上党、西河、乐平、新兴、雁门、司州的河东、平阳共八郡，地方七百里，封司马昭为晋公，加九锡，进位相国，并且允许晋国自行设置官职。但是，司马昭拒绝了。二是，孙綝的地位受到动摇。此次两度解救寿春，破军杀将，让孙綝的声望降低到了最低点，孙綝还想挽回败局，又想派弟弟孙恩去解救寿春，但寿春已败，只好不了了之。继而孙綝为了巩固自己的地位加强了对吴主孙亮的控制，与孙亮的矛盾日益加深，就在寿春之役过后半年，十六岁的孙亮设计诛杀孙綝未果，被废黜，孙綝迎立孙权第六子、孙亮的哥哥琅邪王孙休为帝。三是，吴国军力进一步削弱。经过此次战役，吴国再也不能对魏国构成大的威胁，也能让司马昭腾出手来，专心对付时时骚扰自己的蜀国，一个讨伐蜀国的战略构想也逐渐在司马昭的心中形成。四是，一批忠诚于司马家的年轻将领脱颖而出。这些人与曹魏皇帝没有一点感情纽带，他们的发迹都来自司马家的关照，他们理所当然对司马家感恩戴德，也从心底里希望司马家能够代替曹魏登上皇帝的宝座，这些人很快地被司马昭发现，并派驻到各地掌握地方的军政大权：到甘露四年（公元259年），司马昭把荆州一分为二，分别安排了两个都督，王基镇守新野，州泰镇守襄阳；任命石苞都督扬州，陈骞都督豫州，钟毓都督徐州，宋钧监青州诸军事。

曹魏皇帝曹髦成了名至实归的傀儡。

五十七　曹髦之死

曹髦，字彦士，他是曹丕的孙子，东海定王曹霖的儿子。曹丕一共有九个儿子，曹霖是曹丕的仇昭仪所生，在魏明帝曹叡时期，因为父亲曹丕对曹霖很好，因此，曹叡对曹霖也关爱有加。但是，这个曹霖却性格暴虐，残害了很多自己的妻妾，此人在曹芳的嘉平元年（公元249年）就死去了，当时的曹髦才八岁。

有这样一个暴戾的父亲，童年时代的曹髦是不幸的。但是，曹髦正如他的字一样，是一位好学上进的青年。《魏氏春秋》记载，司马师曾经问钟会，皇帝是什么样的人，钟会回答："才同陈思，武类太祖。"这应该是很高的评价。曹髦还擅长丹青，他画的《黔娄夫妻图》，被唐代张彦远《历代名画记》目其为中品。如果几年前曹芳没有被司马师废黜，他也不会被郭太后推举为皇帝，虽然曹氏逐渐败落，但曹髦也应该能够平平安安地度过一生。然而，不幸的是，在这个多事之秋，他却被阴差阳错地被推举为曹魏的第四任皇帝。

身为皇帝的他，自然就有了一份责任和担当。不过，从正元元年（公元254年）继位，到甘露三年（公元258年）司马昭平定诸葛诞的兵变，这三年多的时间里，虽然曹髦也经历了毌丘俭、文钦之乱、司马师之死和诸葛诞被杀，但总体上，曹髦并没有参与政事，而是在深宫中接受教育。《三国志·三少帝本纪》记载，曹髦正元元年（公元254年）十月继位到正元二年（公元255年）九月，学完了《尚书》；《魏氏春秋》记载，到甘露元年（公元256年）二月，曹髦在太极殿东堂与群臣探讨学问，提出中兴夏朝的少康与创业之主刘邦，孰优孰劣的问题。其实，这个命题隐含着"以德治国"与"以力得国"的优劣问题，也显示了曹髦要做一个中兴之主的决心。倾向于司马氏的群臣开始的时候，大都提出刘邦的地位要高于少康，但是，曹髦却认为少康给天下带来安康，以德教化天下，应该比创业之主刘邦更可贵。同年四月，曹髦又深入太学，对《易经》《尚书》《礼记》等内容进行了广泛的探讨。

史书还称，曹髦引王昶的侄子王沈、裴秀（被称为“后进领袖”）、钟会、王经等人多次在太极殿东堂，研究学问，并称王沈为文籍先生，裴秀为儒林丈人。表面上看，曹髦似乎不关心世事，醉心典籍，然而，作为曹氏子孙，眼睁睁地看着自己的国家被他人窃取，心里当然不是滋味，他与一些文学之士频繁探讨学问的同时，其实也是在试图从中发现忠于曹氏社稷的人才，可是，在当时的政治环境下，曹髦的努力注定不可能成功。

刚刚上台的时候，司马师突然死亡，让曹髦看到了一丝机会。但是，自己拉拢钟会的努力一直没有半点作用，这个机会瞬间就被傅嘏和钟会化解了，他们竟然明目张胆地违抗圣旨，把军队交给司马昭，并与司马昭一起回到了洛阳。也是从这一次起，曹髦退缩了，不敢再有奢望，而也正是曹髦的这次出击，让司马昭不敢有丝毫的马虎。即使郭太后，他也不放心了，谁知道这些主意是不是这个妻子子出的呢！因此，在应对诸葛诞叛乱的时候，司马昭不得不将郭太后和皇帝也都带到军中。

面对诸葛诞的反叛，曹髦内心深处多么想诸葛诞能够胜利，打败司马昭啊！可是，事与愿违，司马昭老谋深算，一步一步地把诸葛诞逼到了死地。

而曹髦不得不又一次强颜欢笑，于司马昭诛杀诸葛诞之后，及时地把司马昭曾经驻屯过的地点——丘头，改为武丘，以纪念司马昭的功劳，并加封司马昭为相国、晋公。

得胜回来的司马昭与曹髦之间又开始了新一轮你来我往的太极推手。司马昭一直再三辞让，直到辞让了九次，终于没有当相国和晋公。

曹髦当然知道这只是司马昭的表演，他也对司马昭的这一套厌恶透顶。但是，司马家的人早已遍布朝廷上下，从高平陵之后，司马懿三父子早就不上朝堂了，而曹魏的政事全部都在司马懿父子的家中，这已成了多年的习惯，年轻的曹髦又能做什么呢？

曹髦是苦闷的。当时各处都传出井中见到黄龙的祥瑞，这些祥瑞似乎预示着什么。甘露四年（公元259年），当宁陵的井中再次出现两条黄龙的时候，群臣向曹髦道贺。面对着群臣，曹髦却说：“龙代表着皇帝。如今，龙上不着天，下不在田，多次发现被困于井中，这并不是什么值得祝贺的。”并做了《潜龙诗》：“伤哉龙受困，不能跃深渊。上不飞天汉，下不见于田。盘踞于井底，鳅鳝舞其前。藏牙伏爪甲，嗟我亦同然。”

司马昭看了曹髦的这首诗，内心十分厌恶。

第二年，也就是公元260年，此年的曹髦已经二十岁了，在位六年。而曹髦与司马昭之间的矛盾也逐渐白热化。当司马昭的亲信石苞被升官后，曹髦将他召到宫中，两人谈了一整天，但是，曹髦毕竟还年轻，一个人的心仅靠一天的努力怎能争取到？司马昭看石苞一直没有出宫，也很紧张，最后，只好派人进宫去催，石苞出来以后，司马昭详细地询问两人的交谈内容，石苞如实汇报，最后，还不忘加了一句，说：“曹髦是一个不同凡响的人。”他是在提醒自己的主子警惕，估计在与石苞的谈话中，曹髦已经透露出要和司马昭摊牌的意思了。

接着，就到了公元260年的五月七日这一天。

曹髦打算召集全体朝臣，彻底和司马昭摊牌，用皇帝的诏书公开废黜司马昭。

他召见侍中王沉、尚书王经、散骑常侍王业，试图说明缘由，他说道：“司马昭之心，路人皆知。我不能坐以待毙受他屈辱，今天要和你们一起讨伐逆臣！”王经说：“昔日鲁昭公无法忍耐季氏，战败后失去国家，被天下取笑。现在权力在司马氏手中已经很长时间了，朝廷内外的官僚士兵们都可为司马氏肝脑涂地，而不考虑是否叛逆，已经很久了。而且目前缺乏士卫，兵甲不足，陛下依靠什么？一旦如此，只会无法预测祸害，请慎重考虑。”

高贵乡公从怀中掏出令牌扔在地上，说：“已经决定了。即使战死，何所恨？何况不一定死！”

说完，曹髦就进去告诉了太后。趁着皇帝离开，王沉、王业连忙跑到司马昭住处报信，司马昭赶紧在府中做好了防备。

高贵乡公回来后，知道消息已经泄露，就带着几百名侍从，击鼓而出，要公开讨伐司马昭。

司马昭的弟弟屯骑校尉司马伷闻变，赶紧带着自己的部队出来，在东车门遇到曹髦的人马，曹髦的左右侍从呵令司马伷，于是，司马伷部下撤走了。

中护军贾充负责保卫司马氏的府邸，他领兵在南阙下与高贵乡公的队伍对抗，自司马师做中护军以后，中护军的部队已经完全成为司马氏家族的私人武装。

这时，曹髦抽出宝剑喝令贾充的手下退下，在皇帝面前，司马昭的手下习惯性地放下了武器。就在这千钧一发之际，太子舍人成济问贾充："行事危急！"贾充对成济兄弟说："你们以为司马家如果败了，你们还能存在吗？"成济兄弟说："那怎么办？"贾充说："司马公养活你们，就是为了今天，今天的事儿，没什么要问的。"成济兄弟接着问："是逮捕？还是杀了他？"贾充说："杀了！"

听了贾充的话，成济一下上前用戈刺向曹髦，刃穿透了背，曹髦当即毙命。

曹髦以自己年轻的生命，让司马昭等人落下了千古的骂名。

司马昭得知，故作大惊，他跪在地上说道："百姓该怎么说我！"太傅司马孚赶过来，趴在曹髦的腿上大哭，表现得十分悲哀，说道："陛下被杀，这是我的罪啊！"

这一赤裸裸的弑君行为，无疑让司马氏家族陷于被动之中。在稍后几天里，司马氏的智囊们想出了一系列的补救措施。

一是，让皇太后出面公开说明曹髦该杀。于是，皇太后很快就下了令，称高贵乡公对自己如何如何不好，自己早就想废黜他了，可大将军司马昭如何如何仁爱，一直不忍把他废黜掉，这孩子还用弓箭遥射我居住的宫殿，箭头就落在了我的脚下；我给大将军说过几十次，要把他给废黜了，估计皇帝本人也听说了，想用毒药把我毒死，可事情败露了，他就直接要带人杀我和大将军，幸亏王沈等及时报告，此儿为前锋所害；等等。这个郭太后也真为难，她还"坚持"要用平民的礼仪埋葬高贵乡公，司马孚上书要求用王礼，太后同意了。但是这些命令又有多少是出于太后之口呢？

二是，迅速埋葬曹髦，平息事态。在这一事件发生后，仅仅过了几天，曹魏朝廷就在洛阳西北三十里屈涧埋葬曹髦，陪葬品数车。老百姓聚在一起观看，说道："是前日被杀的天子。"有的掩面哭泣，悲不自胜。

三是，找个替罪羊，堵住天下人之口。事情发生后，司马昭就问尚书右仆射陈泰（陈群之子）该如何处理。陈泰说："只有杀了贾充，以谢天下才成。"司马昭接着问："你再替我想想其他的招儿。"陈泰说："我只能说近于这话的，不知道还有其他的。"陈泰在郭淮死后，就担任了征西将军、都督雍凉诸军事，为司马氏家族立下了汗马功劳，但是，陈泰还是继承了陈家的门风，他扶在曹髦的尸体上痛哭流涕，由于悲伤过度，竟当场哭死了。为了掩人耳目，司马昭不得不将凶手成济兄弟诛杀，并灭了他们的家族。在逮捕成济兄弟的时候，成济兄弟爬到楼上，对司马昭、贾充大骂，说了很多恶毒的话，逮捕他们的官军冲不上去，只得在楼下射箭，才把成济兄弟二人射死，本来想贪图富贵，却被司马昭像捏蚂蚁一样给掐死，落得个家破人亡，骂名千载！而在成济未被司马昭下令处死的几天里，贾充的母亲柳氏每次见到惶恐不安到贾充家讨说法的成济，都是破口大骂，然而，老太太始终不知道，幕后的真凶却是自己不忠不孝的儿子贾充！

四是，处理事件中的各色人员。三个在皇帝身边的近臣，两个去给司马昭报信去了，只有王经追随着皇帝。事后，王经被司马昭处斩，一起被杀的还有王经的母亲，王经母亲说："人谁不死？就怕死不得其所，今天母子一起为国被杀，又有什么可遗憾的呢！"而报信的王沈则因功被封为安平侯。

五十八　册立新君

曹芳被杀以后，司马昭立即面临着一个册立新君的问题。

曹芳是曹叡的名义上的儿子，而曹髦是曹芳弟弟曹霖的儿子，可以说都是曹丕的直系后裔。然而，目前的状况是，曹丕的直系后裔硕果仅存的并不多。曹丕一共生下九个儿子：嫡长子魏明帝曹叡；其次曹协，早死，其子曹寻也于正始九年就死了；老三曹蕤，青龙元年死去，以琅邪王子曹赞过继为后；老四曹鉴，早死，无子；老五曹霖，其子之一就是曹髦，另一子曹启继承本宗；老六曹礼，太和三年死去，以任城王曹彰的孙子曹悌过继；老七曹邕，太和三年死去，以任城王曹彰的另一个孙子曹温过继；老八曹贡和老九曹俨均在曹丕活着的时候就早夭了。目前，真正在世的曹丕骨肉，也只有曹髦的兄弟这一支了，而其他各支要么是过继，要么绝嗣。而曹髦的兄弟自然应该排除在外，所以，曹丕系就没有一个合适的人选了。

那么，就必须从曹丕一系以外曹操其他儿子的后代中选择。

除了客观上曹丕系选择困难以外，也许，还有另外一个隐秘的原因在司马昭的内心深处作祟，那就是，在司马昭看来，大宗的子孙可能都以为继承皇位，是理所应当的，因此，维护皇权的责任心也比较重。比如，曹髦竟然用自己的生命去维护皇权，这样的结局确实不好收场。而司马昭需要的，不是激烈的对抗，而是平稳的过渡。

那么，对于册立这些皇室的旁系子孙，是不是要好些呢？对于他们而言，被立为皇帝，终于离开了几近禁锢的邺县，等于捡到了一个天上掉下的大馅饼。众所周知，曹丕对自己的兄弟们十分刻薄，过去，王凌企图拥立曹彪，也可以隐约看出文帝系和曹操其他儿子系统对皇位的争夺。如今，这些侥幸当上皇帝的小宗皇孙，终于有了出头之日，不至于像曹芳、曹髦他们那样吧？

司马昭决定从曹丕系以外的宗室中选择继承人。

而司马师和司马昭兄弟似乎对曹操环夫人生的儿孙们情有独钟。曹操的环夫人一共生了三个儿子，老大就是大名鼎鼎的曹冲，可惜早死，只剩下老二彭城王曹据和老三燕王曹宇。在齐王曹芳被废的时候，司马师就想把曹据立为皇帝，只是因为辈分问题，郭太后为了自身的利益而坚决反对，司马师只好立了曹髦。几年下来，如今的司马昭又一次将目光投到了燕王曹宇的儿子曹璜身上。

五年前，在郭太后的努力下，曹髦得以继位。而五年后的今天，司马昭的势力已经今非昔比，哪还有一个人为曹氏说话？被杀的王经就是例子。

这次，司马昭什么也没有说，只是所有的公卿大臣们说应该立曹璜。

郭太后只好下诏同意，但是，这里面同样存在一个技术性问题，那就是曹璜是做曹丕的儿子还是做曹叡的儿子。虽然曹璜的父亲曹宇与自己的堂侄曹叡年龄相仿，关系亲昵，但曹宇从辈分上讲，还是曹叡之妻、如今的郭太后的叔叔，在五年前，正是因为这个原因，所以，郭太后坚决不同意。而今天，这个问题依然存在，按道理讲，曹璜是管郭太后叫堂嫂的，曹璜继承的应该是曹丕的皇位。

即便是司马昭再强大，也不能抛开郭太后，独自册立新皇帝，那么，要以太后的名义册立新皇帝，就还得让郭太后做她的太后，而不是皇嫂。这个看似无法解开的死结，很快就解开了，那就是：说服曹璜继承曹叡，也就是说，让曹璜管自己的堂兄曹叡叫父亲！

即便是这样，曹宇父子还是答应了。这一方面说明，司马昭的确已经威服海内；另一方面，也说明了司马昭为何对曹宇父子情有独钟，那就是，他看准了这一家的确很懦弱，也很窝囊。

在曹髦被杀后一个月左右，郭太后下诏，以曹璜继承曹叡大统，同时，改曹璜为曹奂。这当然还是司马昭的歪主意，在他看来，曹璜，好像很够味。表面的理由是：曹璜这个名字不好避讳。那改成什么呢？曹奂。奂与璜，一字之差。璜是黄王，奂是换。也许，司马昭是在时时刻刻提醒你：让你坐这个位置，可不是别的，为的是，让你换位呢！别像曹髦一样想得太多了，弄得大家都不好意思。

决定下来之后，有趣的是，司马昭派到邺县迎接曹璜的正是自己的长子中领军司马炎，是否也在暗示要换给他呢?

曹奂的确很识相，也很配合。曹奂登基做的第一件事，就是下诏给司马昭进位相国，加九锡之礼，司马昭固辞不受。十分巧合的是，就在曹奂继位的同月，那位曹丕的妹妹、汉献帝刘协的妻子曹节去世了，曹丕从自己的妹妹曹节手中夺去了汉献帝的传国玉玺，曹节当时悲恸欲绝，曾经诅咒自己的哥哥，上天不会保佑他的国祚。如今，曹节目睹了曹丕创立的曹魏政权终于将走到它的尽头，这是命运吗?

曹奂继位以后，从景元元年（公元260年）到晋武帝司马炎泰始元年（公元265年）在位的五年多时间里，他唯一时时刻刻放在心上的事情，就是隔三岔五地发出诏书，请求给司马昭加九锡，封晋公，封晋王。公元261年八月一次，公元263年二月一次，十月一次，公元264年三月一次，在司马昭平定蜀国之后，他终于接受了晋王的封号。

自曹魏起正式废除了秦汉以来的二十等爵，实行公侯伯子男五等制度，黄初年间，定爵制为九等：王、公、侯、伯、子、男、县侯、乡侯（最初在乡侯之下还有亭侯，后省）、关内侯。王为皇室宗亲独有；公、侯、伯、子、男五等宗室、功臣都有，均有封地；县侯、乡侯、关内侯为功臣及子弟起家晋爵，无封国，食租税。王至男视官一品，县侯视三品，乡侯视四品，亭侯视五品，关内侯视六品。黄初三年始封皇子为王，并封王之庶子为乡公，嗣王之庶子为乡侯，公之庶子为亭伯；黄初五年改封诸王皆为县王，以县为国；明帝太和六年再调整，改封诸侯王，以郡为国。王国置相、都尉（以上五品）、傅、保、友（以上六品）、郎中令、中尉、大农、司马（以上七品）、家令（八品）各一人；公国职员如王国；侯国置相（八品，相当县令）一人以及家令、家丞、傅等家臣。

因此，当曹奂给予司马昭王的封号的时候，已经意味着把祖宗家法背弃了，要把祖业让人了。

司马昭却一直显得很矜持，再三再四，甚至于十次八次地拒绝接受皇帝给予的恩宠。那是为什么呢?

司马昭想的是，要立下足以震慑住国人人心的功业，才接受水到渠成的晋王封号，瓜熟蒂落的果子吃起来才香甜。

什么样的功业？

灭国。

于是，在景元三年（公元262年），司马昭狼一样的眼睛投向了时时骚扰边境的西南蕞尔小国——蜀国。

五十九　斯时斯人（一）

曹魏帝国朝中发生如此巨变，不能不波及不预世事的“竹林七贤”。那么，在这样一个血雨腥风的时代，本有济世大志的阮籍又能做些什么呢？

正始名士被诛杀殆尽，阮籍开始不谈论、不参与世事，整天喝酒并且喝得大醉，以此为常。司马昭的特务钟会经常以求教的姿态，虚心地向阮籍问一些对世事的看法，目的是想找到阮籍的把柄，把阮籍弄倒，可是，阮籍经常喝得大醉，钟会问的什么，阮籍都不知道，更不用说回答了。有一次，司马昭想给儿子司马炎娶阮籍家的女儿——司马昭也是有文化的人，也想和大文化人结亲家——阮籍知道后，连着酒醉了六十天，每天是人事不省，来提亲的使者说不成话，最后只得作罢。

等到司马昭辅政以后，阮籍从容对司马昭说：“我生平曾经到过东平游历，喜欢那里的风土人情。”当时高贵乡公把阮籍任命为散骑常侍，那是皇帝的侍从亲信，阮籍不敢与皇帝走得太近，而司马昭也不愿意看到阮籍被皇帝收买，当然很爽快地就任命阮籍为东平相。阮籍骑着小毛驴，来到东平衙门，他做的第一件事情就是把衙门周围的墙都给拆了，让里面和外面相互都能够看见，并且，治理当地的法令很简明扼要。在东平待了十来天，他又乘驴归来，被司马昭引为大将军从事中郎，经常跟随司马昭左右。执法机关汇报一个杀害母亲的案件，阮籍说：“哎！如果是杀害父亲还说得过去，竟然把自己的母亲也杀了啊！”同座的人都以为阮籍说错话了，司马昭也问道：“杀害父亲，是天下最大的恶行，你却认为可以吗？”阮籍回答：“禽兽只知道母亲而不认识父亲，杀害父亲，那是像禽兽一类的行为。而杀害母亲，那就连禽兽都不如。”阮籍这样一说，大家才心悦诚服。

和不愿意与曹魏皇室走得太近一样，阮籍同样不愿意和司马昭走得太近。当他听说步兵校尉军营内的厨师会酿酒，储藏有三百斛好酒，就向司马昭请求做步兵校尉，阮籍在步兵校尉任上一待就是八年，因此，后世也称呼阮籍为“阮步兵”。阮籍性格十分孝顺，母亲去世的时候，阮籍正和人下围棋，下围棋的另一方听说阮籍的母亲去世了，就要求停止，但是，阮籍不同意，还是坚持把棋下完。等到下完了那盘棋，阮籍喝了两斗的酒，抬头张嘴号哭一声，随口吐出几升鲜血。等到母亲入葬的时候，喝了两斗酒，吃了一盘大肉，口里念念叨叨着完了完了，举声一号，又吐血几升，形销骨立。

裴楷前往吊唁，阮籍披散着头发、盘腿坐着，醉眼迷离，直勾勾地直视着裴楷，有人问裴楷：“按照礼法，凡是吊唁的，主人哭了，客人才施礼而哭。今天阮籍既然不哭，您为什么要哭呢？”裴楷说：“阮籍是礼法以外的人士，所以不在乎礼法，我是俗人，所以要按礼施行。”

阮籍的眼睛一会儿能变白，一会儿能变黑，号称“青白眼”，每每看到自己不喜欢的俗人，就露出了白眼。等到嵇康的哥哥嵇喜来吊唁，阮籍就露出了白眼，嵇喜很不高兴；等嵇康拿着酒，挟着琴来吊唁，阮籍就大喜，青眼才露出来。所以，所谓的礼法之士对阮籍疾之若仇。

何曾曾经当着司马昭的面质问阮籍，说：“你行事不按照礼法，是礼法之贼。”而阮籍只当什么也没听见。何曾转身对着司马昭说：“您以名教治理天下，决不能容忍这样的人存在！应该把这种人流放到边地，不能让他污染华夏！”司马昭对何曾说：“你看这人都瘦弱成什么样子了，你就不能看在我的面子上，稍微忍忍这个人吗？”

阮籍与人说话都是“发言玄远”，从来不评价一个人的好坏、是非，但是，他的内心是苦闷的，他不拘礼教的行为，却一再宣泄着内心的孤独和痛苦。自己步兵校尉军营里有一个士兵家，有一个女儿长得既聪明又美丽，还没嫁人就死了，阮籍也不认识这个女孩的父亲、兄弟，直接就到人家家里，哭着为人送葬，哭完就走了；邻居家一个美丽的少妇卖酒，阮籍曾经喝醉了，就睡在少妇的旁边，阮籍自己也不避嫌，少妇的丈夫见到了也不以为不正常；经常随着性子独自驾车，不管有没有道路，随便前行，等到走得没有路了，在人迹罕至的地方，总是大哭一场，才驾车回来；曾经来到荥阳，登临汉高祖刘邦和项羽交战的地方，叹息道：“当时没有英雄，才使这些小子们成名！”登武牢山，望着洛阳叹息，于是赋《豪杰诗》，有人认为该诗已不存，有人认为上面所录的咏怀诗第三十九首就是，存疑。

等到打败了诸葛诞以后，曹髦要给司马昭以九锡，经过反复的推让，直到曹奂上台以后的景元四年十月，司马昭才接受了九锡。而为了配合司马昭的推让，公卿大臣们要劝进，这个劝进文却要让阮籍来写，如果写了这个劝进文，那就等于支持司马昭篡位，这与阮籍的思想格格不入，但是不写又不行，阮籍大概又想到了以酒醉推脱，《世说新语》记载，司空郑冲派信使到阮籍那里，而阮籍在袁孝尼家，晚上喝醉酒还没醒。人们把他扶起来后，他提笔就写，丝毫不作修改就给了信使。当时人们认为他是神笔。他写的语言优美，为当时人们所称道。

可是，又有谁知道写完《劝进表》的阮籍，内心是何等的痛苦！

阮籍的这篇《劝进表》，引起了后世不少人的非议。叶适说：“今《文选》载蒋济《劝进表》一篇，乃籍所作。籍忍至此，亦何所不可为。籍著论鄙世俗之士，以为犹虱，处乎裈中。籍委身于司马氏，独非裈中乎？观康尚不屈乎钟会，肯卖魏而附晋乎？世俗但以迹之近似者取之，概以为‘嵇阮’，我每为之太息也。”（《石林诗话》）

仅仅过去两个月的景元四年冬天，作为一代风流名士的阮籍，终于在彷徨和苦闷中离开了这个丑恶的世界，终年五十四岁。除了阮籍的行为，至今，我们还能从他的《咏怀诗》中，隐约地看出他内心对世事的彷徨和苦闷。如第十六首写道："走兽交横驰，飞鸟相随翔。是时鹑火中，日月正相望。朔风厉严寒，阴气下微霜。羁旅无俦匹，俯仰怀哀伤。"据何焯说，所谓"是时鹑火，日月相望"，隐指司马师于嘉平六年行废立的时间，断定"此诗正指司马师废齐上下也"。（《义门读书记》）写出了对司马师废黜齐王曹芳的不满和无奈。他的《咏怀诗》第三十九首还写道："壮士何慷慨，志欲威八荒。驱车远行役，受命念自忘。良弓挟乌号，明甲有精光。临难不顾生，身死魂飞扬。岂为全躯士，效命争疆场。忠为百世荣，义使令名彰。垂声谢后世，气节故有常。"阮籍诗歌中崇尚的"忠""义"，与司马氏强调的"以孝治天下"正好相反。在魏晋禅代之际，诗中描写的这位忠臣义士使人很容易联想到毌丘俭、王凌、文钦、诸葛诞等因反抗司马氏而被杀之士。清人陈祚明就说："此岂咏公孙（疑"诸葛"之误），丘之流邪？"（《采菽堂古诗选》）曾国藩也明确地指出："似指王凌、诸葛诞、毌丘俭之徒。"（转引黄节《阮步兵咏怀诗注》）

过了很多年以后，王戎还怀念和阮籍一起饮酒的时光。王戎年轻时去阮籍那里，当时刘昶也在。阮籍对王戎说："正好有两斗好酒，咱们俩一块儿喝了吧。公荣（刘昶的字）就别喝了。"于是两个人就你一杯我一杯地喝起来，刘公荣一杯也没有喝上，不过三个人一起言谈玩笑，没有觉得有什么差异。后来有人问起这件事，阮籍答道："比公荣强的人，不能不和他喝一杯；不如公荣的人，也不能不和他喝一杯；只有公荣，可以不和他喝酒。"还有一次，嵇康、阮籍、山涛、刘伶在竹林下畅饮，王戎后到。阮籍说："俗人又来败坏我们的兴致了！"王戎笑着说："你们这种人的兴致，别人能败坏得了吗？"多么舒心欢快的点滴记忆啊！难怪，后来王戎做尚书令时，一次经过黄公酒垆，对车上的客人说，从前我和嵇叔夜、阮嗣宗一起在此畅饮，竹林同游，我也忝列其末。自从嵇康早逝，阮籍亡故，我就为世事羁绊，现在酒垆虽近在眼前，往事旧人却像是"邈若山河"了。

六十　斯时斯人（二）

史书没有记载嵇康准确的被杀时间，只是说嵇康在景元年间被杀。

不过，根据后人考证，景元年号只有四年（公元260—263年），根据《与山巨源绝交书》（以下简称《绝交书》）所说，山涛于景元二年除吏部郎，并说“前年自河东还，闻……”则绝交书应当作于景元三年。《绝交书》上说嵇绍“年八岁”，《晋书》载嵇绍“十岁而孤”，自作《绝交书》至嵇康被害间有一年以上，即景元四年被杀，较为合理。

如果真是这样的话，阮籍和嵇康，这两个风流名士，竟然在同一年死去。——虽然，他们的死是那么的不同，阮籍死得那么悲凉，嵇康死得那么畅快。

但是，他们的死都使得我们感到那么的沉重，那么动地惊天。

过去我们已经知道了嵇康容貌之美，美得逼人，就连嵇康上山采药遇到了樵人，都惊为神人。从官职上说，嵇康并不算什么。中散大夫，《后汉书》载属光禄勋，六百石，没有固定人数，职责是顾问对策，平时没有固定的事务，可以长期不坐班，也无须值班。

如今，虽然天下还名义上姓曹，但是实际上已经属于司马氏了。摆在嵇康面前的只有两条路，一条是彻底归隐，另一条是投靠合作。投靠司马氏似乎是一条更好的出路，当年“竹林七贤”中的山涛、阮籍、王戎都是走的这条路。

然而，嵇康选择了不合作，而且是坚决地不合作。《魏氏春秋》载：“大将军（司马昭）欲辟康，康既有绝世之言，又从于不善，避之河东，或云避世。及山涛为选曹郎，举康自代，康答书拒绝，因自说不堪流俗而非汤武，大将军而怒焉。”（《三国志·魏志·王粲传》注引）

嵇康平时以打铁为乐，也以此谋生。司隶校尉钟会很早就想结交嵇康——过去，自己曾经写的《才性四本论》想让嵇康指点，却害怕当面送给嵇康，竟然隔着墙扔到嵇康的院子里——如今的钟会已经今非昔比了，自从司马昭平定诸葛诞之乱以后，钟会被人称为司马昭的张良！现在贵为司隶校尉，炙手可热，以此等身份要结交一个中散大夫，不是抬举他了吗？！一天，钟会轻衣肥乘，率众而往。当时，嵇康与向秀正在树荫下锻铁，然而钟会那一大群人就像空气一样。时间一分一秒地流失，空气凝结住了，人们大气都不敢出，钟会久久地站在那里，尴尬、羞耻、无奈、愤怒……五味杂陈。等候很久也没有声音，只能听到锻铁的打击声。钟会准备离开，这时，嵇康开口问道："何所闻而来，何所见而去？"也许嵇康知道钟会的特务本相，也极其讨厌他的本性，才有此一问。钟会回答："闻所闻而来，见所见而去。"从此两人结下了仇隙。

时光到了景元二年（公元261年），这一年，山涛从吏部郎的位置上另有任命，山涛也是好意，推荐嵇康来做这个吏部郎。

此时，有必要再说说这个忠厚人山涛。《世说新语》记载，山涛和嵇康、阮籍一见就情投意合。山涛妻子说："从前僖负羁的妻子也曾亲自观察过狐偃、赵衰，我也想看看他们，可以吗？"一天，嵇康、阮籍来访，山涛妻子劝山涛留他们过夜，给他们准备了酒肉。晚上，她越过墙去观察这两个人，心驰神迷，流连忘返，直到天亮。山涛过来问："你觉得这二人怎么样？"妻子说："你的才智情趣比他们差得太远了，只能以你的见识气度和他们交朋友。"山公说："他们也总认为我的气度胜过他们。"

到了第二年，嵇康才知道山涛曾经推荐自己做官的事情，虽然，山涛的举荐并没有得到司马昭的认可，可以说是举荐未遂，但是，当嵇康听到后，还是写下了名垂千古的《与山巨源绝交书》，说出了自己不愿为官的七个理由，把山涛推荐自己做官比作厨师羞于一个人做菜，要拉祭师来帮忙一样，使我嵇康也手执屠刀，沾一身腥臊味！（间闻足下迁，惕然不喜；恐足下羞庖人之独割，引尸祝以自助，手荐鸾刀，漫之膻腥。）全面阐述了自己的人生观和价值观，把所谓的礼法之士进行了无情的批判和嘲弄，这当然使司马昭大为不满。

嵇康原本与东平吕巽、吕安兄弟为友。《世说新语》记载，吕安每想念嵇康，即使相距千里，也驾车前往。一次嵇康不在家，嵇康的哥哥嵇喜接待吕安，吕安连门也不进，只在门上写了个"鳳"。嵇喜看看还挺高兴。其实，吕安写个

“鳯”字是认为嵇喜是“凡鸟”。

吕安的妻子徐氏被其兄吕巽奸污，吕安原本准备休妻并起诉吕巽。吕巽请嵇康从中劝解，并发誓不会恶人先告状，于是嵇康劝说吕安将这件事平息下来。但是之后吕巽害怕吕安反悔，于是抢先告吕安不孝。嵇康义不负心，写下了《与吕长悌绝交书》，与吕巽绝交，大义凛然地斥责吕巽的卑鄙无耻，吕安请求嵇康为自己做证，嵇康答应了，因此也被收押。听说嵇康被收押，不少士人也要求和嵇康一起坐牢。

钟会建议司马昭借此机会把嵇康和吕安杀掉，钟会诬陷嵇康说：“嵇康本来在毌丘俭反叛的时候，想要帮助毌丘俭的，经过山涛的劝说才作罢。并且吕安和嵇康在世上名气很大，但是言论却很放荡，对时代没有利，也妨害教化，应该乘机把他们杀掉。”

于是，司马昭亲自下令杀掉嵇康和吕安二人。

当人们知道这个消息以后，三千太学学生到司马昭那里请愿，要求释放嵇康，并请嵇康做他们的老师，这些要求并没有被司马昭同意。

临刑前，嵇康的神色像平常一般，从容不迫，他抬头遥望了一下逐渐西去的日影。还没有到行刑的时间，嵇康问哥哥要来平时喜爱的琴，就在刑场上抚了一曲《广陵散》。曲毕，嵇康轻轻把琴放下，叹息一声，说道：“过去袁孝尼曾经想问我学习《广陵散》，我没有舍得教他，《广陵散》从今往后绝了啊！”

真是千古绝唱啊！

说完以后，他从容赴死，时年四十岁。

也许，有些时候，理想需要用死才能诠释，人格需要用死才能塑造。

据说，嵇康死后，司马昭很后悔。

《晋书·向秀传》中记载：康既被诛，秀应本郡计入洛。文帝问曰：“闻有箕山之志，何以在此？”秀曰：“以为巢许狷介之士，未达尧心，岂足多慕。”帝甚悦。秀乃自此役。司马昭在杀了嵇康以后，还要威逼向秀吞下这枚“苦果”：你以前不是要隐居吗，现在怎么不学人去采薇了呢？向秀只得顺其意说：“像巢父和许由这样的人，并不了解尧帝求贤若渴的用心，所以隐居的生活并不值得羡慕。”

嵇康、向秀、吕安是三个多么情投意合的朋友，一起锻铁，一起看菜园子。如今嵇康、吕安已成故人！向秀经历了大悲大痛，从而大彻大悟。他生前注释了

《庄子》，只剩下《秋水》《至乐》两篇未注解完，后来，向秀的文稿被郭象窃取，（此事见于《世说新语·文学》）自此《庄子》注有了向秀和郭象两个版本。

后来，当向秀经过嵇康的故居，想起嵇康的音容笑貌，悲从中来，写下了缠绵悱恻、痛入心扉的《思旧赋》：

将命适于远京兮，遂旋反而北徂。济黄河以泛舟兮，经山阳之旧居。瞻旷野之萧条兮，息余驾乎城隅。践二子之遗迹兮，历穷巷之空庐。叹黍离之愍周兮，悲麦秀于殷墟。唯古昔以怀今兮，心徘徊以踌躇。栋宇存而弗毁兮，形神逝其焉如。昔李斯之受罪兮，叹黄犬而长吟。悼嵇生之永辞兮，顾日影而弹琴。托运遇于领会兮，寄余命于寸阴。听鸣笛之慷慨兮，妙声绝而复寻。停驾言其将迈兮，遂援翰而写心。

千载以下，读之依然是沉重的叹息……

第四部 伐蜀之役

六十一　姜维伐魏

就在嵇康、阮籍死的前后，司马昭密谋着伐蜀事宜。那么，这些年来，蜀国究竟干了些什么呢？

我们知道，从公元234年诸葛亮去世以后，直到公元238年年底，蒋琬出屯汉中，期间，蒋琬曾经企图从汉中东进，但遭到否决，以后，就任命姜维为司马，“数帅偏师西入”，从西边企图联络羌胡，占领陇西。派给姜维的多是小股部队，基本上是做试探性的攻击，或者支援魏国羌胡的叛乱。比如，《三国志·郭淮传》记载：魏正始元年（公元240年）“蜀将羌维出陇西。淮遂进军，追至强中，维退，遂讨羌迷当等，按抚柔氐三千余落，拔徙以实关中”。然而，一直到魏国正始六年（公元245年），蜀国第一人蒋琬去世，由于蒋琬身体原因，所以，蜀国没有进行大的北伐行动。双方唯一一次较大规模的战争是在公元244年，魏国曹爽派遣十万大军进攻蜀国，蜀国取得了汉中保卫战的胜利。但是，遗憾的是，蜀国本来就没有打算主动进攻，因此，蜀军没能扩大优势，采取进一步的进攻手段。这就是在诸葛亮死后的蒋琬执政的十一年中蜀国的情况。

蒋琬死后，费祎执政。从公元245年到公元253年的八年时间，费祎更是抑制姜维做大的军事进攻，每次仅仅给姜维一万多人马。战役目的主要还是利用魏国陇西的羌胡反叛力量，扰乱魏国社会稳定。比如：魏正始八年（公元247年），也就是曹爽和司马懿关系恶劣、司马懿装病的那一年，姜维率兵出陇西，与魏将郭淮、夏侯霸大战洮西，凉州胡王白虎文、治无戴投降姜维，姜维把他们迁移到蜀国，而其他小种的反叛羌胡却被魏国郭淮击败。到公元249年魏国高平陵事变以后，夏侯霸逃亡蜀国，成为姜维的一个得力助手。那年的秋天，姜维派句安、李歆在陇西曲山修建了两个城池，被郭淮、陈泰攻下，损失惨重；后又派廖化企图进攻洮水，也被邓艾识破，无功而返。公元250年，姜维又进攻西平，没有攻下。但受降了一个郭修的人，此人心怀魏国，多次想刺杀刘禅未果，终于在公元253年刺杀了费祎。

这年的正月费祎被刺杀，这年的夏天，姜维就带领数万人进攻魏国的石营，包围了狄道。以此为开始，从公元253年的夏天算起到公元263年蜀汉灭亡的十年时间，姜维一共进行了六次比较大的西征。

姜维像

第一次，就是公元253年夏天，姜维率领数万兵出石营，经董亭，围南安，魏雍州刺史陈泰解围至洛门，维粮尽退还。《三国志·姜维传》称，这次由于吴国诸葛恪率二十万大军进攻魏国，魏国也集结二十万兵力迎击，因而西线兵力不足。魏军集中了西线的所有兵力，前往南安的狄道解围，姜维却因粮草不足而撤退，可以说是浪费了一次很好的机会。

第二次，是公元254年，狄道长李简投降蜀国，导致姜维出兵陇西。姜维占领狄道以后，又进而攻下河间、临洮。但是，在交战中，魏国将军徐质斩杀蜀国荡寇将军张嶷，姜维只好把攻下的三个地方的人民迁移入蜀，草草而回。

第三次，是公元255年秋天，姜维和夏侯霸不顾张翼的反对，率领数万兵马再次进攻狄道。当时魏国刚刚平定毌丘俭和文钦的叛乱，司马师刚刚死去，魏国征西将军陈泰命令雍州刺史率兵先去狄道，坚守等待陈泰大军一起到了，再和姜维交战，但是王经不听陈泰的话，到狄道以后，王经与姜维战于洮西，结果大败，死伤万余人。当时蜀国张翼建议就此罢手，结果姜维不听，进围狄道。魏国经此大败，高度重视起来，任命邓艾行安西将军，和征西将军陈泰并力抗击姜维，同时，太尉司马孚亲自领兵作为后援。陈泰正确分析了当时的形势，认为，姜维提兵来，利在速战，王经本应当坚守，结果他主动出击，造成失败；而现在呢，姜维胜利了，本来应当不顾狄道，往东进兵，占据栎阳的粮食，然后放兵招纳羌胡，再东向和我争夺关陇，这样眼光就大了，对我们都不利了，结果现在他姜维乘着战胜之威却屯兵在坚城之下，等到兵的锐气消磨掉了，粮食也跟不上了，他就退了。于是，陈泰提兵迂回到姜维背后，姜维担心被围，就撤掉了狄道之围，回军，姜维退屯钟提。

第四次，就是第二年（公元256年），因为上一年的胜利，姜维被封为大将军。到这一年的七月，姜维又率兵出祁山，安西将军邓艾和姜维相距，夜里渡过渭河，沿着山向东移动准备进攻上邽，邓艾在段谷和姜维大战，由于蜀国的胡济军没有按时到达战场，邓艾军大破姜维军，姜维部队死伤惨重。姜维上书要求自贬，刘禅只好把姜维刚刚封的大将军又罢免，以卫将军履行大将军的职责。

第五次，公元257年，司马昭兴起了讨伐诸葛诞的战役，关中的部队也调往东部地区。姜维听到这个消息以后，就率领数万部队，从骆谷（今陕西省周至县西南）出击，抵达沈岭（今陕西省周至县西南）。这时，长城（曹魏帝国沿边所筑的御敌要塞）存粮很多，而守军太少，征西将军、雍凉军区司令长官（都督雍凉诸军事）司马望（司马孚的次子，与司马昭为堂兄弟）和安西将军邓艾，进兵据守。姜维在芒水（今陕西省周至县南里水谷）扎营，屡次挑战，司马望、邓艾只是坚守不出。双方陷于僵持，一直等到第二年司马昭杀了诸葛诞，姜维才率兵退回成都，又被封为大将军。

从刘备开始，所采取的战略是：留魏延镇守汉中（今陕西省汉中市），沿边谷中的险要关卡都有实力较强的部队驻防，如果敌人进攻，那就让敌人屯兵于汉中外围的险要关卡之下，等到敌人疲惫，再进行追击包围打击。公元244年打胜曹爽的兴势（今陕西省洋县北）之役，就是这个办法。等到姜维当权，他却异想天开地建议："分别防守各地险要，只是消极抵抗，不能积极进取。不如诱敌深入，各据点储存粮秣，加强守卫，主力退守汉城、乐城。敌人一旦进入汉中平原，我们各城严密防守，再派出机动部队乘虚攻击，敌人攻城攻不下，郊野抢不到粮食，千里之长的供应线，自然不能长久维持。等他们撤退之日，我们各城同时出击，加上机动部队的力量，这是一个大歼灭战略。”

刘禅（本年五十二岁）接受这个建议，命汉中防卫司令胡济将主力部队撤退到汉寿（今四川省广元市西南），监军王含据守乐城（今陕西省城固县），护军蒋斌据守汉城（今陕西省勉县）。

姜维的建议根本上就是一个不考虑双方实力的糊涂想法，把险要让出去，把敌人引诱进平原，那是要冒你平原诸城被攻破的巨大风险啊！自己本来有地利之便，反而要放弃掉，真是匪夷所思，最后蜀汉的败亡与此不无关系，其所作所为却实在是把蜀汉帝国置于极端的危险境地之中。

姜维的最后一次北伐是在蜀汉的景耀五年（公元262年）。十月，姜维进攻曹魏帝国洮阳（今甘肃省临潭县）；曹魏帝国安西将军邓艾在侯和（今甘肃省卓尼县东北）迎战，击破蜀汉军，姜维退守沓中（今甘肃省舟曲县西北）。

此时，黄皓欲以阎宇替代姜维，姜维因厌恶黄皓擅权，曾向后主请求诛杀黄皓，但后主没有接受，姜维察觉此举可能惹怒黄皓，为了避祸便避居沓中，屯田避祸，直到钟会，邓艾领大军征蜀，蜀亡。

分析起来，即使在局部实力较强的时候，姜维统揽全局的能力也比不上他的对手魏国的陈泰，因此抓不住制胜的有利时机，这主要体现在第一、第二、第五次北伐，这三次都是在魏国东方有事，局部处于不利态势的情况下，姜维扩大不了战果；在具体作战上，姜维总是胜不了自己的死对头邓艾，这主要体现在第四、第五、第六次北伐和以后的邓艾灭蜀之战中；在战略布局上，又有一种自负的骄傲，认识不到自己小国仅有十万兵的事实，却放弃沿边屯守，采取了诱敌深入的策略。这就是司马昭决定进攻蜀国以前所发生的事情和司马昭面临的形势。

六十二　子上心结

在这种情况下，司马昭不失时机地抓住了进攻蜀国的机会。

但是，一直穷于应付来自蜀国和吴国两面夹击的朝臣，大多数都珍惜来之不易的和平局面。对司马昭主动挑起对蜀国的进攻提出了异议。

只有钟会支持司马昭的计划。

钟会，字士季，是曹魏太傅钟繇的幼子。他的发迹是受到了司马师的赏识。一次，司马师让中书令虞松写一篇上呈皇帝的奏表，虞松交上去几次，司马师都不满意，给打回了几次，弄得虞松很郁闷，可是思来想去又没办法。时任中书侍郎的钟会看到虞松愁眉苦脸的，就问是什么原因，虞松把奏表拿给钟会看，钟会读了读虞松写的奏表，只改动了五个字，就说行了。虞松把改动后的奏表交给司马师，司马师看后大为赞赏，问是谁改的，虞松说是钟会。司马师说，如果是这样的话，这个人是可以大用的，你可以叫他来见我。

虞松给钟会说司马师要见他，钟会问虞松司马师是一个什么样的主子。虞松回答，司马师不仅博学，而且明察分毫，对一切事务都融会贯通。钟会就闭门谢绝一切宾客，认真思考了整整十天，然后去见司马师，从早上一直和司马师谈到深夜，等钟会走后，司马师叹息说道："真是一个配得上辅佐皇帝级别的人才啊！"毌丘俭叛乱的时候，钟会追随司马师东征，成为司马师的军师。等到司马师突然死去，钟会拒绝了皇帝曹髦的命令，把军队交给了司马昭，为司马昭顺利过渡立下了汗马功劳，钟会的举动立即受到司马昭的信任，随后，钟会坚决拒绝了皇帝升任自己为太仆的拉拢，全身心地投入司马昭的怀抱。诸葛诞叛乱，钟会设下计策，促使吴国将领全怿等人投降，从此，被人们誉为司马昭的张子房，成为司马昭的得力助手。

姜维的反复骚扰，虽然像跳蚤叮咬一样使魏国所损不多，但是却让人感到十分讨厌，司马昭曾经想派刺客刺杀姜维，但被从事中郎荀勖劝阻，促使司马昭下定了讨伐蜀国的决心。但是，反对之声不仅在朝堂上不绝于耳，一直在蜀汉前线的安西将军邓艾也屡屡上疏，表示异议。司马昭派遣大将军府主簿师纂前去监视并督促邓艾，邓艾只得奉命。

司马昭一口咬定：平定诸葛诞以来，已经过去了六年，吴国地广低湿，确实难打，因此，要打，也得先打蜀国，打下蜀国三年以后，顺流而下，水路并进，就可以一举灭吴。估计蜀国也就十万兵马，除去驻守成都以及四境的防守部队，机动兵力也不过五万人。现在让邓艾等人在西北沓中牵制住姜维，我军主力从东部远程奔袭汉中，一定可以得手。

说得有点道理，其实，司马昭对于能否一战灭亡蜀国也并非如此有把握。不过，司马昭如此热衷于在境外建功立业还有着更深一层的原因。

让我们回过头来，看看司马昭内心是多么渴望得到九锡之礼，又是那么羞羞答答地数十次地拒绝就知道了。得到相国和九锡之礼，无疑是迈向禅让的关键一步。早在甘露三年夏（五月），司马昭就让曹髦下诏以其为相国，封晋公，食邑八郡，加之九锡，可是又假惺惺地前后九让。到甘露五年四月，司马昭终于不再“礼让”，当上了相国，晋公，加九锡，明摆着要走曹操代汉的老路。

可是，本来平稳过渡的事态突然间却发生了意外。

少帝曹髦忍无可忍，于同年五月初七，驱车声讨司马昭，并被成济刺死于南阙。出了刺死皇帝这样的大事，司马昭权衡再三，虽然曹操也得到了九锡，但人家曹操可没把汉献帝刺死，并且曹操平定四海的功业也非自己可比，自己脸皮怎么厚也不好意思为得到九锡就把皇帝给捅了，那自己以前的反复推让不是显得太假了吗？于是，司马昭只得恋恋不舍地于当月二十一日“固让”相国、晋公、九锡之命，一来平息民愤，二来给自己的脸上多多少少地擦点五彩粉黛，最后，郭太后“诏许之”。

等到曹奂上台以后，这种“封九锡—固让”的把戏又玩了几次，司马昭还是一直羞答答地不肯上台。主要原因还是：司马昭需要来一次类似平定诸葛诞一样的胜利，只有这样，自己才能堂而皇之地拿回自己曾经当了一个月、屁股还没焐热的相国、九锡之位——即使打不下蜀国，哪怕是占领汉中，或者有一次像模像样的胜利就成！——这就是政治嘛。

钟会深刻理解了司马昭的意图。

自然地，钟会被司马昭任命为伐蜀的主力部队总指挥。

六十三 缜密部署

汉中，北依秦岭，南屏巴山，汉水横贯全境，形成汉中盆地，是蜀汉的重要屏障。

向北有秦岭险隘，如果魏蜀各自驻守险隘，双方都难以进攻对方；但是，一旦魏国攻占了汉中，四川盆地将直接置于敌人的威胁之下。而蜀汉全据汉中，可以以此为跳板，北进困难，也可以西进陇西，威胁魏国陇上地区。此前，姜维所做的就是这样。但是，这里的关键点在于，要首先确保汉中这个基地的安全。

然而，姜维却没有。

这一重大失误，后人众说纷纭，大多数认为姜维没有做到“先为不可胜而待敌之可胜”，对这种不量敌我，异想天开的做法提出了严厉的批评。

如今北面的秦岭险隘早已放弃，而放弃秦岭，就等于放弃了汉中平原；而放弃了汉中平原，姜维所在的沓中，汉中西部的武都、阴平，等等，也都难以独立存活。司马昭就是瞄准了蜀汉大将军的主力部队深处沓中，汉中兵力空虚的情况，避实击虚，以钟会十余万大军分三道平行南下，进入汉中。而以邓艾、诸葛续、王颀、杨欣等偏师，合围姜维主力，即便不能全歼姜维，也使其不能回救汉中。

可以说，司马昭的这一军事部署十分成功，即便达不到灭蜀的目的，起码也能取得击溃姜维主力或者占领汉中平原的胜利——为自己拿回相国之位奠定基础。

计划确定以后，随之而来的就是选将。按理说，六十六岁的老将邓艾是伐蜀的最合适人选，此人长期以来在魏蜀前线，熟悉情况；同时，在和蜀国大将军姜维的交战中，也是胜多败少。可是，此人却极力反对伐蜀。——是为了养蜀自重？抑或是担心灭蜀以后功高震主？还是与蜀国有什么交易？司马昭决不能允许下属对自己的决策有丝毫的异议，不仅没有叫邓艾担任主攻，相反地，还给他派去了师纂担任监军。

钟会做东部主力的主帅好像也有障碍。首先，虽然钟会赞成伐蜀大计，但是，毕竟钟会年轻，没有子嗣，按照法令，作为一方主帅，必须要有儿子留在中央作为人质，以免反叛。其次，钟会一直处于幕僚地位，还从未单独带领大军出征过。第三，钟会在很多人心目中的形象不佳。司马昭的夫人王元姬就多次说过钟会不可靠，她对司马昭说："会见利忘义，好为事端，宠过必乱，不可大任。"西曹属邵悌也提出疑问，建议司马昭另派他人。但司马昭胸有成竹，他笑着说："若蜀以破，遗民震恐，不足与图事；中国将士各自思归，不肯与同也。若作恶，祇自灭族耳。"并且从平时钟会的为人来看，虽然这厮小时候十分机敏可爱，但是长大以后却属于是那种"以才掩德"或者叫"有才无德"之人，比如他总是对人耍点小聪明，连家庭关系都处不好。《世说新语》记载：钟会是荀勖的堂舅，两人感情不睦。荀勖有一把宝剑，大约值一百万钱，常常放在母亲钟夫人那里。钟会擅长书法——父亲太傅钟繇就是大书法家，他摹仿荀勖的字迹，写信给荀勖母亲（自己的堂妹）要那把宝剑，于是骗取到手便不再归还。荀勖知道这事是钟会干的，但却无可奈何，就一直想着报复。后来钟氏兄弟花一千万钱盖了一座住宅，刚刚建成，很精致漂亮，尚未搬过去住。荀勖极擅长绘画，便偷偷地跑到新宅门堂上画了一幅钟会父亲钟太傅的肖像，衣冠容貌与活着时一样。钟氏兄弟进入大门，见后极度悲痛，致使这所住宅建成后便一直荒废未用。虽然是亲戚，但钟会和荀勖的关系却十分恶劣，从这件小事就可以看出，钟会不是什么厚道的人，人际关系并不怎么样。难怪有人说钟会："（看到钟会）如观武库森森，但见矛戟在前。"像这种人即使有反叛之心，又能有几个人愿意跟着他干呢？

不过，为了防止出现意外，司马昭还是做了以下预防措施。

一是安西将军邓艾率领三万兵力主攻，其他地方部队王欣、牵弘、杨欣配合邓艾，分别从天水、陇西、金城郡围攻姜维的沓中；另有诸葛绪率领三万兵力，从祁山，东下武都，然后南下阴平东面的桥头，切断姜维后退汉中或成都的退路，大迂回实施包围；钟会率领十万大军从长安分路进攻汉中。这三股大军，各不统属，共同直属司马昭指挥。

二是派遣廷尉卫瓘作为钟会和邓艾大军的监军。魏国将军领兵出征，皆置监军，司马昭却听钟会外甥荀勖的话，派廷尉卫瓘持节监邓艾、钟会军事，行镇西军司，给兵千人。史书记载，卫瓘，字伯玉，他擅长隶书、章草，师承张芝书法传统，自称得张芝之筋，风格秀美，北宋《淳化阁帖》收有他的刻帖《顿首州民帖》。其族侄女卫夫人（卫铄）是著名女书法家和王羲之的书法老师。而钟会也擅长书法，两人交情甚厚，在钟会军中两人更是“坐则同床，行则同舆”，“亲密无间”。不过，从钟会的死对头外甥荀勖推荐卫瓘和以后钟会派遣卫瓘去邓艾军营意图借刀杀人上来看，卫瓘和钟会的亲密似乎并非如此无间。

三是分别选择了两个护军。按照魏制，将军领兵出征，除了有“政治委员”（监军）以外，还都要设置护军监督诸将，司马昭选择了两个人，以胡烈为钟会军的征蜀护军，田续为邓艾护军。我们先看看胡烈是何等样人？他的哥哥胡奋是司马懿的左右亲信，《晋书》记载：“宣帝之伐辽东也，以白衣侍从左右，甚见接待。”后在寿春之役中，胡奋又亲斩诸葛诞，胡家完全是司马家的亲信。而田续则是三国奇人田畴的侄孙，田续和司马家的关系如何，由于史料缺乏，一时难以判断，但从以后发生的胡烈杀钟会，田续杀了邓艾来看，可以说司马昭所托得人。

四是选择大军参谋长——将军幕府长史。司马昭选择了自己的妹夫相府参军杜预，后来钟会被杀，钟会幕府的亲信全部被杀，只有杜预以“智”获免。杜预就是司马昭派到钟会身边的钉子。

一切安排妥当，司马昭让曹奂下诏伐蜀！

六十四　声东击西

在正式下诏伐蜀之前，伐蜀的准备工作早就开始紧锣密鼓地进行。

司马昭一边“征四方之士十八万”，一边却令东南诸州造船，又让东吴降将安远将军唐咨做浮海大船，俨然一副水陆并进，南征东吴的姿态。地方上，邓艾也没闲着，他出重金招募凉州少数民族战士五千人。“昔伐蜀，募取凉州兵马、羌胡健兒，许以重报，五千余人，随艾讨贼，功皆第一。”（见《晋书·段灼传》）

虽然司马昭做足了声东击西的把戏，但是身在沓中的姜维一眼就看穿了司马昭的计划，他马上上表后主，请求派遣张翼、廖化督诸军分护隘口阳安关、阴平桥以防未然。可是，偏偏碰上个黄皓听信巫师，把姜维的奏章压下。

阳安关，在宁强县城西北，处秦巴环绕之万山丛中，是古今秦蜀交通的重要枢纽和军事要塞。三国时代称作阳安关或关城。它西通阴平，东控汉沔，是汉中进入四川的门户；而阴平桥则是沓中姜维部队后撤的门户。阳安关守好了，魏军打不到剑门关；阴平桥守好了，姜维能安全后撤到汉中或者四川。

回过头来，再简单地说说灭蜀的另一位名将：邓艾。

邓艾，字士载，邓氏曾经是南阳新野一带的大族，建安十三年（公元208年），曹操南征荆州，夺取南阳，迁徙一批南阳居民到汝南屯田。邓艾便随其母被迫迁居汝南郡（郡治在今河南省平舆县北）襄城，沦落为屯田部民，替官家放小牛为生。

邓艾十二岁时又随母至颍川，读到已故太丘长陈寔碑文中的两句：“文为世范，行为士则”，欣然向慕，于是自己命名为邓范，字士则。后来，宗族中有与他名字相同者，遂改今名。邓艾因为口吃，虽然他凭其才学被推荐为典农都尉

（相当于县）学士，但是，当时的典农都尉认为他不适于担任重要职务，便指派他充当做一名看守稻草的小吏。邓艾就这样平淡地过了近二十年！慢慢当上了典农功曹，帮助管理屯田。一次，邓艾上洛阳去呈报，有机会见到司马懿。司马懿很赏识他的才能，征召他为太尉府的掾属，后升任尚书郎，此时的邓艾已经四十岁左右了。因为口吃，邓艾在说自己名字的时候，总是艾艾个不停。司马昭一次戏弄他说："艾艾为几艾？"邓艾巧妙地答说："凤兮凤兮，故是一凤。"

邓艾绝对是属于寒门人士，所以他虽然也曾提出过在淮河流域屯田等建议，但是升迁缓慢，调任西北以后，一直在陈泰和郭淮手下，做太守一类的官职，正元元年（公元254年），魏高贵乡公曹髦继位，晋封邓艾为方城亭侯。在司马师平定文钦以后，任命邓艾为长水校尉，邓艾终于成为中央军一支部队的领导，并晋封为方城乡侯，代行安西将军职务。在其后与蜀国周旋的七八年中，邓艾也因为战功逐渐被升职为安西将军、假节，兼任护东羌校尉；镇西将军、都督陇右诸军事，晋封邓侯，分五百户封子忠为亭侯。

就在邓艾积极备战的时候，却做了一个奇怪的梦：他梦见自己坐在山上，山上有水往下流。邓艾把梦的内容告诉了殄虏护军爰邵，问这是吉兆还是凶兆？爰邵说："山上有水，在《周易》是'蹇'卦。'蹇'的卦辞说：'蹇利西南，不利东北。'孔子解释说：'蹇利西南，往有功也；不利东北，其道穷也。'将军这次入西南，必能攻克蜀国；若要返回东北，恐怕不能回还啊！"邓艾听后，闷闷不乐。

这个《周易》第三十九卦，名为"蹇"；上卦为坎，下卦为艮，则山上有水，所以又称"水山蹇"。卦文如下：蹇 利西南，不利东北；利见大人，贞吉。初六 往蹇，来誉。六二 王臣蹇蹇，匪躬之故。九三 往蹇，来反。六四 往蹇，来连。九五 大蹇，朋来。上六 往蹇，来硕，吉，利见大人。

也就是同样的这一卦，还同样困扰着公元240年以后同样是邓氏的一个后人——南北朝南梁重臣邓元起。《梁书·邓元起传》记载："元起之至巴东，闻蜀乱，使蒋光济筮之，遇'蹇'。喟然叹曰：'吾岂邓艾而及此乎？'后果如筮。"

终于，经过半年多的准备工作，司马昭下诏发兵十八万大军伐蜀，秋八月，他大赏将士，阅兵洛阳，将军邓敦不识眼色，到这时候还上书司马昭说蜀国不可伐，司马昭大怒，命令当场杀掉邓敦，然后大军浩浩荡荡地向蜀国进发。

六十五　忙中出错

上年姜维就已经建议后主刘禅做好对付魏国进攻的准备，但直到今天，当魏国厉兵秣马大举进攻时，刘禅才如梦方醒，急忙派遣廖化带兵去沓中，接应姜维；派遣张翼、董厥将兵前往阳安关口，作为汉中等外围的救援。

然而，有备之军与无备之军的差别很快就显现出来了。

魏军神速推进。

西路部队，邓艾率军入沓中，派遣天水太守王颀等进攻姜维的营地，陇西太守牵弘在前拦击，金城太守杨欣进至甘松，在侧后堵截，把姜维紧紧钳制住。

中路，诸葛续率领三万兵马直出武街、阴平桥头，企图切断姜维归路。

东路，钟会率领主力从骆谷、斜谷急速向汉中进兵，另派遣魏兴太守刘钦从子午谷进兵。

秦岭山区层峦叠嶂、沟壑纵横。许褚之子牙门将许仪奉命在前修路搭桥，一次过桥的时候，突然桥面上坍塌了一个小洞，钟会乘坐的马蹄恰巧踩在小洞里，他勃然大怒，立即下令斩杀了许仪。从此，魏国将士都很震惊，无不小心谨慎。

由于姜维主力驻兵沓中，汉中已经处于无兵可守的局面，因此，当张翼、董厥等将兵出发以后，后主刘禅突然又下令，汉中各个关口的小股部队都撤出战斗，集中兵力于汉中平原的汉城（今陕西省勉县）和乐城（今陕西省城固县），各驻兵五千。——还是采取姜维的诱敌深入之计！因为，在蜀国最高层看来，面对如此大军，固守秦岭各个要隘，无疑是杯水车薪，只能面临被各个击破的下场，倒不如退守汉城和乐城两个城池，多多少少地集中一下兵力吧——但是，不管如何，失去秦岭各个要隘，让钟会轻松来到汉中平原，的确令人痛惜！

而此时的张翼、董厥军北上进抵阴平郡（今甘肃省文县），却得到曹魏帝国雍州州长诸葛绪将进军建威（今甘肃省西和县）的消息，遂留在阴平一月有余，等待迎战。致使汉中兵力空虚，没有救援部队，钟会的三路大军同时南下，平安抵达汉中郡（今陕西省汉中市）城下。

到了九月份，钟会的大军完全走出秦岭险隘，进入汉中盆地，他命前将军李辅，率领一万人包围王含防守的乐城；派曹魏远征军军事总监（护军）荀恺，包围蜀汉蒋斌驻守的汉城。而钟会的主力根本不在乎这两个小城，也不去攻打这两个小城，以免挫伤部队的锐气，而是绕过这两个小城，大部队直接西进，直扑汉中进入四川的第一个门户——阳安关口（阳平关）；并派人到诸葛亮位于陕西省勉县西南定军山的墓园致祭。与此同时，西路姜维沓中的基地遭到了魏军四面合围，姜维多年来经营的沓中基地，瞬间变得岌岌可危。邓艾派遣天水（今甘肃省甘谷县）太守王颀（曾被毌丘俭派遣击灭高句丽的那位）正面进攻姜维的大营；派遣陇西（今甘肃省陇西县）太守牵弘在姜维前方阻截，金城（今甘肃省兰州市东）太守杨欣则攻击甘松（今甘肃省迭部县）。

这时候，姜维听说钟会已经进入汉中郡，无心恋战，急忙率军东还。杨欣等尾追不舍，追到强川口（今甘肃省舟曲县南），追上了姜维的部队，双方发生激战，此战中赵云的二儿子牙门将赵广战死，结果姜维败退。在败退途中，姜维得到情报说，诸葛绪扼守桥头（今甘肃省文县东南），已经把自己的退路堵死。姜维吓出了一身冷汗，但是，他很快想到一个计策，于是率兵不再东进，而是北上，并扬言要从北道袭击诸葛绪背后，采取反包围的策略，吃掉诸葛绪的三万大军！诸葛绪也吓了一跳，自己还没有西路邓艾的确切消息，如果姜维在邓艾到来之前，“困兽犹斗，鱼死网破”的话，把自己这个孤军先吃掉，那就麻烦了！于是，诸葛绪急忙向后撤退三十里，把自己已经占领的阴平桥头白白又交了出去。

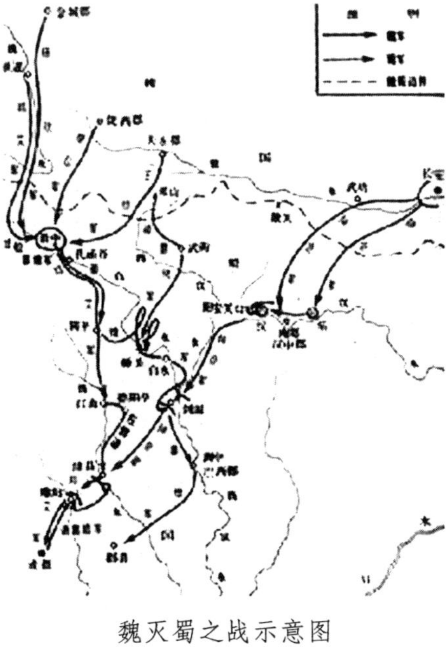

魏灭蜀之战示意图

双方都害怕对方，玩起了捉迷藏。

等姜维进入北道三十里后，发现诸葛绪已经撤退，便立即回军，通过了桥头。而诸葛绪也立马发现上当了，等再回军阻截，姜维已过去了一天。

心急如焚的姜维回到了阴平郡，他稍微整顿一下部队，就打算前往要隘阳安关口救援，因为那里太重要了，如果坚守住那里，钟会就是十万大军也只能屯兵险隘之下，随后他就会粮草不济，将士疲惫，最终无奈后退，到时候，我军就可以杀你个片甲不留！——要知道，你钟会的后方还有两颗钉子呢！

然而，就在这时，姜维突然听到阳安关口被钟会攻陷的消息，一切打算成为泡影，过去的诱敌深入的计划，成为后人的笑柄！汉中后面的两颗钉子也成了人家的盘中餐！姜维急忙退到白水（今四川省青川县东沙州乡），北上救援已不可能，正好遇到廖化、张翼、董厥等军，于是，各军合并，驻守通向成都的最后一道险关——剑阁（今四川省剑阁县北剑门关）。

那么，阳安关口，这个有名的险关到底是怎么被钟会攻下的呢？

六十六 阳安失守

阳安关，位于陕西省汉中市宁强县境内，既是汉中盆地的西北门户，又是四川的西北门户，汉代的古阳平关在现在的陕西省汉中市勉县白马河与汉水汇合处。据1931年商务印书馆出版的《中国古今地名大辞典》第九百五十七页记载：“阳平关在四川中江西北三十里，蜀汉后皆为重镇，明末毁于兵。”

此时的阳安关对于魏蜀两国的意义太大了。如果蜀国能守住阳安关，那么，蜀汉的救援部队就可以源源不断地从后方聚集到关口，只等魏军疲惫不堪的时候，再和魏军身后的乐城、汉城一道，杀他个落花流水，再把他们赶出汉中盆地；而如果魏国占领了阳安关，不要说整个汉中将全部丢失，就连四川腹地也显得岌岌可危了。

不过，阳安关应该是稳如泰山的，钟会命令护军胡烈为前锋，紧锣密鼓地进攻关城。他能否攻下这固若金汤的关城呢？

有如此的雄关，还得有合适的守关大将。

历史，有些时候是掌握在一些小人物的手里，甚至，有些时候历史的走向会因为那些个小人物的“小事”而改变进程，比如，吴三桂因为陈圆圆被刘宗敏霸占而降清等等。而今天这个几乎是左右着蜀汉兴亡的小人物则是一个曾经是武兴督的叫蒋舒的人。

《水经注》记载：“……东流入汉水。汉水又东，迳武兴城南。”（会贞按：《蜀志·姜维传》注引《蜀记》，蒋舒为武兴督。《元和志》，蜀以其处当冲要，置武兴督守之。城虽在平地，甚牢实，周回五百许步，唯开西北一门，外有垒，三面周匝。杨氏尝据其地，后魏置武兴郡武兴县，并置东益州于此。即今略阳治。）可以知道，武兴就是现在的略阳，位于汉中盆地西北部。由于蒋舒在武兴督的任上没有什么作为，被蜀汉政权降级使用，从一个城池的一把手，降为负责关城守备的二把手。

大敌当前，这个小人物还在计较着自己的职位问题，他没有想到要在这场大战中为蜀国建功立业，而是想到自己在蜀国也没什么前途了，倒不如献出关城，投靠新主子，为新主子立下献关之功！

阳安关的主将是谁呢？傅佥。此人是河南桐柏人，父亲傅彤，在陆逊火烧联营时，为保护刘备而战死，《三国演义》的作者罗贯中赞叹傅彤道："彝陵吴蜀大交兵，陆逊施谋用火焚。至死犹然骂吴狗，傅彤不愧汉将军。"如今成都武侯祠的刘备殿东廊塑有十四位大臣，傅彤位列其中。 作为忠义的将门之子，司马昭随后说："蜀将军傅佥，前在关城，身拒官军，致死不顾。佥父彤，复为刘备战亡。天下之善一也，岂由彼此以为异？"把傅佥的后代从奴隶免为平民。

面对来势汹汹的魏国大军，蒋舒对傅佥说："如果敌人来了，却闭关自守，这不是一个好的办法。"

傅佥回答道："朝廷的命令是要防守好，只要安全，就是功劳；今天如果不听从上级的命令，擅自出战，一旦战败，到那个时候，就是身死也是没有益处的啊。"

蒋舒说："既然咱们商量不到一块，那你守你的城，我出我的战，我也不勉强你，你也别勉强我，咱们各行其是，总成吧？"

一直和傅佥平级的蒋舒这样说，傅佥作为主将应该能够制止，但是，蒋舒说得也不是没有道理，消极防守也不见得就有什么好处，蒋舒也是为国出战的嘛，何况蒋舒刚被降级，心情也不好，急于出战立功也在情理之中啊，犯不着为这闹得两人翻脸，大敌当前还是团结为上。

就在魏将胡烈的部队出现在关城之下的时候，骁勇善战的蜀军并没有闭城坚守，而是在蒋舒的带领下打开城门，冲了出来！万万没有想到的是：蒋舒的部队出城不是要和胡烈战斗，而是迎降！

很快地，蒋舒的人马和胡烈的前锋合兵一处，蒋舒的后队变前队，朝关城撤回。

远远看去，双方似乎交战了一场，此时的蒋舒在撤回关城。

第二个万万没有想到的是：在蒋舒的部队冲入城门以后，很快就占领了城门，并引导着胡烈的大军也随后冲进了阳安关城！

傅佥率领着自己的亲兵殊死格斗，直到战至最后一人，最终，被乱兵所杀。

阳安关这个关系蜀国命运的重要据点就这样轻易地被胡烈拿下了。

川中门户洞开，汉中与川中的联络被生生地切断了！！

《三国演义》的作者借后人之口，在第一百一十六回作诗叹道：“一日抒忠愤，千秋仰义名。宁为傅佥死，不作蒋舒生。”

同时，按照姜维诱敌深入的打法，这里是大军屯聚，也是以后实施战略反攻的出发地，所以，这里囤积了大量的军需物资，一旦失守，形势逆转！

怎一个险字了得！

六十七　九锡之礼

钟会不费吹灰之力，就打下了通往川中的重要关口——阳安关。

魏军不仅缴获了蜀汉帝国在这里囤积的大量军粮，而且，守住阳安关，可以说汉中盆地已在囊中；而邓艾的西路大军也奋勇杀敌，很短时间就把姜维逼退沓中，收复了从诸葛亮第一次北伐开始、经过历次北伐苦心经营的川西北、甘东南地区。邓艾以偏师对姜维的主力，而钟会以主力却进入空虚之地，就此我们就能知道邓艾的功劳。然而，一切都还没有结束。

在一个月左右的时间里，邓艾所统的部队很快占领甘松、沓中，紧接着，诸葛绪占领了武都，邓艾所属部队杨欣等在猛追姜维的同时，占领了阴平，与诸葛绪的中路军胜利会师——闪电般地收复了大片土地，进入川西北地区。而钟会也率领十余万大军夺占阳安关，把汉中盆地抛在脑后，并从阳安关出发，直逼剑门关下，云集于川东北地区。两路大军就像两把钳子，牢牢地卡在了蜀汉帝国的脖子上， 叫人呼吸困难。蜀汉帝国在短短一两个月的时间里，大片领土瞬间蒸发，回到了刘备刚打下刘璋四川的时候。可以说，战果丰硕。

前线的捷报频传。司马昭还挂心着那件事——那件一直不好意思开口的事。

手下的跟风者们很快就明白了司马昭的苦心，于是，就有人向曹奂建议，给司马昭加相国、晋公、加九锡之礼。

这次，司马昭不再忸怩，爽快地接受了皇帝的诏命。

然而，在这个时候，前线的战况似乎停顿下来了。

钟会的十万大军密密麻麻地排列在剑门关下。面对高耸入云的关口，聪明绝顶的钟会也拿不定主意了。

而远在川西北阴平的邓艾却想着另外一条入川之路。这条道路，如果没有邓艾那样长期与蜀军的作战经历和对蜀地长期的研究琢磨，换了他人，是无论如何也想不出来的，也是不敢想的。那就是：从阴平走无人之路，斜出东南，直到江油，再从江油走左担道，直下绵竹、成都。

邓艾把自己的这一计划向中路军的诸葛绪说了，想把两军合并起来完成这项伟业—— 一次有进无退、不成功便成仁的冒险行动。虽然从自己当泰山太守时候起，就是邓艾的部下，但是，诸葛绪却没有答应邓艾的要求，也许是琅邪诸葛家族的自尊，难以叫他和邓艾这个彻彻底底的乡巴佬产生天然的亲近，也许是司马昭的天威难测，诸葛绪对邓艾说：原来的命令就是让我们牵制姜维军团，现在我们的牵制任务已经圆满完成，起到了掩护东路军的目的，如今，钟会大军已经顺利拿下阳安关，并直抵剑门，还是不要冒险的好。

虽然邓艾是安西将军，但是，司马昭并没有给其统领中路军之权，他只能和老诸葛商量。商量的结果是，人家不同意，不仅不同意，而且，晚上立马就拔营东去，离开你邓艾这个是非精，找那个和咱一样出身名门的钟会去了！

留下邓艾在那里郁闷……还干不干？就凭你手下的这区区数万人马？更何况人家诸葛绪说得也不是没有道理，诏书没有让咱这样干，手下也不买账啊！

那么，就先统一手下的思想，再给司马昭上书，征得远在千里之外的最高领导的同意。只有这样，才能把想法变为现实，谁叫司马昭猜忌心太重，手下又控制得太严呢？免得招忌讳。邓艾的军队也停顿了下来。

望着绝尘而去的诸葛绪，想来邓艾在给司马昭的上书上也不会给他添好言吧！

而当诸葛绪率军东进和钟会大军会和以后，钟会——这个对任何人胸中都似乎要以“矛戟”相捅的吃人之人，对他会有好心吗？果不其然，钟会为了吞掉诸葛绪的三万人马，秘密地给司马昭上书，称诸葛绪在堵截姜维一战中，畏敌不进，结果是你司马昭的大迂回包围姜维主力的计划泡汤，如果诸葛绪当时能够把姜维堵截在沓中到阴平的路上，那么，他姜维也不会出现在如今的剑门关上，说不定，我钟会大军早已攻克了防守薄弱的剑门关了。

不管钟会是基于什么样的考虑参他诸葛绪一本的，但是，你老的确干得不漂亮，有把柄在人家手里呀！可以说三路大军，就你诸葛绪的中路没有一点战绩，千里来回奔跑，什么也没捞着，这样的将领不撤你撤谁呢？结果，可想而知，司马昭派人用囚车把诸葛绪押回洛阳。此人后来再也没参与过大的军事行动。不过，天知道是福是祸，没有入蜀，诸葛绪倒平安了——据《三国志·钟会传》注解：“按百官名：绪入晋为太常崇礼卫尉。子冲，廷尉。荀绰兖州记曰：冲子诠，字德林，玫字仁林，并知名显达。诠，兖州刺史。玫，侍中御史中丞。”诸葛绪子诸葛冲在晋朝为廷尉，女为晋武帝司马炎的诸葛夫人。孙诸葛诠兖州刺史，贾谧二十四友之一。

而如今钟会大军面临险关，正在激战。司马昭也不想拂了钟会的意，正是用人之时嘛。

六十八　兵困剑阁

就在司马昭被皇帝加为九锡之礼、封为晋公、攫取十郡的时候，蜀国的告急文书也送到了二十九岁的吴景帝孙休面前。

孙休是孙权的第六子，五年前的公元258年九月二十六日，孙綝发动政变，罢黜孙休的弟弟孙亮，迎立孙休为帝，成为吴国的第三位皇帝，随即，孙休就除去权倾朝野的孙綝。从公元258年继位到今年的263年，孙休偃武修文，从来不惹事，自己也立下了想把百家之言都读遍的宏伟志向，每天都抱着书猛读，似乎过着太平皇帝的日子，不过，吴国经济倒是也稍稍恢复了起来。

孙休不愧为书生称号。在他接到了蜀国的告急文书以后，他看图作业，部署了向魏国的进攻：

一是命大将军丁奉，统各将领率军向曹魏帝国的寿春（今安徽省寿县）推进；

二是派将军留平前往南郡（今湖北省江陵县）询问朱绩（施绩）意见，应向什么地方进军？

三是派将军丁封、孙异率军向沔中（今陕西省南部，汉水上游）援救蜀汉危局。

这三路进军迟缓的吴军，实际上根本就没有和魏军接战，蜀国的灭国消息就传来了，然后，又浩浩荡荡地回家了。

此时的钟会一路顺风，但是却屯兵在剑门关下，迟迟没有进展。

剑门关位于四川省广元市剑阁县城北三十公里处。它居于大剑山中断处，两旁断崖峭壁，直入云霄，峰峦倚天似剑；绝崖断离，两壁相对，其状似门，故称“剑门”。享有“剑门天下险”之誉，俗称“天下第一关”。被称为四川

“四绝”之一。（九寨之奇、峨眉之秀、青城之幽、剑门之险）据《寰宇记》记载：“诸葛亮相蜀，凿石驾空为飞梁阁道，以通行旅，于此立剑门关。”《舆地广记》也记载：“蜀汉丞相亮……以阁道三十里至险，复设尉守之。”古代川北三条蜀道：金牛道、阴平道和米仓道，最重要的金牛道就是剑门蜀道。据古地名遗址和史志记载，今人之实际查勘，金牛道的具体线路是：汉中南郑向西，进入沮口、青羊、大安等镇，经勉县西南烈金坝（金牛驿），南折入五丁峡、五丁关至宁强县，再转西南经牢固关、黄坝驿，进入四川朝天的七盘关、转斗铺、中子铺、五里铺、神宣驿、龙门阁、明月峡、五里峡、石柜驿、汉寿驿、朝天镇，顺嘉陵江之绝壁上的飞阁栈道向南经朝天峡、望云铺、飞仙关至广元的千佛崖入利州古城广元。再南渡嘉陵江至要塞昭化，经古战场葭萌关，上牛头山，过“一夫当关，万夫莫开” 的天下雄关剑门关。信步于古柏夹道、浓荫蔽日的翠云长廊而至梓潼大庙，经涪城绵阳过鹿头关、白马关，旌阳驿、金雁驿、两女驿、天回驿，到达成都金牛坝。剑门关就屹立在这条著名的入川之路上，巍峨挺拔，难以逾越。

杜甫有诗形容：“惟天有设险，剑门天下壮。连山抱西南，石角皆北向。两崖崇墉倚，刻画城郭状。一夫怒临关，百万未可傍。”因此，剑门关被人称作：“一关失，半川没。”

前有雄关，后有蜀兵，钟会的日子并不好过：汉中的乐城、汉城迟迟没有攻下，还有一些小的堡垒也坚守不下，日益成为隐患；粮草线逐渐延长，天气转冷，后勤保障逐渐成为问题。就在前不久，钟会还发布檄文，警告蜀国将吏士民：“若偷安旦夕，迷而不反，大兵一发，玉石皆碎，虽欲悔之，亦无及已。”大有一举灭蜀之气概！而面对雄关，此时的钟会却开始言辞谨慎地给姜维写信劝降，他用他那如花妙笔，给姜维戴起了高帽，不无谦虚地说：“公侯以文武之德，怀迈世之略，功济巴、汉，声畅华夏，远近莫不归名。每惟畴昔，尝同大化，吴札、郑乔，能喻斯好。”一改不可一世的口吻，但是，姜维不为所动。

钟会只好把部队稍稍后撤，离开剑门关远点，再做计议。而诸葛绪带来的邓艾企图从阴平道出敌不意进攻剑门关侧背的想法，也不能不引起正处于进退维谷的钟会的注意。但是，钟会知道那是在进行一场大的赌博，以自己贵公子的身份，是绝不可能冒那种风险的。不过，在骑虎难下的时候，叫一个垫背的人出头也不失一种很好的选择。

而作为西路军的指挥邓艾又想到了什么招数呢？

本来五月诏书是这样写的："蜀所恃赖，唯维而已，因其远离巢窟，用力为易。今使安西将军邓艾督帅诸军，趣甘松、沓中以罗取维，雍州刺史诸葛绪督诸军趣武都、高楼，首尾猗讨。若擒维，便当东西并进，扫灭巴蜀也。" 可是，这生擒姜维的任务却由于诸葛绪的笨蛋，白白丧失了。倒让东线的钟会这个幸运鬼因为蒋舒这个变数，轻取阳平立了头功。

邓艾苦思冥想，剑走偏锋，想出一个战略：自阴平向南，过平武县至江油，再经左儋道可达涪城，占领涪城，直出绵竹。

邓艾的招数一面上报了司马昭，一面通报给了钟会，钟会立即派遣将军田章率领一支部队去增援邓艾，"从剑阁西，径出江油，未至百里，章先破蜀伏兵三校"。邓艾如果要走阴平道入江油，必然要先攻克该地。钟会派遣的田章部队就是为邓艾的下一步行动扫清障碍。

其实，作为钟会而言，目前已经立了大功，并且司马昭也已经顺利地加了九锡之礼，就此全师而退，也无不可，把田章和邓艾抛出去，那也是看你们玩玩吧！

而在邓艾看来，如果自己不孤注一掷，也许回到洛阳，司马昭不会给自己好脸色看，诸葛绪就是例子！然而，我邓艾也不能擅自玩命去啊，要是我自己去玩命，你钟会在背后捅我刀子，说我不听将令，擅自行动，那可不是玩的。所以邓艾也慢慢腾腾地眼看着你钟会能不能拿下剑门关，然后给司马昭写信，请求主子同意再说。在自己给司马昭的奏表上，明明白白地站在主战派的立场上："敌人已受到挫折，最好是乘势前进！如果从阴平抄小路南下，可到德阳亭（今四川省江油市东北），过去之后就是一片平原，我们可以直扑涪县（今四川省绵阳市）。德阳亭东距剑阁一百里，南距成都三百里，我们奇兵突然攻击他们的心脏，剑阁的守军一定回头救援涪县。此时，钟会兵团就可以乘虚大摇大摆前进。如果剑阁的守军不回头救援涪县，那么能救援涪县的部队，也就寥寥无几了（不足畏惧）。"

从理论上讲，要守住四川，就要北守汉中，东守江陵，如今汉中已经突破，所以邓艾讲敌人已经惊恐不定，也是对的。经过斟酌，司马昭批准了邓艾的冒险计划。

就在魏国内部反复商量浪费时间的时候，蜀国也召还都督巴东的右大将军阎宇，让防备吴国的永安之兵全部西赴，只留两千人给巴东太守罗宪；同时，战局的一时平静也使得刘禅有点麻痹，当镇守南中的安南将军霍戈要求北上救驾的时候，他反而命令霍戈无须北上。

因为，蜀国谁也没有想到邓艾会把自己置于那样的死地，像疯子一样来进攻蜀国！

六十九 偷渡阴平

那么，邓艾选择的阴平道究竟是一条怎样的路呢？

可以说，并没有路。所谓的阴平道，在当时是指从陇上到四川腹地的奇路，只是从理论上可以到达成都的“径”，邓艾自己也说这是条“邪径”。汶川大地震，使我们都见证了川西北那艰难的道路，时至今天，那里还是那么难行，何况是一千七百多年以前的三国时代！

据后人考证，阴平古道起于阴平即今甘肃省文县的鸪衣坝（今甘肃省文县老城所在地），途经文县县城，翻越四川省青川县境的摩天岭，经唐家河、阴平山、马转关、靖军山，到达平武县的江油关（今甘肃省永昌县南坝乡），全长二百六十五公里。由于道路奇险，又靠近羌族活动的区域，很多地方根本没有道路，需要逢山开路，艰难前行，更不用说大部队行军了。但是，也就是这条不是路的路，成就了邓艾“千古名将”的威名，也使得这条阴平道成为以后入川的一条可以选择的奇袭之路。

而这还只是邓艾偷袭计划的一部分，即便是顺利占领了江油，邓艾还要再行一段艰险之路，占领德阳亭，然后再走那一百五十里的左担道，才能到达涪关！

为什么叫左担道？因为它位于江油南涪水边，傍江背山、在山崖边上开凿的险狭山道，从北边来的人，只能用左肩担着担子行走，并且一路上根本没空余的地方不能换肩，所以由此而得名，可想而知，是多么艰险。

公元363年十月，邓艾拣选他和田章的部队开始踏上了有去无回的艰难之路。史料没有记载邓艾究竟带了多少人马踏上那条艰险之路，有人说邓艾带领的部队人数最多几千，有人说有一万，有人说是三万，等等。但是《晋书·文帝》记载，邓艾是率领万余人……从邓艾和诸葛绪商量企图拣选两军精锐以及后来田章加入等情况分析，似乎邓艾对于采取过少兵力进行偷袭行动也是不认可的，因此，个人倾向于认为邓艾率领的偷袭部队在一二万，并且此两万人绝对是精兵中的精兵，足以以一当十的敢死队。

邓艾带着这群勇士出发了，他们自阴平道行无人之地七百余里，凿山开道，造作桥阁。一路之上“山高谷深，至为艰险”，邓艾又不愿意放弃战马车仗，因此，在道路狭窄的山路上，只得把战马捆起来，悬着通过。到三千米的摩天岭上，实在没有道路了，六十六岁的邓艾用毡子把自己裹起来，由将士牵着绳子推转着滚下山去。

主帅尚且如此，将士自然没话可说，大家攀木缘崖，鱼贯而行。经过长途跋涉，全军随身所带的粮食已经快吃光了，根本没有办法在这样的条件下，运送粮草，等到先锋部队到达江油的时候，早已“粮运将匮，濒于危殆”了。

也就是说，如果这里的蜀兵牢牢地控制住关口，魏军根本无力攻城，饿也得饿死！

邓艾派遣自己的护军田续率兵进攻江油，看到自己手下的士兵个个疲惫不堪的样子，再看看江油关据石门，临涪水，一面大江，三面悬崖，以自己的疲惫之师去进攻这样的险关根本就是以卵击石，田续不愿听命。

性格偏狭而又暴躁的邓艾大怒，立即喝令要将田续推出去斩首，但被众将苦苦劝下，无奈，邓艾只得派遣地方部队杨欣率领先前招募来的凉州羌胡杂牌军队去做试探性的攻击。结果，奇迹出现了！命运之神开始垂青这个六十六岁的战争狂人！

守卫江油关的蜀国守将马邈竟然不战而降了！

我们至今也不知道为什么马邈不战而降，也许是因为，他看到了蜀汉政权的腐败无能（十分之一的人都要当兵；将帅之间的不和；后主的昏庸，任用奸佞小人黄皓；早已成土崩之势；等等）；也许是风闻大将军已经被魏军在沓中击败，大片国土已经丧失，自己只能投降——要知道战场上的谣言比比皆是，有的是地方故意为之，有的是道听途说，反正是真假难辨；也许是自己兵力不足（从全线吃紧，到各处征兵北上防守，可知内地早已空虚）；也许是本人懦弱（从《三国演义》上描写马邈夫人义正词严地斥责马邈，可见一斑）；也许是邓艾的神兵天降，令他难以置信，并且在看到那些凶神恶煞的羌胡士兵的时候，更是手足无措。

千百年来，我们做能做的，只能是推测……

也许马邈的身边一共就只有三五百人的杂牌军呢？面对黑压压而来的两万人马，谁知道前面究竟发生了什么事情呢？也许他们是从什么地方来的呢？谁知道他们早已经粮草全无了呢？

反正天不负邓艾。

邓艾终于带领自己的疲惫之师找到了一个栖身之地，一群衣衫褴褛的地狱来客终于可以在敌国的小城市里落脚了。

——可以想见，他们会做些什么。他们不仅吃饱喝足，而且又有了向导。但是，前面的路依然艰险，下面，迎接他们的将会是什么呢？

生，抑或是死呢？

七十 冲出群山

如今的邓艾似乎可以稍稍地喘一口气了。

这里面当然有运气的成分，有偶然的因素，但是一切必然不都是一个个看似偶然的事件组成的吗？很早诸葛亮就曾经说过：“全蜀之防，当在阴平。”心细如发的诸葛亮早就意识到，阴平是一个容易被人忽略的变数，它不在明处，不像剑门关、汉中一样明明白白地竖在人们的面前，想叫你遗忘都不成。而阴平道，是那么不起眼，那里群山环绕，到处是陡峭的山峰和湍急的河流，似乎根本没有通向四川腹地的道路，在隐隐约约中时隐时现，引不起人们的注意。

其实，世上的一切都是以成败论英雄的，假如邓艾困死在江油关口之下，那他所有的计划也许就成了一个典型的不自量力的反面教材，也不知道会招来后世多少军事理论家的批评，随之会诞生多少个军事理论啊！但是，他成功了，又让无数的人把他奉为流芳百代的楷模，并反证出“出奇制胜”这条普遍性太强的真理。要知道，在历史上应该还有数量不少的出奇没有制胜的战例——有些时候，真的是运气在作怪。

然而，蜀汉并没有被彻底击败，从理论上讲，邓艾的部队占领了江油，北上可以夹击剑门关，南下可以进攻成都。但是，你能够夹击别人，别人就同样能够夹击你，如果姜维驻守在剑门关的主力部队抽出一部分，与成都方向的部队合击你的话，不是也把你给灭了吗？

既然选择了冒险，那么，就冒险到底。

此时，邓艾固执、刚狠的性格发生了作用，他不去碰剑门关，而是从江油守将的口中和当地居民纷纷逃避入山的情况判断，成都方向的情况和自己的预料基本一致：

那就是，蜀汉内地城防十分空虚；魏军的到来已经造成人心恐慌的局面；一旦进入平地，魏国北方骑兵的优势、野战的优势就可以发挥出来了，而且那里有粮食，有美女，更重要的是，那里有蜀汉的皇帝！——比屯兵剑门关下强多了。

经过短暂的休整，邓艾的敢死队于十一月进入了连绵一百五十里的左儋道，这段山道的险峻曾被后来与潘岳齐名、被称为“两潘”的潘岳的侄子潘尼以《恶道赋》形容过，他是这样写的：“道深地狭，坂峭轨长；轮舆颠覆，人马仆僵。”任豫的《益州记》说：“江曲由左担道，按图在阴平县北，于成都为西注，其道至险，邓艾束马悬车处。”

关于江油关、左担道等蜀魏争战遗址的准确位置，史学家多有争论，也有人认为，今天的南坝才是蜀汉时期的江油关，而并非是今天的江油市或武都镇。如果是这样的话，那么邓艾大的进军方向应该是由甘南的阴平古道翻越摩天岭，进入四川青川、平武间的山区，人迹罕至之处，沿左担道疾速进兵直通江油关，从而进占了江油关涪江对岸的左担山，给江油关造成威胁。然后，占领江油关，随后出德阳亭就是开阔地带了。

两种说法的差别就在于，我们叙述的前者（也就是按照我所发的地图标示的），是先过阴平道，然后到江油关，再出左担道，最后出左担道到涪县；而后者是，过阴平道，过左担道，然后到江油关，出德阳亭，攻涪县。

至于，邓艾悬车束马之地，应该在马阁山，位于今四川省平武县东南，理由是根据《资治通鉴》卷七十八胡三省注云：此山“峻峭崚嶒，极为艰险。邓艾军行至此，路不得通，乃悬车束马，造作栈阁，始通江油，因名马阁。”因此，有些书上说邓艾在左担道上悬车束马似乎不确。从《三国志·钟会传》（邓艾）“简选精锐，欲从汉德阳入江由左儋道诣绵竹，趣成都，……”从这句话叙述上看，本人较倾向于前者的说法，即从阴平—阴平道—江油—左担道，到涪县的说法。

此时，如果有一对蜀军堵在道口，那还不是像切菜一样，出来一个杀一个？要么，就直接投河。可是，如今的蜀军在哪里呢？

邓艾占领江油的消息到这个时候应该传到了剑门关上的姜维、张翼、廖化等人耳朵里了，但是，直到后主投降，这些个人看着他们的首都遭遇危险，却没有发一兵一卒前去救援——是真的脱不开身吗？而此时成都也早就听说了邓艾出兵阴平道的消息。后主慌忙派遣诸葛亮之子诸葛瞻率军前去迎敌。

诸葛瞻，字思远，自小聪慧可爱，诸葛亮曾写信给身在东吴的哥哥诸葛瑾说：这个孩子小的时候这么可爱，我不以为喜，倒是担心他早熟，反而成不了天下的重器啊。诸葛瞻擅长书法、绘画，记忆力超强，因为蜀国的臣民基于对诸葛亮的怀念，朝廷每出台一项善政，即使和诸葛瞻没有一点关系，大家都说：这又是“葛侯”的意思。因此，史书上说，他“美声溢慕，有过其实”。

左担道的南口就是涪关（今四川省绵阳市）。涪关的北面还是山地，即使江油关没有加强防御而失守，如果占领涪关北面的山地，即使不能完全堵住邓艾的敢死队，起码也能争取到战役的主动。

当时，曾经是蜀国大将、在夷陵之战中不得已投降魏国的黄权仍留在蜀国的儿子黄崇随着诸葛瞻抗拒邓艾，黄崇曾急切地对诸葛瞻进言：“宜速行据险，无令敌入平地。”因为，身为将门之子的黄崇深知，魏军所长是骑兵和平原野战，而且此次对面的敌人又是长期生活在西北羌胡地区的名将邓艾，绝不可小视；而蜀军所长是山地战和诸葛弩，只能扬长避短，况且，敌人已经深入国家腹地，人自为战，而蜀军却是在自家门口作战，军心容易涣散，如果不占据险隘，一旦在平地上被魏军骑兵冲击，后果不堪设想。

然而，也不知道是因为黄崇只是个尚书郎，人微言轻；或是黄崇老爹投降魏国，并被封为车骑将军的高位，令诸葛瞻对其居心有所怀疑；抑或是三十七岁了从未经过战阵，虽然身为武将而喜爱书画的诸葛瞻根本不通兵法？总之，即使是黄崇一而再，再而三地劝说，甚至是跪在诸葛瞻的面前叩头流血，痛哭失声，诸葛瞻仍然没有采纳，他还是犹豫不决，兵到涪县，面对面前的茫茫群山背城徘徊。也许，他在等待着邓艾的虎狼之师冲出群山吗？后人对此扼腕叹息之余，对诸葛瞻的做法也提出了种种猜测：《晋书·慕容超传》记载：百年后的燕国慕容镇曾说：“昔成安君不守井陉之关，终屈于韩信；诸葛瞻不据束马之险，卒擒于邓艾。”难道是诸葛瞻率领的部队人数多吗？

史料上没有说明诸葛瞻究竟率领了多少兵马，但是从蜀国灭国以后只有十万余众，除去南中、汉中、姜维等将带走的，诸葛瞻所带领的应该不比邓艾多多少，兵员素质甚至可能要比邓艾的差许多！那么，诸葛瞻为什么不据险呢？还有人说，也许他从小就学会了父亲发明的八阵图，他有自信利用阵法打败魏军。也许，高傲的他深知蜀国太需要一场胜利了，他要想证明闻名于世的琅邪诸葛家族能够在战场上击败那个南阳的乡巴佬。

也许，年轻气盛的诸葛瞻想要向人们证明，蜀军并不是一直失败，一直失败，他要力挽狂澜，他需要一场体面的胜仗来激励全蜀的士气，凝聚民心，他不能辜负全蜀纷纷逃窜入山的民众对“葛侯”的期望！他不要上山，不要像那个节节败退的大将军和诸多将军们一样躲在山上，既然你打到了我的家门口，那么，来吧，我们就决个雌雄！

终于，邓艾掺杂着羌胡的虎狼之师，冲出了险关！

七十一　决战涪绵

冲出层层群山、经历无数艰险的魏军，就像突出黄河壶口的瀑布一样，黑压压地出现在涪城以北的山岭上。

凛冽的寒风把军旗吹得猎猎作响。

一发现敌人的踪影，诸葛瞻就立即派出自己的前锋部队迎面而上。魏军应该是疲惫之师吧，而蜀军却是在保家卫国，并且熟悉地形。可是，一路从未失败过的魏军，在远离家乡的敌国内地，却焕发出不可阻挡的力量。

两军前锋在涪县北部展开了一场血战。很快地，诸葛瞻就发现自己的对手是一群不要命的疯子，自己的前锋部队被打垮了。

要进城坚守涪县吗？看着拼命向后撤退的蜀军和疯狂追来的魏军，诸葛瞻已经没有机会进城。

他拨转马头，带领部队向后撤退，他的目的地是绵竹（今四川省德阳市北，并非今天的四川省绵竹市），那里是一个据点，离开邓艾远点，好好休整休整部队，和你决战！

邓艾又一次顺利地占领了进攻成都的关键要塞——涪县，多少年前，刘备回攻成都，就是先占据这个据点，才打退了刘璋军的多次进攻，然后长驱直下，拿下成都的。

退屯绵竹的诸葛瞻追悔莫及，他后悔没有听黄崇的劝谏，为什么不利用好现有的险隘呢？

而占据涪县的邓艾又一次得到了喘息的机会，就像刚刚登陆的部队一样已经牢牢地控制住了一片滩头阵地，起码已经度过了最危险的时刻。在稍作休整以后，邓艾就尾随而来。邓艾也像钟会和姜维一样，给诸葛瞻写了一封劝降信，并且，信誓旦旦地表示，如果诸葛瞻投降，一定保证让诸葛瞻做琅邪王！诸葛瞻在蜀国的职位，在两年前的蜀后主景耀四年（公元261年），已经是“都护卫将军”，统率诸将，与辅国大将军南乡侯董厥并平尚书事。姜维虽然是名义上的大将军，但是一直领兵在外，其实已经被排斥在蜀国的权力中心之外了，而诸葛瞻已经作为蜀国实际上的党政军一把手，对于诱降这样的人，必须开出更大的价码，那就好吧，在琅邪只有两个大姓，那就是琅邪诸葛家和琅邪王家，我承诺让你回去做琅邪的王！足够有诱惑力了吧。

诸葛亮的儿子不愧是名相之子，他没有像贾充一样辱没家声，当他看完邓艾的信以后，大怒，把信撕得粉碎，喝令斩杀邓艾的来使，没有给自己留一点后路。——唯有死战而已！

面对黑压压的魏军，诸葛瞻激励将士血战到底，黄崇也和自己的主帅一样在士兵中间不停地穿梭，激励着全体将士。这注定是一场极其惨烈的战斗。在跨上战马的时候，诸葛瞻叹息着说：“我对内没有决心除掉奸臣黄皓，对外又没能很好地节制姜维，带兵迎敌却忽视了守卫江油，我有这样三个大罪，还有什么面目见皇上和臣民呢？”

双方立刻投入战斗。

邓艾派遣其子邓忠等攻蜀军右翼，派遣司马师纂等攻蜀军左翼。但是由于蜀军怀着必死之心，把一直咄咄逼人的魏军击退。魏军的第一次冲锋没有成功。

邓忠和师纂狼狈败退到邓艾大营，对邓艾说：敌人太厉害了，打不下来。

邓艾一听就火了，大骂起来：生死存亡，在此一举，还说什么打下来打不下来的！来人，把这两人拉出去斩了，我亲自上！吓得两个人赶紧重新带着部队，反身朝蜀军死命杀来。

一场没有道理的厮杀。

为什么魏军败退以后，蜀军没有追击？《元和郡县志》记载：（诸葛瞻）“进屯绵竹，埋人脚步而战，父子死焉。”总而言之，这场血战，以蜀兵大败告终——诸葛瞻、黄崇、尚书张遵（张飞之孙）、羽林右部督李球均战死沙场。诸葛瞻战死时年仅三十七岁。

诸葛瞻之子诸葛尚叹道：“父子荷国重恩，不早斩黄皓，以致倾败，用生何为！”冲入敌阵壮烈战死。

对于这场惨烈的战斗留给我们太多的疑问，基于史料缺乏，我们再也无从探寻，给我最大困惑的是：

一、当时蜀军到底多少？成分如何？诸葛瞻如何打败？

二、驻守剑门关的姜维人等难道连一万兵力都抽不出来回救成都吗？因为，在当时，由于道路悬隔，钟会不应知道邓艾军队的军情，而姜维等偷偷抽出一部分人马救驾不是没有可能吧？

战后，战场上没有找到诸葛瞻的尸体，于是就有人附会他仍然活着，民间对他的敬仰仍在。直到五年以后的西晋泰始四年（公元268年），还有个王富的人自称就是当年的都护诸葛瞻，在临邛聚集几百人起义，攻至江原，战败被杀。《华阳国志》的作者原西蜀史官常璩曾向西蜀老人考证，说《三国志》的作者陈寿曾在诸葛瞻手下任职时受辱，所以在书中把不能阻止黄皓的过失归咎于诸葛瞻身上。

如今的四川仍有诸葛瞻父子的“双忠祠”，纪念一门三代的忠贞，诸葛瞻实践了父亲《戒子书》的遗训：“夫君子之行，静以修身，俭以养德；非淡泊无以明志，非宁静无以致远。夫学须静也，才须学也；非学无以广才，非志无以成学。怠慢则不能励精，险躁则不能冶性。年与时驰，意与岁去，遂成枯落，多不接世。悲守穷庐，将复何及！”

七十二　蜀国灭亡（一）

当诸葛瞻的军队被邓艾歼灭的消息传到成都，成都一片混乱。

成都的人们也像其他城市的人们一样，感到了世界末日的到来，杀戮和死亡笼罩着整个成都的上空，人们纷纷逃往深山密林，躲避即将到来的战乱。人们的目光一下子集中在了一个人的身上——后主刘禅。

在我们看清历史事实之前，还是透过层层迷雾，很好地定位出这个千百年来让人等同于“傻子”的代名词的人吧。

后主刘禅，字公嗣，生于建安十二年，据说，生下以前，甘夫人梦见北斗入怀，所以，起小名“阿斗”，斗儿生下不久就发生了曹操攻打荆州，刘备和他老祖宗刘邦一样抛弃家小，狼狈逃窜，斗儿的亲生母亲甘夫人死去，赵云传曰“云身抱弱子以免”。刘禅生于公元207年，比司马昭大四岁。也就是说在公元263年，当钟会邓艾攻打蜀国的时候，刘禅已经五十六岁，而司马昭才五十二岁。在当时，三国的三个大佬是这样排列的：蜀国的刘禅是大哥，魏国司马昭是二弟，吴国的孙休是老小。

刘禅在诸葛亮时代，一直被诸葛亮罩着，十七岁登基直到公元246年蒋琬死后，刘禅才成为真正意义上的皇帝，而那一年，刘禅已经四十岁了。在以前漫长的二十三年中，刘禅不得不做一个名副其实的傀儡和儿皇帝，管诸葛亮叫仲父，“政由诸葛氏，祭则寡人”，“政无巨细，咸决于亮”，诸葛亮才有最后的决定权！比如，在诸葛亮第一次北伐前，刘禅是反对的，他从照顾诸葛亮身体的角度，委婉地规劝诸葛亮说：“相父南征，远涉艰难；方始回都，坐未安席；今又欲北征，恐劳神思。”这样规劝，其实是不愿意诸葛亮做那种空耗国力、劳民伤财的北伐，但是他也清醒地知道，自己虽然名义上是皇帝，但是在军队里只有赵云与自己有恩（终诸葛亮一世，对赵云并未重用，而赵云死后也是在景耀四年被后主单独追谥的），后主不论在军中或在文臣中，都没有力量；因为亲生母亲早死，也没有有力的外戚支持，所以，他不敢和诸葛亮较真。诸葛亮死后，刘禅马上就停止了北伐。当司马懿率大军征伐辽东公孙渊，刘禅专门下诏告诫蒋琬不要轻举妄行，“须吴举动，东西掎角，以乘其衅”。

至于刘禅的私生活呢？守着他的皇后是张飞和夏侯霸从妹所生的“虎女”，大的死了，又配给了小的。诸葛亮娶了个丑女，但他另找女人做妾，他写给李严的信中说：“吾受赐八十万斛，今蓄财无余，妾无副服。”说明诸葛亮也是有年轻貌美的妾的，刘禅也想主动找几个（“后主常欲采择以充后宫”），而董允却说：“古者天子后妃之数不过十二，今嫔嫱已具，不宜增益，”“终执不听”。

刘禅傻吗？

《诸葛亮集》载刘备给后主的遗诏提到：“射君到，说丞相叹卿智量，甚大增修，过于所望，审能如此，吾复何忧！勉之，勉之。”诸葛亮在《与杜微书》中评价刘禅说：“朝廷年方十八，天资仁敏，爱德下士。”《晋书·李密传》载，李密认为刘禅作为国君，可与春秋首霸齐桓公相比，齐桓公得管仲而成霸业，刘禅得诸葛亮而与强魏抗衡。从以下史书记载的事实，我对后主的智商有一个自己的判断：在魏延造反，却表奏杨仪造反时。后主听完魏延奏表，马上说出自己的怀疑：“魏延乃勇将，足可拒杨仪等众，何故烧绝栈道？”但等魏延叛乱被杀后，后主也没有对魏延一概否定，而是降旨：“既已名正其罪，仍念前功，赐棺椁葬之。”为了防止权臣权力太大，刘禅以费祎为尚书令和大将军，主管政务；以蒋琬为大司马，主管军事，两人的权力相互交叉，相互牵制，又各有侧重。为了牵制姜维，又分别任命阎宇为右大将军，并分别给张翼、胡济等人升官；在夏侯霸因为司马家所逼投奔蜀国时，望着一副狼狈相的夏侯霸，后主善解人意，握着夏侯霸的手耐心地跟他讲，你的父亲是死于战争中，并非是我先人手刃，还指着自己的儿子说，快来叫叔公，并对夏侯霸厚封爵位。夏侯渊的堂妹，在战乱中被张飞所得，成为张飞的妻子，而生下的两个女儿嫁给了刘禅，所以，刘禅的儿子是夏侯霸的外甥。后封夏侯霸为地位非常高的车骑将军，可能也是刘禅想找到自己贴心人的一种表现。

后主在蜀国的地位是很特殊的，长期的摆设作用使得他对权力欲增加了一点天然的免疫力和超脱感，对于下属的强势大臣也多了一点忍让——只要彼此不内讧就成。姜维借口出沓中种麦，长期不归，并不按照后主意愿，连年发动战争，空耗国力，这后主看在眼里，却也无可无不可，随他折腾去吧，后主委曲求全惯了！

那么，当得知诸葛瞻全军覆没，成都几成不守之城的时候，后主会怎样决定去留呢？

大臣们有主张去南中霍弋那里的——南中，相当今四川省大渡河以南和云南、贵州两省。（三国蜀汉以巴、蜀为根据地，其地在巴、蜀之南，故名。公元225年）诸葛亮平南中，改益州为建宁，分建宁、越嶲置云南郡。又分建宁、牂柯置兴古郡。形成南中七郡，分别为：牂柯、越嶲、朱提、建宁、永昌、云南、兴古。但是，南中就安全吗？延熙三年，越嶲郡叛乱，派张嶷讨平；后永昌郡夷獠恃险不宾，数为寇害，派霍弋镇压；各郡异族时有叛乱。即使逃往那里，得到蜀国内地的魏军不是很快就能打下吗？或许没等魏军到来，自己先被异族杀害了呢？

还有主张投奔吴国的，但是，正如光禄大夫谯周所言："哪有寄身的皇帝？到吴国也是投降，并且吴国是小国，魏国是大国，按照大吃小的一般原则（除非吴国出了圣人，魏国出了内乱），魏要灭吴，那么，还要投降第二次吗？受两遍屈辱，吃两遍罪吗？"

那么，死战到底吗？军队呢？此时守城与刘备打成都时，不可同日而语，此时城内尚有多少兵力，还是个未知数。而外面的姜维大军呢？不知道在哪里。即使知道姜维大军的下落，姜维是否已经被魏军包围，要不为什么还不突破万难，迅速救驾呢？姜维一直是诸葛亮的人，和后主并无太深的私人情谊，甚至还有点点的嫌隙，过去，姜维曾经要杀了黄皓，但是，后主四十岁以前均在深宫，在所有的大臣中间没有一点自己的势力，只有亲近宦官，现在，你要我杀我的人，不是让我自剪羽翼吗？因此，后主驳回了姜维的建议，并自己承担了所有的责任，同时，后主看到姜维不乐，为大局着想，又叫黄皓到姜维那里道歉。从几个月来姜维的表现，节节败退，避敌不及。如今还未见到救驾大军的影子——他能指靠得住吗？

后主终于决定不战而降。

后主共有七个儿子，老五北地王刘谌，反对谯周降魏的提议，但被刘禅拒绝，在刘禅投降当日，跑到太庙，号啕痛哭，先杀妻子，然后自杀；老六洮阳王刘恂不愿降魏，派诸葛质为使，与夷帅孟虬通好，刘恂在南中永昌定居。其余五个孩子随着后主投降。

后主遣侍中张绍、光禄大夫谯周、驸马都尉邓良奉赍印绶于邓艾，二人与邓艾在雒县（今四川省广汉市）相遇。邓艾得书，大喜，即报书，接到邓艾的回信以后，后主又遣太常张峻、益州别驾汝超受节度，派遣太仆蒋显命令姜维去钟会那里投降。又派遣尚书郎李虎送士民簿，领户二十八万，男女口九十四万，带甲将士十万二千，吏四万人，米四十余万斛，金银各两千斤，锦绮采绢各二十万匹，余物称此。邓艾到成都城北，后主被捆绑着，旁边跟着从人抬着一口棺材，亲自到邓艾的军垒门前，邓艾解开后主身上的绳索，和后主相见。

对于刘禅不战而降，姜维的士兵听到后，拔刀砍石，不过，也许，这里面有对刘禅的不满，可别忘了，这里面可能也有对几个月来，自己的统帅姜维从未带领部队真正痛快地打一场胜仗不满吧！事后，大多数人对刘禅骂声不绝，但是也有人提出了不同的意见。王隐在《蜀记》中就讲：刘禅之所以宁背骂名而不作辩解，乃“全国为上之策”。

也许吧。也许后主有自己的难处，在自己真正掌权的十七年里，他不想杀任何一个位高权重的大臣，艰难地保持着原有政局的平衡，驾驶着这条蜀汉千疮百孔的大船，没有出现较大的内乱。

七十三　蜀汉灭亡（二）

有些时候，真的不想过多地埋怨刘禅。

他一直是父亲的宝贝儿子，刘备戎马漂泊一生的希望，也许冥冥之中真的都有定数，刘备——刘姓的天下已经完备；刘禅——刘姓的天下要禅让出去了。但是，把刘备给几个儿子起的名字联系起来看，就能了解刘备的胸怀：养子起名刘封，后主刘禅，刘禅的两个弟弟甘陵王刘永、安平王刘理。“封禅”和“永理”，封禅是古代的帝王大典，只有建立伟大功业的帝王才有资格进行；永理，大概是永远治理天下的意思吧。

在投降之前，刘禅不是没有抗争过，他派出了他几乎能派的所有部队都交给了诸葛瞻，但是，不幸的是诸葛瞻战败了，面对几乎是空城的成都和由于人心惶惶而随时可能出现的内乱，他又能做什么呢？

这时，让我们疑惑的倒是：拥有重兵的姜维到底去哪里了呢？姜维、张翼、廖化等人所领主力野战部队加上原有剑门关守兵总数应在五万余众，占到蜀国总兵力的一半，而我们的蜀国大将军在听到诸葛瞻被邓艾击败以后，却带领大军离开了剑门关，记住，既没有在剑门关留下少量的阻击钟会的部队，也没有直接朝成都扑来，寻找邓艾这个死对头痛痛快快地决战一场，而是带领着自己能带领的部队朝东南的阆中奔去，并南下迂回到成都东北的郪县（今四川省三台县）。

问题一：为什么在诸葛瞻力战邓艾的时候，没有从剑门关抽调部分兵力回师救援，合击邓艾呢？驻守剑门关也要不了那么多的大军啊！这一点，我们早已经说过。答案也许就在诸葛瞻死前的感叹上——“外没有制约住姜维”。据此，我们或多或少地可以窥探出一点信息，并大胆推测：诸葛瞻作为恩师诸葛亮的儿子，随着年龄的逐渐长大，其实已经对早已在蜀汉政坛上地位尴尬的大将军姜维构成了直接的威胁，两人之间的关系也许并不怎么样，也许根本就是貌合神离。

问题二随之而来，那就是：姜维奇怪的行动又来了，他撤离了关口，让钟会大军顺利入关之后，率领全军迂回几天，才凑到成都附近。有人说是因为姜维是为了保护蜀汉的东南地区，封住米仓道，因为，他不明刘禅的下落，可能判断刘禅往东南方向撤离，但这种说法不能成立。理由是：姜维的确是走的这条道，但是，并没有据守这条道，而是被钟会的部队紧紧追击，完全是逃跑的架势，最后又走到了绵阳东南的三台；又有人说他是害怕受到邓艾和钟会的夹击，可是，你最终的结果不还是凑到了魏军附近？而此时，顺利进入剑门关的钟会大军，再无人能够抵挡，蜀国的灭亡已成定局。钟会马上派遣司马夏侯咸、护军胡烈等，“径从剑阁，出新都、大渡截其前，参军爰彭、将军句安等蹑其后，参军皇甫闿、将军王买等从涪南出冲其腹。钟会进据涪县为东西势援”。而当时的姜维大军据《三国志·钟会传》上记载：“步骑四五万人，擐甲厉兵，塞川填谷，数百里中首尾相继，凭恃其众，方轨而西。”被钟会派出的部队“分兵据势，广张罗网，南杜走吴之道，西塞成都之路，北绝越逸之径，四面云集，首尾并进，蹊路断绝，走伏无地”。

这就是蜀国的主力在后主投降前面临的境地，在让钟会大军进入蜀国腹地以后，客主已经易位，在剑门关下“走伏无地”的是钟会，而今“走伏无地”的变成了姜维……

邓艾进入成都了，刘禅命令姜维向远在涪县的钟会投降，一个原因也许是害怕姜维手下的蜀兵在成都叛乱，其实这个原因倒不是害怕姜维的兵力多于邓艾的，因为姜维来到成都的话，那么钟会包围姜维的三支大军自然也会到来，到时候，姜维的蜀军数量仍然是劣势，我估计倒是因为首都一时间聚集那么多隶属不同的部队，是不安全的；更重要的原因大约可能还在于包围姜维的部队是钟会的部队，自然不允许让姜维向邓艾投降。历史记载，“维至广汉郪县，令兵悉放器仗，送节传于胡烈，便从东道诣会降”。

而此时，蜀汉境内的蜀兵还有南中的霍弋、巴东太守罗宪、汉中的汉城、乐城等地的蜀军，随后这些部队都相继归降。

从公元221年刘备称帝开始，到公元263年的蜀汉帝国，在生存四十二年以后终于灭亡了。

七十四　二士争功（一）

邓艾以区区不足两万人马，历尽艰难险阻，在钟会将要退兵的时候，竟然奇迹般地出现在成都平原，又几乎是撞到狗屎运一样，促使蜀国的后主投降了！

可以想象得到身在洛阳的司马昭的心情。本来并不奢望能够平底蜀国，只是能打个足以使得自己顺利拿回晋公的战功就可以了，谁知道邓艾这老家伙竟然这样……心花怒放的司马昭让曹奂下诏，把邓艾比作古代的名将白起、韩信、吴汉和周亚夫。可以说能说出来的名将都加到邓艾的身上了。并任命邓艾为太尉，增邑二万户，封子二人亭侯，各食邑千户。相比之下，钟会也受到了褒奖：任命钟会为司徒，晋封县侯，增邑万户。封子二人亭侯，邑各千户。（前面有人说钟会没有家室，而此处诏书上却封其儿子为亭侯，难道说是将来时？）

显然，二者是有区别的，邓艾理所应当地功劳最大。那么，怎么安置他们呢？同年十二月二十一日，司马昭又将蜀汉国土之巴蜀以巴为梁州，以蜀为益州，从益州中分出汉中、梓潼、广汉、涪陵、巴郡、巴西、巴东七郡设置梁州。第二天，又特赦益州士人百姓，又下令在五年之内免除一半租税。这两道诏书既是为了稳定巴蜀局势，防止益州士民生乱，也是要防止钟、邓之间摩擦。因为钟会驻梓潼涪城、邓艾驻蜀郡成都，而益州刺史、太守各职务均被邓艾部下包揽了，如果邓艾的命令下到钟会军驻屯的郡县，肯定会闹出矛盾。故此把巴蜀一分为二，钟会管梁州、邓艾管益州，如此方能相安无事。且慢，你邓艾功劳再大，也是功狗啊，把你们俩都升成太尉的太尉，司徒的司徒，那我司马昭怎么办？

当然最好把自家升级为晋王。只可惜在十月才刚刚进位晋公，到现在两月时间还没到，就算脸皮再厚，也有点不好意思了，只好另想办法，于是司马昭挖空心思想出一个奇怪的官职——“相国总百揆”，并假惺惺地上节传，让出侍中、大都督、录尚书的官。把“百揆”这个上古尧帝设置、让舜担任的官搜罗了出来，就像给曹璜改名一样，时时刻刻在暗示着自己也要像舜一样静等着接受“禅让”呢。发明家司马昭发明的这一官职，从此成为后世演出“禅让”闹剧的必经程序——刘裕、侯景、宇文化及、朱温等概不例外。

进入成都的邓艾，部署将士不得掳掠，对于蜀国民众秋毫无犯，蜀国人民顿时从恐慌中平静下来，感到邓艾真是一个好将军，称赞之声不绝于耳。同时，为了安定蜀国的上层，他首先，依照邓禹灭蜀的做法，自作主张，代表皇帝拜刘禅为骠骑将军，刘禅的太子为奉车都尉，诸王为驸马都尉。其次，对于蜀国的原有官员也按照官职大小拜为魏国的官员或者作为邓艾的官属。第三，对地方的控制权，邓艾不再交给原有的蜀国官员，而是任命以自己的司马师纂领益州刺史，陇西太守牵弘等分别作为领蜀中诸郡的太守。为了安抚和威慑蜀地的平民，邓艾还在自己与诸葛瞻大战的绵竹，建筑纪念碑（京观，又一说是把尸体堆积，炫耀战功，像司马懿在辽东的时候），用来显示自己的战功。同时，对于战死的士兵，和蜀国战死的士兵一起埋葬，这些措施，都使得蜀地对邓艾一片赞扬。

谁都喜欢听好听话，然而好听话听多了，难免就会飘飘然。更何况当时的邓艾的确有实实在在的大功，这是硬指标，就是别人说两句好听话，那也是理所应当的嘛。所以，辛苦大半辈子的邓艾有点自以为是起来，他对蜀国的官员不无感慨地说：“你们硬是遇到了我，如果是遇到像吴汉那样的人，你们早都被杀了。”当谈到姜维的时候，邓艾优越性十足：“姜维可以说也是当代的一个英雄吧，不过，他生不逢时，谁叫他遇到老夫呢，所以他失败了。”

沉浸在自豪和幸福当中的邓艾，没有想到自己擅自在蜀地分封官员，已经触动了司马昭敏感的神经。而此时的邓艾却浑然不觉，还继续上书司马昭，提出：“如今打下了蜀国，吴国已经胆寒，可以趁势攻下吴国。”话说到这里，邓艾话锋一转，却又说：“但是，我们的部队刚刚打了一场大仗，将士疲劳，不可使用，还是请求等一等再说打吴国的事情。所以，建议，留陇右兵二万人，蜀兵二万人，煮盐兴冶，为军农要用，并做舟船，准备顺流攻击吴国之事。至于现在呢，应该对刘禅给予优厚的待遇，用来招降吴国的孙休，如果现在就把刘禅送到洛阳，那么吴国的人就会以为是禁锢或者流放了刘禅，宣传作用化为乌有。所以，应该停止遣送刘禅，再经过一年的休整，等到明年的冬天，肯定能把吴国给灭了。因此，我认为应当封刘禅为扶风王，赐其资财，供其左右。我下属的郡中有个董卓坞，可以作为他的宫舍。并且封他的儿子们为公侯……”

我们可以想见司马昭看到邓艾的上书是什么想法：一、你打下了蜀国，不想按照原来的计划，领兵回到原来的防地，而是要长久留在蜀地；二、你还要封刘禅为王，要知道我司马昭勤勤恳恳到今天，还只是个“公”！而且，你还要把刘禅封在你的属地，难道你在和刘禅短暂的交往中，彼此有了一种可怕的默契了？要知道刘禅可是一个随时能被野心家用来号召蜀国百姓的砝码啊，你不把他交到洛阳，意欲何为？说什么把他送到洛阳就有可能使得吴国孙休不主动投降了？笑话，你把他放在别处，孙休就会乖乖投降我魏国吗？三、你在蜀地分派那么多官员，谁给了你这样的权力？蜀地的老百姓知道我司马昭是老大还是你邓艾是老大？

司马昭满腹狐疑，让监军卫瓘告诫邓艾说：“有事应当报请，不应独断专行。”要说这个要求并不过分，因为此时并非战斗的时候战机转眼即逝，不允许千里请命，而今天大局基本上已经稳定了下来，对于人事安排等，还是有时间上报的。但是在盛名之下的邓艾却不以为然地给司马昭顶嘴说：“我奉命远征，按照朝廷的方略办事，征服了蜀国。关于承制任命代理官吏，是为了安定社会秩序，自谓是符合一时的需要。目前蜀国率众归降，其土地南极南海，东接孙吴，应当及早稳定下来。如果等待朝廷的命令，因为路途遥远，恐怕耽误太久了。《春秋》大义说，大夫出了边界，只要有利社稷安定、国家发达，是可以专权处置的。现在孙吴还没有宾服，其势连蜀中，所以不可拘泥于常规而丧失良机。《兵法》说，进不求名，退不避罪。臣虽然没有古人的高风亮节，但也不敢只顾虑自己而损害国家的利益。”他似乎在追求古人的高风亮节。

然而，他的一系列举动却被涪县的钟会看在眼里，记在心里。他和卫瓘同时感到邓艾咄咄逼人的压力，就你邓艾有能耐，我们俩是笨蛋啊，亲率十多万大军却跟在你屁股后头，现在还不能去成都！你邓艾那一两万人是发财了，刘禅给你的清单都够了，难怪你秋毫无犯呢，可是，我们呢，我比你多十倍的人马却什么也没捞着，反而又增添了五万降兵的包袱，这些人每天可都是要张着嘴吃的啊！你倒好，你老小儿，有名有利还舒坦！钟会是最看不得别人舒坦的，他敏锐地感到了邓艾的作为并不符合司马昭的意图。

他想到了一个足以致邓艾于死地的办法……

七十五　二士争功（二）

除了面子、争功和个人野心，还有一个团体利益的问题，也都促使着钟会看到邓艾的倒台。

司马昭党羽一直根据门第而分为两派，邓艾、石苞、州泰等微贱贫寒为一派，钟会、卫瓘、胡烈等名门世家为一派，随着司马氏势力的不断加强，微寒派也加入了不少本是出身名门但是为名门望族所不齿的人士，比如贾充、裴秀、荀勖、陈骞等人。这些人虽然出身名门，但是都有瑕疵：贾充因为父亲贾逵年轻时候家贫，偷舅舅柳孚的裤子；裴秀因父裴潜自幼“不修细行”为人不齿，不仅父亲是庶出，自己也是庶出；荀勖出身颍川荀氏，但其父早亡，在外家钟氏领大，地位卑贱；陈骞父亲陈矫也由外家养大，后又和原族通婚。而正牌的名门钟会在邓艾咄咄逼人的势头面前，会怎么想？！

除了成都盘踞着邓艾的一万多人马，从成都北上的所有城市和关口都驻扎着钟会的部队。钟会的哥哥钟毓曾经对司马昭说过：“我这个弟弟钟会能力倒是有，但是难保不做坏事，以后还是不可以委以重任。”从小钟会和哥哥关系应该很好，两人一起趁着老钟繇睡午觉，偷喝父亲的好酒，钟繇装睡，看着两个宝贝儿子的所作所为，老大钟毓先向父亲跪拜，行礼如仪，然后才开始喝酒；钟会不但不拜，喝酒时，还向父亲做着鬼脸。父亲当时没有出声，事后问钟毓：“我既已睡着，为何行礼？”钟毓答道：“偷喝药酒心中忐忑不安，不拜更觉不安。”父亲又问钟会：“你为何不拜？”钟会答道：“偷酒已属非礼，所以不敢行礼！”虽然，看起来两个小家伙关系很好，但是随着年龄的增长，老大逐渐知道了一些家事，开始对弟弟有了一些复杂的感情。原因是：老钟到七十四岁的时候才有钟会，从《世说新语》记载的两个小孩偷酒的事，可以看出钟毓也不大，可见老钟的晚年连得两个儿子！很不赖。钟毓是正室孙夫人所生，但是老钟却喜欢爱妾张氏，当张氏怀上钟会的时候，孙夫人企图对张氏下毒，结果张氏被抢救得及时没有被毒死，孙氏做贼心虚主动对钟繇汇报说自己本来是给张氏吃的补药，结果张氏反而吃得上吐下泻。钟繇做了一辈子的最高司法官，孙氏的那点小伎俩哪能瞒得过他，一问侍者，真相大白，老钟繇坚决把钟毓的母亲给休了，但是钟毓的母亲也不是一般人，竟然找到卞太后，动用了曹丕来做钟繇的工作——曹丕也喜欢这事，不要忘了他也是插手人家的私事，弄得夏侯玄的父亲早死。但是，老钟繇可是元老级别的人，连曹操也敬重他三分，现在老了老了，竟然连妻子也休不掉，老钟繇认为你皇帝手也伸得太长了，管起我的家务事了，连着自杀两次，弄得皇帝也不好看，只得随老钟的意思了。长大了的钟毓看着弟弟钟会能不产生一点报复的心态吗？即便你做得很好，也难免会风生水起，更何况你钟会真的想兴风作浪呢！

这一点，姜维也看出来了：一则是钟会的本性，二则是当时的事态，五十四岁的司马昭深知自己去日无多，两个儿子绝不是钟会的对手，而如果拿下邓艾，钟会就独统西蜀大军，并且他哥哥钟毓也是一等一的人物，假节、都督荆州，如果自己百年之后，两个儿子能拿捏住钟家兄弟？一次姜维试探钟会，说：“我曾经听说，自从淮南事变以来，你的谋略和计策没有一次失误，晋公力量的成长，都是你的贡献。而今再削平蜀国，威望震动世界，人民认为你有最高的功劳，可是，主人却恐惧你的智谋。在这种情形下，什么地方是你安身立命之所？为什么不效法范蠡，泛舟江湖，用以保全你的功业和自己的生命！”钟会说：“你所说的道理太高，我办不到。而且，时代不同，现在或许还有其他方法？”姜维说：“其他方法，你的智力足可以完成，我就不多担心了。”聪明的人一点就破，从此二人情投意合，出则同车，坐则同桌。

邓艾在成都“承制”（代表皇帝）任官封爵，弄得钟会在蜀地没有一点权威可言，本来自己是主帅，可是人家邓艾却立了大功，被朝廷封为太尉，自己封为宰相（司马昭把手下兵少的邓艾封为武装部队总司令，把兵多的钟会封为文臣，也是为了他们两个相互牵制）。这也没办法，可你现在到处任官封爵，到底你是老大还是我是？钟会和卫瓘开始联名向司马昭密告邓艾有叛变迹象。同时，钟会又精于模仿别人的笔迹，（卫瓘也是书法家，应该也参与了此事）利用在剑阁这个必经之路上驻着自己的部队这一有利条件，经常拦截邓艾写给皇帝的奏章和写给司马昭的书信，改动其中用语，故意使邓艾的语气桀骜不驯和自负自夸。而对于司马昭给邓艾的信，钟会也指使人拦截下来，改动语气，充满了严厉苛责，使邓艾内心不安。

钟会的计划获得了初步成功，司马昭开始怀疑邓艾了。

然而，就在司马昭决心已下的时候，沉浸在胜利的喜悦之中的邓艾却没有发现，不仅远在洛阳的魏国上层早已经对其不满，而且，即便在蜀国，人们也开始对这个安西将军产生了不满。一是邓艾的自吹自擂，使得蜀国的有识之士开始对这个没有多少修养的乡巴佬嗤之以鼻。二是成都城里大家最恨的就是黄皓，邓艾刚入城的时候，马上将其收监起来，准备杀了。哪知黄皓破财消灾，先拿出钱来买通邓艾左右亲信，到最后连邓艾都收了黄皓的贿赂，最后邓艾也不好意思再动黄皓。这一出收了放的闹剧，使蜀国军民对邓艾的信心跌到极点。三是得胜之军上下贪污成风。虽然在进入成都以后没有纵兵大掠，那是因为刘禅的那么多黄金宝贝足能使得邓艾人等弄得盆满钵满，但是，在魏军历尽千辛万苦，进入蜀国平原地带以后，一方面为了解决粮草问题；另一方面也是为犒劳士兵，沿途蜀国城市都遭到了洗劫；同时，在邓艾把自己的主要将领任命为蜀国地方官以后，这些个将领们也是有样学样，横行霸道。比如，邓艾任命牵弘代理蜀郡太守，还没到任，蜀郡原太守吓得没有交接就卸任而去，为啥？咱没黄皓有钱，还是不见的好啊！

但是，在决心拿下邓艾的同时，司马昭还是缜密地打出了一系列的牌。

一是，他命令钟会率领大军朝成都进发。二是，命令中领军贾充率领一万人马从长安出发，入斜谷，进入汉中，防备钟会。三是，自己亲自率领十万大军出洛阳——没有忘记带上皇帝曹奂，西上长安，以免钟会反叛。而这个决定还是钟会的那个外甥荀勖建议的，但是，只是风闻钟会要谋反，司马昭素来对钟会很好，还不相信，荀勖说：钟会这个人的本性不是能够受恩图报的，还是早早地防备为好！四是，派遣“竹林七贤”之一的山涛出屯邺县——因为魏国的所有皇亲国戚都被集中到了邺县居住，避免邺县趁机出现动乱。五是，儿子司马炎驻守洛阳。

在司马昭出兵以前，相国府行政助理官（西曹属）邵悌对司马昭说：“钟会手下部队超过邓艾五六倍，只要命他逮捕邓艾就可以了，你何必亲自出征？”

司马昭说：“你忘记你从前说的怀疑钟会的话了？虽然如此，我们谈话内容，却不可泄露。我自己当然应该一片诚心待人，我怎么可以先疑心别人有诈！最近，贾充也问我：‘是不是有点怀疑钟会？’我回答说：‘现在我派你率军出征，难道也怀疑你吗？’贾充无法驳倒我的话。等我率兵到了长安，一切事情都会迎刃而解。”

一切事情都会迎刃而解？

七十六　二士争功（三）

身在蜀国的钟会听说司马昭果然怀疑起邓艾，不禁狂喜。

他盘算着司马昭正被自己牵着鼻子走，如果设计除掉了邓艾，那蜀国境内就只有一个老大了，那非俺钟会莫属。邓艾巨大的声誉，他的存在无疑是一种极其可怕的势力。而此时的邓艾，却已经不仅被司马昭怀疑，而且蜀地的民众对于邓艾也由最初的欢欣到现在的讪笑，甚至失望。

邓艾丝毫没有意识到钟会已经接到了司马昭的密诏，要求钟会进兵成都来逮捕自己。就在邓艾和钟会被司马昭分别封为太尉和司徒以后不到一个月，也就是第二年（公元264年，这一年因为上年灭了蜀国而改年号为咸熙元年）的正月，皇帝曹奂（当然也可以说是司马昭）拿下邓艾的诏书就到了。也是机缘巧合，在前一个月，即上年的十二月，也就是钟会和邓艾刚刚平定蜀国的时候，那个目睹了司马氏逐渐掌握大权，多次被利用的魏明帝的妻子郭太后去世了，她完成了雌鸡司晨的历史使命，虽然为了自身的利益曾经和司马氏友好地合作过，但终于被羽翼渐丰的司马昭无情地推到一边，完成了她的历史使命。

钟会接到司马昭的命令，聪明的脑袋立即想出了一个一石两鸟的好主意，他想到了卫瓘这个老狐狸，你不是两个部队的监军吗？现在邓艾出现问题，你监军的使命就是防止发生将领或者部队的叛乱，因此，当然你要去履行你的职责，具体实施逮捕邓艾的行动。钟会找到了卫瓘，把这个想法也是命令传达给了卫瓘。——我是主将，总不能叫我亲自去逮捕邓艾吧？并且，如今邓艾并没有实际反叛，所以，你去成都实施逮捕行动，只能带着你自己的亲兵一千人！钟会的险恶用心是，像邓艾这样的强人，是不可能轻易就范的，即使邓艾能够轻易就范，也难保邓艾的部下不会杀掉卫瓘，如果卫瓘被杀的话，那么，仅此一条杀掉监军，就足以就此认定你邓艾叛乱，到时候，我十万大军兵临城下，杀你一万叛军易如反掌！不仅借此杀掉邓艾，也顺便把这个和我“情投意合”的监军除掉了。呵呵……

卫瓘不会不知道钟会的如意算盘，但是，又没有理由拒绝。如今司马昭的命令还只是密令，邓艾并不知道，因此，钟会大军不可能开拔到成都，那样，自然会打草惊蛇。只有拿下邓艾以后，才接管成都，并且这也的确是监军的职责，所以，钟会说，根据司马昭的命令，我是镇军将军，人家邓艾是征西将军，相互不存在隶属关系，如今，人家是太尉，我是司徒，我和人家邓艾是平级，您卫大人作为监军，您有权力，就去逮捕邓艾吧！因此，钟会的命令不好拒绝。卫瓘只得暗暗叫苦。那不是叫我去送死吗！……

然而，卫瓘是何等样人？过去我们似乎说过，卫瓘，字伯玉，是河东安邑人（今山西省夏县北）。今年他已经四十四岁了，卫瓘小的时候聪明过人，长大以后，以善于观察别人而著称，他的孙子卫玠（《世说新语》上说被“看杀”的那个美男子）五岁时，卫瓘就断定这孩子将来极有出息，并感叹：“这孩子与众不同，可惜我老了，不能看到他长大的样子了。”后来卫瓘身在朝廷，长袖善舞，左右逢源，《世说新语》还记载一个卫伯玉奇乐广的故事：卫伯玉担任尚书令时，看见乐广在与洛阳的名士们清谈，认为乐广很有奇才，对他说：“自从过去那些善于清言的人去世以来，我常常担心这些精妙的言论将要断绝，不想现在却又从您这里听到了这些话！”于是命令自己的子侄后辈去拜访乐广，并且说：“这个人，就好像人中的水和镜一样，见到他如同拨开云雾而见到了青天。”（人之水镜也）以水的清明比喻人物的明鉴爽朗。

钟会出的这个难题同样难不倒智慧的卫瓘。

他当即带领自己的亲兵，就在大年三十的晚上，趁着夜色神不知鬼不觉地来到了成都城外。他向全城的邓艾官兵发布命令：“我奉命来逮捕邓艾父子，其余的将官没你们的事，如果现在就来我这里报到，还一样地要受到封赏，胆敢不出来报到的，将要诛灭你们在洛阳的三族！”等到鸡鸣天还未明的时候，邓艾的全部手下将领都离开了各自统领的部队，集体来到卫瓘的城外驻地报到来了。估计是年夜饭喝得多了，只有邓艾父子还在自己的帐中睡大觉。卫瓘一一安抚了全部将领，等到天明，打开了成都大门，卫瓘乘上使者的车子，一直来到邓艾的住所，在床上把邓艾父子拿下，装入了囚车。

夜里懵懵懂懂的将领们，当真看到和他们朝夕相处的最高统帅被装入囚车北去的时候，军人们那种因为长期的集体生活而产生的友情突然间爆发了出来。他们吵嚷着朝廷的不公，群情激愤，场面随时有失控的可能！甚至有人已经回营带兵来要劫囚车！杀使者！

在这千钧一发的时刻，卫瓘一边“真诚”地平息着将士们的愤怒，一边也替邓艾说好话，并且，当即写下奏表，把邓艾的功劳和邓艾的冤屈全部按照军人们的要求一一写明，对大家说自己一定保证向朝廷申明邓艾绝对没有谋反的事情，保证你们亲爱的太尉不会有事。头脑简单的军人们终于被卫瓘说服了，他们相信了他，一一和他们的主帅含泪道别。

如果此时的邓艾发一言，将立刻使得卫瓘的劝说化为乌有，但是，邓艾也坚信，自己没有反叛，回到洛阳，一切都会真相大白，因此，他和自己的儿子被卫瓘押着，等待着钟会的到来。那么，为什么邓艾不辩解呢？

上面说的自己心底无私坚信无罪的动因以外；另外可能还有自己口吃吧？那么，就此谋反吗？根据《晋书·唐彬传》的记载，邓艾死后，司马昭担心西北边境邓艾的老部下们会发生骚乱，就派相府铠曹属唐彬去暗访，结果唐彬回报：“邓艾忌克诡狭，矜能负才，顺从者谓为见事，直言者谓之触迕。虽长史司马，参佐牙门，答对失指，辄见骂辱。处身无礼，大失人心。又好施行事役，数劳众力。陇右甚患苦之，喜闻其祸，不肯为用。今诸军已至，足以镇压内外，愿无以为虑。”总之，一句话，邓艾有很多的性格缺陷，比如，对下属无恩，自以为是，等等，到他出事以后，没人真心帮助他。回过头来看，那些个手下将领企图劫持邓艾的举动也不过是一时之气的莽撞之举罢了，真的邓艾要号召大家去谋反，估计没几个人听他的，这一点，似乎邓艾本人也十分清楚。

就在卫瓘完成了使命以后，咸熙元年（公元264年）正月十五，钟会率领大军抵达成都，派军押解邓艾前往京师（首都洛阳）。钟会心中最畏惧的，只有邓艾一人；邓艾父子既被排除，近二十万庞大的远征军和蜀汉降兵完全落到自己掌握之中，邓艾那点兵马，即使想动弹也无可奈何，于是，钟会派兵押解着邓艾父子，踏上了漫漫的不归之路，而此时的钟会，却后来者居上，威震益州，遂决心叛变。

钟会早就计划好了：他打算命姜维率五万人当先锋，从褒斜谷出击，自己率主力继进；占领长安后，骑兵从陆路，步兵从水路——由渭水进入黄河；计算五天时间，就能抵达孟津（今河南省孟津县东黄河渡口）；然后，步骑兵在首都洛阳城下会师，一夕之间，就可推翻以司马昭为首的中央政府，平定天下。

然而，一个意外的情况，打乱了钟会从容布兵的计划……

七十七　钟会谋反（一）

钟会为什么要反？

按道理说，司马昭待钟会不薄，即使是司马昭也对钟会是否要反持怀疑态度，司马昭肯定想到他们过去多么美好的相处生活。《世说新语·排调》记载：晋文帝与二陈共车，过唤钟会同载，即驶车委去。比出，已远。既至，因嘲之曰："与人期行，何以迟迟？望卿遥遥不至。"会答曰："矫然懿实，何必同群。"帝复问会："皋繇何如人？"答曰："上不及尧、舜，下不逮周、孔，亦一时之懿士。"意思是：司马昭和陈骞、陈泰同乘一辆车子，路过钟会门前时，他们呼唤钟会上来，喊罢就丢下他驾车跑了（完全是逗钟会玩呢）。等钟会出来时，他们已经走远了。钟会紧赶慢赶地赶到后，他们嘲笑钟会说："和人约好了出行，为什么那么慢呢？看见你在远处也不追上来？"钟会答道："我矫然出众，懿美丰盈，何必要和你们同群。"（陈骞的父亲陈矫，司马昭的父亲司马懿，陈泰的父亲陈群，钟会反过来调侃他们三个……）司马昭又问道："皋繇是什么样的人？"钟会答道："他前不如尧、舜，下不及周、孔，不过也是当时的懿德之士。"想想完全是一副娴雅的四个名士，好朋友，他怎么会反呢？

除了我们前面零零碎碎道出的种种因素，可能钟会还有自己的想法。其实作为名门望族的钟会也并非一帆风顺，他打击了过多的人，树立了过多的仇敌，他的老子钟繇在台阁多年，也树立了很多的对立面。比较著名的当属钟繇、王朗两人在是否恢复肉刑上的争论，三次争论王朗把钟繇骂得体无完肤，因此，双方结下梁子，势同水火。而司马昭的夫人正是王朗的孙女，钟会的得志自然不是王夫人所乐见的，反过来，钟会也自然清楚，自己现今功高震主，有王夫人在，自然没好果子吃。朝中激烈的朋党之争，也使得钟会如今骑虎难下，难以全身而退。

伐蜀之前，钟会特意到自己人王戎处询问怎么办。而王戎回答："道家有言'为而不恃'，并非说成功难，而是保持成功更难。"暗示钟会要谨防政敌在朝中的暗算。这促使钟会要一举扳倒邓艾，但是，扳倒邓艾的钟会却立马认识到，自己已经成为众矢之的，微寒派开始采取各种方法进行反击。

就在钟会进入成都的第二天，皇帝和司马昭的诏书和命令紧跟着送到了钟会的面前，司马昭说："恐邓艾或不就征，今遣中护军贾充将步骑万人径入斜谷，屯乐城，吾自将十万屯长安，相见在近。"而此时的司马昭已经于十二天前的正月初四，"奉天子西征，次于长安。是时魏诸王侯悉在邺城，命从事中郎山涛行军司事，镇于邺，遣护军贾充持节、督诸军，据汉中"了。虽然此时的司马昭主要还是顺利地拿下邓艾，对钟会还是采取的防范措施，但是，做贼心虚的钟会却惊慌失措，在钟会看来，见到邓艾的司马昭会很快弄清楚事情的来龙去脉，自己不可能全身而退。

史料记载，钟会得书，惊呼所亲语之曰："但取邓艾，相国知我能独办之；今来大重，必觉我异矣，便当速发。事成，可得天下；不成，退保蜀汉，不失作刘备也。我自淮南以来，算无遗策，四海所共知也。我欲持此安归乎！"如果说钟会对于造反问题还没有完全下定决心的话，那么，司马昭的这封信就成了促使钟会决心拼死一搏的导火索。

一向思维敏捷的钟会没有耽误一刻时间，他思索了一天一夜，终于想到了刚刚死去的郭太后。第二天，钟会下令把护军、郡守、牙门骑督以上以及原来蜀汉的官员统统请来，说是要为太后发丧。

等到所有的人都到齐，钟会拿出自家伪造的太后诏书颁示众人，说太后遗诏要自己起兵废司马昭。钟会一言既出，如同晴天霹雳，据《三国志·三少帝纪》曹奂传《癸巳诏书》记载："前逆臣钟会构造反乱，聚集征行将士，劫以兵威，始吐奸谋，发言桀逆，逼胁众人，皆使下议，仓促之际，莫不惊慑。"大家惊魂未定之际，钟会在版上第一个署名，类似今天的签字，作为凭证。

而就在此时，意外的事情却发生了：在大家被姜维率领的钟会亲兵持刀包围、战战兢兢想要签字画押的时候，"相国左司马夏侯和（夏侯霸弟弟）、骑士曹属朱抚时使在成都，中领军司马贾辅、郎中羊琇（大名鼎鼎的辛宪英之子）各参会军事；和、琇、抚皆抗节不挠，拒会凶言，临危不顾，词指正烈。"

这三个人公开站了出来，坚决反对钟会。

钟会一下子显得手足无措，一时间，他没有马上翻脸杀掉这三个胆敢抗命不遵的人，而是把招来的所有将领和蜀国官员都关了起来，把统率各个部队的将领都换成自己的亲信，同时，关闭成都所有城门，严兵看管关押的官员和将领们。但是，百密一疏，根据《三国志·三少帝纪》曹奂传《癸巳诏书》的记载：就在城门没有完全关闭之前，和羊琇同在钟会身边的中领军司马贾辅让手下的一个小将王起逃出了成都，散布流言。“辅语散将王起，说‘会奸逆凶暴，欲尽杀将士’，又云‘相国已率三十万众西行讨会’，欲以称张形势，感激众心。起出，以辅言宣语诸军，遂使将士益怀奋励。”

是杀领头的三个人？还是把所有的人都杀了？会不会激起大规模的兵变？钟会一时间陷入左右为难的境地。

他只得先把这些人暂时羁押起来，因为他需要一点点时间想出一个稳妥的解决办法。但是，时间不等人，王业的谣言已经在城外的军营里传播开来，看到成都城门也关闭了，各自的主将还没回来，部队的军心开始慢慢不稳……

七十八　钟会谋反（二）

钟会在厚待姜维、蒋斌（蒋琬之子，驻守乐城）等人的时候，就已经为实现推翻司马昭的大业做准备了。

钟会曾经对自己的长史杜预（司马昭的妹夫）说：“姜维和中州的名士相比，就是诸葛诞和夏侯玄也比不过啊！”对姜维的看重，这里面，既有钟会的私心，但是也应当有“惺惺相惜”的意味，来自对姜维才能和人品的敬重。而姜维想的却不是这样。他孜孜以求的是要浑水摸鱼，趁乱让后主复国。

此时，看着被钟会关在蜀国朝堂各个部门房间里的魏国将领们，姜维偷偷地对钟会建议，把北来的所有领兵将领全部杀死，理由是：如今司马昭已经派遣你钟会的死对头贾充领兵进入斜谷，如果这样与其交锋，估计阵前倒戈的人会不在少数。

可是，每一个领兵大将自然会有不少自己的亲随，打击面过大，势必会使军心更加不稳，酿成哗变；并且，如果我北来诸将都被斩杀，就我一个光杆司令，你姜维就真的那么可靠吗？

就在钟会犹豫不决的时候，姜维也没闲着，他偷偷让人给刘禅带信说，陛下，您再稍微忍耐几天，我会使得蜀国的社稷“危而复安，日月幽而复明”。

原来说过，历史上很多左右历史进程的大事不仅受到大人物的影响，很多时候同样也受到小人物的影响，比如入蜀的阳安关守将和江油守将等等。如今，左右事情发展的另外一个小人物登场了。

他就是丘建。一个无名小辈，原是胡烈部属，后推荐给司马昭，钟会十分喜爱，成为钟会的帐下督。

丘建似乎多多少少地知道了钟会和姜维的密谋，当他看见胡烈独自一人被押，昔日威风八面的主将如今被关押在冷冷清清的官衙之内，丘建顿起怜悯之心，他请求钟会允许一个亲兵去为胡烈取饮食。钟会竟然答应了丘建的请求——真是人有三昏三迷，难道城内就无饮食？既然紧闭城门，也就是为了封锁消息，一个人的嘴不是嘴，不可以传出消息？—— 一个人还不成，钟会也许已经打定了不杀诸将的主意，而不想把魏国诸将都得罪了，因此，他还让其他领兵将领们也都可以像胡烈那样各带一个亲兵服侍。

胡烈见到自己的亲兵，就欺骗说：“丘建已经密传消息：钟会已挖好大坑，准备好白木大棒。叫外面的士兵进来，每人赐给一顶白苦帽，拜为散将，让其打死我们，埋入坑中。”同时，为了使自己还在城外的儿子胡渊相信，胡烈又将这些内容写成字条让亲兵带出城去，接着，一直神经紧张的其他领兵将领也让自己的亲兵出营这样传话——估计还是胡烈让自己的亲兵先把字条传给其他人的亲兵，然后大家统一口径。一夜之间，这个谣言迅速传遍军中。

局势逐渐朝失控的方向发展。

城外“士卒思归，内外骚动，人情忧惧”，这时候，钟会的亲信真的建议说干脆真把关押的牙门郡守杀光，而钟会却还是犹豫不定，后来他把“欲杀胡烈等”写在手版之上给监军卫瓘，也是想试探卫瓘的真实态度，卫瓘对此表示反对，借口上厕所，找到胡烈的一个老部下，叫其出去传播钟会造反的确切消息，回到大厅上，钟会一直逼迫卫瓘参加，两个人各自横刀膝上，一夜也没有睡。这段记载来自《晋书·卫瓘传》，作为唯一幸存的伐蜀高官，卫瓘侥幸逃生，但是，卫瓘在其间的很多作为是解释不通的。比如，钟会既然很早就想借刀杀人，利用邓艾杀掉卫瓘，可是，为什么现在还那么在乎一个你呢？既不关押，还和你商量，难道说，你卫瓘一直不同意和我钟会一起干，我就此停止干了吗？真实的情形也许是卫瓘（不管是真心还是假意）一直是站在钟会一边的，尤其是《晋书》上面的记载极其不可信：只要大家想想两个人各自拿把刀坐一夜的情形，就感到滑稽，怎么，钟会等什么？因为后来卫瓘较好地处理了大乱以后的驻蜀魏军，司马昭对卫瓘在蜀国期间所为也不再追究，当讨论封赏卫瓘的时候，他自知之明地拒绝了，并且卫瓘及其后代成了大官，自然要说卫瓘在蜀期间的好话了……

因为，到了第三天，也就是魏咸熙元年五年正月十七日，经过一晚的谣言传播，城外的军人已经暗自谋划攻进城去，杀掉钟会。

但是，此时钟会却要派遣卫瓘出去安定军心。——如果有前一夜的隔膜，就是不杀你卫瓘，也绝不会放虎归山，让你轻松地离开成都。合理的解释是，在此以前，卫瓘一直和钟会虚与委蛇，假如钟会成功，那我就是你的佐命元勋；假如看情势不对，我就得思索着脱身之计！

如今的情况已经使卫瓘下决心和钟会决裂。

听到钟会这样说，卫瓘心花怒放，但嘴上却说："你是三军统帅，该亲自出去。"钟会说："你是监军，应当先行，我随后就到。"可是，等到卫瓘一下殿，钟会就发觉有点不妙了，就马上派人把卫瓘叫来。卫瓘诈称头昏目眩——高血压的病又发作了，一下子摔倒在地，动弹不得，等到从人把他又扶起来，搀扶出阁楼，钟会的十几个信使接连而来，卫瓘回到宫外的临时住所，喝了一大碗盐汤，开始大吐起来。由于卫瓘本来身体就虚弱——估计文人都是这样，他孙子美貌的卫阶竟然被人看死了，卫瓘这一吐，更像是大病的样子，钟会赶紧派自己的亲信和医生给老头子看病，大家都说卫瓘这下子可是不行了，可要卧床不起了。卫瓘这样一来，钟会更是无所忌惮了。

一到晚上城门关闭时候，卫瓘已写好了讨伐钟会的檄文，并偷偷把檄文送到了城外。见到卫瓘的檄文，大家一起计划，决定明天早上共同攻打钟会。——根据《晋书·卫瓘传》的说法，此次兵变诛杀钟会完全是卫瓘有计划的行动，但是，如前所述，却更像是一场亲人之间营救亲人而激发出来的自发行动。

很快就到了第四天，魏咸熙元年五年正月十八日。本来人们约好了早上一起进攻钟会，但是群龙无首，谁也不想第一个出头。一直到了中午，救父心切的胡渊终于忍耐不住，他敲响了军营里的战鼓，率领父亲部下冲出了军营。接着，各军紧跟着胡渊鼓噪而出，蜂拥着涌向城门。

而这时的钟会经过那么久的思量，大概也下定了决心，他正在给姜维及其部下发放铠甲器杖，突然兵丁报告说，城外边声音汹汹，好像是失火了。紧接着，第二轮报告也来了：大队的士兵向城门涌来。

钟会大吃一惊，对姜维说："这些兵看来是来作乱的，怎么办？"

姜维回答只一句："那就只有打了。"

钟会立即想到如果关押的将领们和自己的部下会合起来，那就全完了，他马上派兵要去杀掉关押的将佐官员，可是，关在屋子里面的人用案几顶住大门。钟会的士兵们奋力砍门，却仓促之间一时不能破门而入。

很快地，城外的乱军倚梯登城——估计城上的守兵没有接到明确的命令，也没有组织有效的抵抗——入城后，大兵们一边焚烧城屋，军队如蚂蚁一般乱纷纷杀进，矢下如雨。而关在里面的将领和官员也乘乱爬出屋子，和各自的部下会合。

钟会身边的亲兵也就那几百人，怎能抵得了如此大军，姜维率领着蜀汉将士以及钟会的亲兵迎战。姜维亲手杀死了五六个人，最后被乱兵所杀，蜀汉太子刘睿、左车骑将军张翼、绥武将军蒋斌、太子仆蒋显等也一同被魏军杀死。钟会和帐下数百人绕殿而逃，被魏军一一斩杀。姜维死后，被人解剖尸体，发现“胆如斗大”。

钟会、姜维死了，成都却遭到了一次空前的浩劫，到处是屠杀、抢劫等暴行，无法制止，这大约也是因为钟会的部队没有捞到好处，也因为魏国朝廷对中央军和地方部队封赏不公所积聚起来的仇恨吧！——因为魏国对伐蜀有功将士的封赏也是十分不公平的，隶属中军的待遇最为优厚，“下功必侯”，而隶属州郡的下场却是“功高不封”！

那么，在朝廷那里捞不到好处，就趁乱抢去吧……

七十九 尘埃落定

成都城内乱成一团。

据《三国志·后主传》记载："会既死，蜀中军众钞略，死丧狼藉，数日乃安集。"

事态直到几天以后一直装病的卫瓘出来主事，才逐渐平息下来。钟会一死，邓艾所属的将士追上囚车，救出邓艾，准备迎还成都。以前卫瓘和钟会一起陷害邓艾，他害怕邓艾在纷乱的时候报复，因为即使是邓艾回来杀了卫瓘，在当时纷乱的情况下，说是被乱兵所杀，又找谁说理去？

卫瓘找到了一个最合适的人选，那就是征蜀护军田续。在江油时，田续曾经拒绝执行邓艾的命令而险些被邓艾所杀，如今，你作为罪犯私开牢笼，形同越狱，当然罪该诛杀嘛。但是，就在田续临行之前，为了保证万无一失，卫瓘特地意味深长地对田续说："这下你可以报在江油时的耻辱了！"——当杜预听到卫瓘这话的时候，对一向以名士自居声望很高的卫瓘嗤之以鼻。根据《三国志·邓艾传》注引《汉晋春秋》记载：杜预言于众曰："伯玉其不免乎！身为名士，位望已高，既无德音，又不御下以正，是小人而乘君子之器，将何以堪其责乎？"要知道杜预可是司马昭的妹夫，说话是很有分量的，卫瓘一听杜预的话，生怕事后追究到自己头上，也不生病了，急急忙忙不坐车就来找杜预，低三下四地解释缘由、赔罪。

田续应该是如愿以偿了，他立即带兵公报私仇，在绵竹以西的三造亭趁夜偷袭释放归来的邓艾，并麻利地斩杀了邓艾父子。邓艾死后，其在洛阳的家属都受到株连，其子悉数被杀，妻及孙子流徙西域。这桩沉冤直到西晋泰始九年（公元273年）才得以申雪。西晋段灼说："钟会忌艾威名，构成其事。忠而受诛，信而见疑，头悬马市，诸子并斩，见之者垂泣，闻之者叹息！”

成都城内的骚乱大概持续了几天。那时候，真是有怨抱怨，有仇报仇。据《蜀记》说，庞德的儿子庞会也在伐蜀军中，因为水淹七军以后，关羽杀了庞德，庞会利用这个无法无天的机会，杀死了关羽孙子关彝一家老小，致使关羽绝后。

现在，我们看看：如果钟会当时在蜀国朝堂之上，果断斩杀不署名的夏侯和等三位将领的话，怎么没有可能发动叛变呢？

司马昭曾经说过，如果钟会有反心的话，打了仗的思归之士是不会替他卖力的。但是，反过来想，钟会以仇魏的蜀兵为前驱，自领大军为后援，驱赶着思归之兵，以推翻司马昭为口号，以占领洛阳给予重赏，也不是没有可能成功的……司马昭在临去长安前说的那句：我去以后什么事情都了结了的话，实在也并不是很有把握，只不过是给自己鼓劲打气罢了。

而钟会的迅速被杀，有一定的必然性，但是，也的确有很大的偶然性，只能说，司马昭这家伙实在是运气太好了！不费一兵一卒，就将两个可能会威胁自己利益的大将除掉了。

我们无法想象十余万没有纪律的大军在成都烧杀抢掠几天是个什么样子，身在长安的司马昭应该十分清楚，如果趁乱的暴兵真的反了起来，后果难以想象。

到了二月，司马昭下令，对于上个月烧杀抢掠的、私放邓艾的、和钟会一起谋反的等等，只要是在蜀国的所有人，不论你以前做过什么，全部既往不咎，过去的罪过全部赦免！

然后，司马昭又采取了几项有针对性的善后措施。

一是，对于钟会家网开一面。根据《三国志·钟会传》记载：钟会的哥哥钟毓的儿子钟邕，和钟会在成都一起已经被杀死，剩下钟会所养的兄子钟毅、钟峻、钟辿全部下狱，理应连坐伏诛。但司马昭只杀年龄较大的钟毅和随同钟会造反的钟邕子息。钟峻、钟辿得到特赦，并恢复官爵。理由在司马昭表曹奂所下的诏书中，可以看出端倪，诏书中是这样写的：“峻等祖父繇，三祖之世，极位台司，佐命立勋，飨食庙庭。父毓，历职内外，干事有绩。昔楚思子文之治，不灭斗氏之祀。晋录成宣之忠，用存赵氏之后。以会、邕之罪，而绝繇、毓之类，吾有愍然！峻、辿兄弟特原，有官爵者如故。唯毅及邕息伏法。”——主要还是因为钟家根基很大，司马昭犯不着杀两个小儿，得罪一个庞大的关系网。

二是，对邓艾家诛杀殆尽。还不是因为邓艾的狂直，触动了司马昭自尊的神经，如果允许邓艾带个坏头，以后领兵将领都承制分封官职，形同建立自己的幕府，那就直接动摇司马昭苦心经营了很久的统治基础，此风绝不可长。而且，即使严厉处罚邓艾一家，也不会产生多大后果的不良后果——谁叫你出身寒微呢。

三是，后主刘禅举家东迁洛阳，其宫女嫔妃赏赐于诸将无妻者。其实，在成都大乱的几天里，估计蜀国的宫女嫔妃也难以幸免，此时只是司马昭承认既成事实罢了，也是安慰在蜀诸将的一个措施而已。《三国志·二主妃子传》注引《汉晋春秋》记载：后主昭仪李夫人一闻要将其赐于魏将为妻，说 ：“我不能二三屈辱。”而自杀。二三屈辱，大约说出了已经屈辱的意味。

四是，在大乱中幸存下来的蜀汉大臣宗预、廖化及诸葛显等以及蜀地高门大族共三万家全被迁徙到河东和关中。把蜀汉政权在蜀地的影响彻底拔除。据《三国志·宗预传》记载：咸熙元年春，化、预俱内徙洛阳，道病卒。 两位曾追随刘关张的老臣，在内迁路上先后病死。宗预，南阳新野人，本为张飞手下，后做诸葛亮主簿，年过六十，为后将军；廖化，襄阳人，关羽主簿，关羽败后流落吴国，历尽千辛万苦带着老母回归蜀国，后为车骑将军；诸葛显，诸葛瑾重孙，诸葛亮早年无子，诸葛瑾把儿子诸葛乔过继给诸葛亮为子，诸葛乔儿子诸葛攀，在东吴诸葛恪被杀，爷爷诸葛瑾绝后的情况下认祖归宗，诸葛显就是诸葛攀的儿子。

五是，对于主张后主投降的蜀国有功人员如谯周等众臣，征辟到洛阳为官。据《三国志·谯周传》记载：时晋文王为魏相国，以周有全国之功，封阳城亭侯。又下书辟周，周发至汉中，困疾不进。我们还记得几个月前谯周还在后主面前曾经信誓旦旦，甚至是慷慨激昂地说：“若陛下降魏，魏不裂土以封陛下者，周请身诣京都，以古义争之。”一副忠臣的嘴脸，可事到临头，却赖在汉中死活不北上一步了！

六是，在公元264年的五月一日，曹魏帝国晋王司马昭，奏准恢复周朝时期的五等封爵。周王朝封爵五等：公爵、侯爵、伯爵、子爵、男爵，到西汉时废除，仅留侯爵，侯爵再分三等：县侯、乡侯、亭侯，采邑以户口多少，作为等差。公元215年，东汉开始设立“名号侯”，有爵位而没有采邑，称“虚封”。但是，随着灭蜀有功人员的增多，官职呈现出僧多粥少的局面，司马昭就恢复了五等爵位，等于又平白增加了几个级别，但是仍然没有土地，只是虚封，把普遍地安抚中下级部队将领，把骑兵司令（骑督）以上六百余人，都封爵位。

命令已经下达，就立马整装出发，蜀汉大臣个个自顾不暇，谁还理睬刘禅这个亡国之君？堂堂前君主，只有秘书令郤正和殿中督张通两人，舍弃妻儿老小单身随侍刘禅而行。《三国志·郤正传》记载，“后主赖正相导宜适，举动无阙……”当惯皇帝的刘禅，怎知道作为一个降臣应该怎么做？幸有郤正在旁导引帮助，刘禅的一举一动才合乎礼仪。刘禅望着这个不过才六百石的前秘书令，他慨然长叹，“板荡识忠臣”，现在才知道谁忠谁贤！

钟会、邓艾被顺利除去以后，司马昭和曹奂在公元264年的二月从长安回到了洛阳，接着为了给自己称王做铺垫，三月，司马昭先把邓艾、钟会死后空下来的太尉、司徒位置填上，原来的那个声望很高但无所事事的司空琅邪王祥提拔为太尉，那个曾经多次建议杀掉阮籍的征北将军何曾提拔为司徒，而司空的位置则由左仆射荀顗担任，这三个人都是名气很大的重臣。

那个王祥，字休徵，琅邪临沂人。“卧冰求鲤”的主人翁，是晋代琅邪王家兴盛的源头。他小的时候，亲生母亲去世了，父亲又和一个姓朱的女人结婚了，生下了弟弟王览。继母很不喜欢王祥，弄得父亲也讨厌他，总叫他干粗活，有一次，继母想吃鲜鱼，当时天寒地冻，王祥解开衣服要刨开河冰逮鱼，结果冰忽然自行裂开，两条鲤鱼跳到冰上，王祥拿了回去。弟弟王览对王祥很好，继母曾经想毒死王祥，王览每次都要先尝。后来王祥的声望逐渐被朝廷所知，王家也随之出了很多大人物，“竹林七贤”的小弟弟王戎是王祥的孙子辈，尤其王家在东晋时期可以说是一等一的贵族，所谓的“王马共天下”，东晋第一丞相王导就是王览的孙子。

而何曾，和司马懿私交都很好，何曾和王祥一样，都是对父母十分孝顺，并且没有桃色新闻。尤其是在何曾年老之后，一年只和妻子见两三次，每次和妻子相见，都是相敬如宾。自己坐北朝南，妻子坐南朝北，相互拜见，喝一口酒，说两句客套话，就离开了。只是这何曾不喜欢美色，就喜欢吃穿排场，后来到司马炎的时候，每次陪皇帝吃饭，从来不吃皇宫的美食，只吃自己家厨师做的饭；蒸饼上不画个十字不食；一天饭费一万钱，还说没有下筷子的地方；看奏章必须要用大纸大字写的才看，谁上报的是小字写成，秘书根本就不上报。

荀顗呢，来自颍川荀家，是大名鼎鼎的魏太尉荀彧的第六子，陈群是他的姐夫，很早都被司马懿欣赏，拉为自己的羽翼，他才不像他父亲那样忠贞，甚至连自己的外甥、陈群的儿子陈泰都不如，死心塌地地效忠司马家，眼里根本没有皇帝。毌丘俭叛乱就是因为他对司马师建议派遣使者“宣德四方，且察外志”而激发的，所扮演的角色正像稍后在诸葛诞叛乱前贾充扮演的角色一样。在高贵乡公被刺死以后，陈泰悲痛闭门不去见司马昭，司马昭就是让荀顗去召唤陈泰，陈泰说了句话把荀顗噎个半死：过去人们都把你作为我的榜样，但从今天这个事上看来，你做舅舅的，真还不如我这个做外甥的！荀顗虽有才学，但却与荀勖、贾充、冯紞等人同流合污，为后世诟病。

这三个人，王祥是明哲保身，其他两个都是自己家的家奴，司马昭把家奴提拔以后，也该考虑自己的事情了。

在当了四个月的总百揆以后，司马昭终于被曹奂封为晋王，又给晋国增加了十郡。而随后来到洛阳的刘禅被司马昭封为公——安乐公。想想如果我不赶紧封王的话，以后和刘禅怎么见面？吃饭？难道要我们平起平坐吗？

接着，就发生了著名的“乐不思蜀”的故事，故事前面已经说过，不再赘述。但是对于这样的一个故事，历来有两种截然相反的解读：一种作为刘禅呆瓜的明证；另一种是作为刘禅大智慧的明证。为何一件明摆着的事情，怎么会有不同的解读呢？前面我已经零零碎碎地说了一点。这里仅仅就孙皓入晋以后的言行和结局，对比一下这两个身份和遭遇相同，而言行不同的人，大家势必有一个自己的判断吧。

孙皓被押进洛阳，司马炎笑着对他说：“我设置这个座位，等你来就坐已经很久了。”此时的孙皓仍然摆他的架子，回答说：“我在南方也设了一个座位等待陛下。”贾充问：“听说你君在南方凿人目，剥人面皮，这是什么刑罚呢？”孙皓回答：“人臣有弑其君及奸回不忠者，我就给他这个刑罚。”（暗指贾充杀高贵乡公）贾充一下子无言了。《世说新语·排调》记载：司马炎问孙皓：“听说你们南方人喜欢作尔汝歌，你能吗？”孙皓正喝酒，就举起酒杯向司马炎劝道：“从前我是你的邻居，现在我是你的臣民。敬你一杯酒，祝你万寿无疆！”武帝听罢很后悔。——你不是要我用尔汝唱嘛，所以对你皇帝就不用陛下等等的尊称了，就用“尔汝”称呼你啦，哈哈……

孙皓锋芒毕露，血管中流淌着小霸王孙策一样的血液，那种孙家不计后果的霸气；而刘禅则承袭着半辈子颠沛流离、处处小心谨慎而善于做小的父亲刘备的基因。因此，蜀国多忠臣、直臣，除了姜维，还有邓芝等人，也都是即便做了高官，妻子还不免饥寒，在司马昭的宫中，被征召到洛阳的蜀国臣子听到蜀国的音乐不免涕泣横流；而据《晋书·周处传》记载：当东吴灭亡之时，晋将王浑设宴吴人，当时吴人脸上并无悲痛之色，致使王浑问道："诸君亡国之余，得无戚乎？"只是周处意气之下，对道："汉末分崩，三国鼎立，魏灭于前，吴亡于后，应该有亡国悲痛而没有悲痛的，岂止这里的人吗？"同样的宴席，蜀人感怆，吴人无戚，可见蜀汉政权是得人心的啊。

结果是，孙皓于太康四年十二月死去，年仅四十二岁，据说是被司马炎毒死的；而刘禅平安老死于泰始七年，年六十五岁。

因此，有人说刘禅被俘后的傻态，只是他身处险境采取的明哲保身的韬晦之计而已。如果刘禅不"乐不思蜀"，那么，他以后连"思蜀"的机会恐怕都没有了！

八十 灭蜀余波

吴蜀两国的盟友关系始终就不稳固。

在蜀国诸葛亮的倡导下，蜀国对于吴蜀联盟的关系还是比较坚定的，主要由蜀国国力较弱，并且蜀国以攻击魏国为国策这两点所决定；而吴国却并不像蜀国那样坚定，主要还是因为吴国国力相对强大，并且后来的吴国君主总自以为是，所以，每当蜀国有危难的时候，吴国一方面出兵相救，另一方面，却也做好了趁火打劫的准备。

在公元264年的魏灭蜀国的战役中，吴国依然是这种打算。

当吴国宫廷得知蜀汉后主降魏后，蜀国百余城池无人防守的情况，孙吴以为是趁火打劫的好机会，就派遣盛曼溯长江西上“支援”蜀汉，并要当时驻守永安（白帝城）的罗宪开放永安通道。但实际上孙吴是想夺取巴东，进可以取得入蜀通道，退可以守卫巴东以保护长江。罗宪面临江山覆辙，盟友劝降之下，久久难以抉择。

不仅吴国想火中取栗，刚刚得到全蜀的魏国也想最大限度地攫取利益。

他任命的蜀国葭县（今重庆市彭水县东北）长郭纯暂代武陵郡郡长（空头官衔），这个郭纯率领着涪陵郡（今重庆市彭水县）移民，大批涌入迁陵（今湖南省保靖县东）。郭纯把部队进驻赤沙（迁陵东北），引诱五溪蛮进攻酉阳（今湖南省古丈县北），使得吴国武陵全郡震动。这里需要解释的是五溪蛮。据《南史·夷貊下》记载：“居武陵者有雄溪、樠溪、辰溪、酉溪、武溪，谓之五溪蛮。”由此知五溪地区即武陵地区，其地为今湘西、黔东的深山密林之中，也是吴蜀的交界地区。五溪蛮自称是槃瓠之后，衣服奇形怪状，东汉伏波将军马援曾经带兵平定五溪蛮，病死军中，历代皇朝对其也都没有进行过有效的统治，吴蜀两国也只是名义上的统治、只求其不反叛而已。如今魏国派人煽动五溪蛮，将直接威胁湖南地区的稳定。就在双方东西对进的时候，吴国派遣南越兵团指挥官（越骑校尉）钟离牧兼任武陵郡郡长，为的是稳定湘西地区。

钟离牧，字子干，多次平定吴国内地的少数民族叛乱，具有处理这方面事务的丰富经验，他到郡以后，就询问郡政府官员意见："西蜀灭亡，边境受到侵略，用什么方法抵御？"大家都说："迁陵、赤沙两县在万山丛中，地势险恶，夷族处处隐藏，不可以用军事行动惊扰他们；一旦惊扰，各夷族部落必然互相结盟。最好是暂时按兵不动，派出对蛮夷人素来有恩德信誉的官员，前往安抚接纳。"钟离牧说："敌人从境外入侵，诱骗煽动我国人民，应该在他控制还没有稳固之前，一击摧毁。这是救火的形势，行动要快。"说罢，就下令动员，抚夷将军高尚向钟离牧提出异议，说："从前，祭祀部长（太常）潘濬率五万人大军，讨伐五溪蛮的叛乱。当时，我们跟刘家维持和睦，各夷族才终于归化。现在，我们既丧失外援，而郭纯已占领迁陵，你却打算用三千人深入山区，我看不到获胜的可能。"钟离牧说："非常举动，怎么可以受前例拘束！"于是，亲自率领三千人的部队日夜前进，沿着险恶的山势，行军将近两千里，击斩变民首领一百余人和他们的党羽干部一千余人。魏国任命的武陵首长郭纯等部众溃散逃走。五溪的混乱局面得到有效控制。

由于钟离牧的果断，使得吴国的湘西地区得到了稳定，这一举动意义十分巨大，等于是魏国从湘西、黔东南地区进攻吴国的道路被切断，巩固了吴国西南边防。

吴国君臣的眼睛还始终盯着长江上游通往成都的水道——永安。

他们没有从武陵继续往西南，滑向蜀国的南中地区。而此时的南中地区霍弋也在举棋不定。当刘禅投降以后，霍弋身着白色丧服率领众将举行大规模的哀悼仪式，登高向北凝望成都三天。霍弋的部将劝说霍弋赶快投降魏国，霍弋说道："而今，道路断绝，不知道皇上刘禅的安危，归降是一件大事，不可不慎重。如果魏国对皇上很是优厚，我们保护境内安定，再归降不晚。万一主上受到凌辱，我将誓死抵抗，有什么早晚而言？"直到后来，霍弋得到刘禅举家北迁的消息，才率领南中六郡的郡长投降（此时越嶲郡已降），上书说："我曾经听说，人生在世，有三位尊长：父、母、君王，而侍奉他们的道理，完全一样。三者有难，则为他们效死。而今，我的国家败亡，主上归附；牺牲性命，已无可以服务的对象。所以，我才向陛下投靠，并将对您忠贞不贰。”晋王司马昭嘉许他的节操，任命霍弋当南中民兵司令（都尉），仍兼建宁郡郡长。至此，蜀国南部地区也被收归魏国所有。试想，在刘禅北去的日子里，魏国司马昭还没有精力染指南中地区，如果吴国君臣不只把眼睛盯着入川的永安通道，而是派遣一个舌辩之士劝诱霍弋投降，那形势将会怎样呢？霍弋南中七郡的降魏，使魏国以后能够从南中地区南下两广，像元朝灭亡南宋那样派遣忽必烈从云南实施包抄，而实际情况也是这样，虽然后来的晋国只是从蜀地顺流而下就灭了孙皓，但是，魏国以南中为基地，煽动吴国交州的叛乱却是眼前的事情。

接下来，还是让我们的眼光顺着吴国孙休的目光移向被后世的人们誉为“蜀国最后一员名将”的罗宪所驻守的永安城吧。

罗宪年轻时以才学著名，十三岁时便写的一手好文章。后来进入太学就读，拜谯周为老师。同学们将罗宪比喻为子贡。他个性正直严谨、光明磊落、轻财好施，不经营家产，因为对黄皓不理不睬，被外放为巴东太守。为了救援成都，罗宪手下只留下两千兵，当听到首都成都陷落，官民惊恐震动，社会一片混乱。罗宪逮捕并斩首了一个传播“成都失守”消息的人，混乱局面才得以安定。不久接到刘禅亲手所写诏书，遂率所有部队，驻屯驿马车总站（都亭），前后三天，等待前来受降的曹魏军，可是没有等到。如今等到的却是托名救援，实则意图吞并的东吴军队。罗宪说：“祖国倾覆，吴国本是唇齿相依之邦，不同情我们的苦难，反而背叛盟誓，贪图利益，实在不仁不义。而且，汉王朝已亡，吴国还能拖延多久？我怎么能向他们投降？”

于是就加强防御设备，做好了迎战准备。东吴帝国看到巴东郡固守，不能通过，就命令抚军将军步协（步骘的儿子），率军西上增援原来西上的军队，对罗宪进行围困。罗宪力量有限，抵御不住，派军事参议官杨宗突围北上，向曹魏安东将军陈骞求救，把所有文武官员的印信以及人质都呈献给司马昭。步协攻击永安，罗宪迎战，以区区两千人大破步协军。东吴景帝孙休震怒，只好再派镇军将军陆抗率军三万人增援，企图一举拿下永安。陆抗率领的吴军一直围困了永安六个多月，仍然没有攻下。而曹魏帝国救兵不还是没有到来，永安城中一半以上人都生病了。有人建议罗宪放弃抵抗，突围逃走。

罗宪却掷地有声地说：“我是一城之主，人民对我全心信托，危险时我不能保护他们，情况紧急时却把他们抛弃，不是正人君子的行为，我就死在这里了。”

曹魏帝国安东将军陈骞把罗宪被围的消息报告给了晋王司马昭，鉴于蜀地魏军大乱过后无法再用，司马昭就命荆州刺史胡烈率步骑兵两万人，攻击西陵，接应罗宪。久攻不下的吴国部队面临魏国的两万铁骑，不得不在公元264年的七月撤围而去。

由于罗宪的誓死抵抗，魏国保住了永安这一战略要地，为以后晋朝灭吴创造了条件，司马昭命罗宪仍留永安原官，并加号陵江将军（第五品），封万年亭侯。

在纷繁复杂的局势下，魏吴两国都穷尽全力在乱中攫取最大的利益，然而，由于蜀国旧将的忠贞和坚韧，总体上来说，在这场较量中，魏国得分最高。

就在吴国景帝为出兵失利愤愤不已的时候，三十一岁的他，正当壮年，却突然得了急病……

八十一　老瓶新酒

就在魏国大举伐吴的时候，也就是公元263年的五月，吴国的交趾郡（今越南河内市东北北宁府）也发生了叛乱。

当时看来，这个叛乱似乎和远隔几千里的魏国没什么关系，但是随着司马昭顺利地灭了蜀国，南中地区归于魏国，这场叛乱使得吴国立刻面临腹背受敌的局面。那么，这场叛乱究竟是怎么发生的呢？

主要还是因为过去的郡长孙谞贪污凶暴，本来就深受当地人民的痛恨。而直接的导火索却是，孙休派出的巡回法官（察战）邓荀，要征收孔雀三十只，巴结孙休。因为这三十只孔雀，到了这年的五月，本郡的官员吕兴等人，诛杀了太守孙谞和邓荀，派人前往曹魏帝国，请求军事援助；九真（今越南清化市）、日南（今越南美丽县）两郡，也随即起兵响应。等司马昭彻底平定了蜀国以后，直到第二年九月二十四日，才任命吕兴当安南将军和交州军区司令长官（都督交州诸军事）；再任命南中监军官霍弋遥兼交州州长，并授权霍弋，可以直接任命郡长等官员。霍弋上书说：请求派建宁郡人爨谷当交趾郡郡长，率营门官董元、毛炅、孟幹、孟通、爨能、李松、王素等援助吕兴。可是，由于书信来往时间太长，爨谷带兵还没有到达越南，吕兴已被他的人事官（功曹）王统诛杀。

交州的叛乱促使吴国政府只得把原交州分为二部分，一部分成立广州（治所番禺），西部还叫交州（治所龙编），对吴国的另外一个影响却更大，那就是，吴国人感觉到了生存的危机，这种危机弥漫在人们的心中，左右着政局。而这种无形的影响我们很快就会看到……到了公元264年的五月，吴主孙休突然得了重病，并且说不了话，估计是中风脑出血吧。虽然说不了话，还能写字，孙休亲自写了诏书，召见丞相濮阳兴，并把自己的儿子孙𩅦拜见濮阳兴，孙休牢牢地抓住濮阳兴的手臂，指着儿子托付给他。孙休和他哥哥孙亮在位的时间一样，做了六年的皇帝就去世了。

本来濮阳兴和孙休关系很铁，在孙休没有当上皇帝的时候，濮阳兴是父母官，所以才被孙休重用，濮阳兴不论从什么角度，都应当知恩图报，但是，就在这个当口，一个投机取巧的人出现了，他就是万彧，此人曾经当过乌程县令，和过去的太子孙和的儿子乌程侯孙皓关系很好，他为了有拥立之功，就对濮阳兴和权臣张布夸赞孙皓如何如何英明，那就像孙策一样不得了，并且说，如今蜀国已经被灭，而交州的叛乱又起，还是需要年龄大的人做我们的主子才能更好地掌舵啊！于是，几个人就跑到孙休的皇后，也是孙休的外甥女朱皇后面前，大讲特讲了一通朱皇后听也听不懂的大道理，要求把孙皓过继给孙休做儿子，朱皇后立刻蒙了，傻傻地说：我只是个寡妇，我怎么知道国家安危的事情，反正只要国家没事就好。

她竟然没想想，让一个同样二十三岁的大男人开口闭口管你一个二十三岁的女人叫母亲，是个什么滋味？况且他还是个皇帝！

果不其然，孙皓被迎立为皇帝不到两个月，就把自己喊过几回的年轻母亲废为景皇后，而把自己的亲生母亲接进宫中，尊称为何太后。为了安抚属下，孙皓也做出了一些姿态，比如，开仓赈济贫民；把宫女放出来配给没有妻子的人；把皇家园林中圈养的珍禽异兽放出；等等。但是，等位子坐稳，就原形毕露了，开始喜欢酒色，并且还十分迷信，把孙休的三个儿子都降封为王，弄得大家大失所望，当初的丞相濮阳兴和张布开始后悔，但是已经晚了，孙皓先发制人，把两个人逮捕流放，并且在流放途中派人将二人杀死，腾出的位置，任命自己皇后的父亲为卫将军。

就这样了，吴国千呼万唤出了个昏君。

而和吴国一样，司马昭也同样面临着册立储君的两难选择。

司马昭的正室王朗的孙女、王肃的女儿王夫人王元姬生了两个儿子，长子司马炎，次子司马攸。因为哥哥司马师没有儿子，司马昭鉴于兄弟之情，把自己心爱的小儿子司马攸过继给死去的哥哥做儿子。因为司马昭喜欢小儿子，所以嘴里常常念叨，为小儿子继位做舆论：天下是我哥哥司马师的天下，我只是暂时替我哥哥代管着相位，等我百年以后，这位子还要还给我的攸儿。每次见到司马攸，父亲司马昭就情不自禁地拍着自己的座位说：这可是桃符的座位啊！（桃符是司马攸的小名）就连《晋书》也记载，司马攸的确比司马炎厉害。原话是“才望出武帝之右”。父亲的话说得司马炎心里七上八下的。于是，司马炎也行动了：

他找到司马昭的亲信裴秀（就是那个替司马昭想起恢复周代五等爵位，解了司马昭为官职少难题的人），把自己的形体让裴秀好好端详了一番：这司马炎确实长相漂亮，头发乌黑，一直拖到地上；并且和刘备一样是长臂猿一类，双手过膝。然后司马炎自豪地对裴秀说：你老说说人是不是可以凭借相貌决定贵贱？辛宪英的儿子羊琇从小就和司马炎好，每次吃饭都离不开他，经常对司马炎说：“若富贵见用，任领护（中领军、中护军）各十年。”司马炎也同意了，从此，羊琇就开始为司马炎筹划继位的事情，对于司马昭可能问及的问题，都提前弄好答案叫司马炎记下。——和数年以后，司马炎的儿媳妇贾南风蒙骗司马炎一样！

司马昭曾经问山涛，山涛完全是站在礼法上回答的：废长立少，不符合礼仪，这样不好。问贾充，贾充说：司马炎的德行很好，是个做君主的料，不能变啊。问何曾和裴秀，两人几乎是异口同声说：司马炎聪明神武，才气很高，人际关系也很好，并且长得又是这样与众不同，立他没错的。

看到大家都这样坚持，老司马昭也无话可说了。然而，这些重臣之所以这样说，以羊家的影响力，我们似乎可以看到羊琇活动的影子……

就在孙皓继位的这一年（公元264年）十月，好像司马昭已经预感到自己来日无多一样，司马昭在左右彷徨了很多年以后才立司马炎为继承人（世子）。

也就是在这一年，司马昭做了一件历史上寥寥数语但却惠及众多百姓的善事——罢屯田。

曹魏的屯田历经六十九年的风风雨雨，规模很大。分为民屯和军屯两种：民屯每五十人为一屯，屯置司马，上置典农都尉、典农校尉、典农中郎将，郡县管不了。民屯的收成与国家分成：使用官牛者，官六民四；使用私牛者，官民对分。同时规定屯田农民不得随便离开屯田。军屯以士兵屯日，六十人为一营，一边戍守，一边屯田。曹魏屯田对安置流民，开垦荒地，恢复农业生产发挥了重要的作用，为曹操统一北方创造了物质条件。但屯田制的剥削较重，屯田农民被束缚在土地上，身份不自由，屯田士兵则更加艰苦。著名的史学家翦伯赞认为：（曹魏屯田制度）保证了封建国家随着生产力的提高获得日益增多的地租，而使屯田客不能完全占有自己增产所得，所以是一种“于官便，于客不便”的办法。在这种封建剥削和封建束缚下，屯田客生活痛苦，他们往往衣不蔽体，面有饥色……屯田客名为招募，但是有许多实际上是强征而来，所以他们曾举行过逃亡起义斗争。

可以说，屯田是用强制的手段把农民固定在一个地方，进行压迫，使得农民逐渐沦到农奴的边缘。

这也许是司马昭为儿子争取民心的又一项重大举措……

第五部 建立西晋

八十二　安世上台

在蜀国灭亡的第二年，刘禅来到了洛阳。

被小自己四岁的弟弟司马昭所戏弄，当刘禅采用自己父亲一贯的韬光隐晦之策后，司马昭这个阴险狡诈的小弟弟终于说了一句“我再也没有什么可担忧的了”的话以后，刘禅算是安全了。他的待遇是一流的。刘禅也深知那句我无忧的话随时都有可能被推翻。他只能战战兢兢地面对每一个日出，小心翼翼地迎接无法预知的命运……而命运也许是公平的，起码它在给予司马昭荣耀、地位、胜利的时候，没有给予他最珍贵的物件——生命。

就在公元265年，司马昭在灭掉刘禅的第三年，他的生命走到了尽头，他没有完成他三年灭吴的愿望，但是，他也确立了自己的继承人，在他的病榻之上，他唯一难以释怀的是自己心爱的小儿子桃符司马攸，司马昭老泪纵横，紧紧地握着自己儿子司马炎的双手，给司马炎唠叨着汉淮南王和魏陈思王曹植的往事，希望司马炎不要难为自己的亲弟弟司马攸，另外，老人对自己的儿子说，你的知己你知道吗！你的知己就是贾充贾公闾啊！司马昭在临死之前，把自己最记挂的人托付给了即将成为皇帝的儿子，也为自己的儿子说出了他应该最信任的大臣。

司马炎，字安世。

实事求是地讲，司马炎的确不是一个智商很高的人，也就是一个守城之主，但是，司马炎绝对是一个好儿子，他对自己的父母绝对的孝顺，对自己的兄弟司马攸绝对的爱护，虽然以后也曾经想把司马攸放回到封国，但是总体上来说，司马炎真的是一个很厚道的人。

就在司马昭即将去世的公元265年的五月，也许是曹魏帝国皇帝曹奂（本年二十岁）预见到了晋王司马昭即将去世，他再对晋王司马昭加特殊的礼敬，命令司马昭的旗帜、车马、歌舞、音乐、皇冠、龙袍，跟皇帝完全一样，从此，司马昭的礼帽上面也有和皇帝一样的前后各十二串玉串，乘坐和皇帝一样的车子，出门回家都像皇帝一样的排场，歌舞是八佾（八佾是指纵横都是八个人，同时出场六十四个人进行歌舞，一佾是八人。据《周礼》规定，只有周天子才可以使用八佾，诸侯为六佾，卿大夫为四佾，士用二佾。因此，当鲁国正卿季平子用八佾的时候，孔子说了一句著名的话："八佾舞于庭，是可忍也，孰不可忍也！"），并且，司马昭的位次提高到皇帝曹奂的亲生父亲燕王曹宇之上；司马昭的王妃王元姬改称王后，继承人的名号世子改称为太子。同时，晋国也设置了一套官员班子，也有御史大夫、侍中、尚书、中领军、卫将军等职务，很多在魏国做很大官的也被任命为晋国的官，并且人们清楚地知道晋国的官那才是将来真正有用的，虽然身披两个朝廷的官职，但是那都是忠于晋国的人，司马家已经像蛀虫一样把魏国这棵大树全都掏空了，只等司马昭轻轻一推，那棵枯树就倒掉了……

但是司马昭本人却没有等到那一天的到来。

到了这一年的八月九日，一代枭雄司马昭去世，享年五十五岁，儿子司马炎继任为魏国的相国。

接下来，就面临着晋王下葬的问题：具体的说就是，司马昭以什么样的礼仪下葬？是以王礼还是以皇帝的礼仪？

对此，当事的人贾充和荀勖一时无所适从，两个首鼠两端的人一时间没有了主意：要说现在从实际上讲，全天下都是司马家的了，魏国的各个大军区司令都是司马家的人，魏国的所有重臣也都是司马家的人，虽然司马昭名义上是晋王，但是他其实就是整个曹魏国家的掌舵人，他说了算，如果从这个角度讲，应该用皇帝的礼仪下葬；但是毕竟司马昭没有称帝啊，要说应该以王礼下葬……两个聪明人犯难了。

有的时候看似困难的事情，也许一个人出来一句话就解决了，有时候一些左右为难的事情也许对于一个鲁莽的人来说，根本算不了什么……如今，这个人出现了，那就是都督帝国东南地区的总司令——石苞。

石苞来奔丧了。

司马家对石苞有再造之恩啊。过去，我们曾经说过，石苞本来和邓艾一样是一个下层的小官吏，曾经有一次一个郭姓的中央官吏来视察，人家视察完了以后要回朝廷，头儿让邓艾和石苞给人家当车夫，驾车回洛阳，这个老兄对邓艾和石苞说，你们两个都将成为举足轻重的朝廷大臣。石苞不比邓艾木讷，他好说话，就回答人家说，我们只是个车夫而已，你呢？你开玩笑，我们怎么能成什么大臣呢？等到洛阳以后，石苞曾经巴结组织部的一个处长许允，能不能给外放个县令之类的差事，许允说，你就是和我一样的能够成为中央一级的官的人，做什么县令啊！后来石苞被司马懿赏识，从此步入仕途，并成为司马家的忠实家奴。

对司马家，石苞是感恩戴德的，因为在陈群的九品中正制度下，作为下层的寒门真的很难出头，就是再优秀，也不过做一个佐吏而已，但是，司马家却不拘一格，拉拢这些个人才，因为，他们深深地知道，事业成败，关键在人；没有人，一切皆无。

千里奔丧的武人石苞说了一句直抒胸臆的话："咱家有这样的家业，如果不用皇帝的礼仪还能用什么下葬！"

一句看起来毫无道理的话，就一锤定音了。所有的人不敢有任何异议，眼见着晋国就马上可以代替魏国，那不是一个时间问题，仅仅是个手续问题了，还讲究什么礼仪！

司马家的这一个举动，是对包括曹奂在内的所有的人表明，司马氏代魏已经提上了司马炎的议事日程了。九月二十四日，司马昭以皇帝的规格被安葬在崇阳陵。

为了配合改朝换代大业，司马家的智囊团们开始制造出很多舆论，比如襄武县上报说，见到一个很高大的人，说了句：天下就要太平了。有的县说出现灵龟了等等，曹奂不敢把这些好东西占有，很自觉地都给了相府，就连西域的康居和大宛进贡的名马也都送到了司马炎那里。

果不其然，司马炎在司马昭下葬以后，没有按照儒家三年服丧的制度，而是脱下了丧服，于十二月十三日，迫使比自己整整小十岁的曹奂禅让了，此年司马炎三十岁，曹奂二十岁。

当然一切做的都是那么的有条不紊、顺理成章，司马炎也表现得十分谦让，史书记载得十分有趣，说的是司马炎是在魏国的公卿比如魏国的司徒何曾、魏国的镇南将军王沈等人的坚决要求下，才同意接受曹奂的让位的，给人的印象似乎是魏国大臣主动归心似的，可是，魏国的司徒何曾却是晋国的丞相、王沈同样也是晋国的御史大夫……

从此，曹魏帝国公元220年建立，历经短短的四十六年，就灭亡了，它成为三国第二个被灭亡的国家。

八十三 晋国初建（一）

公元265年，就在司马炎紧锣密鼓地为建立晋国忙上忙下的时候，南方的孙皓也没有忘记巩固自己的地位。

在这一年的七月，也许是基于叫的那声母亲令他极不舒服，他逼迫和自己同岁的孙休的朱皇后自杀，并把孙休的四个儿子都迁往吴地，并杀死了年龄较大的两个。

和孙皓血腥杀戮有所不同，司马炎的上台似乎多了那么一份含情脉脉的成分。

十二月十三日，曹魏帝国皇帝曹奂，把皇位禅让给晋王司马炎；十二月十五日，曹奂出宫，暂住金墉城（洛阳城西北角离宫）。太傅司马孚叩拜送别，握住曹奂的手，呜咽流泪，无限悲恸，说：“我死的那一天，仍是帝国忠心不贰的纯臣！”

十二月十七日，三十岁的司马炎在洛阳南郊设立祭天的坛，举行了隆重的登基大典，晋国的各位臣子和来自附属国的少数民族官员共计数万人参加了司马炎的登基典礼，场面可谓盛大。一切进行的似乎都很顺利，司马炎宣布大赦天下，并且对全天下的所有人都赏赐爵位五级；对于老光棍、老寡妇、没有父母的等无人抚养和赡养的人，每人赏赐五斛粮食；全天下免收租子一年，过

晋武帝司马炎像

去所欠官方的债务一笔勾销。

然后，司马炎尊崇爷爷司马懿为宣皇帝，伯伯司马师为景皇帝，父亲司马昭为文皇帝，奶奶张春华为宣穆皇后。遵奉母亲王元姬皇太后，宫名为崇化。

鉴于魏国对宗室刻薄，造成自家乘虚而入，司马炎决定要大封宗室，作为皇室的屏障。

封还活着的叔爷爷司马孚为安平王，食邑四万户，拜为太宰，都督中外诸军事，为帝国名义上的总司令。

亲叔父司马干为平原王，食邑一万一千三百户，给鼓吹，驸马两匹。

叔父（和父亲司马昭同父异母）司马亮为扶风王（三年以后改封为汝南王）食邑一万户，持节，都督关中诸军事，为晋帝国的西北总司令——（这里稍微解释一下持节的意思，持节是代表皇帝行使一定的权力，但是，分为三种不同的叫法：第一种最厉害的叫“使持节”，可以诛杀两千石以下的中级官吏，其次，叫“持节”，可以诛杀任何没有官职的人，最下，叫“假节”，只能诛杀违反军令的人）汝南王司马亮为以后的“八王之乱”中的第一个王；叔父司马伷为东莞王（后改封为琅邪王）食邑一万六千户，后出为镇军大将军，假节，都督徐州诸军事，为帝国东南方面的总司令；叔父司马骏为汝阴王，食邑一万户，都督豫州诸军事，为帝国南面的总司令，后在豫州和扬州之间轮转做两地的总司令。司马亮、司马伷、司马骏三人是同父同母的亲兄弟，他们共同的母亲是司马懿的妾伏夫人，现在叫伏太妃。

封叔父司马肜（其母为司马懿的妾张夫人）为梁王，食邑五千三百五十八户，掌管邺城的防守。

封叔父司马伦（其母为司马懿的妾柏夫人，就是司马懿老的时候最喜欢的那个）为琅邪王，是司马懿最小的儿子，后来因为致使他人企图偷盗皇帝的大衣而被弹劾，后被赦免，改封为赵王，都督邺城的防守。为以后的“八王之乱”中的第三个王。

封自己的亲弟弟司马攸为齐王，总统帝国的军事。司马攸的儿子司马冏为以后的“八王之乱”中的第四个王。

封自己的异母弟弟司马鉴为乐安王，司马机为燕王，这两个司马炎的弟弟都还小，司马炎给他们封王的同时，还给他们俩找了位德高望重的老师，教育他们。

封司马孚的大儿子，过继给司马懿的大哥司马朗为后的司马望（比司马昭年龄还大，司马炎称为堂伯父）为义阳王，食邑一万户，给兵两千人，泰始三年进位为太尉，其时司马孚、司马望父子均为上公，一时传为美谈。

封司马孚的二儿子司马辅为渤海王，食邑五千三百七十九户，后改封为太原王，都督并州诸军事，为帝国西北司令。

封司马孚的三儿子司马晃为下邳王，食邑五千一百七十六户，后为都督青徐诸军事，为帝国东部司令。

封司马孚的四儿子司马懔为太原王，食邑五千四百九十六户，司马懔死后他的儿子司马颙继承，并被改封为河间王，在“八王之乱”中为第七个王。

封司马孚的五儿子司马圭为高阳王，食邑五千五百七十户，都督邺城军事。

封司马孚的六儿子司马衡为常山王，食邑三千七百九十户。

封司马孚的七儿子司马景为沛王，食邑三千四百户。

封司马懿的四弟司马馗的儿子司马权（也是司马炎的堂叔父）为彭城王，食邑两千九百户。

封司马权的弟弟司马泰为陇西王，食邑三千二百户，曾经任命他为使持节，都督宁益诸军事，益州刺史，全权处理四川事物，他还不想去，后代替司马骏为都督关中诸军事。他的儿子司马越为以后的“八王之乱”中的第八个王，均按照八王被杀顺序，除了司马越病死以外，其他七王均是被杀。

封司马权的弟弟司马绥为范阳王。

封司马懿的五弟司马恂的儿子司马遂（司马炎也叫堂叔父的）为济南王。

封司马懿的六弟司马进的儿子司马逊为谯王，食邑四千四百户。

封司马逊的弟弟司马睦为中山王，食邑五千二百户。

封司马懿的七弟司马通的儿子司马陵为北海王，食邑四千七百户。

封司马陵的弟弟司马斌为陈王，食邑七千一百户。

以上对于司马炎来说都是叔子辈的王。

封司马望的儿子司马洪（对司马炎来说是堂兄）为河间王。

司马洪的弟弟司马咻为东平王，食邑三千零九十七户。

第一批司马炎一下子就封了二十七人为王，以后，司马炎陆续加封，前后晋朝共计封了五十七个诸侯王！其中“八王之乱”中第二个被杀的武帝儿子楚王司马玮、第五个被杀的武帝儿子长沙王司马乂、第六个被杀的武帝儿子成都王司马颖都是后来增封的。根据《晋书·职官志》的记载，平原国、汝南国、琅邪国、扶风国、齐国为大国，梁国、赵国、乐安国、燕国、安平国、义阳国为次国，其他的为小国。

除了大封宗室以外，司马炎还加封：

骠骑将军石苞为大司马，乐陵公；

车骑将军陈骞为高平公；

卫将军贾充为车骑将军，鲁公；

尚书令裴秀为巨鹿公；

侍中荀勖为济北公；

太保郑冲为太傅，寿光公；

太尉王祥为太保，嵳陵公；

丞相何曾为太尉，朗陵公；

御史大夫王沈为骠骑将军，博陵公；

司空荀顗为临淮公；

镇北大将军卫瓘为缁阳公；等等。

为了满足封赏的需要，司马炎把古代用的高级官员的官职都用上了，按照《晋书·职官志》的记载：世祖武皇帝即位之初，以安平王孚为太宰，郑冲为太傅，王祥为太保，司马望为太尉，何曾为司徒，荀顗为司空，石苞为大司马，陈骞为大将军，世所谓八公同辰，攀云附翼者也。

太宰、太傅、太保、太尉、司徒、司空、大司马、大将军同时出现，蔚为壮观。这八公除了食邑以外，还有俸禄，每天是粮食五斛，后来还在春天的时候，给绢一百匹，秋天绢二百匹，丝二百斤，并有不同的随员，等等。除此之外，司马炎还下诏，对于各个诸侯王，在自己的封国范围内，可以自行任命郡县长和各级政府的官员，但是，只有卫将军齐王司马攸，那个曾经几乎代替司马炎做了晋朝皇帝的司马炎的亲弟弟桃符，却不敢自作主张，自己封国内的官员任命全部都请求皇帝决定。根据《晋书·地理志上》的记载，在司马昭晚年，曾经命令裴秀构建"五等之制"，规定县公食邑一百户，地方七十五里；大侯一千六百户，地方七十里，小侯一千四百户，地方六十五里；大伯一千二百户，地方六十里，小伯一千户，地方五十五里；大子八百户，地方五十里，小子六百户，地方四十五里；男爵四百户，地方四十里。到了司马炎上台，把这个制度又推翻了，根据《晋书·职官志》《晋书·地理志上》的记载，"罢五等之制"，建大国两万户，设置上中下三军，共五千人；次国一万户，上下两军三千人；小国五千户，一军一千五百人，由中尉领兵。

一切似乎很完美，也很圆满。但是，万事没有圆满的。司马炎的登基大典也出现了那么一点点不太和谐的场面。

根据《智囊》的记载：古代开国皇帝登基的时候，总有一个仪式，就是由开国皇帝亲自抓阄，用来占卜王朝能够传几代几世。当司马炎抓阄的时候，拿出来一看，司马炎傻眼了，本来乐呵呵的脸凝固了，凑上来看的群臣也跟着傻眼了——他们的皇帝手气真背，手上抓到的数字竟然是一个最小最小的数——一。司马炎脸拉得老长，朝廷之上鸦雀无声。不过，此时，被称作“玉人”的美男子侍中裴楷（他是“后进领袖”裴秀的堂弟），整衣冠，依照何宴的《老子注》解释，从容说道，“天得一以清，地得一以宁，侯王得一以为天下贞”，使得大家顿时转忧为喜，一片山呼万岁。

说到裴楷，也很不简单。此人不仅出身名门更兼才华出众，而且玉树临风，温润雍容，是有名的美丈夫。《世说新语》评价他：“见裴叔则，如玉山上行，光映照人。”除此而外，他还善于朗诵，谈吐文雅，史书记载：（听他说话）左右瞩目，听者忘倦。钟会曾经品评他说“裴楷清通，王戎简要”。“竹林七贤”的老小王戎、后来的清谈宰相王衍都是他的表弟，裴楷和和峤都是王浑的女婿，裴楷的儿子裴瓒又和司马衷一样都是娶的杨骏的女儿。裴楷也有识人之鉴，他仰慕夏侯玄，曾经说到：见到夏侯玄“肃肃如入宗庙中，但见礼乐器”，见山涛“若登山临下，幽然深远”，见钟会，我们以前说过，是“如观武库森森，但见矛戟在前”，品傅嘏“汪翔靡所不见”。裴楷既正直宽厚，又通达逍遥，每次到富贵人家，见到人家的珍宝什么的，动手就拿走了，转眼之间，又给了贫困的人，每年都要向关系好的梁王和赵王要一百多万钱，然后散给他人，别人问他为什么，他呵呵大笑，说道：“损有余而填补不足的地方，天之道。”是个很有意思的人。

然而，这个“卜筮得一”的小插曲似乎并不那么简单，纵观司马炎建立的西晋，从泰始元年的公元265年开始到建兴四年的公元316年晋愍帝被俘虏，共经历了四个皇帝（不算司马伦）五十二年的时间，但是，四个皇帝中真正行使皇帝职权的皇帝只有晋武帝司马炎一人，其他三个，一个是傻子晋惠帝，完全是个傀儡，一个是惠帝的弟弟司马炽，完全也是个傀儡，再一个就是愍帝司马邺，则更是如此……

那个神秘的“一”字，似乎真的预示着些什么吧，谁知道呢……

八十四　晋国初建（二）

在建立晋王朝的泰始元年十二月一个月的时间里，司马炎除了大封宗室、重臣以外，还做了六件引人注目的事情，可以说是迅速甩出的组合拳。

一是，下诏弘扬勤俭节约的作风，明确这是立国之本，并且，身体力行，把魏国宫中的珍宝珠玉，好玩的好看的，都散给大臣们……只是别把大臣们教坏了。

二是，设置中军将军（为准公爵，品第一），统一管理保卫皇宫的左卫将军（羊琇为左卫将军）营、右卫将军（赵序为右卫将军）营、前军、后军、左军、右军、饶卫军共七支禁卫军，中军将军为司马师的羊皇后的亲弟弟羊祜，他和羊琇是表兄弟，司马炎按辈分要管他叫舅舅的。

三是，封曹奂为陈留王，居住在邺县的宫里，上书不称臣，旗帜、车马、祭祀等还和皇帝一样；不过，魏国的诸侯王则降封为县侯，并且，把过去对于魏国诸侯王的软禁措施解除。同时，司马炎还没有忘了被曹魏禅代的汉献帝的后代山阳公刘康和安乐公刘禅，对这两个倒霉蛋也恩赐他们一名子弟为驸马都尉。（也是个虚名）

四是，尽量减少对立面。司马炎也知道自己的爷爷、伯父、父亲得罪人太多，用的手段也太残忍，为了社会和谐，司马炎下令对于寿春第一叛的王凌和灭蜀名将邓艾这两家实施大赦。大家可能还记得王凌可是王允的侄子，和贾充的父亲贾逵、司马懿的哥哥司马朗可是哥们，连司马懿都是叫大哥的主，属于太原王家大族。几个儿子都是文武双全，大赦王家对于稳定太原大族至关重要。不过，司马炎说的角度很有意思，明明王凌是反对司马懿专权才想拥立长君的，司马炎说：王凌当时阴谋废掉齐王曹芳，结果曹芳还是被司马家废掉了。因此，你当时

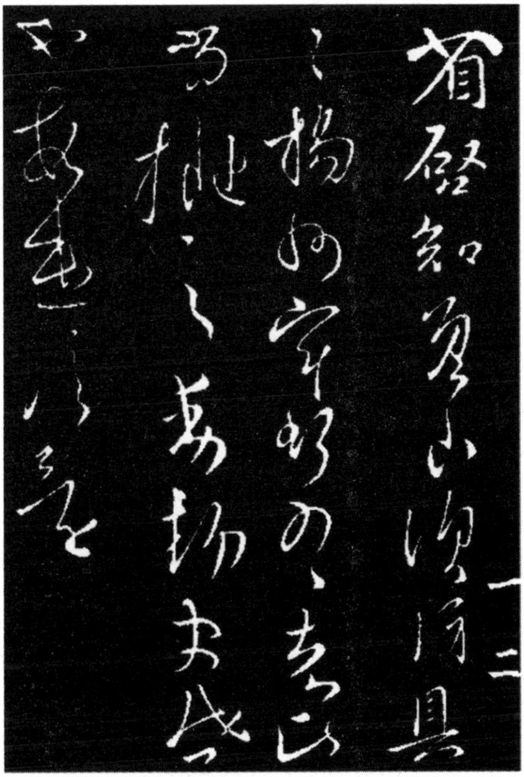

晋武帝司马炎手迹

的阴谋也是可以原谅的（其时，此废与彼废可是意义不同）。对于邓艾，司马炎说，虽然邓艾刚愎自用，不懂规矩，但是，被逮捕的时候并没有做什么反抗，所以也是可以原谅的……可以听任这两家为死者确定各自的后代。

五是，对于一般官吏，谁家有了丧事，可以像大官一样，允许守孝三年。并且，以后出兵打仗，不再要求中级军官和中级文官把自己的妻子孩子弄到官府做人质了。

六是，设立谏官。命散骑侍从官（散骑常侍）傅玄、皇甫陶担任。傅玄是傅幹的儿子（傅幹，曹魏帝国时，任扶风郡郡长）。傅玄针对曹魏帝国末年知识分子品格的低落，风气的败坏，上书说："我曾经听说，古代圣明君王统治国家，在上位的人，力行恩德教化；在下位的人，建立公正言论。近世以来，曹操喜爱法治，天下遂重视刑罚。曹丕欣赏豁达大度，天下遂看不起坚持立场的人。后来纪律更加紊乱，怪诞狂士，充满政府，使天下失去是非标准。陛下真龙天子，在人间兴起，接受禅让，发扬伊祁放勋（尧）、姚重华（舜）的德行，但仍不能够选任清廉守礼官员，以激励风俗气节；也不能罢黜一些虚无鄙陋人士，以惩罚罪恶；使我不敢不上书提醒。"司马炎嘉勉他的见解，命他撰写诏书草稿呈递。傅玄前后的见解大致有：一是，崇尚节俭；二是，提倡礼节；三是，选拔正直的人；四是，理顺政府机构；五是，拒绝任人唯亲；六是，提倡学习；七是，重视农业。

他的建议都得到了司马炎的充分肯定。

说到傅玄，简单介绍一下他，他曾参加撰写《魏书》；又著《傅子》，诸家学说和历史故事；还善于写诗，今存诗六十余首乐府诗。他的诗像他的人一样，不求华艳，风格雄健，有点汉魏的古朴之风，如他的《秦女休行》《采菽堂古诗选》就誉为“音节激扬，古质健劲”，在文学史上占一席之地。

到了第二年，司马炎的举措仍在有条不紊地进行着。

尊称司马师的妻子，也就是司马炎的伯母羊徽瑜为景皇后，居住在弘训宫。羊徽瑜是司马师的第三个妻子，第一个是夏侯玄的妹妹，被司马师亲自弄死；第二个，是一向结交权贵的吴质的女儿，不知道什么原因，被司马师休了；羊徽瑜能和那个阴冷的人过上几年，肯定不简单。羊徽瑜和羊祜以及与蔡文姬的关系，历来争议很多，对此，以后我们还要专门说说。

然后，又尊称被司马师弄死的妻子夏侯氏为皇后。

到第三年，司马炎看到自己的儿子司马衷智商不高，就偷偷问自己的妻子杨艳怎么办？

杨艳回答得很干脆：我生的儿子是老大，古语说：立继承人，原则是立年龄大的儿子，不立贤能的，现在还有什么可怀疑的呢？

杨艳有自己的考虑，虽然自己是大妻子，虽然现在丈夫看起来还不错，但是，谁能保证以后不会变心？等到自己年老珠黄，说话不灵的时候，黄花菜都凉了。于是，杨氏劝说司马炎立太子，道理肯定很冠冕堂皇，比如固国本什么的，看着美丽动人的妻子，想想曹操儿子曹丕和曹植的纷争，历来耳根软的司马炎于继位后不到两年（虽然是泰始三年，但是司马炎是泰始一年的十二月即位的，到泰始三年一月，才一年一个多月的时间），自己也才三十二岁的时候，就匆匆地立自己的傻儿子司马衷为太子，并册立太子的母亲杨艳为皇后。

紧接着，司马炎继续贯彻他的仁爱节俭理念，继解除魏国诸侯的软禁制度以后，又解除了魏国对汉朝宗室的软禁制度。同时，陈留王曹奂很有自知之明，不管大小事情都是亲自上书，司马炎也专门下诏，一是表扬，二是告诉曹奂，以后小事就让官吏们代劳就可以了。

当大臣们建议也要建立晋国的七庙，用来祭祀祖先，司马炎一看预算需要很多花销，就拒绝了，暂时只立一庙；大臣的劝谏下，司马炎同意用曹魏的庙，把曹魏的神主暂时移开，放入自己的祖先牌位。

为了消除魏国的影响，司马炎还向全国各地派遣官员巡察，对于民间祭祀不是朝廷允许的神像的，一律禁止。

时光荏苒，从公元265年到公元268年这三年多一点的时间里，除了上面说的做了这些事情以外，晋国还发生了至少四件大事。

第一件事是，关于礼法的争论。

这场争论来自司马炎。

司马昭去世的时候，由于当时司马炎还有夺权的大事，并且司马昭也不是名正言顺的皇帝，所以，司马昭八月九日去世三天以后，全天下的臣民就不再戴孝了，司马炎本人等到九月二十四日司马昭下葬以后，也把丧服去掉了——因为，篡夺魏国大权，已经列上了司马炎的议事日程，想想穿着丧服怎么举行登基大典？但是，司马炎感到有愧于心，所以仍然带着白色的小帽子，整天吃素食。等到司马昭一周年的时候，司马炎得去父亲的坟墓去扫墓，司马炎说：我还是穿上丧服去祭扫，大臣们你们可以不穿，还像原来那样。大臣们刚刚才升了官，在新朝里过得正滋润，谁也不愿想起那个死去的司马昭。

裴秀上书说：皇帝您，过去都已经把丧服脱过了，现在您又穿上，这恐怕没有先例吧？并且，如果您穿着丧服，您关爱我们这些个做臣子的，不让我们穿，您是君，我们是臣，君就是父，臣就是子，父亲穿丧服，儿子们不穿，我们做儿子的能心安吗？他把皮球又踢给了司马炎。

司马孚、王祥等重臣也纷纷上书，主要从与时俱进方面，不可能和上古一样；从现在天下还没有平定，还有很多事情需要皇帝您操心；从皇帝身体健康等方面，请求皇帝还是节哀顺变。

其实司马炎未必真的愿意再穿上丧服，虽然母亲还在，但是，父亲母亲都是偏心眼，这个司马炎心里有数。既然大臣们都说了，那也正好顺水推舟，自己给自己下台阶。又经过了好几个回合的说服与反说服，终于，司马炎来了一个一百八十度的转弯，他说：世间最害怕的，还是内心的感情对父母不深厚，怎么能在乎穿不穿丧服呢？大家伙对我的规劝，我怎么能忍心不听呢！

一则说得冠冕堂皇，二则把责任推给了你们，谁叫你们劝我呢！

不过，并非所有的大臣都和裴秀的意见一致，中军将军羊祜就对傅玄表示了不同的看法：根据周礼，为父母服丧三年，即使是贵为天子也是一样，汉文帝把这个制度废除了，本来就不对；现在我们的皇帝很孝顺，虽然表面上去除了丧服，但是实际日常饮食等方面和过去服丧所做的是一样的，何不趁此机会在全天下恢复古代的礼仪呢？傅玄也不想恢复，就说：从汉文帝开始服丧是以日代替月，已经历经了几百年了，一旦恢复起来那太困难了。羊祜接着说：如果感到困难，那让皇帝自己尽尽孝，皇帝可以穿三年不是也行吗？傅玄回答：如果皇帝穿，臣子不穿，那就是说没有君臣了。说得羊祜不再说话。

以傅玄的位置，估计司马炎也听到了朝臣们的不同声音，过了几天，有人继续巴结司马炎，请求司马炎恢复吃肉，穿色彩艳丽的衣服，彻底恢复正常生活，司马炎说："我们家是学生世家，历代都尊崇礼仪，我不能一时间就把这些都忘得一干二净！我接纳你们的建议已经够多了，你们回去还是看看孔子回答宰我的话吧，就不必再为此事争论了。"

司马炎于是继续头戴白色孝帽，不吃鱼肉，只吃蔬菜，整整三年。

《论语》上记载：宰我问孔子说："守三年之丧，时间太久。正人君子三年不行礼，礼必消灭。三年不听乐，乐也必消灭。旧的米谷既死，新的米谷已生，尽心情就可以了。"孔丘回答说："吃米穿绸，你心里是不是心安？"宰我说："心安。"孔丘说："你心里如果心安，你就去做。"宰我告辞后，孔丘说："宰我是何等的不仁不义，儿子生下三年，然后才能离开爹娘怀抱。守三年之丧，是天下人共同遵守的原则。"

由于司马炎的坚持，就形成了一个规矩：不是正规的守丧三年，而是头戴白色孝帽，不吃鱼肉，只吃蔬菜。

八十五 晋国初建（三）

第二件事，高薪养廉。

泰始三年九月，司马炎下诏：“古代的明君以人的德行用爵位加以昭示，以国家收取的税收来作为俸禄，即使是下等的文化人，也能吃到上等农民的贡献，国家给予的俸禄足以使公务员出门在外奉公忘私，也能够使大家回到家里，不仅足以养活亲人，还能够对其他人施加恩惠。现在公务员的俸禄标准不足以达到从事其他行业的水平，这不是国家尊崇人才和教化臣民的根本。从现在开始，我要求增加官员的俸禄。”高薪制度的实行，使得晋朝的公务人员没有了后顾之忧，并且以从事公务为荣，为晋王朝吸引了大批有用的人才。在高薪养廉的同时，要求各个郡、各个诸侯国的郡守和国相要三年一次下县巡察，任务是：一是，接见县级部门的官吏，查看当地的风俗好坏，规范当地的礼仪和法律，考察地方度量衡是否准确，到乡间对于老人嘘寒问暖，要亲自到百岁老人家中拜见。二是，要点检重审监狱里的犯人，详细查看当地百姓的疾苦和地方官员的得失。三是，要教导大家崇尚教化，勤于耕作，要勉励学者，勤于思考，遵守法律，不要传播学习百家中的那些个末等的学问，查看到的好学、孝顺、品行高尚的人，要向朝廷举荐；了解到的品行不好，不孝敬父母，不友爱兄弟，不遵守法律的，要予以制裁。四是，考评当地官吏成绩。当地的人民困苦，农业凋敝，社会治安不好，监狱的犯人又多，官场没有规矩，以下犯上，没有礼仪的，那对这个地方就要投否定票；对于官员自身的廉政尤其是对上阿谀奉承，自家莫名其妙地有钱的，要暗中观察上报。

第三件事，颁布《泰始律》，建立法治社会。

并把《泰始律》中的死刑条款抄写下来，在全国的各地驿马车站及招待官员的官舍，广为张贴，使人民周知。《泰始律》在司马昭执政的时候，就已经命令贾充、羊祜、杜预等人参考汉律、魏律开始编纂制定，其实，根据《晋书·刑法志》的记载、参与编纂的一共有十四人，他们分别是：车骑将军贾充、太傅郑冲、司徒荀顗、中书监荀勖、中军将军羊祜、中护军王业、廷尉杜友、守河南尹杜预、散骑侍郎裴楷、颍川太守周雄、齐相郭颀、骑都尉成公绥、尚书郎柳轨及吏部令史荣邵等，其中杜预承担了大量繁重的工作。

这十四人大致可以分为两类：一为礼法之士，如贾充、郑冲、荀顗、荀勖等；一为玄学之士，如羊祜、裴楷等。到泰始四年，这部法律终于制定完成。就是我们通常称的《晋律》。《晋律》在体例的设置、条文的安排上更为合理，用词也更确切。将《魏律》的《刑名》篇分成了《刑名》和《法例》，放在首要位置，完善了《魏律》的刑法总则部分；篇目也从十八到二十篇，丰富了内容。另外，把礼制和法律进一步融合，礼的内容有的直接写成了法律条文；设立了“杂抵罪”，成为后来官当的雏形；《晋律》还第一次正确区别了律和令两个重要法律概念，把法律解释为定罪量刑为主的法典，而政令则解释为规定国家制度的法典。在儒家文化的熏陶下，《晋律》最终成为中国历史上第一部儒家化的法典。研究法制史的学者认为：西晋时期，确立律、令二分，并建立纳礼而入律令、违礼令而入律原则，这是律令制度发展的一大突破，借助“令篇”展现儒学思想。陈寅恪说：“古代礼律关系密切，而司马氏以东汉末年之儒学大族创建晋室，统治中国，其所制定之刑律尤为儒家化。”关于西晋时期编修律令呈现儒家化一事，今日已是学界共识。是此说的代表。

《泰始律》颁布以后，据《晋书·贾充传》记载，司马炎下诏说：汉氏以来，法令严峻。故自元成之世，及建安、嘉平之间，咸欲辩章旧典，删革刑书。述作体大，历年无成。先帝愍元元之命陷于密网，亲发德音，厘正名实。……今法律既成，始班天下，刑宽禁简，足以克当先旨。——说明了晋律是崇尚刑宽禁简的儒家思想，而不是曹魏刻薄深文的法家思想。并且杜预认为，法律不是讲道理的书，而是官吏的量刑标准，因此，要简明扼要，言简意赅，叫人一看就明白，老百姓也不容易违犯。所以，《泰始律》只有二千九百多条，十二万多字，《隋书·刑法志》称赞它“实曰轻平，称为简易”。

法律颁布以后，司马炎还带头开始了学法、普法活动，还是让玉人裴楷在朝堂上逐条朗读，由司马炎亲自讲解。与学习法律相互配合，司马炎带领全体朝臣承包了一千亩土地，亲自耕作——当然是姿态了，以显示重农务本；同时，大赦天下，与民更始。要知道，在前此一年，册立皇后和太子的时候，司马炎还没有大赦，可见其重视法律的程度。

后来，张斐、杜预还对《泰始律》进行了注释，张斐的叫《律解》，杜预的叫《律本》，使这部法律更加容易理解，便于操作，经过司马炎的批准，这两部注解与法律具有同等的效力，因此，《泰始律》又叫作张杜律。

第四件事，妥善处理淮南事件。

这次事件与大名鼎鼎的石苞有关，从诸葛诞叛乱以后，石苞于公元259年接替王基，镇守寿春，迄今十年，士马强盛。当时，在淮南社会上流传着一种谣言，说：宫中大马几做驴，大石压之不得舒。当时的淮北监军是一个叫王琛的人，此人是高门望族，应该不是太原王家就是琅邪王家，历来看不起石苞这样寒门出身又位高权重的人，王琛就给司马炎写密信，诬陷石苞和吴国交通。正巧当时宫中的预言家告诫司马炎说：东南方向将遭遇大的兵灾。

而此时的魏吴关系经历了短暂的和平，又恢复了往日的不来往状态。在公元263年司马昭平定蜀国以后，由于国内平蜀之役耗费巨大，造成公私俱竭，司马昭否定了邓艾休养一年顺势平吴的想法，主动派遣吴国降将徐绍、孙彧到吴国和好，刚刚登基的孙皓就腿搓绳，到第二年派遣光禄大夫纪陟（其子纪瞻后为司马睿重臣）等人回报，签订互不侵犯条约；等纪陟等人逗留洛阳的时候，正赶上司马昭去世，到公元265年的十一月才回到吴国，从此魏吴两国进入和平年代，但是好景不长，知道了司马昭去世，作为和好的邻国理所应当地需要吊唁，于是孙皓在泰始二年三月又派遣了张俨、丁忠来吊唁，可是等丁忠回来却对孙皓汇报说：“司马炎刚刚即位，中原防备空虚，尤其是弋阳（今河南省潢川县），可以轻易袭取。”孙皓就询问文武官员的意见，镇西大将军陆凯说：“北方敌人新近吞并巴蜀，派人前来与我国求和，并不是求我们援助，只是为了养精蓄锐，等待时机。敌人势力正强，而我们竟想侥幸胜利，恐怕看不到利益。”孙皓虽不出兵，但也从此跟晋王朝断绝邦交。也就是说双方仅仅和好了一年时间就又断交了，而断交的原因在于孙皓。

到了泰始四年，中原发生了大的水灾，受灾地区主要包括青州、徐州、兖州和豫州，吴主孙皓感觉是一个出兵捞取好处的好机会，准备出兵北伐。而孙皓想好兴兵的消息立刻被晋国边境将领探察，并报告给了司马炎，当时荆州州长胡烈报告了此事，而石苞也风闻孙皓的企图，开始动员部队和民工构筑工事，建设堤坝蓄水，加强防备。

石苞的一系列行动不能不引起司马炎的高度警惕，前有监军的密报，后又有你自己的行动，还有吴国采取行动的消息，难道你石苞真的要和孙皓联手图谋不轨？司马炎找到了自己的心腹羊祜，征求羊祜对这事的看法，羊祜说：根据以往的经验，吴国要入侵，每次都是东西一起出动，没有理由只在西部的荆州出兵，也许石苞也探听到了什么消息而做对敌的准备工作，怎么能从石苞这一点上就认定他要叛乱呢？

但是，决策人不同于参谋人，他要的是全面排除，因此，司马炎还是有点疑惑。

为了了解真实情况，司马炎传石苞的二儿子——当时担任尚书郎的石乔上殿问话，可是左等右等，等了好几天石乔就是没来。——司马炎对待大臣是很宽松的，平时不怎么强调纪律，估计石乔这小子那天又早退、逛街或者是和妹妹轧马路去了（因为《晋书》记载石乔还有秽行……）。另外有一个可能，那就是在宫中和尚书省里讨厌石家的人根本就没有通报！

司马炎认定石苞必反，就命令自己的堂叔叔义阳王司马望率领大军前去淮南征讨石苞，并派遣另外一个堂叔琅邪王司马伷从山东回师寿春，并下密诏说："石苞没有能力判断敌情，竟擅自兴筑城垒，阻遏河水，骚扰人民，予以免职。"

对于石苞而言，一切情况表明自己即将成为第二个诸葛诞，凶多吉少。

而此时，又是一个小人物改变了历史的走向。

出了一个叫孙礫的人。孙礫也是司马家老家河内的人，也是出身寒微，不过被河内太守吴奋赏识任主簿，当时河内大姓云集，一起吃饭的时候，大姓们都不愿意搭理孙礫，吴奋大怒，并把孙礫介绍给石苞做将军的掾属。孙礫就从河内往淮南去，路过许昌，当时镇守许昌的是司马炎的堂叔父汝南王司马骏，这个司马骏和孙礫认识，孙礫现在路过此地，理所应当地要拜见一下司马骏，司马骏问孙礫去哪里，孙礫如实回答一番，司马骏已经知道皇帝已经派遣部队日夜兼行偷袭石苞，看在乡里乡亲的分上，对孙礫说了情况，并说了句：别去到是非窝里，自找麻烦！告别司马骏以后，孙礫一路快马加鞭，风餐露宿，一口气来到寿春，见到了从未谋面的石苞，把情况对石苞详细说了一遍，石苞一听大惊失色，不知所措，孙礫对他说，您要保全身家性命，还是把军权交出来，现在就走出寿春城，到驿站等大军来到，只有这样才能够打消皇帝的怀疑。

石苞倒是从善如流，立刻单身来到驿站，等待中央军的到来。

司马炎听说石苞这样，悬着的一颗心才慢慢放到肚子里。

等到见到石苞，司马炎甚至有点不好意思，就为自己开脱到：你的儿子石乔差一点使你整个家门蒙受不幸。石苞一听大怒，从此把石乔废黜，并且不让这老兄出来做官。——石苞共有六个儿子，老大、老四、老五都早死，只剩下老二石乔，已废，后来老三石统继承了父亲的爵位，老小就是那个聪明过人、大名鼎鼎的石崇……

对于司马炎来说，淮南事件这样的结局是最好不过的了，因为，他还将迎接吴国孙皓马上就要到来的挑战，如果此时发生内乱，后果将对刚刚建立起来的晋王朝产生难以预料的影响，而这一次，一个到最后也不过是尚书郎的小人物却办成了很多大人物办不下来的事情。

是因缘？或是司马炎的福分？

八十六 祸不单行

公元268年对于司马炎来说，可谓是祸不单行。

刚刚服完父亲三年孝的司马炎又一次面临了亲人的辞世。就在这一年的三月，司马炎的母亲王元姬也去世了，享年五十二岁，司马炎哀痛欲绝，亲自写下母亲一生的行状，情真意切，哀婉动人，文章上记述了母亲的人品德行，更多地诉说了自己失去亲人的哀痛之情，令人扼腕叹息。

司马炎在母亲被封为太后以后，还给母亲配备了一整套的官吏班子，把那个在征蜀过程中被钟会拿下的诸葛绪任命为太后的卫尉，刘原为太仆，宗正曹楷为少府，俨然是另外的一个小朝廷。然而这一切都挽回不了母亲的生命，王元姬在临终的时候，让他最记挂的人还是齐王司马攸，老人哭着对司马炎说：“你的弟弟桃符性子急躁，可是，你这个当哥哥的却不慈爱，我如果去世的话，恐怕你肯定对你弟弟不能包容，我把这话作为临终遗言交代给你，不要忘记我说过的话！”

为了表达对母亲的哀思，司马炎加封自己已经故去的外婆王朗夫人杨氏等为乡君，食邑五百户。

到第二个月，那个卧冰求鲤的王祥也随之故去了。我常常想，司马炎以中人之资，为何能统一华夏？除了孙皓的残暴昏庸以外，大约还与三司马为他留下一个又一个重臣和他们身后那些个庞大的家族有关吧，这些人要么德行堪称师表，要么智慧过人，要么文武双全，都受到家族良好的教育和熏陶，虽然，在晋王朝建立之初，像司马孚、王祥、郑冲、裴秀、贾充、何曾、荀顗、王沈等人均已老迈，基本上不再上朝，每次朝廷遇到大事，都是由侍中任恺到府中咨询，并且王沈（后来企图篡位的王浚就是他的庶子，并非平吴的王浚，平吴的史书以王濬来进行区别）已经于前年去世，但是，他们的后人却是人才辈出，给司马家做出了很大的贡献。

其实，就本人而言，也不怎么看好王祥这样的人，不过，世界上也就有这样的人，自身智慧倒不是一流，但是，温良恭俭让“德行”却是一流，并且一直是政坛上的不倒翁，身居高位，政绩全无，尸位素餐，与世沉浮，只不过是个象征。活着时候也没给老百姓带来什么好处，所以老百姓也不感伤；士大夫也没来往，所以士大夫也不吊唁。这种人就像是一道有他没他都可以的菜，来去无声而已。

我记得孔子说过乡愿的问题。

乡愿是指那些貌似忠厚、实与恶俗同流合污的人。《论语・阳货》说：“子曰：乡原，德之贼也。” 就是说乡愿其实是那些看似忠厚老实，其实是没有是非观念、明哲保身、没有大是大非观念的并在一个地区中“德高望重”的人。孔子最痛恨的就是这种人，而孔子区别真正的德高望重的人和乡愿的标准，只有一个，那就是有没有在大是大非面前的坚定的立场。《论语・子路》记载：子贡问曰：“乡人皆好之，何如？”子曰：“未可也。”“乡人皆恶之，何如？”子曰：“未可也。不如乡人之善者好之，其不善者恶之。”

虽然王沈和王祥去世了，但是，他们两个分别所代表的太原王家和琅邪王家，却在有晋一代名流迭出，成为数一数二的大贵族。

除了失去母亲，失去重臣，严重水灾以外，南方的孙皓也没有闲着。

他也将给司马炎带来新的麻烦和新的考验……

八十七　晋吴交兵

那么江南的孙皓究竟做了些什么呢？

他在除掉拥立他的濮阳兴和张布以后，主要依靠自己的岳父和舅舅给自己看家，封岳父滕牧为高密侯，封自己的舅舅何洪等为列侯，等站稳脚跟以后，孙皓除了逼杀景帝妻子和孙休的两个大一点的儿子，这些年，孙皓还做了几件大事。

一是迁都武昌。公元265年冬天，西陵（今湖北省宜昌市）防卫司令（西陵督）步阐，上书请求孙皓迁都武昌（今湖北省鄂州市），孙皓批准。派最高监察长（御史大夫）丁固、右将军诸葛靓留守建业。说步阐建议迁都，其实大概还是孙皓的授意。原因很简单：有宫中的预言家预言，荆州这个地方有天子气，并且，荆州的天子气还能够攻破建业，对于孙皓很不利。孙皓十分迷信，也有很多忌讳，一听人家这样说，心里直犯嘀咕，于是，就想着迁都武昌，去压压那未来的天子之气，并且到武昌以后，把荆州所有大族豪门的祖坟，只要是和山岗联系的，都把它的脉挖断。

要知道迁都可不是一件容易的事，想想咱们普通人搬一次家都能浪费或者毁掉不少东西，何况是一个国都！并且，这孙皓还向来喜欢奢华，什么事情都要办得漂漂亮亮，他才满意。迁到武昌以后，毕竟武昌不是建业，一切供用都需要江南用船逆流而上，运到武昌，吴国军民劳累困苦至极。而迁到武昌的军民水土不服，个个思念老家，于是，又传出了童谣，说："宁饮建业水，不食武昌鱼；宁还建业死，不止武昌居。"可见当时民心所向。左丞相陆凯上书苦劝，孙皓就是不听。

二是杀人与喝酒。孙皓上台以后，杀了孙休的朱皇后，杀了濮阳兴，杀了张布，似乎杀人杀上了瘾。常侍王蕃和万彧、陈声有矛盾，多次在孙皓面前说王蕃的坏话。等丁忠从晋国回来，孙皓大会群臣，让大家一醉方休，王蕃沉醉，跌倒在地。孙皓疑心他故意装假，用轿把他送走。停了一会，再召见他；王蕃性情矜持，仪态庄重，觐见时希望不失态，所以还和平日一样。孙皓气得吼起来，大喝左右动手，卫士遂把王蕃拖到殿下，立即处斩。然后，孙皓率群臣出宫，登到来山之上（今湖北省鄂州市，也称樊山、西山、寿昌山、樊冈），命亲信扮成一群虎狼，把王蕃的人头抛来抛去，争抢啃食；人头血肉模糊，完全粉碎。不过，后来这个陈声也没有躲过孙皓的魔掌。一次，孙皓的爱妾指使近侍到集市上抢夺百姓的财物，司市中郎将陈声倚恃孙皓的宠遇，将抢夺财物的人绳之以法。爱妾向孙皓诉怨，孙皓大怒，假借其他事端逮捕了陈声，命武士用烧红的大锯锯断陈声的头，将尸体投到四望台下。孙皓以杀人为乐，他引外面的水入宫，后妃、宫女、内侍有不合意的就立刻杀了扔进水里漂走，或者剥去面皮，把眼睛挖成窟窿。

除了杀人，孙皓还喜欢喝酒，不过他喝酒总是与杀人联系在一起。孙皓喜欢喝着酒，让自己的亲信侍臣嘲弄公卿，或者揭发公卿们的私密事情，以此为乐；并且每次要喝酒，一喝就是一整天，在座的人不论你能不能喝，必须要喝够七升，即使你往地上洒一点也好，这个数量必须达到——也不知道这又是孙皓什么忌讳？有些时候，公卿们喝醉了，做了点不雅举动或者误犯了孙皓的忌讳，孙皓对这还清醒，就立刻把大臣绑起来，甚至立即杀掉。当时有个叫韦曜的大臣，是负责撰写国史的，一般这样的人都会一点星象什么的，所以孙皓信这个，就对韦曜网开一面，孙皓知道韦曜不胜酒力，所以每次喝酒时，偷偷地把韦曜的酒换成茶，——过去孙皓做乌程侯，在今天的浙江湖州，那里产茶，这也是我们现在总说的“以茶代酒”的来历。不过，后来韦曜总是说实话，比如孙皓喜欢听某某地方有什么瑞应了，问韦曜，韦曜却回答说：“此人家筐箧中物耳。”意思说，这些事情都是些稀松平常的事情罢了，等等，孙皓渐渐对他不满意了，最后还是借故把他杀掉了。

三是再迁都。孙皓在武昌待了一年，就又迁回来了。原因是公元266年的十月，永安（今浙江省德清县西）山区变民首领施但，因人民不堪暴政，聚众数千人，劫持了孙皓的庶母所生的老弟孙谦，起兵叛变。变民北上攻击旧都建业。部队快到建业的时候，人数已增长到一万多人。在距离建业三十里时，部队暂停前进，一方面是等待黄道吉日入城；另一方面以孙谦的名义，派人招降留守建业的最高监察长（御史大夫）丁固、右将军诸葛靓。丁固、诸葛靓（投降东吴的诸葛诞之子）诛杀来人，率军迎击，在牛屯（建业城东南）会战，结果变民大败。只剩下孙谦独坐车中，遂被生擒。丁固不敢擅自处置，把经过奏报孙皓，孙皓下令斩孙谦，并斩孙谦的母亲以及孙谦的老弟孙俊。施但作乱，突然使孙皓想起了那个觇语，不是说荆州有王气，并且要破扬州吗？孙皓灵机一动，立刻派遣几百人拿着武器，摇旗呐喊着进入建业城，把已经抓到的施但妻子孩子都杀了，边杀边喊："现在是天子派荆州兵来破扬州贼来了。"——好像是在演戏，谁知道十年以后从上流荆州，的确来了数万人马攻破了建业，又何止今天的几百人？

完成了这出戏，公元266年的十二月，孙皓心安理得地把国都又迁回了建业。

四是大选美女。孙皓规定，凡是二千石以下的官员子女，必须每年都要申报名字，每到女儿十五六岁，都必须被孙皓先看一遍，如果孙皓看不上的，才能出嫁；除此以外，为了扩大选择面，孙皓还派遣黄门亲信到全国各地调查走访，选到后宫的美女达到几千人，但是孙皓还不满足，还是命令到处选美。根据《江表传》的记载，张布的女儿被孙皓选为美人，十分得宠，一次，孙皓问："你父亲呢？"张美人还算有骨气，回答说："被贼所杀。"孙皓闻听不禁大怒——这分明是说自己是贼吗！便立即亲手用大棒把美人打死了。气头过去，平静下来，想想人家的美貌，还是思念不已，就命令工匠用木头刻了木制张美人，常常放在自己的身边。可是，木制的总归是木制的，不管用啊，这孙皓不仅是制作木偶的发明家，而且还懂得一点遗传学，他头脑一转，就问身边的人，那个张布还有女儿没有？左右回答，有一个大女儿嫁给了死去的卫尉冯朝的儿子冯纯。孙皓一听，喜出望外，不说二话立刻派人，把张布的大女儿从冯纯家抢了出来，一见之下，果然和她妹妹一样是绝色美女，孙皓又是宠爱异常，立即封为左夫人。其时，皇后因为在朝臣的怂恿下多次劝谏孙皓，孙皓已经不喜欢她了，只不过因为何太后利用孙皓迷信说不能改变皇后，才勉强保住皇后地位。孙皓整天和左夫人在房中吃喝，倒也少杀了不少大臣，他经常用金子给夫人做假髻等物，府库的金子全都给弄完了。不过这个左夫人也没有活多久——和这样一个杀了自己父亲、妹妹的人整天待在一起，能活多久？

左夫人死后，孙皓哀思过度，把左夫人埋在宫中，并且用工匠做了很多个木头人做夫人的卫兵，这孙皓真是偏爱木头人啊！木头卫兵就能保护着左夫人不被其他男士勾引走了？除了这以外，孙皓有大半年懒得出宫，国人看到葬礼的华丽，甚至都怀疑是孙皓已经死了，现在代理的是孙皓舅舅的儿子何都，因为何都和孙皓长得很像……

五是进攻交趾。晋吴在交州较量的直接动因是公元263年的东吴交趾叛乱，这可以追溯到公元263年孙休的督察官邓荀要征调三十头孔雀（《资治通鉴》说是三十头，而《晋书》说是三千头，不知道谁说的正确），巴结孙休。但是，其实早在魏高贵乡公甘露二年（公元257年），吴将孙壹降魏，司马昭对他的封赏即透露了这一信息："其以壹为侍中车骑将军、假节、交州牧、吴侯，开府辟召仪同三司，依古侯伯八命之礼，衮冕赤舄，事从丰厚。"（见《三国志·高贵乡公》）在当时，遥领是一种虚衔，等到占领以后就变成了实封，既刺激将领的欲望，又显示当政者的一种企图和决心。

公元263年，吴国的交趾郡吏吕兴杀掉太守孙谞和督察官邓荀，到公元264年，魏国灭了蜀国以后，命令吕兴为安南将军，并以投降的原蜀国南中霍弋遥领交州刺史，霍弋派遣部队从南中朝交趾进发，支援吕兴。吕兴很快就被手下功曹李统所杀，司马炎更以建宁爨谷为交趾太守，爨谷又死，更遣巴西马融代为交趾太守，马融也很快病死，南中监军霍弋又遣犍为杨稷代融，与将军毛炅、九真太守董元、牙门孟干、孟通、李松、王业、爨能等占领交趾。交趾的陷落，使吴国"大为震惧"，《三国志·华覆传》记载：华覆说："今胸背有嫌，首尾多难，乃国朝之厄会也。"促使孙皓下决心平定交趾。到公元268年，东吴的交州州长刘俊、总司令官（大都督）修则、将军顾容，先后三次攻击交趾郡（越南河内市东北北宁府）。杨稷也是先后三次击破攻击。于是，东吴帝国所属的郁林郡（今广西壮族自治区桂平市）、九真郡（今越南清化市）也都归附了杨稷。杨稷派将军毛炅、董元进攻合浦郡（今广西壮族自治区合浦县东北），在合浦古城，大破东吴帝国军，斩刘俊、修则，东吴残军逃回合浦。杨稷上书司马炎，保荐毛炅当郁林郡郡长，董元当九真郡郡长。这是吴国的第一轮反击，主要由地方部队展开，但是都以失败告终。孙皓当然咽不下这口气了。

公元269年，孙皓命令监军虞汜（虞翻之子）、威南将军薛珝（薛综之子）、苍梧太守陶璜率军十万从荆州走陆路，监军李勖、督军许存从建安海道，大军相会于合浦，进攻交趾。公元270年，从海路走的李勖在海上迷路，杀了向导官冯斐，擅自率军回师了。

陆路的吴军和杨稷战于分水。陶璜被击败，退保合浦，亡其二将。薛珝大怒，想独自引军还家。陶璜趁夜以数百兵袭击董元，获其宝物，薛珝才向陶璜表示道歉；到公元271年四月，陶璜从海道出敌不意，直接到达交趾，晋将董元拒之。大战在即，陶璜怀疑敌人的断墙内有伏兵，就排列长戟兵站在部队的后面，双方刚一交手，董元就假装退却，陶璜率兵追击，结果董元的伏兵果然杀出，可是，董元没有料到陶璜的长戟兵也从阵后杀出，结果短刀根本不是长戟的对手，董元又一次大败。陶璜把以前所得宝船上锦物数千匹贿赂当地的土匪头子梁奇，梁奇率领一万多部队来帮助陶璜。董元手下有一个叫解系的勇将在城内，陶璜引诱解系的弟弟解象，并让解象劝降解系，又让解象坐着璜轺车，在城外敲锣打鼓地招摇而过。城内的董元心里想："解象什么也不是，就这样风光，解系看到以后，肯定会投降。"于是就中了陶璜的离间计，把猛将解系杀了。吴国虞汜杀了董元，杨稷就以部将王素代替。孙皓用陶璜为交州刺史。

开始，霍弋派遣杨稷、毛炅等人的时候，和他们有约定："如果敌人围城不满一百天而你们投降的话，在蜀国的家属要被杀掉；如果超过一百天救兵不至，那是我的罪过。"杨稷等人守城不满一百天，粮食吃完了，请求投降，但是陶璜不允许，并且给城中粮食，让杨稷等人继续城守。陶璜手下的将领们都来劝谏，但是陶璜却说："霍弋已死，南中肯定是不能救援杨稷他们了，可以等到他们约定的一百天满了，然后受降，这样就能使他们的家属无罪，而我等也有仁义之师的美名，不仅可以教育国内的百姓，也可以使敌国感恩，这样不是很好的事情吗？"等到杨稷等约定的一百天期限满了以后，到公元271年的七月，晋国的救兵还不至，陶璜才接受了他们的投降。

修则被毛炅所杀，修则的儿子修允随陶璜南征，城降以后，修允要求复仇，陶璜一是认为杀降不祥，二是喜爱毛炅勇猛（《汉晋春秋》称："炅壮勇。"），因此不同意。后来，毛炅密谋袭击陶璜被发觉，逮捕毛炅以后，辱骂道："晋贼！"毛炅也大声还骂："吴狗！你们才是贼！"修允活生生地剖开毛炅的肚子，说："你还能做贼不？"毛炅仍然骂道："吾的志向是杀掉孙皓，你父亲被我杀掉，就像杀了一条狗！"陶璜既擒杨稷等，一起把他们送到建业。走到合浦的时候，杨稷发病死去（有说是呕血死的）。孟干、爨能、李松等至建业，孙皓将要杀掉他们。大臣们劝孙皓说，这些将领都是忠于所事，应该宽大处理，以教育守边的将士，孙皓就释放了他们，以后孟干逃回晋朝，爨能、李松等人却被孙皓杀了。

晋吴的交趾之争，由于晋朝北方边境不安，加上南中的霍弋死去，使得司马炎没有精力组织有效的救援而在九年以后重新回到吴国手里，但是，交州作为吴国的大后方，仍然继续是晋朝的一颗随时能够利用的棋子，将在以后直接或者间接地决定着吴国的存亡。

把交趾问题全部说完以后，我们接着回过头来，继续说说孙皓在公元268年要让司马炎闹心的一件事，也是孙皓继位以后做的可以称作的第六件大事。

那就是在一边部署平定交州的同时，正面进攻晋朝。你晋朝说得好听，说要和我和好，你却把刀子插到了我背后，我能善罢甘休吗？我孙皓也要给你晋朝一点颜色……

也就是在公元268年这一年，孙皓第一次领兵到东关，并派遣丁奉出兵合肥，派施绩（东吴大将朱然之子，孙亮登基后恢复本姓“施”。）出兵江夏（今湖北省云梦县南），万彧出兵襄阳。司马炎命令以司马望统领步骑二万驻军龙坡迎击，声援二城，而荆州刺史胡烈这一路则打败了施绩。而东路的吴军由老将丁奉和诸葛靓率领进攻合肥，也被晋安东将军司马骏打退。

东西两路均被击败的吴国不敢继续采取进攻态势，退回本国。

虽然孙皓在对晋朝的进攻中并没有捞到多少好处，但是，他的敌对行为，就像蜀国姜维的进犯一样，立即惹起了司马炎的反感，晋王朝开始把灭吴工作摆上了议事日程。

八十八　密谋伐吴

就在公元268年孙皓入侵晋国以后，司马炎就有了消灭东吴帝国的大志——距离司马昭原先计划的公元266年灭掉东吴已经过去了两年。

然而，晋武帝司马炎在考虑如何应对吴国之前，必须解决的问题是国内的饥荒和随之而来的西北地区的稳定。根据《晋书》的记载，其实，从司马炎登基以来，晋国的天灾人祸就一直不断，水灾、旱灾、虫灾、雪灾年年都有，加之伐蜀之役消耗了大量的物资储备，造成公私俱竭。再加上人心并非都对新建立的晋王朝服气，比如，据史料记载，像魏国的原太宰府警卫官（太宰中郎）陈留郡的范粲，自从齐王被废之日起，就辞职回家，不讲一句话，整天吃住在自己坐的车子上，从来不沾晋国的土地，一直几十年，最后死在自己睡觉的车子上。这当然是一个极端的例子，但是，也不同程度地表明，晋国的人心并不稳定，因此，摆在司马炎面前的最大挑战就是要使人民安居乐业，对这个新兴王朝感恩戴德。

可是，老天爷却偏偏不给司马炎面子。不仅连年灾荒，而且还相继夺去自己的重臣，甚至是自己的亲生母亲。司马炎有点绝望，在他写给死去的母亲的哀策中，他痛苦地写到：皇考背世，始逾三年。仰奉慈亲，冀无后艰。凶灾仍集，何辜于天。呜呼哀哉！也就是说，自己的父亲三年的孝期刚满，本想着能够好好地奉养娘亲，盼望着不会再有母亲不幸的到来，结果母亲去世的现实还是到来了，我司马炎对老天究竟犯了什么错啊！这里的凶灾，当然是指自己母亲去世的消息，但是，也可以解释为包括母亲去世这个不幸在内的一切灾祸。这几年来加之于司马炎身上的灾祸太多，他有点不知所措了。

为了使老百姓能够生存，泰始二年，司马炎就曾经尝试建立常平仓，他下诏说：百姓们在丰收的年景往往大手大脚，到了荒年就穷匮了……致使国家在丰年的时候收不到粮食，到了荒年，老百姓饥饿的时候，国家却拿不出粮食加以赈济，并且，也使得一些不法商贩利用囤积居奇，坑害百姓，如果国家建立长平仓，在丰年的时候用布帛以公道的价格从老百姓那里买来粮食，在荒年的时候再用公道的价格把粮食卖给百姓，就可以使老百姓免于饥寒，社会稳定。但是，当时的大臣们多数认为，目前吴国还没有平定，军粮也不多，如果抬高粮食价格，虽然对农民有利，但是，粮食价格抬高以后，将在今后的对吴作战中，使朝廷筹措军粮的成本大大增加，影响到统一大业。所以司马炎的打算没有被通过。到了泰始四年，司马炎亲自耕田以鼓励农作，并且，面对越来越严重的西北旱灾和中原水灾，他终于下定决心，设立了常平仓，丰年政府买进粮食，灾年卖出，以利百姓。

对于中原的灾害，司马炎当然第一想到的是赈济灾民，如《晋书·武帝》记载，泰始四年九月，青、徐、兖、豫四州大水，伊洛溢，合于河，开仓以振之；泰始五年，青、徐、兖三州水，遣使赈恤之；等等。然而，对于泰始四年和泰始五年（公元268—269年）河西、陇右地区连年的大旱，也许司马炎也知道那里庄稼没有收成，粮草全无，但是，史料上却没有见到晋国政府赈恤那里的羌胡的记载，也许当时帝国的确像司马炎说的那样，没有余力吧！后世的学者多责备晋政府的压迫性、剥削性什么的，假如我们理性地把当时的情景复原，也许我们会给出一个比较客观的评价。当时的羌胡、鲜卑等文明程度很低，也没有文字，不少部族还是吃人族，保留着吃人的习惯，鲜卑、氐族等都有；父亲死了，就把母亲做妻子，哥哥死了，就把嫂子做妻子；等等。这对于一个崇尚礼教的晋王朝整个主流民意来说，无疑是难以接受的。如果你们家自留地里突然出现了一群语言不通、满身腥膻、时不时偷吃你家东西、父亲死了和母亲睡并生出一大堆孩子、相互杀人吃的野人，遇到了荒年，你家都吃不饱，你还能把自家的粮食拿出来给他们吃吗?

关键是，在你心目中，不可能把他们定位为你的子民，或者是和你同样的人，过去，把他们请到你的自留地来，而现在你想到的自然是，把他们逐渐地清理出去，而不是教化他们，赈济他们。所以，司马炎首先想到的是，那些被邓艾在与蜀国对峙的时候所招降的羌胡和数万鲜卑部众，原来在西北地区自有疆界，但是邓艾为了排除姜维煽动胡人的危险，把他们迁到自己的眼皮子底下，便于控制。过去，他们是魏蜀两国争夺的人口砝码和潜在的兵力资源，如今，当对蜀战争结束，晋王朝的高官们突然发现，这漫山遍野的羌胡和鲜卑部众除了在战时状态下是急缺的兵员，他们在和平年代下也需要张着嘴巴吃饭，并且他们与汉人杂居，随时有可能出现骚动，司马炎对此丝毫也不能掉以轻心。而对于生活在恶劣环境下的鲜卑来说，进到相对环境较好的地区以后，再让迁回去，那是一百个不愿意。

司马炎为了加强对西北地区的控制，应对可能到来的骚乱，决定分出雍州（今陕西省中部及甘肃省南部）、凉州（今甘肃省中部西部）、梁州（今陕西省南部及四川省东北部）各一部分，设立秦州，州政府设冀县（今甘肃省甘谷县），下辖陇西郡（今甘肃省陇西县）、南安郡（今甘肃省陇西县东南）、天水郡（今甘肃省甘谷县）、略阳郡（今甘肃省天水市东）、武都郡（今甘肃省成县）、阴平郡（今甘肃省文县）。司马炎认为胡烈在西部拥有威名，所以，任命他当州长。稍后，还任命了扬州刺史牵弘做凉州刺史。

对于西北地区的部署，朝廷内部还是有人不太放心，据《晋书·傅玄传》记载，作为御史中丞的傅玄，以一个西北人士的眼光对司马炎上书谈了五件事情，除了前四件是说如何应对灾害等，第五件就是专门谈西北的战略部署，他说，“臣以为胡夷兽心，不与华同，鲜卑最甚。本邓艾苟欲取一时之利，不虑后患，使鲜卑数万散居人间，此必为害之势也。秦州刺史胡烈素有恩信于西方，今烈往，诸胡虽已无恶，必且消弭，然兽心难保，不必其可久安也。……唯恐胡虏适困于讨击，便能东入安定，西赴武威，外名为降，可动复动。此二郡非烈所制，则恶胡东西有窟穴浮游之地，故复为患，无以禁之也。宜更置一郡于高平川，因安定西州都尉募乐徙民，重其复除以充之，以通北道，渐以实边。详议此二郡及新置郡，皆使并属秦州，令烈得专御边之宜。”也就是说，他认为，由于安定和武威之间相距较远，所以如果羌胡叛乱，能够在这里东躲西藏，和官军打游击战，因此，应该在安定和武威之间再设置一个高平郡（今宁夏回族自治区固原市原州区），以切断秃发部的河西鲜卑和乞伏部的陇西鲜卑之间的联系。对于司马炎在西北的人事安排，傅玄表示赞同。按道理说，胡烈和牵弘应该是比较合适的人选，傅玄没理由不赞同。

胡烈，字武玄，魏国车骑将军阴密侯胡遵之子，可谓是将门之后。大哥胡广，字宣祖，位至散骑常侍、少府。二哥胡奋，字玄威，以功累迁征南将军、假节、都督荆州诸军事，迁护军，加散骑常侍。胡烈本人，为将伐蜀，常为军锋。

钟会反叛，胡烈与诸将都被困在城内。胡烈年仅十八岁的儿子胡渊，第一个率领士卒，攻进成都杀了钟会，名播四海。牵弘也是如此，他是魏国名将牵招的次子，史书上说，牵弘亦猛毅有牵招之风，以陇西太守随邓艾伐蜀有功，并且，在扬州刺史任上，与吴国大将军丁奉交手，打退了丁奉的进攻。史书对牵弘的评价是："果烈"。

还有比这样的猛将更合适的人选吗？

但是，晋国朝堂上不同的声音也还是有的，比如，大司马陈骞就是一个例子，据《晋书·陈骞传》记载，（陈骞）因入朝，言于帝曰："胡烈、牵弘皆勇而无谋，强于自用，非绥边之材，将为国耻。愿陛下详之。"就对司马炎的西北边将的安排提出了异议。不过，司马炎知道陈骞和牵弘有过节。那还是在陈骞做大将军、都督扬州诸军事的时候，牵弘是他的直接下属，但是，牵弘却"不承顺骞命"。为什么呢？我们只能猜测，这也许和陈骞的出身，以及陈骞和牵弘的为人有关。

大家都知道，陈骞的父亲是魏司徒陈矫，陈矫本来是广陵的刘氏，后为外祖陈氏所养，因而改姓陈。（这是《晋书·陈骞传》的说法，而《晋书·刘颂传》却说，（陈矫）"出养于姑，改姓陈氏"。）而广陵刘颂，是汉广陵厉王胥之后，世代是当地的名族。广陵有雷、蒋、谷、鲁四姓，当时人们说："雷、蒋、谷、鲁，刘最为祖。"后来，刘颂把自己的女儿嫁给了陈矫，虽然一个是广陵的刘姓，一个是临淮的刘姓，但是毕竟是近亲关系，所以，被当时的人们讥笑。中正刘友就当面嘲笑刘颂，刘颂便拿上古舜的后代姚姓和虞姓、陈姓和田姓本是一家，也通婚来勉强说事。刘友还要弹劾，被深得司马氏信任的陈骞阻拦，才没弹劾成。即便是这样，当刘颂问法律专家陈默、蔡畿的时候，二人异口同声地站在刘友一边，杜畿还说：刘友虽然冒犯了你，但是，社会舆论的确以为刘友是对的。可见，当时人们对陈骞是个什么印象：虽然你位高权重，但是，那又怎么样呢？还是一个字：呸！另外，据史书记载，陈骞向来不敢忠正直言，但是，和司马炎说话，总是很傲气，似乎一副正直的模样；当见到皇太子司马衷，却异乎寻常的恭敬，大家都以为他人品近乎献媚。并且，陈骞的家风也不咋地。你说，这样的人品，这样的父亲，这样的家庭，能叫一个"果烈"的人服气？

陈骞和牵弘根本就不是一类人，见面肯定得掐，谁也看不上谁。

所以，司马炎没有理会陈骞的忠告就把目光转向了南方。

很快地，在泰始五年二月，他就任命国务院左执行长（尚书左仆射）羊祜，当荆州军区司令长官（都督荆州诸军事），镇守襄阳（今湖北省襄阳市）；征东大将军卫瓘，当青州军区司令长官（都督青州诸军事），镇守临菑（今山东省淄博市东临淄镇）；镇东大将军、东莞王司马伷，当徐州军区司令长官（都督徐州诸军事），镇守下邳（今江苏省睢宁县北古邳镇），这三大军区司令，分别坐镇，做进攻吴国的前期准备工作。

八十九　谜样的人（一）

晋初，人才辈出，但是，只有一个人堪称西晋第一名臣，那就是羊祜。

据《晋书·羊祜传》记载，“羊祜，字叔子，泰山南城人也。世吏二千石，至祜九世，并以清德闻。祖续，仕汉南阳太守。父衜，上党太守。祜，蔡邕外孙，景献皇后同产弟。”应该说，这段记述是再清楚不过的了，羊祜的爷爷，就是《后汉书》中所说的大名鼎鼎的“悬鱼太守”羊续，根据《后汉书·羊续传》的记载，羊续十分清廉，常常是“敝衣薄食，车马羸败”，有一次，府丞给羊续一条活鱼（主要还是想关心羊续的身体，后世总往贿赂上想，其实在当时鱼并不难得），可是羊续接受以后却挂在了房梁上；后来府丞又给羊续弄来一条，羊续指指挂着的干鱼，表明了自己拒绝的态度。后来，羊续的妻子带着儿子羊秘来看望羊续，羊续都没叫妻子进门，只把孩子带进屋，屋里只有布被子，几件衣服，吃的盐和几斤麦子，其余什么都没有，羊续对羊秘说：“你看，我就这么多东西，怎么能养活你和你母亲呢？”就又让妻子孩子回老家去了。

问题不是出在这里，而是出在羊祜的父亲羊衜身上，首先，《后汉书·羊续传》只记载了羊续的一个儿子羊秘，再也没有说其他儿子的情况，也就是说在《后汉书》上是再也没有羊衜的头绪了。其次，《三国志》上没有羊衜的本传，只是在《三国志·吴书·吴主五子传》上记载，“……而谢景、范慎、刁玄、羊衜等皆为（孙登的）宾客”，“羊衜辩捷，有专对之才”。在《三国志》注引《吴录》上记载：“（羊衜）南阳人。”与《晋书·羊祜传》上记载的是泰山人不同。但是，当时南阳是大城市，类似如今的上海，羊衜父亲在南阳当太守多年，羊衜在南阳出生也有可能，然后羊衜来到吴国为官，从而吴国人就以为他是南阳人，这样说似乎勉强还可以解释得通。可是，《三国志》注引的《吴书》却进一步说："……而衜卒以此言见咎，不为恪等所亲。后四人皆败，吴人谓衜言有徵。位至桂阳太守，卒。"这就和《晋书》所载"衜，上党太守"的差异大了，并且，明确说，羊衜是做到桂阳太守，死了。在三国时期，上党当然是魏国的，而桂阳却属于吴国。如果说羊衜作为上党太守，把自己的女儿羊徽徽嫁给司马师，倒是令人可以理解，如果说是吴国的桂阳太守把自己的女儿嫁给敌国的辅政大臣的话，似乎有点悬。《三国志·吴主传》上还记载，（吴赤乌二年）三月，遣使者羊衜、郑胄、将军孙怡之辽东，击魏守将张持、高虑等，掳得男女。也就是说，起码在司马懿活着的时候，吴国的羊衜还作为吴国的大臣在和魏国作战。

难道说同一时期有一个吴国的羊衜，还有一个魏国的羊衜？还是说吴国的羊衜后来遭到诸葛恪的压制，而投降了魏国，做到了上党太守，把女儿嫁给了司马师？然而为什么又说在到吴国做到桂林太守，然后死去了呢？或者是《晋书》和《吴书》有一本是记载错误？按成书时间，《晋书》成书于唐代，而《吴书》等书籍成书于三国到晋初，而且是记述吴国的地方史料，似乎《吴书》可信度还高一点。如果结合《后汉书·蔡邕传》的"……邕虑卒不免，乃亡命江海，远迹吴会。往来依太山羊氏，积十二年，在吴"。又似乎泰山羊家也有在吴地的痕迹。

这就是羊祜的父亲之谜，而更大的历史谜团则是羊祜的母亲。

《晋书》记载的似乎也很明确："祜，蔡邕外孙，景献皇后同产弟。""景献羊皇后，讳徽瑜，泰山南城人。父衜，上党太守。后母陈留蔡氏，汉左中郎将邕之女也。"毫无疑问，蔡邕的女儿是羊徽徽和羊祜的母亲。那么，后人的疑问随之而来，那这个蔡邕的女儿是不是历史大名鼎鼎的蔡文姬呢？

关于蔡琰（也就是蔡文姬）的事迹，只存在于《后汉书·列女传》，《后汉书·蔡邕列传》和《三国志》并无记载。《后汉书·列女传》是这样记载的，第一次嫁给卫仲道，卫仲道早死；第二次婚姻，蔡文姬于董卓之乱后被匈奴骑兵捉获，嫁给南匈奴左贤王，为左贤王生下两个儿子；第三次婚姻，由于曹操与蔡邕素有交情，用金璧向南匈奴左贤王赎回蔡文姬，《后汉书·列女传》这样写道："曹操素与邕善，痛其无嗣，乃遣使者以金璧赎之，而重嫁于祀。"这里提到"痛其无嗣"，可见蔡邕没有儿子。那么，蔡邕除了蔡文姬以外，还有其他的女儿吗？曹操当时并不知道蔡文姬的才学，而且，把蔡文姬弄回来，也只是为了在中原保留一个蔡邕的血脉而已，尽尽老朋友的心意，如果蔡邕还有其他的女儿存在于中原的话，为什么还要把蔡文姬弄回来呢？可惜的是，《后汉书·列女传》在写到蔡文姬救董祀以后，就没再往下写了，我们不知道结果是什么。

有人说蔡文姬在董祀死后又嫁给了羊衜，生下了羊徽瑜和羊祜；又有人说蔡邕还有其他的女儿，只不过当时曹操不知道而已——作为老朋友的曹操不知道朋友几个儿女似乎说不通。我倒是愿意相信羊祜的母亲就是才华横溢的蔡文姬，因为那样，两个了不起的女人，辛宪英和蔡文姬就是妯娌了。辛宪英嫁给了羊衜的兄弟羊耽，生下羊琇；而《晋书·羊祜传》还记载："祜前母，孔融女，生兄发，官至都督淮北护军。初，发与祜同母兄承俱得病，祜母度不能两存，乃专心养发，故得济，而承竟死。"虽然历史上羊耽和羊衜都不起眼，但是娶的妻子却是那么厉害，羊衜前妻是孔融的女儿，后妻是蔡文姬；羊耽妻子是辛宪英。她们生的儿女也是世上无双，羊徽瑜、羊祜、羊琇……羊家的男人怎么那么牛啊！

现在假设羊祜的母亲是蔡文姬的话，那么，蔡文姬的故事和谜团还没有完，那就是蔡文姬在匈奴生的两个儿子，也就是羊祜的同母弟弟又是谁呢？有人根据刘豹是左贤王的记载，认为，以后五胡乱华第一个起兵的刘豹的儿子、建立前汉政权的刘渊就是蔡文姬的儿子，如果那样的话，这个女人也太不简单了吧！

根据《后汉书·南匈奴传》的记载，"单于羌渠，光和二年立。中平四年，前中山太守张纯反叛，遂率鲜卑寇边郡。灵帝诏发南匈奴兵，配幽州牧刘虞讨之。单于遣左贤王将骑诣幽州。国人恐单于发兵无已，五年，右部落与休著各胡白马铜等十余万人反，攻杀单于。单于羌渠立十年，子右贤王于扶罗立。持至尸逐侯单于于扶罗，中平五年立。国人杀其父者遂叛，共立须卜骨都侯为单于，而于扶罗诣阙自讼。会灵帝崩，天下大乱，单于将数千骑与白波贼合兵寇河内诸郡。时民皆保聚，抄掠无利，而兵遂挫伤。复欲归国，国人不受，乃止河东。须卜骨都侯为单于一年而死，南庭遂虚其位，以老王行国事。单于于扶罗立七年死，弟呼厨泉立。单于呼厨泉，兴平二年立。以兄被逐，不得归国，数为鲜卑所抄。建安元年，献帝自长安东归，右贤王去卑与白波贼帅韩暹等待卫天子……"

当时，在东汉中平五年（公元188年），汉中山太守张纯反叛，响应黄巾军起事。汉灵帝下诏调发南匈奴兵助剿。单于羌渠便派他的儿子左贤王助汉讨平张纯和黄巾军。但匈奴国内有一部分人反对出兵攻杀羌渠单于，于扶罗立为单于，但是，国人害怕于扶罗报复，就要反叛，于扶罗因匈奴国内政变，就带领自己的兵马到洛阳请汉朝廷出面裁决。但当时正碰上汉灵帝去世，董卓进京，汉朝天下大乱，自顾不暇，就没管匈奴的事。关键是史书记载的这一段话：“会灵帝崩，天下大乱，单于将数千骑与白波贼合兵寇河内诸郡。时民皆保聚，抄掠无利，而兵遂挫伤。复欲归国，国人不受，乃止河东。”这样，于扶罗不能归国，只好留处汉朝河东郡平阳县（今山西省临汾市）。

按照上下文理解，应当不是在匈奴后方的新单于叛乱，而是呼厨泉因为归不了国，又没有后勤保障，自己的父亲又被人杀死，皇帝又不管，所以才纵兵抢掠，也就是在这次匈奴的抢掠中，蔡文姬流落匈奴十二年。但是，根据《后汉书·列女传》的记载却是：“文姬为胡骑所获，没于南匈奴左贤王……”此时如果寇掠洛阳的是于扶罗，那么于扶罗却是右贤王，而不是左贤王。也许于扶罗继位为单于以后，也封了另外一个左贤王，因为匈奴的左贤王相当于中原的太子，地位十分重要。也许是史料的误记？

于扶罗单于在位七年，于公元195年去世，传位给他的弟弟呼厨泉单于。于扶罗生有两个儿子：长子豹，任左贤王；次子去卑，任右贤王。到建安元年（公元196年），汉献帝从长安东归京师洛阳时，匈奴单于派右贤王去卑率领数千骑兵前来侍卫天子，抗击李傕、郭汜等叛兵，一直把汉献帝护送到洛阳，后又送至许昌新都。

所以，文姬归汉前生的儿子究竟是谁，我们已经不知道了，但是，可以确定的是，蔡文姬所嫁的人绝不是匈奴一般的人，根据曹操专门派使者“以金璧赎之”，可以看出对方肯定是匈奴贵族。另外一点可以肯定的是，根据《晋书·刘渊传》记载，是刘豹妻呼延氏生下的刘渊，可以排除刘渊的母亲是蔡文姬。

但是，如果《后汉书·南匈奴传》误记，把于扶罗左贤王误记载为右贤王（因为从他立为单于上看，似乎应该原来是左贤王的，虽然在《后汉书》和《晋书》上都把去卑记作右贤王，但是《魏书》卷九十五和《北史》卷九十三，却把去卑记作左贤王，以此类推，史书上的误记也不是没有可能。），那么，也许刘豹就是蔡文姬所生的孩子——在蔡文姬的《悲愤诗》里描写的那个说，“人言母当去，岂复有还时。阿母常仁恻，今何更不慈？我尚未成人，奈何不顾思！”并让蔡文姬“见此崩五内，恍惚生狂痴。号泣手抚摩，当发复回疑”的孩子，就是以后的刘渊的父亲？而蔡文姬就成了以后祸害中原大地的刘渊的奶奶了……

但愿这不是真的。

九十　谜样的人（二）

上节我们说了羊祜谜一样的身世，但是，在羊祜的身上还有很多谜。

一是他谜一样的行为。

羊祜五岁的时候，一天，突然对乳母说，想玩自己的金环子，其实，他从来就没有什么金环子，弄得乳母莫名其妙，谁知，小羊祜竟然跑到邻居家东墙外的一棵桑树树洞里找出了金环子，邻居家主人大吃一惊，说，这是我死去的儿子的金环子，羊祜怎么得到的呢？乳母把经过说了，邻居家痛苦异常，人们都认为邻居家死去的儿子就是羊祜的前身。

这个故事似乎有点牵强，小孩子玩耍，一时间探到了桑树里有个金环子，可是又不敢私自拿回家，所以，这样对乳母说似乎也是稀松平常的事情，不足为怪。

不过下一个，似乎就更为离奇。一个会相阴宅的术士，说羊祜爷爷的坟墓有帝王之气，如果在那里挖掘的话，就有可能无继承人。羊祜却把那里挖掘了。挖掘以后，看阴宅的人看到以后，又说：即使这样，仍然会产生断臂的高官。后来，羊祜真的因为骑马摔下来而折断了胳膊，一直到登上三公之位，却没有儿子。

羊祜长大以后，身高七尺三寸（一米八十三，晋代一尺大约相当于二十五厘米），眉毛和胡须都长得很好看，口才非常好。泰山郡的将军夏侯威感到羊祜很优秀，就把自己的哥哥夏侯霸的女儿许配给了羊祜。郭奕曾经见到羊祜说：“我今天见到了活生生的孔门弟子颜渊了。”羊祜的岳父夏侯霸投降蜀国以后，夏侯霸的亲戚因为惧怕引起司马氏家族的嫉恨遭到报复，而纷纷和夏侯霸家断绝了关系，但是，只有羊祜还是和原来那样，和自己的妻子不仅没有离婚，而且比以往更加体贴。

羊祜本人正直无私，和贾充根本不是一路人。但是，当贾充被任恺等所谓正直之士设计，被司马炎派往西北的时候，羊祜知道这个消息以后，却秘密地上表司马炎，说不应当把老臣贾充放在外任，也许是羊祜以为朝中两派大臣有一个平衡比较好吧！等到贾充知道羊祜的密表，十分感动地对羊祜说，没有想到您对我这样眷顾啊！

本来司马炎派羊祜镇守荆州，是在为伐吴做准备，按照一般的常理应该加强战备，训练士兵，修缮城防等，但是，羊祜来到荆州却干了些和军事无关的事情。比如，开设学校，招募教师，让失学儿童上好学——不务正业；把巡逻的兵员减一半，开垦荒地八百顷——自毁长城（要知道当时魏吴还处于敌对状态，双方的战斗还时有发生）；对于战斗中俘获的吴军士兵，如果想回家的，发给路费，随便回家——沽名钓誉；每次和吴国人交战，总是预先定下日期，像上古一样正面交战，不使用常用的阴谋诡计，有将领要进献计谋的，羊祜一看他来了，就好酒招待，只喝得来人大醉，什么也说不出来——迂腐不知兵；每次进攻到吴国境内，收割了吴国百姓的谷子打成粮食，总是用绢来补偿——你不是越补偿敌人越富裕吗？每次和军中一起打猎，如果获得的野兽是吴军士兵先打伤跑到晋国境内的，都包好送回去——小恩小惠；喜欢打猎，登山玩水，并且侍卫就那么十几个人，自己也只是穿着平常衣服——麻痹大意。

然而，羊祜来到荆州以后，荆州的百姓远近都很感念羊祜的恩德；羊祜刚来的时候，军中只有够全军吃一百天的军粮，但是到了第三年，仓库中就有足够全军吃十年的军粮；越是放还吴国的俘虏，吴国投降过来的越多； 到后来竟然吴国的普通老百姓也称之为羊公，不再称呼羊祜的名讳了。

当时和羊祜相对抗的是吴国名将陆抗（陆逊之子），有一次，陆抗生病了，羊祜知道后赠给陆抗几包药，陆抗一点都不疑心就吃了，有人说那毕竟是敌人啊，会不会下毒？陆抗说，羊祜怎么是那种用毒药毒人的家伙呢！而陆抗给羊祜也送去了美酒，羊祜也喝了，毫不怀疑。从此，两境交好，秋毫无犯。这个故事在《晋阳秋》和《汉晋春秋》都有记载，应该是比较可靠的。但是，羊祜也使用诡计，不过史书没有记载是什么诡计。石城地理位置十分重要，羊祜用计使吴国主动放弃了石城，后来，晋军占领石城以后，控制了石城以西的大片土地，使得很多吴国的老百姓投降晋国。

二是谜一样的直觉。

羊祜十二岁的时候，父亲羊衜就去世了，以后他十分敬重自己的叔叔也就是辛宪英的丈夫羊耽。羊祜小的时候，曾经在汶水河畔游玩，就像张良遇到黄石公一样，他也遇到了一个老人家，老人对他说："小孩子你长了一副好面相啊，年纪不到六十岁，你将要在天下建立大的功业。"说完就离开了，不知道去哪里了。

羊祜曾经和王沈（王昶的侄儿，王浑的堂兄弟，太原王家的代表之一）一起被大将军曹爽征召。王沈去了，羊祜不去，等到曹爽被杀，王沈也因为是曹爽的下属而被免官，王沈见到羊祜对他说，如今我还常常想到你以前说过的话啊！羊祜谦虚地说，出现这种情况，也不是我原来预先想到的啊！羊祜的感觉和他的谦虚都让人感叹。尤其是他的先知先觉，有的时候甚至是匪夷所思。

后来，西北地区少数民族叛乱，晋军在征讨中，败多胜少。可是，羊祜却出人意表地上书司马炎，坚持伐吴意见，并说了一句咋看起来毫无道理的话："吴平则胡自定，但当速济大功耳。"也就是说，吴国平底了，西北自然就稳定了。人人都知道要避免两面作战，可是羊祜却这样说，而且说得没有道理可言。充其量，里面的道理就是，很快地平定吴国，天下统一以后，少数民族因为惧怕统一后强大的国力，而自然屈服。但是，如果分兵打不下来吴国，而西北叛乱却像明朝李自成起义军那样成了燎原之势，那怎么办？

但是，谜一样的人就有谜一样的想法。事后的结果证明了羊祜多年前的断定。就在吴国灭亡的那一年，西北十年的叛乱被一个勇敢无比的小将军马隆彻底平定。可是，这种平定和吴国的被灭没有一点关系，只不过是偶然都出现在同一年罢了。回过头来，让我们再看羊祜当时的话，似乎已经不是一种可以用逻辑分析的断言，而是一种令人难以捉摸的，类似箴言的预言了。

羊祜还在朝中的时候，羊祜的堂姐夫王乂，使平北将军，经常对上汇报情况，可是由于朝廷的公务繁忙，朝廷的回复往往不及时。王乂的儿子，也是羊祜的外甥王衍当时才十四岁，在洛阳读书，就登门拜访副总理羊祜，把事情说得头头是道，羊祜身边的人都啧啧称奇；后来，王衍大点以后，又一次向羊祜汇报事情，也是引经据典，口吐莲花，可是羊祜却不以为然，气得王衍拂袖而去，等王衍走后，羊祜对自己手下的宾客说："王衍将要因为自己的名气而被朝廷任命为大官，但是，败坏社会风俗的也一定是这个人啊。"——竟然和长期做中央组织部长、阅人无数的山涛看法惊人地一致，王衍小的时候曾经见到山涛，山涛嗟叹很久，是欣赏？是惋惜？还是什么？我们不知道，等王衍走后，山涛还是很长时间地注视着王衍的背影，说：那个羊家的老夫人，竟然能生出这样的美娃子（宁馨儿）！然而耽误天下苍生的，未必不是这个人啊！——真可谓是英雄所见略同啊！后来，王衍的族兄“竹林七贤”的老小王戎在羊祜手下工作，在以后的吴国步阐投降之战中，羊祜曾经要用军法杀掉王戎。有过这样的过节，这两个人开始到处说羊祜的坏话，因此，当时的人们都说：“二王当国，羊公无德。”

在羊祜的领导下，魏吴西线得到暂时的平静，也许他是怀柔在吴帝国势力很大的陆逊家族和长期驻守在吴国西部的步氏家族，而不仅仅是怀柔吴帝国西部边境的老百姓吧？如果拿下驻守吴国西部和中西部地区的这两大家族，就等于砍断了吴国的左臂。

九十一　骄奢昏君

吴主孙皓继续过着他那种酒疯子、色鬼和杀人犯的生活。

很多亡国之君都是这样，而且特别迷信，也特别喜欢改年号。孙皓就是一个典型的例子，从他继位的公元264年七月到被晋国灭亡的公元280年三月，十五年零八个月的时间里，孙皓就改了八个年号：元兴（公元264年七月—265年三月）、甘露（公元265年四月—266年七月）、宝鼎（公元266年八月—269年九月）、建衡（公元269年十月—271年）、凤凰（公元272—274年）、天册（公元275—276年六月）、天玺（公元276年七月—十二月）、天纪（公元277—280年三月）。只要是天上下霜啦、地里挖出个石头啦、湖面扩大啦等等，都成了孙皓改元的理由，像天玺年号只用了五个月的时间，真是过足了文字游戏的瘾。我真不懂了，怎么叫彭祖的都这样：喜好诡辩中伤他人并多有姬妾子孙。景帝的儿子赵王刘彭祖，史书记载，也是为人巧诈奸佞，卑下奉承，内心刻薄阴毒；孙皓另一个名字叫孙彭祖，就不用多说了；晋朝以后还有一个王浚，叫王彭祖，也是一路货色。

除了这些无聊的文字游戏，孙皓不得不考虑如何面对越来越拥挤的后宫生活。

由于孙皓挑选了几千小妻子，原来居住的宫殿，已经人满为患了。孙皓走在宫中，到处都是人，女人和太监，再也没有了往日的宁静；小妻子群们也向孙皓诉苦说居住条件太差。据《太康三年地记》记载，当时孙皓居住的是孙权时候盖的太初宫，方圆三百丈。三百丈的宫殿已经不够孙皓一家住了。于是，他决定在公元267年春天在太初宫的东边营建昭明宫。

左丞相陆凯，是陆逊的族子，当时已经六十九岁了，上书切谏，孙皓装聋作哑，就是不批复，到最后，孙皓派人回答说：你所说的的确是有大意思（有大趣），但是却和我的意见不合，那怎么办呢？我现在住的宫殿风水不好，理所应当不能再住了，怎么可以因为害怕百姓劳役，而忍心让我长时期住在风水不好的宫殿里呢？父亲身体都不安生了，你们臣下做儿子的，还能有什么依靠？

一副无赖相。就是在故意气这个老人家。其实，除了安排自己的小妻子以外，还有一个重要的原因，还在于术士对他说太初宫风水不好，这一点孙皓还是对陆凯说了实话了的。

据《江表传》记载，孙皓建设新的宫殿，两千石以下的官吏都让亲自登山，监督民众砍伐木材。把原来环绕着太初宫的军营，都破坏掉了，并且在宫中建立亭台楼榭，“大开园囿，起土山楼观，穷极技巧，功役之费以亿万计”。

在孙皓的督责和全体朝臣的齐心努力下，工程紧锣密鼓地进行了一年，新宫就建起了，方圆五百丈，比原来的太初宫大了近一半。到这年的年底，孙皓高高兴兴地带着他的妻子群，搬进了新宫。

把自己的妻子群安顿好，孙皓在公元269年正月立了自己的儿子孙谨为太子，并且将另外两个儿子分别立为淮阳王和东平王。

在吴国朝堂之上，左丞相是忠直的陆凯，右丞相是孙皓在乌程时的近人万彧、司徒丁固、司空孟仁，还有镇军大将军陆逊次子陆抗镇守着帝国的西部，大将军丁奉镇守着帝国的东部。虽然孙皓残暴荒淫，倒是还有不少能人在位置上保驾护航。

可是，孙皓好像就想着不折腾不舒服似的，又任用了一个马屁精。此人就是汝南郡（今河南省息县）人何定。

这个何定曾经在孙权跟前当差。等孙皓继位后，他上书请求调回皇宫服务。孙皓就任命他当楼下禁卫司令（楼下都尉），主管采购（典知酤籴事），后来又升他当事务总管，孙皓对他十分信任。这个何定曾经想给自己的儿子找少府李勖的女儿做儿媳妇，李勖看不上何定那家伙，硬是不同意。等到李勖、徐存率领大军从水路进攻交趾，在海上迷路而斩杀了引导官冯斐回师以后，这何定就在孙皓面前进谗言说，这两人枉杀冯斐，擅自退军，应该诛杀。孙皓大怒，将李勖、徐存全家斩首，并把尸体燃烧。何定又让将军们向他进贡名贵的猎狗，一只猎犬价值几千匹布帛，大家摄于何定的威势，不得不千里去外地购买，一个战士喂养一头猎犬，狗身上都佩戴着簪缨，每条狗的簪缨和其他装饰品都价值一万钱，然后让这样的狗来打猎捕兔供御膳房使用，可是捕到的兔子却寥寥无几。何定的捕猎行动不仅没有捕到多少兔子，却把吴国的军民弄得心惊肉跳。孙皓的堂兄弟孙秀，是孙权小儿子孙匡的儿子，任夏口的司令，虽然孙皓上演了一出迁都和还都的闹剧，但是对于孙皓来说，那个荆州兵破扬州兵的心结始终难以解开，因此，对驻兵夏口的孙秀一直很讨厌，公元270年，孙皓派遣何定带领五千人马和何定的那些个名犬，扬言到夏口捕猎，这孙秀心里吃惊不小，生怕孙皓以打猎为名，偷袭自己——要知道孙家可是兵家之祖啊——吓得趁夜带着妻子孩子，领着几百亲兵渡过长江，投降了晋国。

晋国大喜，司马炎拜孙秀为骠骑将军、开府礼仪和三司一样，封为会稽公。——此孙秀与后来“八王之乱”中赵王伦手下的孙秀并非一个人，虽然两人去世的时间相错不远。说到这个孙秀，《世说新语·惑溺》记载了一件有趣的事：当时，司马炎为了招徕更多的吴人，对孙秀的待遇是相当高的，不仅如此，还把自己的姨妹蒯氏嫁给了孙秀，夫妻感情很好。可是有一次因为妒忌，司马炎的这个姨妹开口骂孙秀为“貉子”，这是北人对南人最具侮辱性的国骂了。孙秀大为恼怒，从此不再进入内室，蒯夫人着急了，只好去求表哥司马炎。正好遇到大赦，群臣朝见，朝见结束以后，司马炎单独把孙秀留了下来，平静地对孙秀说：“如今天下经过了大赦皇恩浩荡，蒯夫人能否也依照这个通例被赦免呢？”孙秀赶紧跪下表示同意，从此夫妻和好如初。——这司马炎不仅乐于助人，而且也挺幽默。

左丞相陆凯曾当面责备何定说：“你亲眼看见，前前后后，侍奉君王不忠，败坏政府威信的臣属，有谁是寿终天年的？为什么一定要专门为非作歹，蒙蔽天子耳目？你应该痛改前非，不然，你会招来难以预测的大祸！”可是，孙皓却以为何定忠勤，还给他赐爵为列侯。虽然何定痛恨陆凯，孙皓也恼怒陆凯，但是，陆家是江南大族，况且陆凯的堂弟陆逊的儿子陆抗还是镇军大将军，手握兵权，防守着吴国西部边陲，孙皓也不敢拿陆凯怎么样。但是，公元269年，陆凯终于去世了，陆凯病重卧床，孙皓曾派立法署长（中书令）董朝，前去问他的遗言，陆凯强调：“何定不可亲信，应派他到地方政府任职。……文武官员中，姚信、楼玄、贺邵、张悌、郭逴、薛莹、滕脩，跟我的堂弟陆喜、陆抗，有的廉洁勤奋，有的才能出众，都是国家的栋梁，请陛下多多留意，向他们垂询时政，使他们能各尽忠心，补救国家万分之一的缺失。”

陆凯逝世后，孙皓一直对他怀恨在心，直到陆抗也去世以后，孙皓终于爆发了，把陆凯全家放逐到建安（今福建省建瓯市）。

名臣凋零、奸佞当道、主上残暴、国政日非的吴国，渐渐呈现出土崩瓦解之势，并且，吴国南面的交趾也吸引了吴国大量的兵力，此时正是席卷而下、一战定之的绝好机会，司马炎虎视眈眈。

可是，一件情理之中而又意料之外的事却让司马炎的平吴计划无限期推迟了。

九十二 鲜卑首乱

公元270年，晋国西北地区笼罩在一片浓浓的杀气之中。

就在这一年的七月，秦州刺史胡烈率军讨伐鲜卑秃发树机能，双方在万斛堆（今宁夏回族自治区中卫市与甘肃省靖远县交界地区黄河北岸腾格里沙漠南缘，据《明史·地理志》记载，中卫“西有沙山，一名万斛堆。大河在南”；《读史方舆纪要》记载，（中卫）“西五十里，因积沙而成，或云即万斛堆”。）决战。当时是胡烈被围，屯驻在这个地方，双方展开激战，而蔡东藩的《两晋演义》记载秃发树机能伪败，胡烈率军三战三胜，最后被秃发树机能引诱到万斛堆伏击圈中。都督雍州、凉州军区总司令扶风王司马亮派遣将军刘旗、骑兵都督敬琰率兵援救，一则可能是秃发树机能部队强悍，一则大约是因为你胡烈是秦州的，我刘旗是雍州凉州的部队，你胡烈一来可好，就显你了，要建头功？没门！不管是什么原因，这个刘旗拥兵不敢救援，眼睁睁地看着自己人被包围、斩杀。结果胡烈突围不成，兵败被杀。

后世的人大多把秃发树机能的反叛，归咎于胡烈，他们大约是受了《晋书·陈骞传》中陈骞的说法的影响。他们认为，在西北鲜卑并没有史料记载有什么动乱的时候，胡烈毫无缘由地就派兵去镇压，结果造成兵败被杀，并且还引发了秃发树机能的反叛，所以，胡烈罪无可赦。

大概这些人是用脚思考的。

一个身经百战的名将被有组织的鲜卑人杀掉，他的正规军被歼灭，那些鲜卑人起先还是良民？还没有被组织起来？即使是听到胡烈出兵讨伐他们之前临时组织起来也是不可能把一个正规兵团歼灭的。历史虽然没有记载在胡烈出兵以前，西北鲜卑部落的真实状态。但是，从胡烈不得不出兵讨伐并从随后兵团被歼灭这一点看来，当时的西北鲜卑早已不是什么顺民了，我们不能说他们趁着饥荒，曾经驱逐杀掠汉民，抢夺财物，奸淫妇女，因为这没有史料证据，但是，他们想在这个新的土地上生存下来，并且，为了应对晋王朝可能的打击，他们已经做好了准备，而胡烈则想把他们驱逐出去，因此，双方发生冲突在所难免。

胡烈被杀的消息传到洛阳，司马炎为之旰食。——过了饭点还没有吃饭，一直到很晚才勉强吃点东西。

让我们也随着司马炎的思绪，来重新审视这个到晋代已经拥有两百万之众的鲜卑民族吧。

鲜卑是东胡的一支，言语和风俗与乌桓差不多。当秦汉时期，匈奴强盛的时候，打败东胡，鲜卑和乌桓都被匈奴奴役，后来，汉朝打败匈奴，南匈奴南迁，北匈奴远遁，原来塞北匈奴之地就没人住了，东胡各部开始南迁、西进，填补到塞北。到公元 2 世纪东汉桓帝的时候，东部鲜卑首领檀石槐统一鲜卑各部，建牙帐于高柳（今山西省阳高县）北三百余里的弹汗山（今内蒙古自治区商都县附近）仇水（今东洋河）。全盛时期，“尽据匈奴故地，东西万四千余里，南北七千余里，网罗山川水泽盐池”。但是，檀石槐死后，联盟迅速瓦解。在相互的争斗中，有的部落继续西南迁移，西边一直到今天的青海、甘肃等地，东边直到辽东，从分布上大致可分为东部鲜卑、北部鲜卑和西部鲜卑。东部鲜卑后来发展成为慕容氏、段氏、宇文氏；北部鲜卑主要是拓跋鲜卑；西部鲜卑主要是河西秃发氏、陇右乞伏氏和青甘的吐谷浑。后来，鲜卑慕容氏曾建立前燕、后燕、西燕、南燕；乞伏氏曾建立西秦 ；秃发氏曾建立南凉；拓跋氏先建代国，后改魏，终于统一北部中国。北魏分裂为东魏、西魏后，鲜卑化汉人高氏与鲜卑化匈奴人宇文氏分别建立北齐、北周。出自慕容氏的吐谷浑，直到唐初才为吐蕃所灭。当然这都是后话。

而如今叫司马炎头痛的秃发鲜卑，则是秃发树机能的老爷匹孤领着从塞北迁到河西的，主要的游牧范围大致在东起甘肃平凉西北的牵屯山、靖远北的麦田城，西至青海湖东，南到青海贵德，北至腾格里沙漠和巴丹吉林沙漠。匹孤的儿子寿阗是在她母亲睡梦中生在了被子里，因为鲜卑人称被子叫“秃发”，寿阗就以秃发作为自己的姓氏。

如今这个秃发树机能就是“被子寿阗”的孙子。

令司马炎头痛的事情还没有完。

这个“被子”树机能，据《晋书》记载，是“壮果多谋略”。他在杀掉胡烈以后，开始向凉州进攻，并在金山击败了凉州刺史苏愉，从而占有了凉州全境。

也许，胡烈的失误就在于：他没有承认既成事实，那就是，河西之地再也不是汉人的土地，他来了新的主人，你为什么不能像朝中的那些人一样睁一只眼、闭一只眼呢？

司马炎咽不下这口气，尤其是当他听到刘旗畏敌不进，致使胡烈被杀以后，勃然大怒，立即下诏贬自己的叔叔司马亮为平南将军，并要杀掉刘旗。司马亮和军司曹冏上书苦苦回护，并说，指挥的责任在司马亮，不关刘旗的事。司马炎斩钉截铁地说：当时即便刘旗不能直接到达，也应当能进多远进多远，让突围而来的败兵也有投奔的地方，今天，竟然坐着眼看胡烈的覆败，如果罪不在刘旗，那自有所在！（如果刘旗没有罪过的话，那责任还应当有承担的人！）明摆着要追究司马亮的责任。没办法，司马亮你既然要承担责任，那就承担到底吧，再把你平南将军的官也给免掉。

接着，司马炎任命了自己的姑父杜预代替死去的胡烈做秦州刺史，任命尚书石鉴做安西将军，都督秦州诸军事，讨伐秃发树机能。

九十三　杜石争斗

司马炎想到杜预去西北不是没有道理。

从我们在钟会伐蜀和制定《泰始律》的时候介绍过杜预开始，我们就知道杜预是一个精通政治、经济、法律、军事、历史、历法、工程、文学的人，简直就是一个世所罕有的全才，还对《春秋左传》近乎痴迷，杜预所作的《春秋左氏经传集解》三十卷，是《左传》注解流传至今最早的一种，直到20世纪70年代杨伯峻先生的《春秋左传注》的出现。杜预的《春秋左氏经传集解》应该是从古至今把《左传》从头至尾全部注释的完整保存下来的唯一的一本，收入《十三经注疏》中，目前是我们理解《左传》的重要参考。据《隋书·经籍志》记载，杜预的书保留到唐世，还有《春秋左氏传音》三卷，《春秋左氏传评》二卷，《春秋释例》十五卷，《律本》二十卷，《杂律》七卷，《丧服要集》二卷，《女记》十卷以及他的文集十八卷等。（难怪后代能出个大诗人杜甫呢。）

虽然杜预出身不高，但是司马昭深深佩服杜预的才学，极力拉拢杜预，并把自己的二妹妹嫁给了他。然而即便如此，在杜预的前期仕宦生涯中，却是沉浮不定，司马炎即位以后，任命杜预做河南尹，而此时的石鉴是杜预的顶头上司，司隶校尉。两个人过去就有过节，而石鉴虽说表面上大声大气的，但是内心却是睚眦必报的主——说石鉴这样可真没冤枉他，据《晋书·束皙传》记载，束皙学富五车，名气很大，和石鉴素无仇怨，只是因为自己的哥哥束璆娶了石鉴的女儿，可是两人过不下去，就离婚了，这石鉴就指示束皙所在的地方官一直压制束家兄弟。还有从石鉴提拔的人身上，似乎也能说明点问题，《晋书·王宏传》记载：“司隶校尉石鉴上其政术代刘毅为司隶校尉，于是检察士庶，使车服异制，庶人不得衣紫绛及绮绣锦缋。帝常遣左右微行，观察风俗，宏缘此复遣吏科检妇人袒服，至褰发于路。”石鉴提拔的这个人为了邀功，设置关卡检查行人的时候，竟然检查到了女人的内衣了。按照物以类聚的基本原理，石鉴估计也是那种喜欢苛察，好找碴儿的主！——加上现在是上下级关系，杜预认为：京师是首善之地，不应当苛察过细，只要把握住大的方向，其他具体的小事情做得差不多就可以了。这个理念当然与负责纠察百官和京畿地区的石鉴产生了直接的冲突，如果按你说的，还要我司隶校尉做什么？！石鉴就找个碴儿，参奏了杜预一本，大约也是京师治安不好，或者礼仪不修什么的，结果杜预被司马炎罢免赋闲在家。

此时，叫司马炎想到杜预的，一则大约是杜预的才学，二则可能也是为了让自己的这个姑父咸鱼翻身吧。不过，以一个白身之人也不可能一下子任命一个主官的职务，司马炎先任命杜预为安西军司，给兵三百人，骑百匹，让他一路西去，到长安以后，司马炎才正式任命杜预为秦州刺史，领东羌校尉、轻车将军、假节。

也不知道是司马炎脑子进水还是命运捉弄，紧随其后而来的，正是过去杜预的顶头上司石鉴，这次，他被任命为安西将军，都督陇右诸军事。你说杜预倒霉不倒霉吧，还是做人家的直接下属。

按理说杜预和石鉴都是出身寒素，本应该属于一个阵营中的人。可是，两人的性格脾气修养理念的差异，决定了二人谁也看不上谁。按石鉴的那种个性，他一上任就想借刀杀人，命令杜预像他的前任胡烈一样出兵攻击秃发树机能。可是当时的情况是，秃发树机能战胜之后，西北地区局势动荡，各种胡人也都蠢蠢欲动。

杜预认为，此时正是鲜卑乘战胜之威，并且草长马肥之时，而晋军则粮草不济，接应部队悬远，他拒绝执行石鉴的命令，但是还是建议，应该等到明年春天以后，不光是我秦州，而是雍州和你石鉴本人，大家一起准备好粮草以后，全体出动才行，你现在叫我孤军进发，无疑是想害死我，公报私仇嘛！还捎带给石鉴上了一课，说了剿灭秃发的“五不可、四不须”。不仅不执行命令，还大唱反调，言辞之间又有一副不卑不亢甚至是嘲讽的味道。石鉴接到杜预的书信以后，不禁大怒。我想，如果杜预不是假节的话，石鉴真敢把他杀了。

回过头来再一想，如果自己硬着来，逼得杜预上书皇帝，说自己公报私仇，那也不妥。你杜预不是要采取先固守的策略吗？我就派人去看看你究竟做了些什么。使者去到秦州一看，果然见杜预派人加固城墙，修葺城门、府库、官舍等等。不过，什么事情的好坏，完全在于旁观者所站的立场。使者来就是找碴儿的，他和他的背后都选择性失明，没有看到城墙是否加固，只看到城门、官邸被粉刷一新。

好！也就有戏！

石鉴上书司马炎说，正是因为杜预拿军资来装饰城门，他杜预还装修官邸，所以才造成战备物资匮乏，影响军事行动。杜预来秦州之后就上书石鉴说过，“官军悬乏，宜并力大运”，说明当时的秦州军粮等战备物资是缺乏的，所以，才促使杜预采取守的办法。而在石鉴的眼里，这种因果关系却完全被倒置了。因为，石鉴明知司马炎不可能到这遥远的西北边陲来查看，反正由着我随便去说——从老石头以后多次把败仗说成胜仗、虚报杀敌人数，并屡教不改上来看，这家伙的确胆子太大，真能把白的说成是黑的。

远在洛阳的司马炎不明底细，虽然恼怒，但是也还是保持着一点清醒，没有完全听信石鉴的一面之词，而是派遣御史用囚车把杜预带回了洛阳审判，结果，被判决有罪，只是因为杜预属于是公主的老公，在“八议”之列，所以用他的侯爵（丰乐亭侯）才赎出一命，给予减免处罚。

晋军还没出兵，就将帅不和，内讧起来。

等到把杜预赶走以后，石鉴内心大爽，不过这种大爽并没有持续多久，原因是，秃发树机能并不买他的账，他领兵不断打击秃发树机能，但是，事态正像杜预预料的那样，不仅秃发树机能兵势很盛，并且秃发树机能本人又善于用兵，几个回合交手下来，石鉴是损兵折将，不是人家的对手。

心急如焚的司马炎只好又任命善于用兵、精于安抚的叔叔汝阴王司马骏为镇西大将军，都督雍凉等州诸军事，接替司马亮的职位，指挥西北战区的作战。

而杜预被罢免以后，因为他足智多谋为世所公认，司马炎又经常把他找到宫中，以没有职位的前侯爵参与大政方针的讨论，很快地就又被司马炎起用为度支尚书，掌管贡赋和税租，量入为出。等石鉴从驻地回到洛阳汇报工作，冤家路窄，杜预这次也好不含糊，以他在西北的经历和与皇室的关系，一眼就看出石鉴说的那些个胜利完全是假的，他上书弹劾石鉴虚报战功，可是，石鉴也不是软柿子，双方你来我往，弄得司马炎焦头烂额，边事都够我操心的了，你们还在内讧，司马炎一气之下把两个人同时罢免。

——又和了一次稀泥。

然而，根据后来司马炎的诏书追究前事，说：“往者西事，公欺朝廷，以败为得，竟不推究。”可以看出，石鉴在西北战场上以失败而虚报为胜利这件事情，应该是真的。不过，为什么司马炎对石鉴虚报战果并没有深究，仔细考证起来，也还真有点小意思，《晋书·武帝》清楚地记载，（泰始六年）“诏遣尚书石鉴行安西将军、都督秦州诸军事，与奋威护军田章讨之”。也就是说，石鉴攻击秃发树机能也许是司马炎本人的意思，石鉴是在代替皇帝受过，能深究吗?

没过多久，司马炎又重新起用了他们两人，杜预还做度之尚书，石鉴做了镇南将军，豫州刺史。杜预倒没什么，在任尽心尽职的。可是，石鉴这老兄还是老毛病不改，多上报杀死吴国士兵的人数，这次，司马炎老账新账一起算，说：“……过去的事情，就没有深究你，很快就又任命你了，希望你能将功补过，但是，你却还是像过去那样和下属一起欺骗朝廷，以后迁还老家，终身不用！不过不要削除他的爵位和封给他的土地。”

似乎，这下石鉴永无出头之日了。不过，司马炎老兄也真可爱，他总是说话前头说后面忘，过了很久，又任命石鉴为光禄勋、司隶校尉、后领司徒，开府。等杜预平定吴国，也才弄个司隶校尉，还没当上就死在去洛阳上任的途中——南阳邓县了。而石鉴没什么功勋，并屡屡犯错，可是职位却总比杜预的高，也真是老杜的克星。

杜石争斗是晋王朝内部同为寒门出身的大臣个人之间的一次争斗，并不具有太大的代表性；在晋王朝内部，还有寒门与高门之间的对立；还有王族与戚族之间的对立；还有皇帝戚族之间的争斗；也有朝臣中所谓正直之士与奸邪之臣的倾轧；等等，以后我们都要一一道来。现在说到杜预，就仅举杜预的例子，说说晋王朝时期寒门与高门之间大臣的隔阂吧。

《世说新语·方正》记载了关于杜预的两件事情：一件是后来杜预被任命为镇南将军，朝中大臣都为他送行，“杜预之荆州，顿七里桥，朝士悉祖。预少贱，好豪侠，不为物所许。杨济既名氏，雄俊不堪，不坐而去。须臾，和长舆来，问：‘杨右卫何在？’客曰：‘向来，不坐而去。’长舆曰：‘必大夏门下盘马。’往大夏门，果大阅骑，长舆抱内车，共载归，坐如初。”说的是杜预和杨济都豪爽，但是两个豪爽的人就弄不到一起，杨济是司马炎后来的夫人杨芷的叔叔，在宴会上坐一会就离开了，后来被和峤劝回。

另一件大约也是在此次聚会上发生的：“杜预拜镇南将军，朝士悉至，皆在连榻坐，时亦有裴叔则。羊稚舒后至，曰：‘杜元凯乃复连榻坐客！’不坐便去。杜请裴追之，羊去数里住马，既而俱还杜许。”一向骄奢的羊琇，进来一看杜预让大家坐在一张大席子上，羊琇立即不快，意思是杜预没有给每个客人准备一张席子，不尊重客人，扭头骑着马就走了，被和他关系好的又是“一肩挑”的裴楷追回。

羊琇和杨济都是皇亲国戚，即便你才高八斗，学富五车，骨子里还是看不惯你，这没办法，谁叫你出身不好呢！如果你是贵族，你连榻而谈也许会被人称赞为洒脱，但你是寒门，对不起，你真寒碜！

虽然两人都分别被和峤和裴楷劝回，暂时大家面子上都好看些，但是，当时，那种豪门对于寒素人士的鄙视和那种骄奢、狂慢之态也跃然纸上了。

九十四　连锁反应

司马懿的伏夫人是个高产的女人，生下了四个儿子，其中除司马京早亡外，其他三个分别为：老大司马亮，老二司马伷，老三司马骏。三人都很能干，并都被司马炎封王，咸宁年间的一天，伏太妃出洛阳城踏春，三个儿子全部出城陪侍，吹吹打打，那场面相当壮观，令在凌云台上看到的司马炎也不禁感叹道：“伏太妃可以说是富贵的了。”

司马炎派遣司马骏代替其哥哥司马亮做西北军区总司令，倒不是因为哥哥免职，而让兄弟接替，只是为了安慰自己的小奶伏太妃，更多的考虑是司马骏一向善于抚御、有威严，对士卒和百姓又有恩惠。

司马骏面临的西北形势十分严峻。一方面，名震西北的将军胡烈被斩杀，石鉴也屡出无功，胜少败多，晋军上下士气低落；另一方面，秃发树机能的胜利，不仅缴获了晋军大量的军需物资，壮大了自己，而且，秃发树机能的胜利迅速刺激了关中、陇上地区的胡人，不少内地的胡人开始有组织地发生叛乱，并向秃发树机能据守的万斛堆地区靠拢，致使整个关中民心摇动。

面对这样的局势，司马骏深知，如果贸然出击，决胜负于一战的话，一旦兵败，后果将不堪设想。

司马骏来到西北以后，立即改变了胡烈、石鉴急于剿杀的策略，而是采取稳扎稳打、巩固后方的策略，暂时维持敌我的现状，他上书司马炎，在各地督责农业和纺织，并且以身作则，自己、自己的手下将军和士兵，每人都承包十亩土地进行耕种，与民休息，逐渐恢复关中地区被战火毁坏的生产，并慢慢地恢复军队的士气，司马骏的做法深得关陇地区人民的拥护，几乎和羊祜在荆州的做法一模一样，而王爷司马骏本人也几乎和羊祜一样是一个正直无私、一心爱民的人，深得所在地区群众的爱戴。

司马骏深知，在灾荒面前，首先要解决的问题不是打仗，而是生活。只有辖区老百姓有饭吃，有衣穿，你的内部才有人真心拥护你，辖区才安定，才能谈得上对外打仗。同时，司马炎也下诏，对于在胡人的骚扰中深受其害的陇西五郡的平民免除赋税，穷的无饭可吃的，无家可归的，给予赈济。

在司马骏的经营下，虽然秃发树机能和其他胡人还不时地抄掠，但是总体上来看，西北局势还没有大坏。

展眼就过了年，到泰始七年，皇太子司马衷已经年满十二岁。一月，司马炎给自己的傻儿子举行了隆重的加冠礼，看着渐渐长大的儿子，司马炎对妻子杨艳说，也是该给儿子考虑娶妻子的时候了。可是，我们真的不能不承认有些人真是先知先觉，就在皇太子没有加冠之前，皇帝司马炎还没有想到给儿子娶媳妇，就有人想到了，那个人就是贾充的妻子郭槐（和名将郭淮读音一样，也真有名将之风）。她提前贿赂了杨艳的身边人，盛赞自己的女儿如何如何好，用尽一切办法想把自己的女儿弄成太子妃。

那么，我们要问郭槐为什么要一心一意地把自己的女儿弄成太子妃呢？你要说，这还不简单，太子妃就是未来的皇后，当然人人都想使自己的女儿成为未来的皇后啦。是的，不假，但是促使郭槐不惜一切代价要做成这件事的内在动力是什么呢？

要弄清楚这，我们必须还得先提一提贾充复杂的家务事。这里至少要提到两个人：一个是魏中书令李丰。我们还记得他是在魏正元元年二月的时候，被司马师叫到家中所杀。李丰是贾充的岳父，李丰被司马师杀后，贾充立马和近乎是一个完美妻子的李丰之女李氏离婚（李氏曾经写下《女训》，流传于世），李氏被流放——与羊祜的做法截然相反——贾充却因为自己的“大义灭亲”，被司马家大为赞赏。但李氏在嫁给贾充以后已经为贾充生了两个女儿：一个是贾褒，一个是贾裕。我们要提到的另一个人，就是司马炎的同父同母兄弟司马桃符——齐王司马攸，大家都知道，贾充是司马炎的死党，在司马昭临死前除了提及桃符以外，对司马炎提到的第二个人就是贾充，但是说，儿子啊，贾充才是你的知己啊。司马炎上台以后，为了弥补贾充和司马攸之间在过去自己夺嫡期间产生的嫌隙，让司马攸娶了贾充的大女儿贾褒，在司马炎看来，贾充成了司马攸的老岳父，过去的事，司马攸你也就多担待点吧，现在我们又成一家人了。这样，司马炎最亲近的两个人也结了亲，就避免了亲近大臣的不团结。

贾充与李氏离婚以后，又娶了城阳太守郭配的女儿郭槐，这个郭槐和李氏截然相反，不仅妒忌异常，这郭槐也曾给贾充生过两个儿子，一个贾黎民，一个贾爱民。贾充老来得子自然喜欢，乳母抱着儿子，贾充在乳母身边逗儿子，结果被郭槐看到，以为是贾充和乳母有染，等贾充出门，就把乳母用鞭子打死，两个儿子的乳母先后因为同样的原因被打死，两个儿子也先后因为思念乳母整天不吃不喝，最后也死去，只剩下郭槐生的贾南风和小女儿贾午了。不仅如此，而且郭槐还像母老虎一样，把贾充弄得唯命是从。晋朝建立以后，李氏遇到大赦回来，司马炎为了照顾贾充也是看在齐王妃的面子上，特别准许贾充可以设置两个正室夫人，贾充的母亲柳氏也极力要求贾充把李氏领进门来，可是郭槐听说以后，抹开袖子指着贾充大声嚷嚷说，刊订《泰始律》，拥戴皇帝即位，我都有功劳，你怎么敢让李氏和我平起平坐！"恶人自有恶人磨"，母夜叉这样说了，贾充只好装好人，对皇帝的恩典坚决推辞，因为当时这样的例子很多，比如司马炎的舅舅王虔的前妻就是毌丘俭的女儿，也是这种情况，朝廷也没办法决断，都是在洛阳另外再建一个宅子，而私下往来。由于郭槐不依，贾充只在永年里为李氏建了一个宅子，而从来都不敢去看望，表面上，贾充是身为宰相给大家做了一个表率，但是这样，贾褒（一名贾荃）不依了，一直锲而不舍地以齐王妃的身份要求父亲把母亲叫回家，或者起码去看望一下母亲。

说到这，大家就知道郭槐的内在动力了吧？

是吗？你李氏的女儿成了齐王妃就了不起了吗？就可以让离过婚的前妻回来压在我头上？我要让我的女儿成为未来的皇后！一旦女人之间发生关乎争夺床位的战争，所激发出来的强烈动力，是男人们无法想象的。反正是郭槐无所不用其极，终于做通了皇后杨艳的工作。

当司马炎问到给司马衷娶妻子的事情时，杨艳问司马炎：皇上中意的是谁家的女儿。司马炎说：卫瓘家的。杨艳却说贾充家的好。司马炎举出了自己的理由：卫瓘家的女人有五条好处，那就是贤良、多生孩子、长得美、个子高、白皙；贾充家的女人妒忌、少生儿子、长得丑、个子低、皮肤黑（是从郭槐身上推出的？）

帝后之间在娶儿媳妇一事上，暂时还达不成一致的意见。

老天没有给司马炎过多的时间来仔细推敲太子妃的人选问题。

就在司马衷的成年礼刚刚过去，人们对于帝国的未来还忐忑不安的时候，并州突然传来了匈奴监国刘猛叛逃出境的消息。

刘猛何许人？

《魏书》卷九十五《铁弗刘虎传》记载："铁弗刘虎，南单于之苗裔，左贤王去卑之孙，北部帅刘猛之从子，居于新兴虑虒之北。北人谓胡父鲜卑母为铁弗，因以为号。猛死，子副仑来奔。虎父诰升爰代领部落。诰升爰一名训兜。诰升爰死，虎代焉。"刘虎为去卑孙，诰升爰子，刘猛从子，则刘猛应该是去卑子，诰升爰兄或弟。林幹据《魏书·铁弗刘虎传》制成《铁弗匈奴（刘虎）世系表》，附于所编《匈奴历史年表》（中华书局1984年版）显示：南匈奴右贤王去卑——去卑子匈奴北部帅刘猛，去卑子诰升爰（一名训兜或训儿）——刘猛子副仑，诰升爰子刘虎（一名乌洛孤），虎从弟路孤——刘虎子务桓（一名豹子），务桓弟阏陋头——务桓子悉勿祁，务桓第三子刘卫辰——悉勿祁子某，卫辰子直力鞮，卫辰第三子勃勃（一名屈孑，亦作屈丐，后改姓赫连）。

过去我们说过，公元216年七月，曹操罢黜单于，把匈奴汗国分为五部，并让右贤王监国，其中，"左部"一万余篷帐，住兹氏（今山西省汾阳市）；"右部"六千余篷帐，住祁县（今山西省祁县）；"南部"三千余篷帐，住蒲子（今山西省隰县）；"北部"四千余篷帐，住新兴（今山西省忻州市）；"中部"六千余篷帐，住大陵（今山西省文水县）。匈奴说他们的祖先是汉王朝刘姓皇家的外孙，身上有刘姓皇家的血液，遂取消原来的姓挛鞮，改姓刘。

西北秃发树机能的叛乱，并击败晋军主力，迅速占领秦凉两州之地，这使得并州的匈奴刘猛也蠢蠢欲动，公元271年一月，晋武帝司马炎立即召开御前会议，商讨对策。

杜预杜武库被司马炎想起。这一时代被人称作武库的人比较著名的大约有三个：一个是钟会，钟武库；一个就是杜预；另外一个是裴秀的儿子裴頠。赞美一个人是武库，大约一是取其博学多才；二是文武双全，并且取其儒将之风。不过，在我们解读钟武库的时候，多看到钟会要害人的本性，"但见其胸中矛戟森森"；而在看杜预的时候，我们真的被这个人的博才震慑，他怎么什么都会？裴頠则是"五兵纵横"，就博学上还是没办法和杜预相提并论的。

这个杜武库果然名实相符。他上了关于筹备战略物资、赈济灾民、不拘一格选拔人才、军需物资运输、垦田开荒、安定边境等50多条对策，大都被司马炎所采纳。

就在晋国朝堂上为西北和北部边境的叛乱焦头烂额的时候，南方的孙皓也来凑热闹。

公元271年的三月，孙皓率领大军向寿春进发，司马炎赶紧派遣大司马司马望领骑兵三千，步兵两万进驻淮北，加强防备。后来才打听到，孙皓根本没有来犯的意思，倒是一个叫刁玄的人过去曾经出使蜀国，听说过司马徽和他人谈论朝代更替的一些预言，回来以后，刁玄知道孙皓喜欢这个，为了讨好孙皓，自己就瞎编了一些段子，比如："黄旗紫盖见于东南，终有天下者，荆扬之君乎。"——这不明明是说孙皓吗？又有中原地区被俘虏的人和投降的人也说，在晋国的寿春城下，有小儿们说"吴天子当上"。这个吴天子不是明说我孙皓要当皇帝吗。孙皓全面搜集了几个方面的信息以后，得出结论：这可是老天爷的命令啊！三月，还是春寒料峭，兴高采烈的孙皓带领着太后、皇后、太子一起从建业西上，在他的脑海里，自己只要这样一路西上，晋军个个都会投降，直到洛阳，这是要顺天命。结果，老天爷不给孙皓的面子，下起了鹅毛大雪，道路泥泞不堪，几百个人才能推动一辆车子，吴国士兵们都是又冻又饿，南方的人哪受过这样的寒冷啊！大家都说，要是遇到晋军，咱们都投降。不只是士兵，随行的孙皓亲信大臣右丞相万彧也对丁奉、留平私下说，如果孙皓坚持不回的话，吴国的江山社稷事大，我们不能不提前回去。幸亏司马望不了解吴军的情况，要不是吴国要提前灭亡了，孙皓真的提前青盖入洛阳了。因为司马炎给司马望的命令是屯驻淮北防守，而不是进攻。孙皓一看这情况，只好下令退兵。

东南地区是虚惊一场。司马炎刚缓口气，噩耗紧接着传来。

这一年的四月，北地郡（今陕西省铜川市耀州区）胡人叛变，企图西上攻击金城郡（今甘肃省兰州市东），凉州（今甘肃省武威市）州长牵弘出军讨伐，顷刻之间，所有内地的胡人同时叛变，跟鲜卑部落酋长秃发树机能（时在万斛堆）结合，把牵弘包围在青山（今甘肃省环县西南），牵弘大败，阵亡。

这是秃发树机能叛乱以后，晋王朝丧失的第二个高级别的将领，对于司马炎的打击可想而知。并且，北地胡英勇善战，和秃发树机能一起占领了凉州和秦州广大地区，造成西域和中原的暂时隔绝，使得司马炎“每虑斯难，忘寝与食”。

也许司马骏的策略好是好，但是太慢了，司马炎需要的是既能兼顾长远，又要有立竿见影的效果。

目前西北和北部的恶劣局势，不得不使司马炎考虑派遣朝廷的重臣——那些历来被人们公认的智囊人物。

九十五　朝堂争斗（一）

就在司马炎为西北愈演愈烈的胡人叛乱而忧虑的时候，朝廷上却为派遣什么人去而进行激烈地明争暗斗。

就在这一年，原尚书令裴秀因为服用寒食散，体内燥热，本来应当喝热酒，但是他反而喝起了冷酒，结果不治身亡，司马炎让贾充代替裴秀做尚书令，主持朝廷上的全面工作。贾充在职也并不是一无是处，比如，把一些重复的机构进行了精简，提高办事效率；也比较喜欢推荐有才能的人，对于想要提拔的人，千方百计予以提拔；对于有背景的人，比如王太后的兄弟王恂，即使听说王恂在武帝面前说了自己的坏话，贾充还是不敢说个不字，反而在司马炎面前说王恂的好话。

但是，晋朝人还有点和汉朝人相似，那就是崇尚质朴之风。在朝野主流民意上看来，贾充最大的缺陷就是毫无刚直之气，总是顺着司马炎说话，从来不敢进行劝谏。另外贾充还有历史污点，比如刺杀高贵乡公，比如毫无人情味地和李氏离婚，不要说羊祜啦，连郭淮都不如。不过这些不屑都藏在每个人的内心深处，人们在有这样的想法的时候，不会想到如果高贵乡公把司马昭杀死，也就不会有今天的晋王朝，更不会有这些人等高居在现在的朝堂之上了，对一个人的看法没有道理可言，反正你贾充的做派，就连同样为人唾弃的何曾都不齿，更何况其他人了。

不仅是人品的不屑，更重要的还是争权夺利。

等贾充总理帝国事务以后，司马炎的臣下立即分为两大派别：一个是以贾充为核心的“拥贾派”，主要人物有：杨艳皇后的堂叔父杨珧，司马炎舅舅王恂（贾充略施手段拉拢过来），太子太傅、侍中、太尉荀顗，侍中、中书监荀勖，左卫将军冯紞，还有魏太尉华歆的孙子、侍中华廙，等等。另外一个是以侍中任恺为首的“倒贾派”，主要包括：中书令庾纯、黄门侍郎张华、温颙、黄门侍郎向秀、中书令和峤（王浑的女婿）、博士秦秀（曹操假子秦朗之子）等等。有的是因为政见不同，有的是因为人品差异，有的是因为和其中一个集团的人有矛盾，从而加入一派中。比如和峤当中书令的时候，就看不起中书监荀勖的为人，本来出行的时候，按照以往的做法是中书令和中书监是坐一个车子的，和峤就不和荀勖坐一起，后来朝廷上才改为中书监和中书令分别坐一个车子，连坐车都不愿意和人分享的和峤，难怪在杜预的践行宴会上会嘲讽杜预舍不得一人一个坐席啦。

其实，“倒贾派”的外围还有王浑的儿子王济，以及王浑的另外一个女婿——被称为“玉人”的裴楷（晋朝被人称为玉人的一共只有两个，另外一个是数十年以后的卫瓘之孙卫阶）。从以后在齐王归藩一事上的王济、和峤等人的表现来看，“倒贾派”的背后不是没有齐王司马攸的影子。——也就是说，“倒贾派”很多也就是“拥齐派”，也许，羊祜就是从这个角度，才秘密建议不要调出贾充的吧？

总而言之，大体上，贾充一派人大多比较圆滑，并且和皇室关联紧密，因此，比较得势；相对地，任恺一派较为正直，厌恶贾充等人的奸猾。贾充也曾经想把任恺支开，曾经对司马炎说任恺正直可靠，应该去辅导太子。可是，司马炎正看好任恺，就任命任恺为太子少傅，还是皇帝身边的侍中。结果任恺两边跑，既随时在宫中陪伴司马炎，又时不时地去太子那里拉近乎。贾充是弄巧成拙。

司马炎还在为西北局势操心，他想想自己即位以来，一直操心国事，兢兢业业，怎么还到处出乱子呢？

他问大家：我即位以来，是顺天应命，下达了大赦令，过去的既往不咎，你们说，我有什么过错？有什么成绩？“玉人”裴楷对武帝说：您知道吗？您受命以来，为天下的确做了不少好事，但是，之所以没有像上古的尧舜一样建立盛德，只是因为有贾充这样的人在朝廷当中罢了。陛下您应该引用天下的贤良之人，大家齐心协力弘扬正道，不应该因为和自己关系亲密就让他把持朝堂。

任恺立马想起了贾充对自己实施的“调虎离山”之计，不失时机地向司马炎进言说：秦州和凉州覆败，影响到关中民心骚动，这件事情的确是国家最大的忧虑啊！应该迅速派人镇抚，这样才能够使人心有所依靠。这个人选自然不是威望高并且有计略的重臣，是无法安定西北局势的啊！

司马炎问：那谁可以担当此任呢？

任恺说：贾充就是最合适的人选。

司马炎问庾纯，庾纯也说，贾充最合适。

司马炎在泰始七年（公元271年）七月，下诏任命贾充为使持节（最厉害的那种持节，可以诛杀两千石以下的官员）、都督秦凉二州诸军事，并且原来的官职侍中和车骑将军不变——只是尚书令不得不拿下啦。看到贾充被拿下尚书令，并被赶离朝廷，“倒贾派”的人无不以手加额，拍手称快。

只有“拥贾派”的人感到不安，如果贾充一走，他们的靠山也就倒了。

贾充接到诏书，把任恺和庾纯恨得咬牙切齿，但是，又没有合适的理由推辞，现在国家危难，正是用人之际，你总不能止步不前吧？一万个不想去也得去啊。

贾充虽然能拖就拖，但是总有拖不过去的那一天，全体的官员都到郊区的夕阳亭为贾充送行。人还没到齐，贾充把荀勖交到身边，单独交换意见，贾充把自己一百个不愿意对荀勖说了一遍。荀勖脑子一转，说：您老是国家的宰相，竟然被一个匹夫左右，不是太笨蛋了吗！不过，这一任命，事关国家安危，正面推辞适得其反，推辞起来的确十分困难，不过，如果和皇帝联姻，把女儿嫁给皇太子的话，您做岳父的，肯定就不可能再外放了。

贾充一听，峰回路转，紧接着问一句：那谁能够做成这件事呢？

荀勖说：还是让我去给皇帝说说吧。

贾充是千恩万谢。两个人转出小屋，和百官寒暄一番，还没等大家酒过三巡，又一个意外出现了。

齐王妃贾褒和妹妹贾裕（又名贾濬）披头散发地来到宴会上，两姊妹担心贾充就此去了陇西，自己的母亲到底怎么安排没个说法，想在贾充离开前给自己的母亲一个结论。两个姊妹来到贾充面前，痛哭流涕，叩头流血，向贾充以及在座的百官陈述母亲应该回家的理由。叫贾充烦心的事够多了，去不去西北还是未知数，就是去了西北如果打败，自己的前途都不要说了，还说什么李氏回不回家。

贾充的脸色青一块，白一块，坐也不是，站也不是。呵斥更是不能，虽然人是你女儿，可更是齐王妃啊。

百官一看这情形，也不是喝酒的场合，纷纷借故散去。贾充只好叫来黄门把两姐妹送回家。

巧的是，没过几天，洛阳下起了罕见的大雪，平地积雪有两尺那么厚，道路阻断，根本出不了长途。贾充只好待在家里，等待宫中工作的结果……

九十六　朝堂争斗（二）

望着漫天飞舞的大雪，蜗居在家中的贾充心乱如麻。

他捻着胡须，想到自己在这个乱世中跌跌撞撞走过的路。虽然自己出身名门，自己的父亲贾逵曾经担任豫州刺史，封为阳里亭侯。但是，在自己的童年，父亲就已经死去，如今，父亲的面容早已在自己的记忆中变得模糊不清了。自己目前成为晋王朝数一数二的人物，还不是看准了司马家的野心，像赌博一样把自己的脑袋和身家性命全部都押在了司马氏身上了吗？对于看准的事情，就一心一意地去做，而且不管世人如何评价。

是的，我是曹魏的奸臣，但是，我是晋王朝的忠臣。世人说："贾、裴、王，乱纪纲；王、裴、贾，济天下。"还是说我贾充、裴秀、王沈，我们三个，乱了曹魏的天下，但是成就了晋王朝的天下。什么事情都有破有立，只是你看的角度不同罢了。如果没有我在司马昭命悬一线的时候，示意成济果断杀死曹髦，我身负千载骂名的话，也许就没有你们现在高居晋王朝的庙堂之上鄙视我了。

是的，我是一个奴才，但是，所有的主子不是最需要忠实的奴才吗？谁都喜欢听好听的话，谁都不想自己的下属对自己忤逆，在我的权限范围内，我所能做的能够推贤进能，这也就足够了。至于皇帝的心思，军国的方向，还是皇帝自己拿主意，有必要和皇帝争得面红耳赤吗？和皇帝争来争去就是忠臣？也未必。

贾充想到了自己刚刚去世的母亲柳氏，柳氏听说成济把曹髦杀死，一见成济进家门，就对着他大骂、追打。骂他是奸贼。可是母亲至死也不知道真正的奸贼竟然是自己的儿子。但是，骑虎难下，儿子只能如此，谁叫儿子当时是中护军，负责保护司马昭的人身安全呢！职责所系，我不认识任何人。老人家去世的时候，还念念不忘自己孝顺的儿媳妇李氏，当问及还有什么遗言的时候，老人家气鼓鼓地对自己说："我要求你把李氏接进门，你都不听，我还有什么可说的！"说完，就翻过身去，连看都不看自己一眼，母亲是怀着怨恨离开人世的。谁叫郭槐太强，知道自己的隐秘太多了呢？她可是个翻脸不认人的主。

死了的人就死了吧，想也没用。还是认真考虑考虑当下吧。虽然自己名义上是齐王司马攸的岳父，但是，那又能保证什么呢？兴许，贾褒、贾裕两个姐妹去夕阳亭大闹，也是受到齐王的指使，故意给我贾充难堪吧？起码，他司马攸没有制止吧？这两个蠢丫头！你们以为你父亲失势，会有你们的好果子吃？一纸休书的不是！让别人拿着当枪使！不过，也难怪女儿们，毕竟思母心切，也在所难免吧。

如果荀勖的建议能够成功，自己依然是晋国的第一人，郭槐也就不总在家吵吵了……虽然，过去自己也不是特别看好司马衷，从不想把自己的宝贝女儿嫁给那个傻子，可如今，也考虑不了那么多了，这件事将直接关系自己在晋朝以后的仕途、命运，甚至是身家性命。——毕竟自己得罪的人太多太多了，也毕竟自己的所作所为太出格了，政敌随时可以把多年前自己的所为作为当借口，把自己打入十八层地狱。除了紧紧地贴着皇帝，别无他途。而皇帝的脸阴晴不定，身边又有太多讨厌自己的人，不整天围在皇帝身边，能行吗！

贾充在家中开始动员一切自己能动员的力量，投入到郭槐说服司马炎同意自己的女儿贾南风做太子妃的大军中去了。

虽然军国大事弄得司马炎焦头烂额，但是，日子还得一天一天地过。闲来召集近臣喝酒赏雪倒也惬意。

不过，酒喝着喝着就又扯到军国大事上去了。难怪人家说大事都是在酒桌上定下来的，自古依然，真是不假。

趁着微醺，不知道是谁先扯到选太子妃这件事情上的。荀勖也插话了，但是，荀勖却没有直奔主题。他先说说目前局势严峻，人心浮动，皇太子已经加冠，如果尽快给太子成婚的话，将对国家安定起到不可估量的影响。接着，荀勖趁热打铁，盛赞贾充之女贾南风说："贾充的这个女儿才气和容貌都是绝世，无人可比。如果纳为太子妃，肯定能够辅佐东宫，就像诗经《关雎》中说的那样，尽后妃之德。"——可见，要说谎就要说弥天大谎。

冯紞一看，及时跟进，也对贾充之女赞不绝口。

司马炎又问老臣荀顗，荀顗亦附和道："贾充之女姿色并茂，可以作为最佳人选。"

而杨皇后早已经被郭槐买通，自己的堂弟杨眺也多次提醒自己应该依靠一个有势力的大臣，自己虽然身为皇后，但是父亲杨文宗早死，娘家人也只有那些个堂兄弟们，儿子是个什么样子做母亲的心里最清楚了，现在勉强被立为太子，还是有不少大臣并不满意，太子之位不是没有潜在的危机，而如果儿子的太子之位被废，别人的儿子做了皇帝，自己将何以堪！只有和朝中举足轻重的大臣联姻，才能保证太子之位的稳固。而这个朝中数一数二的重臣只有贾充了，何况如今贾充主动投怀送抱，焉能却之不顾呢？至于卫瓘嘛，老狐狸一个，并且人家也没那个意思，至于皇家主动求婚于人？

因此，杨皇后也极力赞成。

看到皇后大人也同意，“倒贾派”个个噤若寒蝉，虽然心中暗暗叫苦，但是都不敢再提异议——毕竟，任恺是聪明绝顶的人物，和贾充的争斗还仅仅处于地下，从未撕破脸皮。

如果能够和贾充联姻，自然皇太子有了一个很大的靠山。卫瓘之女如何，那也只是从相貌上而言，但是太子的婚姻是注定要通盘考虑政治效果的。想到这里，司马炎开始怀疑自己原先的判断是不是显得有些幼稚。不过，从内心深处，还真是看好卫家。虽然司马炎还是心有不甘，但是，在大家一派赞扬声中，还是听从了众人的意见，决定纳贾充的三女儿贾南风为太子妃，并把举办结婚的仪式选定在明年，也就是泰始八年（公元272年）的二月。

虽然把贾充留下了，但是，派遣重臣安抚地方这一决策仍然还要贯彻。西北就暂时由着司马骏吧，北方的匈奴、鲜卑还是要有人去的。司马炎任命卫瓘为征北大将军、都督幽州诸军事、幽州刺史、护乌桓校尉，去对付北方边境上的危机。

终于，贾充的心放下来了。他长长地舒了一口气，自己的尚书令又保留了下来。他暗暗发笑，你们不是要赶走我吗？人算不如天算，不是这场瑞雪，哪能如此？如果我去关中上任也就上任了，也就无力回天了。不仅如此，把那个曾和自己女儿竞争太子妃的卫瓘也支走了，真是天助我也！

贾充高兴得直发疯……

九十七　朝堂争斗（三）

贾充是留下了，但是，双方的争斗还没有完。

公元271年，安乐公刘禅死了。昔日的蜀国皇帝死了，没有留下一点痕迹，死就死了。活着的人还继续争斗着。展眼过年，到了公元272年的二月，太子司马衷的婚事也如期进行，贾南风比司马衷大两岁，司马衷本来就是个智力低等儿，而贾南风充分继承了母亲郭槐的市井女人的泼辣和手腕，司马衷对她是言听计从，既喜欢又害怕。

即使是太子的婚事也不能阻止双方的争斗。一些人情绪低到了最低点，而另外一些人却忘乎所以，这里面的巨大反差，往往会使双方的矛盾一触即发，只是没有遇到一个发泄的机会。而要寻找机会，随时都能碰到。只要对不上眼，什么事，何种场合都有可能成为那个机会。

很快地，这个场合来到了，这个酝酿已久的矛盾突然之间在不经意中爆发了，它来的是那么猝不及防，也是那么剧烈，影响也是那么深远。

女儿出嫁以后，志得意满的贾充在家中设宴款待朝廷的大臣们。庾纯本来就不想参加这种聚会，碍于脸面只得前往。等大家都坐下酒过三巡以后，他才姗姗来迟。

因为世上传闻庾纯的祖上是伍伯出身，伍伯就是伍长的意思，军队的班长，总站在队列的前面，也就是大家通常说的排头兵。贾充就趁着酒力，抬眼望去，用嘲讽的口吻对庾纯说道：“你在站队的时候，总是站在人前头，怎么今天却落在了人们的后面了？”

庾纯一下子就听出了弦外之音。

由于听说贾充的祖上身份也不高，做过管理市场的小役吏——市魁 ，所以，庾纯立刻反唇相讥，不卑不亢地道："刚才市场上有一点市井小事没处理完，所以来晚了。"

说得贾充一时语塞，可又不好发作。在贾充看来，以自己宰相的身份来调侃别人，那是自己的特权，也是再正常不过的事，没料到被机警的庾纯倒打一耙——他竟敢回嘴？贾充越想心里越不是滋味。

这样的调侃如果是朋友之间的话，也无伤大雅，钟会、司马昭等人还相互以对方父亲的名讳相互嘲弄呢。可是，对于心有芥蒂的贾充和庾纯二人，这样在大庭广众之下的相嘲却另有意味。

等到酒到半酣，轮到庾纯给大家敬酒，敬到贾充那里，贾充还是耿耿于怀，推三阻四的，就是不喝，让庾纯站在那里难堪。那庾纯也是当时儒家的宗师，很有名望的人。知道贾充是想报复，可是，事情是你贾充惹起的啊，现在你还故意给我难堪？庾纯有点恼火了，对贾充说道："我作为老者，给你敬酒，你怎么敢不喝！"

贾充也机警了一回，马上接口道："你都自称老者了，那你父亲更老了，你也不回家赡养，还有脸在这说啥！"

庾纯真火了，提着贾充的名，喝道："贾充！天下弄成这样子，全是因为你一人作怪！"

贾充辩解说："我辅佐两代君主，平定了巴蜀，我贾充有什么罪过，把天下弄成什么样子了？"——好像巴蜀不是你贾充平定的吧，不过钟会、邓艾已成故人，也不好和你争功啦。

显然，老头子庾纯给气糊涂了，也没在意贾充贪天功为己功的事，脱口就是一句语惊四座的话：

"高贵乡公何在？"你贾充把高贵乡公曹髦给弄哪里去了！

话说，揭人不揭短，打人不打脸。

庾纯的这一句真可谓是"天上来语"，说得贾充一口气憋在那里了，脸涨得通红，什么也说不出口。

贾充的手下就想上前把这个可恨的老家伙给拿下，中护军羊琇、侍中王济这一对皇室姻亲一看老头子要吃亏，赶紧驱散上来的贾充门下，才把庾纯护送出贾家。

贾充是又气又羞，连夜写奏表，要求辞职。

回到家中酒醒以后的庾纯也是后悔不迭，做得更是彻底，干脆把河南尹，关内侯的大印一起上交给司马炎。不仅如此，庾纯还上书司马炎严格反省自己，把经过详细说了一遍，“因为自己饮酒过量，等到行酒到贾充的时候，贾充不喝，双方言语往来，贾充呵斥我还不归养老父，我当时不服气，竟然直接提司空（贾充当时为司空）的名讳”。事实经过叙述一遍以后，庾纯开始检讨说：贾充斥责我，那是以教义教导我，在理。我却以下犯上，醉酒荒迷，请求免官并削土，治罪。

贾充的摇尾系统立即上书弹劾庾纯，司马炎下诏把庾纯比作汉朝使酒骂座的灌夫，同意免去庾纯的河南尹职务。

仅仅免去庾纯的官职，还不解贾充的气。

因为庾纯的父亲已经八十岁了，晋国朝廷以庾纯因酒以下犯上为由头，开始对庾纯该不该辞官回家赡养父亲，进而庾纯是不是违反礼仪展开调查。

司马炎显得很民主，让全体大臣都各抒胸臆，大家纷纷上书表明自己的观点，归纳起来，大致有四种看法：

一是，太傅何曾、太尉荀顗、齐王司马攸认为：根据礼法规定，老父八十岁的话，一个儿子要在家赡养；九十岁的话，一家孩子都不能从政。现在庾纯的父亲八十一岁，还不到九十岁，庾纯兄弟六个，有三个在家赡养老人，因此，不算忘了养活老人。司空这样说是用高标准、严要求来要求庾纯的，可是庾纯因为醉酒而发怒，我们认为，应该对他进行道德谴责。

二是，司徒石苞认为：庾纯不忠不孝，贪恋权位，应该除名并且削土。

三是，石苞的下属司徒西曹掾刘斌认为：庾纯在对待老父的礼仪上没有错误。至于以下犯上，可以斥退，但是，就礼仪上来说，不应该对他进行道德谴责。

四是，庾纯手下的部属们认为：庾纯本来就酒量不大，喝成大醉，酒醒以后，又十分悔恨过去的过失，态度很好。而当时是贾充因为愤怒才给庾纯去讲大道理，庾纯是因为喝醉才犯错的，并且现在有人想深文构成其罪，这是不合适的。

分析这四种看法，按照史书的记载，其实，庾纯的罪过也就是揭了贾充的短而已。至于说庾纯归养不归养，贾充的说法毫无道理，人家庾纯没错。

司马炎一看，看似四种不同的看法，其实就两种：一种是石苞，要求严肃处理的；一种是大多数的看法，就是没什么大错。说石苞吧，和贾充同僚多年，当然是唯贾充马首是瞻，不过，此人早已年老昏聩，大约此公这样支持贾充也是为了虑后。至于太傅何曾，虽然也追随贾充，但是内心却对贾充看不起；太尉荀顗呢，一般说来算是贾充的人，但是此人却是明于礼仪的，过去还亲自主持编写了《晋礼》，因此，在这件事上，他一看就知道庾纯没错，也不好信口开河；而齐王司马攸更是如此，绝不是贾充一党；至于刘斌和庾纯的下属一致的看法也都是庾纯在礼仪上没错，只是庾纯的下属也倒打了贾充一耙。

司马炎不愧是和稀泥的高手。他一看风头不对，即使仅仅罢免庾纯的官似乎已经让大家不是很满意了，还要怎样？就用安慰的口吻对下诏对大家说：

“……现在我们责备庾纯，喝酒不少喝点，却非要喝醉，这是要求人家要像圣人那样（有点太严）。”说到这，司马炎话锋一转，接着说，“我想，估计司空贾充当时也喝得稍微多了点，要不然他也不会在大庭广众下，责备庾纯不归养老人的话。”——轻轻地把河南尹下属们对贾充是因为愤怒而指责，换为也是因为喝酒的原因。也就是说你们两个都醉了，两个都说的是胡话。——然后说，“古人说，喝醉时说的话，就像小孩子的话一样。就是说对于酒后的话，是不需要苛责的。”所以，对你们二位我都不处罚了——可是，现在又明明是处罚了庾纯了呀。

司马炎接着说：“处罚庾纯，不是因为别的，还是想给你提个醒，以后少喝点。”轻轻回护了前此免庾纯官的缘由，既冠冕堂皇，又给足贾充的面子。又任命庾纯为国子祭，——不让你做实际工作了，你的性格也不行，就管管学生去吧。还是加散骑常侍——待遇不变，说明还是我的近臣。

从此，庾纯逐渐淡出“倒贾派”，本分起来，以后贾充倒是也没多找他的麻烦。因为，他知道，庾纯只是个老小孩，如今他经过这一折腾，也没实力、没勇气再拆台了。

贾充的眼睛不敢瞄向其他和晋皇室有姻亲的人或者背景巨大的人——比如，裴楷，他是王浑的女婿，王浑家和司马家关系非同寻常——而是瞄向那个“倒贾派”的核心人物，不除掉此人，他贾充食无味、寝不安，而此人的智慧也绝非庾纯可比——那就是任恺。

九十八　朝堂争斗（四）

任恺，字元褒，父亲任昊，是魏国的太常，主管宗庙礼仪。任恺娶的是魏明帝曹芳的女儿齐长公主。任恺能以魏国亲属的身份，又没有太大的家庭背景，到晋朝建立的时候，并没有受到太大的冲击，反而深受司马炎的器重，可想而知，其才干的确不凡。史书评价任恺，军国大事小事，他全部掌管，而且管理得井井有条，十分能干；而且为人十分忠正，以天下社稷苍生为己任，司马炎很多事情都需要咨询任恺。

庾纯的事情虽然是一个偶然事件，但是，司马炎也风闻任恺与贾充不和是导致朋党纷然的内在原因。那样处理庾纯，其实也是司马炎给双方留台阶，处理完庾纯的事，司马炎选择了一个合适的时间，别的人都不请，专门在式乾殿设宴安排任恺和贾充吃饭。

此时的任恺仅仅是太子少傅、侍中而已，而对面的却是司空、尚书令贾充啊，可见司马炎对任恺十分看重，也许，下一步司马炎是有意提拔任恺的。

三个人喝着酒，聊着天，气氛还算不错。说着说着，司马炎仿佛是无意之间似的对两个人说：朝廷应该团结一致，大臣也要和平共处。

任恺和贾充赶紧出来下拜，表示谢罪。

司马炎不想过多说些什么，他宽厚地让两个人起来继续喝酒聊天。

但是，二人似乎都误读了司马炎的含义。他们认为，司马炎既然都知道了，但是并没有严厉指责两人，说明就是两人继续结怨下去，也没有关系。

自从式乾殿宴会以后，两人见面都十分客气，在外人看来，他们两个彼此都很尊重对方，但实际上，相互结怨却更深了，司马炎的努力简直是白费了。

贾充的手下对贾充献计说：如今任恺总揽门下省，经常和皇帝接触。应该上奏皇帝让他去负责组织人事，这样一来，他和皇帝接触的时间就少了，并且，选拔人才这件事情，涉及三教九流，很难选拔准确，也很容易出现纰漏，一旦出现纰漏，就好下手啦。贾充连连点头称是。

于是，等见到司马炎，贾充就盛赞任恺能力强，适宜提拔负责选举工作。听到贾充这样说，司马炎还以为两人真的和好了呢，还称赞贾充慧眼识才，当天就下令任命任恺为吏部尚书。被任命为吏部尚书的任恺兢兢业业，选举公平公正，深受人们的称赞，工作做得无可挑剔。贾充大为失望。

不过，由于工作性质不同，任恺整天忙于事务性工作，所以，和司马炎接触的时候比以往少多了。这给了贾充、荀勖、冯紞等人可乘之机，一会说任恺奢侈浪费了，一会又说任恺那个啦，反正都是不大不小、捕风捉影的事。贾充让自己的手下高阳王司马珪上书说，任恺狂妄自大，家中竟然用御用之物。

司马珪是司马孚的儿子，因为有才学向来为司马炎所器重，平常也不怎么得罪人，可是，当时贾充是尚书令，是自己的顶头上司，贾充软磨硬泡终于说服了这个老头子，参任恺一本。

此事非同小可，如果你使用皇帝的用品，那可是有忤逆之心啊！是要杀头的。司法部门迅速介入，但是经过调查，证明任恺家中所用之物是齐长公主在魏国的时候，明帝赏赐的，根本与现在不沾边。

其实，贾充何尝不知道？为什么不亲自出马？只不过讨厌讨厌你罢了，也把你拉出来晒晒，也叫皇帝恶心恶心你。

但是，还是有明眼人在。

山涛长期从事组织人事工作，看看任恺在组织部门所选拔的人，都不错，山涛就向皇帝建议，任命任恺为河南尹，负责京师的全面工作。

可是，不怕贼偷，就怕贼惦记。

在任恺任职期间，京师经常发生所谓偷盗案件，报案的人数比以往猛增，而且这些案件都是那么蹊跷，长期抓不到罪犯。贾充们又开始诋毁任恺无能，促使司马炎罢免了任恺，任命他做一个负责宫廷安全事务的光禄勋。

可是，任恺的麻烦还没有完。

你负责皇帝的人身安全，最忌讳的是和朝中的其他大臣交往，这是规矩。可是，又有人控告任恺和一个叫刘友的人交往。刘友是什么人呢？此人做过立进（今在何处不详，大约在洛阳附近）县令，因为侵夺民田，在公元263年被司隶校尉李憙弹劾，被处罚，以任恺今日的特殊身份竟然和这样一个罪犯交往，里面肯定有文章。（根据《资治通鉴》司马光的评述，似乎在公元263年刘友已经被诛杀，但是，从当年司马炎的诏书上看，并无诛杀刘友的痕迹，只是说让严加惩处；结合《晋书·任恺传》的记载，刘友在当年应该未被诛杀，而是受到处罚，因此，司马光的评述应该是不确切的。）

事情被交到尚书省负责处理，这可是贾充的后园子啊。昔日的光禄勋，今天成了阶下囚。

但是任恺至死不承认。不过，正直的人到处都有，尚书杜友、廷尉刘良看不过，迟迟不下判。这杜友是什么人？《册府元龟》记载：杜友过去做廷尉的时候，赵王伦因为曾经让手下刘辑买工人居住的房子，将偷盗给皇帝做的御用裘服，大家都认为刘辑不用说了，该杀，至于赵王嘛，是皇亲，不能连坐，不算犯罪。杜友说，赵王也是和刘辑一样是犯罪。最后，在“刚正人”刘毅的支持下，司马炎采纳了杜友的意见，判决赵王伦也有罪，不过，因为其为皇亲，予以赦免。

明托硬抗，这显然是没事找抽。贾充们立即上奏司马炎把三个人一起罢免，废为平民。

从此，任恺彻底淡出晋朝核心层，经过接连不断的打击，任恺自己也心灰意冷，日日纵酒享乐，再也不可能咸鱼翻身，再也不能对贾充构成任何威胁了。

虽然以后，还是被司马炎安排了一些无关紧要的位置，不过那只是象征性的安慰罢了，任恺再见到司马炎的时候，只是低着头哭泣，司马炎再三劝慰，任恺始终一言不发。

从此，“倒贾派”灰飞烟灭，彻底失败。

事后，有人问和峤为什么不营救任恺呢？和裴楷同为王浑女婿的和峤说：元褒（任恺字）如北夏门，拉攞自欲坏，非一木所能支。（见《世说新语》）意思是说，任恺受到打击以后，自己也不想再去和人争什么了，就像洛阳城北的北夏门一样，眼看着就要倾倒了，不是一根木头能支撑得了的啊！

这就是成语“一（独）木难支”的来历。

九十九　计杀刘猛

如今再探讨刘猛叛逃的原因，我想大约有以下几个方面吧。

一是，中央政府基于稳定的考虑，对匈奴部众，尤其是匈奴上层的控制逐步加强。从西汉末年呼韩斜单于投降以后，就被留在了中央政府，名义上还称为单于，但是位同列侯，朝廷按月发放工资；匈奴部众也和汉民一样，受州郡统一管理，只不过不用交租税。后来，随着部众人数的增加，中央政府意识到，这些人和汉民有一个根本的不同就在于，汉民的精神乃至实际领袖是皇帝，而匈奴心中的领袖却是单于，不是汉人的皇帝。继曹操把匈奴分为五部以后，晋武帝又在其中设置了三率、四率，进一步分化瓦解，并设置不隶属于州郡的护匈奴中郎将，剥夺了匈奴贵族在部众中的实际管理权。权力之争永远是一切争斗的根本原因，当这种剥权行动超出了被剥夺者所能承受的心理底线的时候，反抗在所难免。

二是，部分达官贵人对胡人的歧视、压迫，造成不满。基于不同民族的文明发展状况，高等的汉人自然而然地对文明程度较低，物质匮乏的胡人产生了天然的歧视。当时，在内地的达官贵人经常派人到胡人集居区购买胡人奴婢，被购买来的胡人则从事一些很下贱的工作。比如，根据《三国志·陈泰传》的记载，在陈泰担任护匈奴中郎将的时候，不少洛阳的显贵托人给陈泰送钱，托他购买奴婢。陈泰将所送之礼皆挂在墙上，从不打开。再比如，在以后江统的《徙戎论》里也说道：“士庶顽习，侮其轻弱，使其怨恨之气毒于骨髓。”这种普遍的歧视和压迫，也造成了民族之间的隔阂和对立，激化了民族矛盾。

三是，为了在匈奴各部建立威信。按照学者的研究，在当时中央政府分而治之策略的影响下，入塞的匈奴部众并不统一，但大致可以分为三个大的系统：一是南匈奴，名义上的正统，在河内河东；二是居住于原部的即太原附近的匈奴老王的各部；三是再往北的并州屠各匈奴。对于刘猛的世系，后世学者还存在争议，不再赘述。可以说的是，刘猛的叛逃从一定程度上，也是为其他各部族树立一面旗帜，号召大家统一到他的麾下。

但是，从以后事态的发展来看，刘猛的如意算盘并未达到。原因不仅在于晋王朝反应迅速，而且在于其他部落并没有像他原先设想的那样，追随着他蜂拥而来，参加到反对晋朝的行动中来。相反地，对于刘猛反叛晋王朝的举动，即使在他自己的部族里也存在不同的声音。

这次平定刘猛的具体细节，都已经湮没在漫漫的历史长河里了。甚至是交战双方的主将身世、经过了多少次战斗、具体交战的地点等等，我们都感到迷茫。关于这次平叛，只是散见于《晋书·北狄传》《胡奋传·武帝纪》等中。并且相互记载的内容还有些许差别，不过，通过仔细的甄别，我们还是能够大致得出整个事件的脉络。

在得知刘猛叛逃以后，晋王朝迅速派遣饶骑将军路藩率军前去征讨。路藩与刘猛所部进行了数次交战，并且取胜。为了稳妥起见，晋朝加派徐州刺史胡奋，任命他为监军、假节，屯军硁北（今地不详），作为路藩的后继。

但是，胡奋此前仅为两千石的官员，且属于武将，晋朝最高层感觉有必要再派遣一个朝廷重臣做总监军，于是又派遣娄侯、尚书何桢为监军、持节，总统进讨事宜。何桢到任后认为，刘猛的军队凶悍善战，要采取绞杀战术，必须要调集大部队来，而且，旷日持久，虚耗民力。他感觉只能智取，不宜强攻。于是，何桢充分利用刘猛屡次失败，部众士气低迷，将领各怀异志的机会，利用反间计，成功说服刘猛的左部帅李恪，杀死刘猛率众投降。

史称：从此以后，匈奴震服，很多年都不敢反叛。

可惜，何桢这位重要人物正史竟然无传，唐代刘知己在《史通·内篇》也说这是史家的疏漏："当三国异朝，两晋殊宅，若元则、仲景，时才重于许、洛；何桢、许询，文雅高于扬、豫。而陈寿《国志》、王隐《晋史》，广列诸传，遗此不编。此亦网漏吞舟，过为迂阔者。"查阅《三国志》注引裴松之《文士传》《事类赋》引《晋书》《太平御览》引《何祯别传》《唐六典》引《魏志》《三国志·魏书·杜挚传》裴松之注引《庐江何氏家传》，胡三省注引《三十国春秋》《艺文类聚》等书，我们大致可以知道何桢的简要经历。

何桢，字元干，从小的时候，父亲就死了。十几岁就博览群书，名驰淮南地区。曹丕时代，何桢曾经写了一篇《许都赋》，受到曹丕的激赏，公车征为秘书郎。在职一个多月，一次曹丕见到何桢，就问主事的人说："我本意是提拔何桢为秘书长的，怎么才叫人家做秘书？"就任命何桢为副秘书长。后来，何桢随从司马昭平定诸葛诞的叛乱，当时何桢就已经是最高法院院长了，持节到淮南地区代表皇帝抚慰将士。入晋以后，何桢位居尚书，他和羊祜二人关系非常好，为莫逆之交。到晋武帝平定吴国的时候，王浑在与吴国丞相张悌大战以后，还给老臣何桢写信，报告战况。《旧唐书·经籍志》《新唐书·艺文志》均载有"《何祯集》五卷"，可惜没有流传下来。

北方匈奴的叛乱经过整整一年的时间终于平定下来，让司马炎长长地舒了一口气。

但是，司马炎还没歇过神来，晋帝国的西南边境又出了一件惊雷般的大事。

一〇〇　步阐之变

公元272年的九月，司马炎迎来了两个人，一个叫步玑，另一个叫步璿，兄弟俩，他们都是吴国前任西陵督步协的儿子，现任西陵督步阐的亲侄子，他们来到洛阳的目的有二：一是传达步阐投降晋国的消息；二是作为人质留在洛阳，表示步阐投降的真实性。

在汇总前方将领的密报、核实二人的确切身份并与朝臣密谋以后，司马炎喜出望外。

这的确是天大的喜讯。就在这一年的一月份，何桢用离间计轻松拿下刘猛，历时一年的并州匈奴叛逃事件得以平息。随后四川也发生了胡人骚乱，进而引发了晋军内乱，牙门将张弘竟然杀了益州刺史，幸亏临近的广汉太守王濬及时果断出击，很快击杀张弘，平定了叛乱。晋朝政府顺便任命王濬为益州刺史，很快地，晋朝廷又要把王濬提拔为大司农。当时吴国有童谣唱："阿童复阿童，衔刀浮渡江。不畏岸上兽，但畏水中龙。"羊祜一直琢磨这个童谣的含义，大致意思应该是说吴国害怕的是水军，以后灭吴的话，应该是水军能够立功。当听到朝廷要提拔王濬的时候，远在荆州的羊祜突然恍然大悟，因为王濬起家就是跟着羊祜，做参军，因此，羊祜知道王濬的小名就叫"阿童"，于是，他秘密地给司马炎写信，要求朝廷继续留任王濬为益州刺史，监益州诸军事，加封龙骧将军，并且密令王濬开始修造舟楫，为从水上伐吴做准备。四川的造船工作正在紧锣密鼓地进行着，王濬造船的木屑顺江而下，引起了吴国建平太守吾彦的警觉，他上书孙皓，要求增加建平的兵力，但是孙皓毫不在意。吾彦只好用铁索锁住长江两岸。

而此时，竟然传出了西陵督步阐投降的消息！难道天上竟然真的掉下馅饼了？

因为，司马炎深知西陵对于晋国和吴国具有举足轻重的作用。他把目光投向了西陵。

西陵（也就是夷陵），因“水至此而夷，山至此而陵”而得名。秦国时候，西陵隶属于南郡。到三国时原来的南郡逐渐分划为南郡、江夏、襄阳、宜都、建平五郡。赤壁之战后吴蜀平分荆州，南郡的江南部分借给蜀。蜀分南郡，立宜都郡，西陵隶属于宜都郡。关羽败亡后，宜都和南郡之地又被吴国占领。据《水经注》记载，在西陵县境内有三处吴国故城遗址：步骘城、步阐城和陆抗城。西陵（今湖北省宜昌市）主要有三个大的特点。

一是地理位置十分重要。素以“上控巴蜀，下引荆襄”“三峡门户、川鄂咽喉”而著称。尤其是晋国兼有四川以后，西陵更成为扼守吴国上游的门户，为兵家必争之地，尤其在三国时期是典型的兵法所说的“争地”。

二是地形复杂，道路险狭。山势险要，地形复杂，从陆路进攻不利于大军展开；水上进攻呢，虽然西陵地处下游，但是距西陵峡峡口只有二十里，西陵上游的江水落差很大，水流湍急。进攻方从上游来是很容易，但是回却很难，可以说，西陵还属于兵法上的“挂地”。

三是“蛮夷”很多。在战时，夷族的向背往往成为决定战争胜负的重要方面。

由于西陵对于吴国的重要性，自陆逊击败刘备，夺取西陵以后，就担任了宜都太守，前后在西陵十年之久；其后，在孙权称帝的吴黄龙元年（公元229年），“拜（步骘）骠骑将军，领冀州牧。是岁，都督西陵，代陆逊抚二境”，步骘以重臣坐镇西陵十七年；随后，是步骘之子步协、步阐，算到今天，步家在西陵共计四十三年的时间；其后，还有陆胤、陆抗等人接任西陵督或者西陵都督。可见吴国西部地区的防务一直掌握在步家和陆家两大家族的手里。

那么，如今站在司马炎面前的这两个人所说的吴国西陵督步阐又是什么样的人呢?

步阐，是吴国前丞相步骘的二儿子，步骘死后，步阐的大哥步协仍然统领步骘原来的部队，被任命为西陵的统帅，但是规格比他父亲要低一些，他父亲步骘曾任西陵都督，而步协是西陵督，管理的范围和职权有一定差别，步协死后，步协的儿子步玑继承了步骘的爵位临湘侯，而步玑的二叔步阐则掌握了实权，统领父亲和哥哥遗留下来的军队，被吴国朝廷任命为西陵督，加封昭武将军，另外被封为西亭侯。本来步阐好好的，没做什么错事，过去还秉承孙皓的意思劝说孙皓迁都武昌，可是，到公元272年，孙皓不知道哪根筋痒痒了，提前也没打声招呼，硬是要把步阐调到建业身边做一个绕帐督。据后人考证吴国中央军有十余种之多，绕帐兵只是其中一种，主要是宿卫皇帝。

你也不想想，把一个军区司令调到中央做一个禁卫军的首领，从实权上说明明是不升反降，人家心里是啥滋味？不过，孙皓可不管那些，也许他还在内心深处念念不忘那个荆州兵克扬州兵的谣言，开始慢慢削弱荆州将领的实权，只是目前，他还不敢动陆抗，既然是这样，柿子捡软的捏，先拿下步阐吧！

孙皓的命令是在这一年的八月下达的，步阐突然接到征召的命令，大为惊慌，认为一定是自己有什么过失，而且又担心有人在孙皓那里说了自己的坏话。经过反复协商，步阐决定孤注一掷，向晋国投降，也许是，步阐相信西陵易守难攻，能够坚守住；也许是他要保住这块地盘，为自己将来在晋朝储备一个更大的砝码；也许是难舍故土。总之，他没有像在他之前和在他以后投降晋国的将领那样（如孙秀等人），离开原来驻守的地方，逃往到晋国。

司马炎在大喜过望之余，立即任命步阐当西陵军区司令长官（是都督西陵诸军事，而不仅仅是西陵督）兼首都卫戍司令（卫将军）、开府仪同三司（宰相级待遇）、高级咨询官，兼交州（越南北部）全权州长（空头官衔），封宜都公。可谓是一大群官职。——只是不知道这些个任命是否送到了步阐的手上。与此同时，司马炎派遣荆州（今湖北省北部）州长杨肇率军前往西陵迎接步阐；另派车骑将军羊祜（时驻襄阳）率步兵直指江陵（东吴荆州州政府所在县，今湖北省江陵县）；巴东郡（今重庆市奉节县东）监军官（监军）徐胤，率舰队顺长江而下，攻击建平郡（今重庆市巫山县），援救步阐。这样的战役目的很明确：以羊祜率领主力大军五万进攻位于陆抗防地的东面江陵，企图牵制陆抗，使之不能西上剿灭步阐，如果陆抗胆敢弃江陵于不顾，以羊祜五万大军估计能够攻克江陵，到那时，无疑在陆抗和吴国下游腹地插上一根钉子——按照晋国的乐观估计，陆抗是不会弃近在咫尺的江陵于不顾，而全军西上消灭步阐的；同时，徐胤舰队从四川东下牵制吴国西陵西部的建平，使之也不管东向西陵，这样以杨肇三万兵力接应步阐应该是绰绰有余的。

我们不知道这样的战役部署到底是司马炎的策划，还是羊祜的策划，历史没有详细的记载，从《晋书·武帝纪》的表述上看“遣车骑将军羊祜出江陵……”

似乎可以认定，这主意是司马炎的杰作；但是，《晋书·羊祜传》上却说，“诏祜迎阐。祜率兵五万出江陵……”似乎又有点羊祜自作主张的意思。不过，从中国史书历来为尊者讳的传统做法上分析，大约能够认定，这一高招可能来自司马炎的猪脑子里。因为，这一战略思路，以一部接应步阐，一部作为疑兵，牵制对方，无疑是正确的。但是，从兵力配置上来看，从一开始主题就不明确，主次不分。到底你要搞清楚此次会战的目的是什么？毫无疑问，是解救步阐。那么，既然如此，就应该分清主次，主力部队当然是羊祜所部的五万人马，理所当然地要用于主攻方向，即西陵；而如果有必要牵制陆抗的话，也只能用偏师作为疑兵，攻其所必救。那么，江陵是陆抗必救的点吗？晋国朝廷想当然地这样认为，似乎江陵看似必救，但也未必。因为江陵城高池深，如果一时难以攻下，而等到陆抗消灭步阐腾出手来，那深入吴国腹地的晋军，形势十分危险了。

因此，看似晋军气势汹汹而来，但是，真正用于解救步阐的兵力，也只有杨肇的三万人马，在兵力上并不占绝对的优势。——史书没有记载杨肇究竟带了多少人马，但是，从以后司马炎呵责羊祜的诏书称羊祜拥兵八万解救步阐的话上，去除羊祜亲带的五万，剩下的三万当属杨肇所领人马，也许杨肇实际所领还不足这个数字。

当晋军三路杀来的时候，对面吴国的镇军大将军陆抗究竟要如何面对呢？

一〇一　擒杀步阐

接到步阐叛降晋国的确切消息以后，当时驻扎在乐乡（今湖北省松滋市东北）的吴国镇军大将军陆抗，就立即命将军左奕、吾彦、蔡贡前往讨伐。

面对来势汹汹的晋军，陆抗分别采取了以下部署。

一是，命令先期到达西陵的参战部队，构筑围城工事。陆抗下令：各路大军火速包围西陵，包围以后，从赤谿（今地不详）到故市（西陵城西北），不分日夜构筑工事，把西陵城围得水泄不通，对内包围步阐，对外抵抗晋军。

二是，命令江防舰队司令留虑和镇军将军朱琬逆长江西上，迎战从四川东下的徐胤。

三是，命令公安（今湖北省公安县）防卫司令（公安督）孙遵沿长江南岸，迎战羊祜；同时，命令江陵守将张咸固守江陵，并毁坏江陵附近的水坝。

四是，陆抗决定亲自统率主力部队，进入西陵围城军营垒阵地，迎战杨肇。

先说先期来到西陵的吴军。

长途奔来的吴军各路人马，本来兴冲冲地做好了打仗的准备，现在却叫大家当泥瓦匠，还没日没夜地加班加点，一时间，吴军上下怨声载道。不少将领对陆抗建议说：“现在正应乘三军的锐气，急行发动攻击。等到晋援军到时，我们已攻克西陵，为什么

陆抗像

用包围的方法，白白伤害自己的人民和士卒！”陆抗却说：“西陵地势险要，城墙坚固，粮食又十分充足。而且，所有抵抗外敌的防御工事，都是我从前当西陵防卫司令时策划建设的，今日反过来，由我自己去攻击，恐怕短时间里难以攻取。如果晋军来到而我们却没有防御措施，腹背受敌，将如何抵抗？”但是，大家还是坚决请求发动攻击，尤其是宜都太守雷谭说得十分恳切，陆抗为了要大家心服，下令作一次攻击，果然一无所获。于是，各位将领才带领士兵们专心构筑围城工事。

除了直接援救步阐的晋荆州刺史杨肇和从巴东顺流攻击吴国巫山的徐胤以外，还有晋车骑将军羊祜的五万人大军直指陆抗眼皮底下的江陵。明眼人一看便知，羊祜攻击江陵的举动又是一出“围魏救赵”之计。

是孤注一掷全力拿下西陵，还是解救近在咫尺的江陵呢？

在陆抗身边的将领们都认为陆抗应留在乐乡，就近指挥，可以兼顾两头，不应该亲自围攻西陵，而陆抗却坚持率主力大军西上西陵。他说：“江陵城池坚固，兵力充足，用不着担心。而且，就算江陵陷落，晋军得到江陵，也不能据守，我们的损失微乎其微。可是，晋军一旦夺取了西陵，长江南岸山区蛮族，一定大为震动，后患无穷。”亲自率军西上西陵。

大概陆抗是这样想的：如果救援江陵，那势必是被晋军牵着鼻子走，形势陷于被动，那么，你打你的，我打我的，何况你还不一定能打下江陵呢？如果我先击败西陵，你羊祜自然会撤走。

话虽这么说，战局瞬息万变，谁也说不好结果会怎样。因此，即便是亲自率军全力围攻西陵，陆抗还没有忘了江陵的防守。过去，陆抗认为江陵之北地势平坦，道路四通八达，曾经命令江陵防卫司令（江陵督）张咸，在各河建立水坝，阻截河水，灌入平地，用来切断两国交通；一则防止叛徒逃走，一则抵抗晋军侵入。

羊祜想利用这个人工水道，用船运粮，生怕吴国破坏水坝，就假装说他要破坏水坝，用步兵进击。

陆抗得到报告，下令张咸立即把水坝破坏；陆抗手下的将领都十分困惑，一再劝阻，但是，陆抗全然不听。等羊祜的大军推进到当阳（今湖北省当阳市东）时，吴国江陵附近的水坝已经全部被吴人破坏，羊祜只好下令放弃船舰，改用车辆运送粮草，道路泥泞，运送起来十分困难。

十一月，晋王朝荆州刺史杨肇，率军抵达西陵，另外两路晋军也相继抵达攻击位置。

一时间，晋吴两国在三个地方开打。

东吴围城军将军朱乔的大营司令（营都督）俞赞逃亡（此处断句问题，也可以翻译为逃亡晋国的是两个人：朱乔和俞赞，中华书局版《三国志·陆抗传》即如此断句），投奔杨肇。

陆抗说："俞赞是军中的老军官，对我们的军力配备情形，知道得一清二楚。我常担心我们的少数民族部队，他们平常没有严格训练，如果敌人进攻，一定先攻击我少数民族部队驻守的营垒。"于是，陆抗连夜把少数民族部队调到别处，而用精兵代替原来少数民族士兵驻守的地方。第二天，杨肇果然向原来少数民族士兵驻守的地方发动攻击，陆抗早有准备，立即下令反击，利箭巨石，如同雨下，杨肇兵团伤亡巨大。

杨肇整整进攻了一个月的时间，到了十二月，杨肇不仅无计可施，而且部队也疲惫至极，再无取胜的可能。

为了避免被全歼，杨肇主动放弃阵地，在夜色掩护下撤退。

陆抗打算追击，但又怕城内的步阐抓住机会突围，自己的部队人数不足以应付两面作战。于是，就传令各军狂擂战鼓，做出要大举追击的姿态，并轻装备部队，从后边衔尾追赶。撤退中的杨肇兵团在夜色中失魂落魄，草木皆兵，在西陵崎岖的山路上拼命狂奔，很多士兵丢盔卸甲，扔下武器，自行离开队伍，杨肇兵团大败而归。

杨肇的失败，直接影响到整个战局。

首先是城内的步阐，更是惊慌失措，突围无望，外救瓦解，城内笼罩在死亡的恐惧之中。

其次是羊祜、徐胤两军，本为牵制陆抗，谁知道人家不上你的当，而是毅然决然地全力争夺西陵，攻击杨肇一路，使自己的五万人马无用武之地，也使自己的"围魏救赵"妙计成了一步拙劣的呆棋，战役的目的没有达到，担任主攻方向的部队已经退却，羊祜、徐胤两军再无停留的必要，如果陆抗顺利拿下西陵，回师截断归路，那失败的将不是杨肇一人了，想到这里，羊祜也只好撤退。

三路晋军一一被击退，西陵再也坚持不了多久了。很快地，陆抗就攻克了西陵，诛杀步阐以及同谋的将领官员数十人，全都屠灭三族，也许陆家和步家世代在西陵地区执掌大权，俗话说，一山不容二虎吧，两家的过节大约也是有的，因此，陆抗把步家斩草除根，甚至连怀中的步家婴儿也不放过，致使在江南的步骘绝后，只是在晋朝做人质的步玑继承了步家的香火。而对于西陵城中其他数万兵民，都由陆抗请求孙皓准许，赦免了一死。

战后，陆抗回军乐乡驻地，脸上没有一点自负的颜色，依旧跟过去一样对人谦卑虔敬。因为这一大功，孙皓加封陆抗“总督”（都护）官衔。

而与此相反，晋政府则贬羊祜为平南将军，把杨肇贬作平民。司马炎的诏书是这样说的：羊祜你统领八万人马，敌人才不过三万，你羊祜屯兵在江陵城下，致使西陵的敌人有时间构筑防御工事。你只派遣了杨肇以偏师去进攻西陵这个地势险要的地方，不仅兵少，而且粮食运输困难，致使杨肇失败。你违背了皇帝的命令，没有作为大臣的气节。

羊祜作为统帅，当然应该承担失败的全部责任。而把杨肇免为平民就有点严厉了，虽然战败的是杨肇，但是从他的表现上来看，似乎也看不出哪点罪过，用区区三万人马去进攻三万人驻守的堡垒，本来就是一件很难完成的工作。况且地形复杂，人家是以逸待劳，还是在人家的地盘上作战，什么情况都不熟悉，除此之外，我还推测，因为步阐的投降来得那么突然，荆州部队还在羊祜的政策下，悠悠然过着农夫的生活，突然之间，就要上前线，战斗力可想而知。因此，可以说，杨肇的失败在所难免，本无可指责的地方。但是，谁叫你背后没靠山呢？只能牺牲你了。杨肇被免官以后，从此淡出晋王朝的历史舞台，在家闲居。但是，之所以我们还提他一笔，那是因为，杨肇的女婿是中国历史上著名的美男子——潘安！

杨肇本人也是书法家，和潘安的父亲关系很好，从小就把自己的女儿许配给了潘安（又名潘岳），从此，潘安夫妻伉俪和谐，同时潘安本人对岳父也敬爱有加，杨肇死后，潘岳写下《思旧赋》来表现杨肇的节操，成为一代佳话。

步阐之战的另外一个后果是：

本来对吴国含情脉脉的羊祜看到自己的对手，虽然对自己也投桃报李，含情脉脉，但是，打起仗来却毫不含糊，自己的把戏丝毫瞒不过人家的眼睛，你文来，我文往，你武来，我就武去，咱根本占不了什么便宜。在羊祜看来，只要陆抗不死，很难再提伐吴的事情。四川的王濬是在努力地造船，你造就先造着吧，也许全面伐吴的战役要拖到陆抗死后了吧？见识到陆抗厉害的一面以后，羊祜乖了很多，不再向司马炎提伐吴的事情了。

失败后的羊祜比以往更加注意以和解的姿态对待对面的陆抗了，而陆抗也乐得清净。因此，双方边境又恢复了往日的平静。

一〇二　泰始九年

之所以把泰始九年作为题目，是因为在我看来，这一年对于晋武帝司马炎来说是一个极为重要的转折之年。

这一年司马炎三十九岁。

人家说四十岁的男人一枝花。“成熟”的司马炎身边虽然有美貌端庄的皇后杨艳，还有些姬妾，不过都是过去的老面孔，出现了审美疲劳。这些年来，自己总在忙忙碌碌中度过，回想起来，几乎年年都出大事。不过好在吉人自有天相，一个个突如其来的事情都逐一化解，只有西北的叛胡还没完全轸灭，政府和叛胡处于拉锯状态，不过，在叔叔司马骏的经营下，西北局势基本上趋于稳定。

司马炎难得地心静下来。不过，饱暖思淫欲这话一点也不假。见样学样，看到江南孙皓的潇洒，司马炎的心里也有点蠢蠢欲动了。

为了树立自己爱才的美名，司马炎在去年把一个闻名山东的才女左棻纳入宫中，拜为修仪，位列小妻子群的十二个级别中的第九级。这里有必要简单介绍一下晋朝宫廷小妻子群的编制问题：一级“贵嫔”；二级“夫人”；三级“贵人”；以上称“三夫人”，位比三公；四级“淑妃”；五级“淑媛”；六级“淑仪”；七级“修华”；八级“修容”；九级“修仪”；十级“婕好”；十一级“容华”；十二级“充华”，以上称“九嫔”，位比九卿。十三级“美人”；十四级“才人”；十五级“中才人”，以上位比千石。

左棻是何等人?

左棻，字兰芝，临淄（今山东省淄博市）人，有人说是我国最早的女诗人。她就是左思的妹妹。左思兄妹的父亲左雍只是殿中侍御史这样的小官。左棻的哥哥左思不仅相貌丑陋，而且不爱说话，不好交游，从小学过书法等但都没学成，父亲说，你还不如我小时候呢。听了父亲的这番话，左思开始非常用功，曾用一年时间写成了《齐都赋》，名闻山东。左棻从小也很爱读书，是文学爱好者，名气也很大。晋武帝司马炎心里琢磨：才女必是佳人啊，把才女招进宫来，名正言顺。

可是，充满希望的司马炎一见之下，是大失所望。才女左棻竟然和她哥哥左思一样，不仅姿容丑陋，而且体弱多病，叫司马炎的心一下子掉到了冰窟窿里。司马炎的情感仅仅是失望，而被选进宫来对于左棻来说却是绝望，她写了《离思赋》《答兄感离诗》表达自己骨肉分离的凄苦。在两晋南北朝文学史上，兄妹以文学齐名者，前后有二。晋有左思、左棻，南朝有鲍照、鲍令晖。并且鲍照曾对宋孝武帝说过："臣妹才自亚于左棻，臣才不及太冲尔。"（钟嵘《诗品》）可见，左棻的文学才能。

虽然左棻文名很大，却难解司马炎心中的万条淫虫。

终于，在做通大妻子杨艳和大臣们的思想政治工作以后，司马炎于泰始九年下诏，公开选美。挑选范围是：三公、部长级以下官员们的女儿，胆敢隐藏不参加遴选的，依"不敬"罪诛杀。在挑选工作没有结束前，全国的人都不允许嫁娶。大规模的挑选工作全面展开，开始的时候，司马炎还有点羞羞答答地不好意思，让后宫之主皇后杨艳主持挑选，哪个女人不知道男人的心思？又有哪个女人不吃醋？这杨艳也是一样，生怕皇帝移情别恋了，所以，只遴选那些个身材修长、肌肤雪白的；对于容貌美丽的，全都舍弃不选。挑选工作进行了几天，司马炎不放心，也来凑热闹，一看之下，有个卞姓的美女，就偷偷对妻子说留下来，可是杨艳说："卞家三代都当皇后（曹操、曹髦、曹奂的妻子都姓卞），不可以委屈她当小妻子。"司马炎一听大怒，知道是皇后故意作梗。自己开始亲自挑选，对所有满意的美女，都用黑纱在玉臂上打一个结。把挑选的小妻子们，按照出身和美丽程度，进行安排：部长级官员的女儿，分别在"三夫人""九嫔"，即一级到十二级之间安排；而将军、指挥官的女儿，只能在十二级别以下安排。

这次大选给司马炎选来了另外两个在史书上有名字的小妻子：一个是胡贵嫔，一个是诸葛夫人。

胡芳是胡奋的女儿，被选中以后，胡芳失声痛哭，走下殿来，旁边的人警告她说：别让皇帝听见了。胡芳说：连死我都不怕，还怕皇帝听见？这个性格直爽、言语直率的女人立即得到司马炎的垂青，被封为贵嫔（一等小妻子），从此，司马炎几乎是天天留宿在胡芳的住所。另外一个是诸葛冲的女儿诸葛婉，也就是在伐蜀之战中，被钟会剥夺军权的中路军统帅诸葛绪的孙女，被司马炎封为夫人（二等小妻子）。

虽然左棻不得司马炎的宠爱，但是，毕竟人家来得早，司马炎在把胡芳封为一等小妻子的同时，也把左棻从九等小妻子晋封为一等小妻子，显示自己不仅仅是好色，多多少少也是爱惜人才的。不过由于宫内住房紧张，只有像胡芳这样得到皇帝宠爱的小妻子才有资格住上宽敞明亮的大房子，所以，虽然左棻名义上是一等的，但是，居住条件却无法和人家相比，只能身居陋室。（左棻自称“薄室”）

司马炎是志得意满了。可是，皇后杨艳却心乱如麻。如今，丈夫一下子弄来那么多小妻子，不仅如此，还宠爱起胡芳，这叫杨艳坐立不安，左思右想，和自己的亲戚朋友商量的结果，那就是要让皇帝正式下诏，明确自己的位置绝不能动摇，小妻子再好，也不能后来居上，占了皇后的位置。

什么事情都会上瘾，司马炎选小妻子也逐渐上了瘾，也许是第一次选择没有经验；或者是司马炎还有点羞羞答答，被挑选出来的美女不多，大量美女在皇后开始挑选的时候没有被选入，真是可惜；也许是因为，第一次选进了那么多女人，宫中使唤的宫女出现了极度短缺现象，所以，到泰始十年的时候，司马炎还想再选一次。这时候，杨艳不得不说话了，她也知道皇帝决定的事情，谁也无法改变，那就由着你选去吧，但是，你得答应我的条件，你选来的再好，也只能一辈子是小妻子，不能越位成皇后。

司马炎心急火燎，终于答应了杨艳的要求，在泰始十年一月二十五日，下诏天下，说：“近代以来，宫廷常有擢升宠爱的姬妾当皇后的事，使尊卑的等级，发生混乱。从今以后，不准把小妻子擢升为正妻。”总算安慰了一下皇后。

接着，到三月份，司马炎开始征集五千名普通民家以及低级文武官员的女儿，再次进行挑选，当时送女儿的母亲和自己女儿们难舍难分，在皇宫中抱头大哭，哭声一直传到了皇宫之外。

杨艳受不了丈夫一下子给自己树立了那么多竞争对手，整天见不到过去朝夕相处的丈夫，杨艳郁郁寡欢，尤其可气的是那个胡芳，简直就是个狐媚子，把司马炎弄得神魂颠倒的。

很快杨艳就病倒了，泰始十年七月，杨艳就去世了，在去世前，杨艳还是担心司马炎会忘记自己亲口说过的不立小妻子做皇后的话，生怕自己死后，司马炎会册立胡芳为皇后，从而危及儿子司马衷的太子之位，她知道再说道理也没啥用处，只能以其人之道还治其人之身，就头枕着在司马炎的大腿上，拉着司马炎说：我叔父杨骏的女儿杨芷不仅有德，而且长得也美貌绝世，希望你把她选为皇后。司马炎哭着点头答应了。

等埋葬了杨艳，司马炎把杨芷选入宫中，一看之下，这个杨芷果然美貌非常，而且温柔贤淑，司马炎十分宠爱，想想杨艳的遗言，看看娇媚的杨芷，再对比一下行为超酷的胡芳，尤其是有一次司马炎在和胡芳下棋的时候，司马炎要耍赖悔棋，胡芳不干，掰着司马炎的指头抠那个棋子，把司马炎的手指都弄伤了，当时，司马炎有点不快，嘲讽着说道：说你是个武夫家的，还真不假啊！胡芳立即反唇相讥，说：（司马懿）平定辽东，（司马昭）平定蜀国，谁不是武夫的孩子？〔根据字面，还有另外一种翻译：（我爷爷胡遵随司马懿）平定辽东，（叔叔胡烈）平定蜀国，（到处有我家的战功）我不是将军的后代又是什么！〕说得司马炎无语。

思前想后，司马炎终于在咸宁二年（杨艳死后第二年，公元276年）决定册立杨芷为皇后。为了使杨芷能在后宫立下脚跟，司马炎还把她的父亲从一个镇军将军的普通位置一下子破格提拔为车骑将军，位列上公，并且被封为临晋侯。

对于司马炎的这样安排，当时就有人发表不同意见：

一种是说，古代封侯都是为了做王室的屏障，用皇后的父亲封侯，并且一封就起了个临晋的名号——凌驾晋国？不吉祥。这是从迷信角度说的一种说法。

第二种是国务院执行官（尚书）褚契、郭奕的说法，他们上书说："杨骏器宇太小，目光如豆，不可以托付给他国家重任。"这是从用人角度的研判，说这种说法的郭奕，字大业，也是名气很大的人，很小的时候就被山涛认为胸怀宏大，后来郭奕见到羊祜，十分叹赏，说：羊叔子为什么要遇到我郭大业呢？过了几天，再见到羊祜，又说：人家羊叔子可是比咱强得多了去了啊。

第三种是杨芷的二叔杨珧的说法，他对司马炎说："自从古代起，一家出了两位皇后的，没有一个能保全她的家族。请求把我这份奏章藏到皇家祭庙，有一天真的发生我所恐惧的事情，凭此免除灾祸。"这是从个人和家族利益方面，表示的不同意见。

第四种是来自竞争对手方面的意见。平南将军胡奋，也就是胡芳的父亲看到本来是平起平坐的杨骏志得意满、得意扬扬的样子，气不打一处来，酸溜溜地警告杨骏说：“你自从有了女儿当后台，就忽然变了嘴脸，是不是？观察历代史迹，凡是跟皇帝结亲，没有不满门屠灭的，只看来得早还是来得晚。看你这个样子，不过是加速你家灾祸的来临罢了。”杨骏回嘴说：“你的女儿还不是也在皇宫？”胡奋说：“我的女儿只不过给你的女儿当婢女而已，给家人好处坏处都带不来。”杨骏气得不行，但是也拿胡奋没办法。

虽然司马炎大选后宫，似乎让人看到一点荒淫昏君的苗头，但是，此时的司马炎并没有完全沉溺于温柔乡中，他还时不时地每年亲自开庭审理罪犯，梳理民间的冤情，对于经过他审理的案件，往往都是宽大处理，原谅罪犯的过错，该放的都释放回家了。

最上层亲自俯下身去办具体的案件，这一点，可谓先进。

一〇三　江东陆氏

就在司马炎兴致勃勃地大选美女的时候，公元274年秋天，也就是在陆抗平定步阐之乱后不到两年的时间，吴国的大司马、荆州牧陆抗病故了。

至今，我们还对陆抗两年前在平定步阐之战中，从容淡定、指挥若定的大将风范记忆犹新，陆抗先打破晋军分进合击之势，用次要兵力牵制羊祜主力，用主力部队围城打援，断敌一指，击败晋军，攻克西陵。可以说，真是有乃父之风。

由于我们的重点在司马氏一家的身上，所以，对于吴蜀的政坛和杰出人物介绍甚少，不过，今天，我想趁着北方司马炎在后宫优哉游哉的时候，说说江东的陆氏家族。

江东陆氏家族也是大族，居住在吴郡吴县（今江苏省苏州市），陆抗之父陆逊，原名陆议，字伯言，官至东吴上大将军、右都护、丞相。很早的时候，孙权就把亡兄孙策之女嫁给陆逊。陆逊最经典的战役是江陵之战和夷陵之战，前者，陆逊与吕蒙等合力禽斩关羽；后者则采取诱敌深入、示弱于敌的策略，火烧联营，大破刘备。在东吴占领荆州以后，陆逊建议孙权尽释前嫌，挖掘使用荆州的知识分子，安定人心。到公元228年，陆逊又在夹石之战中大破曹休，致使曹休愤恨而死，陆逊则被孙权拜为上大将军、右都护，回师西陵，并辅佐太子孙登。

陆逊对事情总有先见之明。公元230年孙权要出兵夷州料民的时候，陆逊就指出得不偿失，进行劝阻；公元233年，当公孙渊背信弃义，杀了孙权的使节致使孙权盛怒之下要远击公孙渊的时候，陆逊又一次恳切劝阻，避免了一次注定难以取胜的远征。

但是，到了孙权的晚年，猜忌心日益严重，设置了中书校事这一特务机构，监察百官。连陆逊也不敢大胆直言，以致只能在小范围内窃窃私议，“言至流涕”（《三国志·陆逊传》），为什么会这样呢？虽然陆逊是孙策的女婿，但是，在孙权当权以后，对于奠定了东吴基业的哥哥孙策并不厚道，孙策的儿子到死也只是被孙权封为侯，而孙权的儿子们都被封王，对此就连《三国志》的作者陈寿也对孙权提出了批评，而陆逊作为孙策的女婿，虽然孙权知道其为人，但是，对陆逊也并非真的放心。尤其是到后来，太子孙和和鲁王孙霸的储位之争，使得吴国朝臣截然分为对立的两派。据《三国志·吴书·孙和传》记载：“丞相陆逊、大将军诸葛恪、太常顾谭、骠骑将军朱据、会稽太守滕胤、大都督施绩、尚书丁密等奉礼而行，宗事太子，骠骑将军步骘、镇南将军吕岱、大司马全琮、左将军吕据、中书令孙弘等附鲁王，中外官僚将军大臣举国中分。”可见双方对立程度十分严重。而令孙权担心的是，将来的小皇帝驾驭不了陆逊等江东大族。陆逊是继顾雍做丞相的，而陆顾两家不仅都是江东大族，而且又有姻亲关系，顾雍的孙子顾谭（陆逊的外甥）等人又都是太子孙和一党，也更使孙权对陆逊心存疑忌。在处理了顾谭等人以后，孙权还多次派遣中使责骂陆逊，致使陆逊悲愤而亡。终年六十二岁。

陆凯，字敬风，是陆逊族子，也是能文能武，正直无私。到孙皓的时候，被任命为丞相。孙皓一身怪癖，其一是不喜欢被人看，陆凯说，群臣没有不认识的道理，一旦君主有什么不测，臣下没法办。孙皓只好听任陆凯看他的脸。当孙皓迁都武昌的时候，陆凯表示了反对意见；对孙皓的大兴土木，陆凯也是切谏不已，但是均不被孙皓采纳。等到陆凯临死的时候，对孙皓说：“何定不可任用，宜授外任，不宜委以国事。奚熙小吏，建起浦里田，欲复严密故迹，亦不可听。姚信、楼玄、贺邵、张悌、郭逴、薛莹、滕脩及族弟喜、抗，或清白忠勤，或姿才卓茂，皆社稷之桢幹，国家之良辅，原陛下重留神思，访以时务，各尽其忠，拾遗万一。”（《三国志·陆凯传》）然而，这些被陆凯临死推荐给孙皓的大臣，后来都相继被孙皓杀死了。

再有我们说的陆逊之子陆抗。陆抗是陆逊的二儿子，陆抗二十岁的时候，父亲陆逊死去，陆抗在安葬了父亲以后，回到建业面见孙权谢恩，孙权派中使拿出过去杨竺告发陆逊的书信责问陆抗，陆抗一一解释清楚，才消除了孙权的猜疑。六年以后，当陆抗生病回建业的时候，孙权见到陆抗，流着眼泪请求陆抗原谅自己对其父的不公正。等到孙皓继位以后，他和自己的族兄弟陆凯一样，多次上书指出孙皓的过失，反对任用何定，即使在病重的时候，陆抗还抱病上书孙皓，说：西陵、建平，位置十分重要，并且两面接敌，还处于下游。并且说自己的父亲陆逊也曾经说过，西陵就是吴国的西门，虽然说易守，也易失。如果失守，不但损失一郡，整个荆州就要失去了。如果西陵发生战争，必须要起全部的兵力去争夺。

当时，孙皓把自己的孩子和弟弟一共十一个都封为王，每一个都配备三千兵马，一共就有三万三千人。——估计孙皓也是学习司马炎的。

这对于吴国来说不是一个小数目。陆抗说，自己统辖的地域将近千里，四面都有敌人，而只有几万人马，一旦出现危机，根本无力分兵援救，过去自己曾经请求增加三万精兵，但是没有被允许，现在再次请求能够使自己的军队人数达到八万。并且，陆抗还拳拳叮嘱孙皓，在自己死以后，要密切关注西方（《三国志·吴书·陆抗传》）。

但是，孙皓一点都不把陆抗的临终之言放在心上。

陆抗死后，孙皓采取了与汉武帝对诸侯王推恩令一样的办法，把陆抗所统领的部队一分为五，让陆抗的五个儿子陆晏、陆景、陆玄、陆机、陆云分别统领。陆晏为裨将军、夷道监；陆景的夫人是孙皓的亲妹妹，拜偏将军、中夏督，在王濬灭吴之战中先后被乱军所杀。陆玄无传。陆机、陆云，号称“二陆”，均为著名文学家，后入晋，我们以后再说。

陆抗死后，吴国再无良将。

一〇四 愈加暴虐

而在孙皓看来，吴国有无良将似乎没太大关系。

因为，他坚信一切都有天命。既然自己有天命所在，他自信天下终究会是他的。

在陆抗死后直到吴国灭亡的几年里，孙皓再也听不到有人在耳边聒噪，他更可以为所欲为了。就在陆抗病死前，吴国会稽地区有人散布流言说：章安侯孙奋将要成为天子。孙奋是孙权的小儿子，是孙皓的叔叔。孙奋母亲仲姬的坟墓在豫章，当地官员张俊也是见风使舵之人，为了提前巴结未来的皇帝，亲自去给孙奋母亲扫墓。这是最犯皇帝忌讳的事情，孙皓知道以后，大怒，车裂了张俊，诛杀三族，并把叔叔孙奋和他的五个儿子全部处死。

陆抗死后，中书令贺邵因为中风，说不了话，请病假休息。孙皓不知道发什么疯，怀疑贺邵请假有假，装病不上班，就把他弄到酒窖里，打得皮开肉绽，还是说不出一句话。要说你该相信了吧，可是，孙皓反而更加恼怒——我要让你说话，你不说，天下竟然有我孙皓达不到的事情？——命令把贺邵的头用锯锯下来。

收拾了贺邵，孙皓突然想起了陆凯临终推荐的楼玄。有人说看见贺邵和楼玄曾经在一起，在耳朵边说悄悄话，说完了，两个人还哈哈大笑。孙皓最见不得别人有什么事情瞒着自己，于是把楼玄父子发配充军，最后将二人逼死。

会稽郡（今浙江省绍兴市）郡长车浚公正清廉，政绩优良，正好遇到大旱，田野枯焦，人民无粮，饥饿悲苦，车浚请求赈济拯救，孙皓认为他收买民心，派人斩首。尚书熊睦稍微说几句规劝的话，孙皓用刀柄把他捣死，熊睦满身都是捣出的伤口，没有一片完整肌肉。

孙皓嫉妒学问、风采比自己强的人。继任中书令的张尚，思路清晰，口齿伶俐，机敏过人，和孙皓谈话的时候，人家说的道理总是出乎孙皓的意料，孙皓渐渐恼恨。有一次，孙皓故意问张尚：你说我的酒量咋样？张尚巴结道：陛下，你可是百觚之量呀！是把孙皓比作孔圣人——因为，公认的从古到今最有酒量的人就是孔夫子，据说，孔夫子能喝百觚的酒，折合现在大约二百斤，而且从来没醉过，孔融曾在他的名篇《难曹公表制酒禁书》上说：尧不千种，无以建太平；孔非百觚，无以堪上圣。司马昭的岳父王肃编的《孔丛子》，也说道，尧舜千种，孔子百觚。——孙皓本来问这话就是找碴儿，一听张尚这样说，立即又是大怒，说：你明明知道孔子没有称王，还敢把我比作孔子！就把张尚杀了。

君主们总是害怕别人不忠于自己，尤其是昏庸之主，更是如此，因为，他们偶尔也感到自己的所作所为根本不足以服众，所以，更需要特务机关。在诛杀了何定以后，孙皓又迎来了第二位奸佞小人——张俶，在张俶的大力推动下，吴国的全民大兴告密、诬陷之风，弄得朝政乌烟瘴气。孙皓每诛杀一名大臣，总会有与之牵连的大批吴国贵族、将领纷纷逃往晋国。

但是，孙皓还沉浸在“庚子年青盖入洛阳”的美梦中。而为了配合孙皓的迷梦，吴国到处总是出现祥瑞——谁都晓得是怎么回事。

一会儿，有人对孙皓说临平湖过去堵塞了，现在又和外面的河水连起来了，过去有人说：此湖塞，天下乱；此湖开，天下平。孙皓猛的一喜。

一会儿，有人献上刻有皇帝两个字的石头，说是在湖边发现的，孙皓马上改元“天玺”，说是上天给他的玉玺。

一会儿，历阳山上发现并列着七个一模一样的山洞，山洞石壁全是赤黄色，民间把它称为“石印”，传言说：“石印开，天下太平。”县长奏报孙皓说：“石印确已突破尘封。”孙皓兴高采烈，把山神封王。大赦。又改年号为天纪。

真是善于自欺欺人啊，不过，关于庚子岁入洛阳的传言却是真实的——只是在庚子年（公元280年），吴国被灭，孙皓顶着青盖进入了洛阳，不是战胜者，而是战败者进去的；心情也不再是兴高采烈，而是忐忑不安。

一〇五　卫瓘平北

我们知道，司马炎在位一共就三个年号。

一个是泰始，共用了十年；一个是咸宁，用了五年；最后是太康，也用了十年，因此，很好记忆。泰始，反过来就是始泰，开始向好的方向发展；咸宁，是平定了天下；而太康呢，天下安康，不过，太安康了，就要物极必反了。历史的进程还真是那么一回事。

大家还记得，司马炎为了应对北方边境局势，在并州匈奴刘猛叛逃以后，曾经任命卫瓘为征北大将军、都督幽州诸军事，幽州刺史，护乌桓校尉。为的是稳定北方的鲜卑部族，以免引起连锁反应。

当时的北方主要有两个实力较强的部族，一个是位于北京、山西北部的鲜卑族拓跋部，另一个是位于东北部的乌桓。

乌桓部族在三国时代，因为其处于魏国北部辽东、辽西、右北平三郡的北部，因此，被称为三郡乌丸。公元207年，曹操大破乌丸名王蹋顿，乌丸投降二十多万，受到了沉重打击，但是到了晋朝乌桓其他部落又慢慢壮大起来，时时寇掠北方，但总的来说，乌桓的实力较弱，基本上从属于鲜卑拓跋部。

当时的鲜卑拓跋部是老王力微，后来，拓跋部建立了北魏，尊称力微为始祖神元皇帝。《魏书序纪》记载，力微的父亲诘汾一次游猎，遇到了一位仙女，生下力微。因此，当时有人说：诘汾皇帝无妇家，力微皇帝无舅家。仙女之说难以令人信服，大约当时诘汾部落已经衰落，受到西部其他鲜卑部众的侵扰和奴役，诘汾与统治自己部落的贵族女人通奸生下的力微，而不敢说出女方名姓吧。

力微继承衣钵以后，开始了复兴自己部族的事业，到曹魏景元年间，力微已经基本统一了鲜卑拓跋各部，连赤城以东的乌桓都依附他，公元258年力微迁徙到盛乐。

为什么秃发树机能的河西鲜卑反叛，能叫司马炎联想到拓跋鲜卑的稳定呢？那是因为，拓跋鲜卑和秃发鲜卑本来是一家。

因为，拓跋力微是天女所生，所以，他哥哥匹孤虽然是长子，但是不得立为头领，带领一部分部众西去，来到六盘山地区，而匹孤就是秃发树机能的老爷。你看秃发家和拓跋家本来就是一家人嘛，甚至有人认为“秃发”就是“拓跋”的转音。如今的拓跋鲜卑老王力微还是秃发树机能的叔老爷呢。

这种情况，能不让司马炎揪心吗？

力微鉴于匈奴和乌桓的结局，不敢与中原为敌，开始与魏国通好，公元261年派遣太子沙漠汗作为人质留在洛阳，双方边贸热火，关系还好。等到晋武帝的时候，沙漠汗已经在中国居住了六年之久，在泰始三年，司马炎让沙漠汗回国探亲一次，不过，也许是习惯了中原的生活，也许是还有需要继续做人质，回去一下，沙漠汗就又回来了，从此，沙漠汗就像是一只候鸟，在北方和中原之间穿梭不停。

但是居住在盛乐的力微逐渐丧失了对部族的控制力，其间，鲜卑和乌桓的部民也时常骚扰北方边境。《晋书·卫瓘传》记载力微、乌桓开始逐步侵扰晋朝，尤其在东面，公元273年拓跋部一次就在广宁（今河北省涿鹿县）杀掠五千人，公元276年鲜卑攻打并州被胡奋击退。

等卫瓘主持北方军政事务以后，曾经秘密上报司马炎，请求还像以往那样把沙漠汗作为人质滞留在洛阳，但是，司马炎不想失信，没有采纳卫瓘的意见。

此时，西北鲜卑与晋朝的战争已经处于白热化状态，晋武帝担心力微统领的庞大的拓跋部与晋朝逐渐紧张的关系加剧，公元275年底，晋武帝让沙漠汗带着大量财物返回拓跋部，但是，由于胡奋与拓跋部在并州边境作战，使得沙漠汗滞留在并州无法回国。

卫瓘又上书要求朝廷出钱，离间拓跋各个小部落的大人们，司马炎同意了。从此，卫瓘不仅对拓跋部内部的各个部落的大人行贿，而且还对暂时依附于拓跋部的外部落如乌桓部的大人们行贿，离间他们与力微的关系，这些收到贿赂的大人们对卫瓘是言听计从。

卫瓘知道力微的太子沙漠汗由于长期不在老王的身边，力微的其他儿子们也都觊觎太子之位，身边都有支持自己的部落大人。而此时的老王年龄也达到了百岁，统御各部的能力逐渐下降，于是卫瓘想到了一个促使力微内乱的计策，他改变了原来主张滞留沙漠汗的主意，而是借着力微年事已高，建议司马炎放回沙漠汗，表面上是体现宽大仁慈，其实，卫瓘已经安排了各部大人对沙漠汗谗毁的连环之计。

听说儿子沙漠汗经皇帝司马炎批准回来看望老父，已经一百多岁的老王力微十分高兴，他派遣各部大人到边境附近的阴馆（今山西省代县西北，又名下馆城，汉初为楼烦乡）迎接。酒喝到大家都已经是醉醺醺的时候，沙漠汗也是为了显摆，从腰里摸出一个弹弓，望着树上的飞鸟，对大家说，我给你们打下来。一弹弓下去，把鸟就给打下来了。

当时，鲜卑部族并没有见过弹弓之类的玩意，在座的各部大人一看，各个目瞪口呆，以为沙漠汗身怀异术，私下里相互商量：这沙漠汗穿着华丽，和晋人一模一样，并且还学会了晋人的异术，老王年事已高，死亡在即，如果沙漠汗继位为王的话，肯定要改变风俗习惯，我们这些老骨头们肯定不会得志，倒不如援立在家的王子们做王。

大家意见空前的一致，于是，离开沙漠汗，一并飞马驰还。老王力微见到大家回来，独独不见儿子，就问：我儿子在南边多年，情况怎么样啊？

大家一致说：太子现在在晋朝学的才艺非常，引空弓，不用箭，就能够射下飞鸟，好像是得了晋国的怪异法术，是个乱国害民的人，还是建议您明察。

老王大概是老糊涂了，就随口说道：你们看，如果你们感觉以后不能侍奉他，那就杀掉他算了。

这一群部落大人们得到力微的口信，又飞马来到塞下，三下五除二，不由分说，就把沙漠汗给杀了。

名义上臣属晋朝的拓跋部，竟在晋朝国内把晋武帝扶植的沙漠汗害死无疑等同于对晋朝的宣战。公元277年初沙漠汗被害不久，晋武帝就正式下诏令征北大将军卫瓘攻打拓跋部，这时，力微的病也加重了。而被卫瓘招降的乌桓王库贤当时在拓跋部当差，看到力微病重，就明目张胆地在院子里磨大刀斧头，别人问是咋回事，库贤说：老王对各部大人杀了沙漠汗十分恼怒，也要把各部大人们的长子杀掉泄愤。

这话很快传遍各部，吓得人们纷纷逃离盛乐，拓跋部瓦解，陷于混乱，很快地，力微也死去了，终年一百零四岁。从此，北部边境趋于稳定，乌桓投降了晋朝，拓跋部众分散，各部不再有统一的领导，晋朝军队和官员随即进驻拓跋部。

力微在草原上生活的儿子拓跋悉鹿继任头领，但是，各部已经离叛。拓跋悉鹿在位九年，到太康七年的时候去世。他的儿子拓跋绰继位，在位七年，在晋惠帝元康三年的时候去世。

沙漠汗死后，留在晋朝的沙漠汗三个儿子猗㐌、猗卢和弗。当时最大的猗㐌也只有十二岁，他们均在晋朝培养长大，完全汉化。

此时，完全汉化的沙漠汗的儿子们也长大了，小儿子拓跋弗被晋朝安排为头领，但是，拓跋弗不知道是什么原因很快死去。

对于汉化的沙漠汗的这三个儿子，鲜卑部众并非真的顺从，为平衡关系，也为了进一步分化瓦解，随后，在元康五年，晋朝把拓跋部分成三部分：

一是，由力微在草原的儿子禄官，统领一部居住在东边，具体位置在上谷（今河北省怀来县大古城村北约一千米处）以北，濡源以西，东面是鲜卑的宇文部；

二是，由沙漠汗的大儿子猗㐌统领一部，居住于代县的参合坡（今内蒙古自治区凉城县附近）；

三是，由沙漠汗的二儿子猗卢统领一部，居住于盛乐故城（今内蒙古自治区和林格尔县）。

同时，根据《魏书》等资料，看出晋王朝在分立拓跋三部以后，在部落里还设立了辅相制度（政治委员），部落将领很多也是晋人，这些人不仅是晋朝的官员，而且也是北方拓跋部的官员。从地图上不难看出，猗㐌和猗卢所统辖的地区相邻很近，其政权几乎就像是晋朝建立的两个地方政权。

话说远了。

回过头来看，此时的卫瓘因为成功地平定了北方局势，在咸宁初年，被司马炎召回拜为尚书令，总理军国大事，并加侍中。

一〇六 疑忌齐王

咸宁元年（公元275年）发生的一件事，使司马炎在第二年把宠臣贾充从司空、侍中、尚书令，并兼领兵的位置上拿下，先是剥夺了贾充的领兵权，然后，升为太尉、行太子太保、录尚书事，而把立有大功的卫瓘召回洛阳担任尚书令。

公元275年，洛阳发生了很大范围的传染病，光死亡的人数就达到万人，可见疫病是多么厉害。

只有疾病和死亡是公平的。大约是没有遵循健身专家嘱咐的“冬天宜藏”的告诫，由于需要临幸的女人过多而纵欲过度，贵为皇帝的司马炎也不幸得了疫病，并且，看起来几乎没得治了。朝野上下都在心里盘算着假如司马炎病死，后事该如何处理的事。面对如今纷繁复杂的局势，恐怕那个年仅十六岁的呆傻太子司马衷是无论如何也难以应付得了的。众人都对帝国的政局忧心忡忡。

夏侯渊的第七个儿子夏侯和，曾经在钟会叛乱的时候和羊琇一起坚决抵制过钟会，如今是河南尹，他意味深长地对贾充说：“你的两个女婿，一个是太子司马衷，一个是齐王司马攸，如果论起亲疏来，那是一样的。要立新君，还是立有德的人。”贾充听到以后，默不作声。

夏侯和也许就是齐王派来试探贾充的棋子。

齐王为了能继位，也可以说是费尽了心思。此前他做得很好，在朝臣中的威信很高。比如，按照规定，诸王的官吏俸禄都是由中央发放，司马攸却上书表示王国的租税足够给王国官吏发俸禄了，在司马炎看来，如果俸禄都是你发，那官吏听你的还是听我的？因此，司马攸上书十几次，司马炎硬是没有同意。虽然当时司马攸住在洛阳，但是，自己王国里的文武官属包括普通士兵都能够得到司马攸分给的粮食，遇到疾病死亡，司马攸都要赏赐帮助。王国遇到水旱灾害的时候，司马攸就拿出粮食发放给灾民，遇到丰年才让农民偿还，并且还只让人偿还百分之八十。此外，对于军国大事，司马攸也是十分关注，每次议论都很得体，深得朝臣之心。但是，只是看不上荀勖的为人，十分讨厌荀勖。

夏侯和的话除了贾充，别人是不会泄露出来的，而最终将这话传入司马炎耳朵的人就是贾充的同党荀勖和冯紞。

荀勖也知道齐王对自己不感冒，等司马炎病体康复以后，荀勖似乎很平淡地对司马炎说："陛下，你千秋万岁以后，恐怕太子不能继位啊！"

司马炎一惊，问："为什么？"

荀勖说："现在百官都倾心于齐王，太子怎么能够顺利继位呢？陛下你如果不相信，您试着让齐王离开京师，回到齐国，肯定百官都会谏阻。"

荀勖又让冯紞对司马炎说："陛下前段有病如果不好的话，太子肯定就被废了。齐王为百姓所归，公卿所仰，就是自己想高让，能成吗？还是应该迁回王国，以安社稷。"

司马炎听到了夏侯和对贾充说的话，就把夏侯和的实权剥夺，让他任光禄勋。

同时，又把贾充的兵权去掉，但是一切待遇照旧，并且，很快地，在平吴之战中，还任命贾充为总指挥，这就更耐人寻味了——也许对贾充的惩罚只是在掩人耳目罢了。

至于齐王，司马炎深知齐王为大众所爱戴，如果要让齐王离开首都，还需要有一个名正言顺的理由。

理由很快就来了。

公元277年，司马炎的新婚妻子杨芷的二叔杨珧就上书提出建议了。这个杨珧可不简单，在侄女刚被立为皇后的时候，看到自己的哥哥杨骏骄傲的样子，深为恐惧，他对司马炎提出以后如果皇后家出事了，别牵连到我杨珧家，司马炎同意了，并写成文书藏在石室。——你因此有宠，想就此避祸，能行吗？

此时的皇后家和太子妃贾家的关系还处于亲密期。杨芷是新嫁的婆婆，贾南风是过去的儿媳妇，杨芷也想搞好关系为自己的将来打算，贾南风呢？太子之位时刻在风雨飘摇之中，哪敢有半点不规矩？

虽然太子司马衷蠢笨，但是司马衷继位的话，杨芷既是小皇帝的姨妈，又是小皇帝的继母，是名正言顺的太后。而假如齐王继位呢？杨芷是人家嫂子，最多弄个什么宫皇后而已。这点杨家的人看得很清楚。

于是，杨珧等人上书司马炎等建议："古代各封国国君，主要的目的在于散布全国，捍卫中央。而今所有亲王、公爵，都集中京师，已失去捍卫的原意。而且非皇族的将领们，驻防边疆时，最好加派皇亲国戚作为助理。”

晋武帝司马炎立即同意：

一是根据采邑人口多少，把封国分为三等，大国设三军，五千人；次国设二军，三千人；小国设一军，一千一百人。（平原国、汝南国、琅邪国、扶风国、齐国，属“大国”。梁国、赵国、乐安国、燕国、安平国、义阳国，属“次国”。其余属“小国”。）

二是，对于除了当王以外，还身兼帝国军事长官的，就封国改封到军区司令部附近的地区。

于是在当年的八月二十一日，帝国进行了一次较大规模的王爷改封活动：

扶风王司马亮改封汝南王，当镇南大将军，兼豫州（今河南省东部）军区司令长官（都督豫州诸军事，司令部设许昌）；

琅邪王司马伦改封赵王，当邺城（今河北省临漳县西南邺镇）留守司令官（督邺城守事）；

勃海王司马辅改封太原王，当并州（今山西省中部）军区司令（监并州诸军事）（司马辅，是故安平王司马孚的儿子）；

东莞王司马伷驻防徐州，改封琅邪王；

汝阴王司马骏驻防关中，改封扶风王；

又改封太原王司马颙为河间王（司马颙是司马孚的孙儿）；

改封汝南王司马柬为南阳王。凡是不兼政府官职的亲王，全部遣送回国；各亲王、各公爵留恋京师繁华，但又不能不走，每人都哭泣流泪，依依而去。

司马炎又封皇子司马玮当始平王、司马允当濮阳王、司马该当新都王、司马遐当清河王。

改封了王爷们，司马炎也没忘记非皇族官员。对于有大功的，都封郡级公爵或郡级侯爵。封贾充当鲁郡公，追封王沈当博陵郡公。改封巨平侯羊祜当南城郡侯，羊祜谦让拒不接受。

虽然赶走了大部分王爷，但是，因为齐王的身份和威望，齐王并没有离开京城。司马炎还得慢慢来。

杨珧的建议让各位王爷有了自己独立的王国，等到以后中央出现危机的时候，在王国中的王爷们就有了对抗中央的实际权力。但是，在开始的时候，杨珧无疑得罪了大部分王爷。 也直接导致了后来中护军羊琇和北军中侯成粲密谋刺杀事件。不过，这是后话，暂且不表。

一〇七　羊祜去世

陆抗的死和孙皓的暴虐，刺激着羊祜的心。

陆抗死后两年，在晋咸宁二年（公元276年），羊祜就上书司马炎，恳请司马炎伐吴。他说：当时灭蜀的时候，大家都说要接着灭掉吴国，但是从司马昭灭蜀到现在，已经过去十三年了。如果不灭掉吴国，将使人民不得不一直服兵役。接着，他阐述了一般情况下，大国肯定会灭掉小国的规律，并把吴国的天然屏障与蜀国进行了对比，分析了孙皓暴虐，大失人心的情况，指出从四川、荆州、扬州、徐州、青州等地一起出动，吴国就备多力分，如果一个地方被攻破，就上下震荡，即使有智谋的人也无法挽回败局，并且一旦突破长江天堑，晋军弃船登岸，攻城野战，将是用自己的所长攻敌人的所短，肯定很快就能够灭掉吴国。

司马炎对此十分赞同。

但是，贾充、荀勖和冯紞等人坚持认为，目前西北战局还处于如火如荼之中，不应当另外再开战端。只有度支尚书杜预和中书令张华和司马炎的意见一致，赞同羊祜的计划。

不过，说到底，贾充等人还是属于一级重臣，羊祜、杜预、张华尚属于二级重臣，司马炎虽然赞同，但是贾充等人在朝中一呼百应，司马炎也只好把伐吴的事情暂时放一放了。

消息传到荆州，羊祜失望之际，喟然叹息，说道："天下不如意的事情常常十件就能有七八件，老天给予的机会不抓住，将要让以后的人为之叹恨吗！"

隔过一年，到了咸宁四年（公元278年），这一年的一月，羊祜的亲姐姐、弘训太后羊徽瑜病死，终年六十五岁。

姐弟情深，五十八岁的羊祜也因之哀痛发病，请求入朝。羊祜到洛阳以后，司马炎特准他乘软轿到金銮宝殿，不行叩拜之礼，即行落座。羊祜当面报告进攻吴国的计划，司马炎完全赞同。由于羊祜病重，不能常到金殿面商，司马炎就派最高立法长（中书令）张华到羊祜家请教，羊祜说："孙皓暴虐已到极点，我们征伐，用不着打，就可以征服。万一孙皓死掉，吴国出现英明的君王，我们纵有百万精锐大军，连看一眼长江都不可能，那可是最大的后患。"张华表示完全同意。羊祜还勉励张华说："完成我志愿的，那就是你啊！"

对于伐吴的事情，司马炎一直在左右摇摆，下不定决心。最主要的原因还在于，司马炎的性格：耳朵软，没主见。朝中主战派是绝对少数，羊祜远在荆州，书信写得再好，也不如当面讲得好，而司马炎面前絮叨的总是贾充那帮人，不由得司马炎不犹豫。这次羊祜亲自见到司马炎，对伐吴的战略做了深入细致的分析，又一次打动了司马炎。

致使他竟然打算请羊祜带病出征，躺在床上指挥（卧护诸将），羊祜淡淡地说："对付吴国，不一定非我亲自前往不可。问题在统一全国之后，陛下恐怕要多多思虑如何治理。功名利禄的事，我没有兴趣。只是盼望：对于这么大一片家业，在托付给人的时候，要谨慎选择。"——这话很隐晦，既可能是说继位的新君，也可能是说选拔的官吏。

到了十一月，羊祜病情恶化，在临终之前，羊祜还举荐杜预代替自己做荆州最高指挥官。司马炎立即把杜预任命为镇南大将军、都督荆州诸军事，来安慰羊祜，也表明了自己坚决伐吴的决心。随即，羊祜就去世了，当天，天气严寒刺骨，司马炎想起羊祜的音容笑貌十分哀伤，鼻涕一把泪一把地哭个不停，鼻涕眼泪流到胡须上，都凝结成了冰。羊祜临死的时候命令：不准把"南城郡侯"的印信随棺殉葬。司马炎说："羊祜几年以来，一直拒绝郡侯封爵，身没亡故，此情仍存，现在仍恢复他原有巨平县侯，彰显他高贵的品德。"

得知羊祜去世的消息，荆州大街小巷，一片痛哭之声，店门自动关闭。对面东吴帝国边防军将士也都为之落泪。如今的襄樊城南的岘山，是羊祜生前喜欢游览的地方，襄阳人在上面建立纪念碑和祭庙，每年节日，按时祭祀，看到纪念碑的群众，都忍不住呜咽流泪，遂称该碑为"堕泪碑"。——这就是我说羊祜是晋初第一名臣的原因，老百姓的眼睛是雪亮的，对比王祥、郑览，甚至何曾、贾充等人，虽然他们比羊祜的官位高，名气大，但是，有的死去的时候，悄无声息，有的遗臭万年，没有人记得他们，更没有人为他们哭泣。

不过，羊祜也绝对不是完人，羊祜的不足之处大约有两点。

一个就是我们前面说过的步阐之战，羊祜的确存在失误，这个大家都知道。

第二个，大约是在泰始初年的时候，当时的尚书令是裴秀，羊祜和贾充一样被任命为裴秀的副手。根据《晋书·裴秀传》的记载，当时就有人说安远护军郝栩曾经给别人写信称自己和裴秀认识，但愿以后裴秀能对自己有好处。这时就有人说应该免掉裴秀的官；后来，司隶校尉李憙又上书说，骑都尉刘尚为裴秀而占用公家的稻田，司马炎都没追究裴秀。《晋书·山涛传》记载："及羊祜执政，时人欲危裴秀，涛正色保持之。由是失权臣意，出为冀州刺史。"说的也是当时还是有人企图弄倒裴秀取而代之的。那么，这个人究竟是谁呢？"由是失权臣意"的权臣究竟是谁呢？根据《晋书·裴秀传》的记载，贾充还是裴秀的小儿子裴頠的从母夫，并且从裴秀死后贾充对裴頠的百般呵护上来看，贾充陷害裴秀的可能性不太大。再仔细回味《晋书·山涛传》，联系上下文，说到的"及羊祜执政……"等话，也许那个幕后的权臣指的就是羊祜吧。当时的羊祜尚属中年，可能仕进之心还比较强烈？不过从羊祜本传上却说羊祜对于贾充、裴秀等前辈都十分尊敬和谦让……至今难以明白那个权臣究竟是谁？是《晋书》的作者为尊者讳难以说出口？还是本身就没有具体的人呢？

所以说，羊祜的这第二点瑕疵也是属于存疑的。

不过，在朝堂之上，此类争斗也在所难免，即使有，对于羊祜的一生来说，这也是白璧微瑕，或者说是瑕不掩瑜的啊！

一〇八　马隆定西（一）

西北的战事还在持续。

不过，在泰始末年到咸宁初年的时候，局势逐渐朝有利于晋朝的方向发展。

还在泰始十年（公元274年）的时候，凉州的叛乱胡人进攻金城诸郡，镇西将军汝阴王司马骏发兵征讨，杀了其部落首领乞文泥等人，取得了讨伐西北叛乱的第一个较大的胜利。这一胜利，也使得在第二年，也就是咸宁元年（公元275年），采取了暂时投降的策略，在这一年的二月，秃发树机能向晋国朝廷送去人质，表示投降。

西北局势暂时平定下来。

不过，这种只是风暴来临之前的平静。

对于司马骏来说，十分清楚秃发树机能的意图，不过是暂时休养生息，司马骏也不想就此穷追猛打，只要你暂时安定，我就先不理睬你，兵锋转向他人。

紧接着，西北捷报频传：

咸宁元年六月，就在秃发树机能表示投降以后的四个月以后，西域戊己校尉马循讨伐叛乱的鲜卑，又取得了胜利，斩杀了叛乱头领。

咸宁二年五月，镇西大将军汝阴王司马骏讨伐北地胡，又取得了大胜，斩杀其头领吐敦。

同年七月，原在塞外的鲜卑阿罗多等部落，企图接应内地鲜卑叛乱，入边骚扰，被西域戊己校尉马循击败，斩首四千余级，获得九千余人，于是这一部落也投降了。

秃发树机能在蛰伏了一段时间以后，很快地又起兵了。

还是在泰始八年（公元272年）的时候，敦煌的原太守死了，刺史杨欣上表让敦煌令梁澄暂代太守，而当地的郡中功曹宋质不同意，上表要让军中的议郎令狐丰为太守，杨欣大怒，派兵去进攻敦煌，却被宋质的州兵打败。令狐丰也就乐得捡个便宜，趁着胡人叛乱、局面混乱、西北悬远、朝廷难治，自立为太守。到咸宁二年（公元276年）令狐丰死去，弟弟令狐宏还想继续代替哥哥做太守。这下，杨欣派兵趁着令狐丰死亡，一举攻下敦煌，斩杀了令狐宏，传首洛阳。

鉴于凉州中央主力兵力薄弱，司马炎命令司马骏往凉州送去七千精兵代替当地的守兵，一方面，镇抚刚刚平定下来的局势；另一方面，防备胡人的进攻。

就在这七千兵马上路的时候，秃发树机能和另外一个胡人头领侯弹勃企图在路上进行伏击。

司马骏侦知了这一情报，咸宁三年（公元277年）三月，派遣曾经在诸葛诞叛乱中投降司马昭的文钦之子无敌将文鸯，率领雍州、凉州、秦州等各路兵马，合围秃发树机能等。文鸯不愧为无敌将军，这次讨伐大破秃发树机能，秃发树机能本人带领自己直属的二十个部落和侯弹勃等人，自行捆绑着到文鸯的军门前投降，并再次送上人质，另外，安定、北地、金城的叛胡也纷纷投降，共收降二十多万人，取得了平叛的关键胜利。

不过，秃发树机能就像是棉花糖，老黏着人。补充了兵丁的凉州刺史杨欣对投降后的叛胡却不知道安抚，致使胡人再叛。

咸宁四年夏天，杨欣出兵讨伐，和秃发树机能的部下若罗拔能等人交战，被若罗拔能击败，被杀。

杨欣战败被杀以后，凉州的守备几乎成为摆设，到咸宁五年，也就是公元279年的正月，秃发树机能乘虚攻陷了凉州城。

消息传来，司马炎大惊，这个秃发树机能整整折磨了他十年了，他喃喃自语：“谁能为我讨平这个贼呢？”

羊祜堕泪碑

一〇九　马隆定西（二）

听到司马炎的叹息，站出了一员武士，他就是六品的宫廷护卫司马督马隆。

马隆是何许人?

如果大家细心的话，还能记起在王凌被杀以后，我写到司马懿把王凌和王凌的外甥令狐愚的尸体挖出暴尸时，有一个兖州武士冒着生命危险，把自己过去的上司令狐愚的尸体收敛，重新埋葬，并为他服丧三年，这一义举令整个兖州的知识分子都感到脸红。

这个人就是马隆!

泰始中期，晋武帝将要兴兵伐吴，曾经下诏书说：“吴会未平，宜得猛士以济武功，虽旧有荐举之法，未足以尽殊才。其普告州郡，有壮勇秀异才力杰出者，皆以名闻，将简其尤异，擢而用之。苟有其人，勿限所取。”晋武帝的这次诏书，是对九品中正选人制度的改革。作为被世家大族把持的九品中正制度，很难破格选拔出一些非常之人。

兖州人举荐马隆，理由是他“才堪良将”，不久，便升为六品的司马督。

听到皇帝的叹息，马隆自告奋勇，对司马炎说：“陛下如果能把这事交给我，我负责把他们平定。”

司马炎说：“只要能够平定秃发树机能，为什么不能交给你?只是要看看你的谋略如何。”

马隆说：“没有别的，只一点就是由我亲自招募勇士三千人，不管他们的出身是什么，只要是猛士；然后我率领他们西征，不必忧虑那些寇贼不能消灭。”

司马炎同意了。

于是，司马炎任命马隆当讨虏军事总监（讨虏护军），兼武威郡（今甘肃省武威市）郡长。

朝廷大臣都不赞成，提出异议："现有的军队已经够多了，不应该节外生枝，掏出重赏另行再去招兵。马隆不过一个低级军官，信口开河，不能相信。"

这次，司马炎被马隆的勇气所折服，对于大臣们的异议完全不予理睬。

马隆开始自行招兵，他的招募标准是：力量能拉开一百二十斤巨弓，或能拉开一千零八十斤巨弩（用机械力量射箭的弓）的，才有资格被录取。在洛阳城中设立标杆考试，从早晨到中午，一共得到三千五百人，马隆说："够了。"

选择了猛士，马隆请求亲自到军械库（武库）挑选兵器。军械库管理官（武库令）看到马隆挑三拣四的，就和马隆发生了激烈的争吵，原因估计是马隆没按规定办事，人家给的武器，你不要，净挑好的。

总监察官（御史中丞）弹劾马隆，怎奈马隆是和皇帝沟通过的。

马隆说："我们就要战死沙场，可是，军械库管理官发给我们的却是曹魏帝国时代已经锈烂了的兵器，已经不能使用了，这绝不是陛下派我们出征的本意。"司马炎命马隆随意挑选精良的武器，并且拨付给马隆这支远征军三年的辎重，然后部队就动身向西出发了。

十一月，晋武威郡长马隆率领这支精锐部队一路向西推进，他们渡过温水（流经武威市东）；鲜卑部落酋长秃发树机能等率数万人，固守险要抗拒。马隆依八阵图做扁箱车，上面放置木屋，遇开阔地带则以车结营，插鹿角于车的外围；遇山路狭窄，以木屋置于车上穿行，人在木屋往外射箭（古代坦克！），晋军即且战且进，挺进了一千余里，晋军箭矢所射之处，羌兵应弦而倒，杀伤叛胡无数。另外，根据《晋书·马隆传》的记载，马隆还在山谷两边放置了大量磁铁，秃发树机能的部队都是铁甲，而马隆的部队都穿着犀甲，胡人都被吸住，而马隆的人却进退自如，敌人大为震惊，以为晋军来的是神兵，从心理上大大地震慑了敌人——不过，此点后人多有疑问，如果真是这样，那需要多少磁铁啊，并且真是这样的话，晋军手中的兵器也无法使用了呀。

自从马隆出发，音信断绝，晋朝中央深为忧虑，有人说肯定马隆已全军覆没。后来，马隆使节于半夜到达首都洛阳，司马炎高兴得拊掌大笑，第二天，在朝会上，司马炎召集群臣扬扬得意地说："要是当初听信了你们的建议，凉州早没有了。"他下诏说：马隆以偏师寡众，奋不顾身，冒险能成，把代表皇帝的符节颁给马隆，擢升他当宣威将军（杂号将军四十级，宣威将军属第二级）。

马隆进抵武威郡，鲜卑内部分裂，酋长猝跋韩、且万能率一万余篷帐归降了马隆，至此，马隆的部队前后诛杀敌人有一万多。

紧接着，到十二月，马隆带领着投降的胡人没骨能跟秃发树机能进行决战，斩杀了秃发树机能，至此，整整叛乱了十年的西北胡人叛乱被完全平定。朝廷上议论要封赏马隆将士，有人说，在出征之前都已经对将士加爵了，不应该再加了。卫将军杨珧说：原来选拔人的时候加的爵位是为了吸引人参战，现在马隆全军孤军奋战，一支军队独克敌人，使得西方安定，不能因为招募的时候已经封赏了，现在就不封赏。司马炎听从了杨珧的话。

马隆后来一直作为守将，镇守边关，此外马隆还著有兵书《风后握奇经》传世。不过，在晋朝那个特定的年代，即使如马隆这样立了大功的良将（还有文鸯），由于他们出身寒门，终其一生也不过做一个中级的官员。

而头上的那些大官却不少是些傻瓜、呆子，怎不为英雄痛惜！

一一〇 愚鲁太子

天下人都知道司马衷是个傻子。

司马炎一共先后生下二十六个男孩。

司马衷其实并非司马炎的长子，司马炎和杨艳的第一个孩子叫司马轨，两岁的时候就夭折了。在太康十年的时候，用楚王司马玮的儿子司马义作为司马轨的后代；司马衷是老二；下面还有一个比司马衷小三岁的司马柬，太康十年的时候（二十七岁），被封为秦王，食邑八万户，父亲司马炎死后三年，也死了。这是杨艳生的三个孩子。

司马炎第二个皇后杨芷生下司马恢，两岁就夭折了，从此就没再生育。

司马炎的这二十六个孩子，封王的有十三个，长成年的只有十个。分别是杨艳生的晋惠帝司马衷、司马柬；宁美人生的司马玮、司马乂；赵美人生的司马演；李夫人生的司马允、司马晏；陈美人生的司马暇；成才人生的司马颖；王才人生的晋怀帝司马炽。其中，司马柬比司马衷小三岁，比较聪明，但是在司马炎死后三年也死了，终年三十岁；司马玮、司马乂、司马颖都是“八王之乱”中的人物，暂时不说；司马演，生下来就是个残废人；司马允后来在“八王之乱”中也参与了——其实加上司马允应该算成九王之乱，如果再算上他弟弟司马晏的话，又能称得上十王之乱呢，司马允的弟弟司马晏从小有风疾，眼睛斜视，才能不及一般的人，是司马炎几个儿子中最笨的——原来以为司马衷都够呆笨的了，现在才知道还有比他更呆傻的；司马暇，长得挺好，但是胆小怕事，最好色，弄的身体虚弱得连正常与人交往都困难。

看看，司马炎生的都是一窝什么啊！不过，这些孩子一般都长相还可以，就是脑袋瓜子有问题，根据遗传学解释，应该是这些人的母亲都长得不错，而问题出在了司马炎的智商上了吧！在有限的几个孩子中间，那么集中地出现这么多傻子和半傻不傻的，不是问题是什么？

也许……

司马衷被册封为太子以后，朝廷上下都明白他根本担当不起这个重任，弄得司马炎也是满腹狐疑。等卫瓘被召回朝廷任尚书令以后，老卫瓘一方面可能是为公；另一方面也有可能是为私——我女儿没竞争上，你贾充的女儿也别想做皇后，就经常琢磨这件事情，虽然存在心里，可是总也遇不到合适的机会对司马炎说。一次，司马炎叫卫瓘在凌云台陪自己喝酒，喝了一会儿，卫瓘装着喝醉了，跪在司马炎的坐床前，说："臣有话想说。"司马炎问："你要说啥啊，说吧。"卫瓘是欲言又止，欲言又止，憋了好一阵子，就是不说，让司马炎看着都替他着急，终于卫瓘用手抚摸着司马炎的坐床，说："这个位置可惜了啊！"司马炎偏着脑袋想了一会儿，才想明白，然后胡乱应答着："你真的是喝醉了啊。"卫瓘再也不敢多说话了。综合《晋书·惠帝纪》《晋书·和峤传》《晋书·卫瓘传》《晋书·惠贾皇后传》《晋书·张华传》的记载，卫瓘说这话似乎是在平吴之后，但是，《资治通鉴》却把他放在了平吴之前，不知道是什么原因。

根据《晋书·和峤传》记载，是"吴平……"而《晋书·惠贾皇后传》记载，"帝常疑太子不惠，且朝臣和峤等多以为言，故欲试之。……"然后才发生了试探太子的事情，而这个事情又与卫瓘醉酒拍床是联系着的。因此，个人认为，卫瓘拍床一事是吴平以后发生的，可是，问题又来了，下面故事中的荀顗却是泰始十年就去世了的，这与和《晋书·峤传中》把这个故事说成是和峤做了侍中（吴平）以后才发生的又自相矛盾了。

现在，只有把关于太子之位的异议一并写出来算了，管他是泰始年间，还是咸宁年间，还是太康年间发生的呢！应该说，自从司马衷被立为太子之后，太子之位一直受到挑战，大多数朝臣对此有些不同的看法。

大致的经过似乎应该是这样的：卫瓘拍床以后，司马炎认真地想想自己的身后事。当时和峤和长舆已经从中书令转为侍中，和张华、任恺很好，一次，正好和司马炎坐在一起谈天，和峤说："皇太子司马衷有那种上古的淳古之风（脑袋不开窍），而现在的世道诡诈多端，我担心弄不好陛下您家的事（指天下事）。"司马炎听后，沉默起来，闭着嘴不说话。过了一段时间，和峤又和荀顗、荀勖一同在司马炎身边陪同，司马炎其实是想让大家说太子比以前强多了，好在朝臣们中间造舆论，就对他们三个人说：“太子前段入朝，多多少少有点长进，你们可以一起去找他去，简单地谈谈世事。”三个人一起就去太子那儿去了，这边司马炎兴冲冲地等大家回复的印象。等三人回来以后，即奉诏而还。荀顗、荀勖异口同声地赞扬太子司马衷现在是“明识弘雅，诚如明诏”。的确和您老说的那样，他真的变了，长大了，懂事了。而和峤看着两个谄媚的人都想吐，他说：“太子的状况和过去一模一样！”司马炎脸上挂不住了，又不好说什么，一脸的不高兴，起身就去内宫了。

你说父母容易吗？尤其是做一个傻儿子的父母容易吗？主要还面对着一个聪明睿智、虎视眈眈觊觎皇位的弟弟！太子司马衷的存废始终是和齐王密切相关的。

和峤也知道司马炎不会采纳自己的意见，但是，却还是经常提醒司马炎，自己为司马衷能否担当起重任担忧，每每说到这个问题，司马炎就不吭声，再和和峤在一起的时候，司马炎从来不提以后的事情。

可是，司马炎却需要证明，一个能堵住朝臣嘴巴的证据。

于是，一天，司马炎把近臣招来，并且把太子东宫的所有官员也都找来，说是一起喝酒，其实，是为了防止太子答题作弊。——如果，为防止作弊，何不让司马衷在众人面前做呢？——然后秘密封着比较复杂的事情，让司马衷处理，大家都坐着等答复。

贾南风自从嫁给太子，时时刻刻生怕有一天太子被废，面临突如其来的考试，而且，把身边的官员都弄走了，这可如何是好呢？贾南风急忙请宫外的人代替作答，答案全都是引经据典，符合古代经典著作的原意。做好了答案，贾南风就要往上送。

此时，又是一个小小的人物的一句话，可以说是改变了晋朝的历史。

一个给使。

什么是给使？

有人翻译为：太监。

有人翻译为：宫中使唤的人；那不还是太监？

柏杨先生翻译为：随从官。

如果按照柏杨先生的翻译，那么，这个随从官肯定不是东宫的！因为，东宫和皇宫一样，是不允许男人随便出入的。

那就极有可能是把司马炎的试题传来等着不走的那个人，或者主使的随从。

这个人叫张泓。

因为此事影响巨大，所以，历史记载下了这个人的名字，我翻查《晋书》，只有后来的永宁元年，司马伦派遣过一个征虏将军叫张泓，此外再无下落，难道是因此以后此人得到了重用？还是同名呢？

这个人看了看答案，对贾南风说：“太子不爱读书，这一点陛下深知，而写的答案却如此深刻，用语如此华丽，一定会追究代笔的人是谁，这样反而会弄巧成拙，加重罪责。不如简单明了，有什么就直说什么。”贾南风大喜，对张泓说：“就由你回答，将来富贵了，会和你同享。”张泓遂即撰写草稿，然后再让司马衷照抄下来。

这些答案送到司马炎手里，司马炎一看，十分高兴，并且首先送给卫瓘过目，卫瓘大为狼狈，这时大家才知道卫瓘一定说过什么不利于太子的话。后来，贾充派密使告诉女儿贾南风：“卫瓘那个老不死的浑蛋，差一点破了你家！”

这里就产生了一个疑问。

司马炎为什么让司马衷在没有人监考的情况下做题？到街上找人代写，到拿回来，再到重新写，这能掩人耳目吗？

司马炎本来也有类似的经历，他能不知道其中的奥妙？

也许，司马炎心知肚明，就是在严肃认真地走过场，上演一出让朝臣们看的戏而已。如果能够认定张泓就是司马炎那边的人的话，这种可能性就几乎是肯定的了；即使不能认定，也可以说司马炎是睁一只眼闭一只眼，装糊涂。

而现在答案来了，谁又敢说考试的程序有问题呢？你不是故意污蔑太子吗！

找一边去凉快去！

司马炎用这种方式把司马衷的太子之位稳定了下来。

一一一 郭马之乱

晋国已经磨刀霍霍，做好了灭吴的一切准备工作。

杜预被任命为荆州都督诸军事以后，立即出京，马不停蹄地来到襄阳。杜预本人手无缚鸡之力，射箭射不到靶子，骑马也骑不好，还得了个大脖子病，在外人看来，完全是无用丑陋的书生一个，可是刚刚上任的杜预，还没这么熟悉情况，就简拔精锐部队，部署了一场对西陵的奇袭战。陆抗死后，孙皓任命的西陵督是吴国名将张政，虽然是名将镇守，但是孙皓并没按照陆抗临死前的劝说，增加西陵的部队，杜预的精锐部队在偷袭西陵之战中大败张政。张政没有想到杜预屁股还没焐热，就给自己来了个下马威，感到很没面子，不敢向孙皓如实上报败绩。杜预很快知道了这个情况，为了进一步离间吴国的君臣关系，就直接给孙皓写信，把俘虏直接送到了建业。

孙皓多爱面子的一个人，这下，把人丢到自己的家门口了，心里的滋味可想而知，立即把张政召回，让驻守武昌的留宪代替西陵督。杜预略施小计就达到了战前让敌人换将的目的。

就在吴国北方战云密布，随时都有可能面临晋国打击的情况下，自己的岭南后院又起火了。

岭南，包括了今天的广东、广西、海南三省和越南北部的一些地区。由于其特殊的地理位置和丰富的人力资源，对于吴国十分重要，孙皓刚刚上台，就倾全力从晋国手里拿回了交州，避免了两线作战的危险，任命陶璜为交州牧，巩固了自己的大后方。

公元279年，吴国的合浦太守修允（修则之子，就是那个活割了晋将毛灵的那个）被任命为桂林太守，在从合浦往桂林（柳州）去的路上，修允生病了，就住在了广州，修允让手下的部将郭马等人带领五百士兵先去桂林安抚民众，剿灭盗贼。结果，修允却在广州去世了。按照规定，郭马等人应当和手下的部队重新分配给其他将领。督将郭马、何典、王族等人，几代都在修家的军中，不愿意分离，加上岭南山高皇帝远的，几个人就想叛乱。

正好孙皓（本年三十八岁）在调查岭南地区搞人口普查，也是为了应对晋国可能的军事进攻，拉壮丁。于是，郭马等人就趁着人心动荡，集合手下的士兵，杀了广州督虞授，接着杀了南海太守刘略，赶跑了广州刺史徐旗，占领了广州，郭马自称交广军区司令长官（都督交广二州诸军事），任命殷兴为广州刺史，吴述为南海太守，并让何典进攻苍梧郡，王族进攻始兴郡（今广东省韶关市）。

根据《汉晋春秋》的记载，在此之前，吴国就有谣传，说：吴之败，兵起南裔。亡吴者公孙也。孙皓把从士兵到文武官员中姓公孙的全部流放到现在的广州。岭南郭马叛乱的消息传来，孙皓大惊失色，不由得说了一句："是老天要让我亡国啊！"刚刚经历了西陵失败的孙皓，面临江北晋军大兵云集，深知此时后院失火意味着什么。

为了应对晋国即将到来的进攻，孙皓首先要做的是安定人心，而要安定人心必须从大臣开始，八月，他擢升总参谋长（军师）张悌当丞相，牛渚（今安徽省马鞍山市采石矶）都督何植当司徒，首都警备司令（执金吾）滕脩当司空。其次，是要迅速扑灭南方的叛乱，他做了以下部署：

一是重新任命滕脩当广州牧，率军一万人，从东路讨伐；

二是派徐陵（今江苏省镇江市）防卫督陶濬率军七千人，从西道南下；

三是命令交州（今越南北部）全权州长陶璜会合合浦、郁林等郡的兵力，共同进击郭马。

就在孙皓乱作一团的时候，江北的晋军却迟迟没有动静，难道说司马炎这回真的还是虎头蛇尾，虚张声势吗？

一一二　灭吴之役（一）

说到灭吴，不能不说一个人，那就是王濬。

前面我们只是简单提到过他，他字士治，容貌俊美，年轻的时候，估计是帅哥，所以难免沾花惹草的，名声不太好，并且喜欢奢侈，好高骛远。自己盖新房的时候，交代施工队把门前弄一个宽几十步的广场，能容纳手持长戟大旗的士兵站队列，大家看平时口碑也不咋地的王濬竟然口出狂言，都哈哈大笑，王濬脸也不红，回一句古人的话，说：陈胜说过，燕雀安知鸿鹄之志啊！后来，在羊祜的推荐下当了巴郡太守，当时，因为巴郡紧邻吴国的建平郡，属于晋国的边境地区，当地的人们因为害怕被抓壮丁，以致生下男孩子都不要了，只养女孩子，王濬了解了这个情况以后，采取了鼓励措施，对于生养孩子的人给予奖励，只要有生孩子的家庭不管生男生女，都让给产假，减少赋税，巴郡人民都对王濬感恩戴德。后来因果断平定了益州士兵的叛乱，而被提拔为益州刺史。

从公元272年开始，王濬就征集益州兵民进行造船工作，王濬所造的大船，长一百二十步，可装载两千人，上面建有类似城楼的装置，四面开门，船上可以骑马。直到咸宁五年的公元279年，王濬已经造了七年的大船。他上书司马炎说：我密切地注视着吴国的动向，对比各种情报，分析了孙皓确实是荒淫无道，凶残无比，上下离心，尤其是与我相邻的荆州地区的人们都对孙皓的倒行逆施感到不满，因此，应该趁此机会进行灭吴战役。假如孙皓死去，一旦吴国选出贤明的君主，选拔出精兵强将与我对垒，那吴国就变成了我们的一个强有力的对手了。接着王濬又恳切地说：我在四川造船造了七年，造出来的大船，因为在水中泡了七年，每天都有朽败的船只，并且，我今年也已经七十多岁了，这三个条件一旦失去，灭吴就真的很难了。——老家伙依然还是那么自信！——希望陛下不要失去了上天给予的机会！

这时候，杜预也部署完毕，也上书司马炎请求对吴开战。

朝中的贾充、荀勖还是老调重弹，反对伐吴，只有张华支持王濬和杜预的主张。

而此时，孙皓因为要平定岭南郭马的叛乱，所以，采取声东击西的策略，全面加强对江北的警戒，对外说企图要倾全国之力进攻晋国，安东将军王浑把这一情况密报给了司马炎，朝廷中的贾充等人又强调吴国已经有了准备，还是推迟到明年再行动。

司马炎又犹豫了，最后竟然同意了将伐吴计划推迟到明年的意见。

王濬就怕节外生枝，这次去洛阳上书，专门派出了自己的得力参军何攀（后此人做到帝国的最高法院审判长，最高法院院长是司马炎诸葛夫人的父亲诸葛冲，因为何攀是蜀国人开始看不起，后来看到何攀实际工作能力很强，才慢慢折服。）， 何攀听说司马炎变卦了，就上书劝说，并且判断孙皓肯定不敢大举北上，不过是虚张声势而已，并且，趁着双方戒严，反而更容易掩袭成功。

杜预也听说了司马炎变卦的消息，内心十分着急，他第二次上书司马炎，说：吴国一直在戒严，但是并没有增加士兵。由此看出，他们不能兼顾长江的中游和下游。因此，他们只能把兵力的重心放在建业，保卫首都，不可能分出大兵西上使自己的国都空虚。接着杜预委婉地批评了司马炎听信谣言，放弃灭吴大计，实际上是养虎遗患。并且杜预还说，这次伐吴，即使不成功也没什么损失，不过是浪费了时日，如果成功了，那就是开拓了太平盛世的基础，为什么不试一试呢？况且，我们原来定下的数路齐道并进之策，是万全的计策，根本没有失败的可能，我对此坚信不疑，不敢胡说八道，而言之不效的话，以后会被陛下处罚。

可是司马炎依然没有回音。过了快一个月，在荆州干等的杜预是又急又气，第三次上书司马炎，这次杜预心想，不把反对的声音压下去，以司马炎那种软耳朵，这事还不行。他想想为什么朝臣会有那么多人反对伐吴，口气直至症结，他对司马炎说：一是，伐吴大计是您和羊祜两个人讨论定下的，开始就没在朝臣中广泛讨论，所以，一旦实施，一开始反对的人很多，这很正常。但是，由于计划周密，那些反对的人也举不出肯定要失败的具体证据。二是因为朝臣们争功的私心在作怪。因为计策不是自己出的，所以自己没功劳，一开始又反对了，所以就只好闭着眼睛一直死硬坚持拼命反对到底。三是朝廷制度问题，对于言之不效的处罚我们不像汉武帝那时那么严厉，所以，不管事大事小，大家都轻率地发表不同意见，说三道四的，都是因为说错了也不会受到处罚。

分析了反对派的原因以后，杜预又针对反对派提出的明年出兵的建议，指出：我们的大军集结行动已经被孙皓耳闻，如果再拖延的话，孙皓真的采取了应对措施，比如迁都武昌，修完内地城市防御、把大船集结于夏口等等，我军到进攻的时候，城攻不下，在农村又弄不到粮食，那明年的进攻肯定泡汤。

杜预的第三个奏表传来的时候，司马炎正在后宫和中书令张华下围棋。张华一听杜预的奏表来了，把围棋呼啦一推，弄得司马炎呆呆地看着棋盘发愣。只见张华站起身来，退后一步，对司马炎深施一礼，朗声说道：

陛下您圣明神武，朝政清明，国富兵强，号令统一。

先把司马炎美美地夸夸。然后接着说：吴主孙皓荒淫无道，杀害良臣名将，残暴凶狠。又把孙皓好好地骂一通。

结句为：现在讨伐，不经什么大战就能轻松平定！

说得铿锵有力，司马炎回回神，才慢慢点头同意了伐吴计划。

贾充们又来反对，这次司马炎一一把他们给骂回去了，估计用的杜预的原话骂的，骂得几个家伙都是张口结舌，灰头土脸的，不敢作声。不过，嘴上不敢说，内心还是不服，山涛一回家就强词夺理地自我安慰："只有圣人才能实现国家内外同时安定，如果不是圣人做君主的话，不是有外患就是有内乱，外宁必有内忧，留下吴国在外面，可以时刻自警，说不定还是好事呢！"

一一三　灭吴之役（二）

灭吴之战艰难出笼。

司马炎总算聪明了一回，可是，却昏招又出，竟然任命极力反对伐吴计划的贾充做军队的最高统帅。

司马炎把对贾充的任命给贾充透透气，贾充还是说，西边有胡人叛乱，北方也不安生，国家存粮也不多，不是伐吴的合适时机等，并且说，自己也年老体衰，不能担当这个元帅的重任，明明是推脱。

司马炎从宫中传出话来，你要是不当，那我自己当元帅了。

这话无疑是将了贾充一军，贾充没办法，就算心里一百个不乐意，也得硬着头皮担任这个总指挥：使持节、假黄钺、大都督。总统进攻吴国的六支部队，给羽葆、鼓吹、缇幢亲率一万步兵、两千骑兵，置左右长史、司马、从事中郎，增参军、骑司马各十人，帐下司马二十人，大车、官骑各三十人。司马炎还把自己的妻子杨芷三叔冠军将军杨济作为贾充的副手，可谓关爱有加。

贾充开始的时候领兵南屯襄阳，作为杜预、王濬等部队的预备队。

司马炎和羊祜、杜预设计的伐吴计划是这样的：

一共动用兵力二十余万，从东往西共出动六支部队：镇军将军、琅邪王司马伷从淮河下游的下邳向涂中（今安徽省滁河流域）进发、安东将军王浑从淮河中游的寿春向安徽和县进发，然后合击吴国首都建业，牵制吴国长江下游的部队，使之不能全力西上救援；建威将军王戎率军从项城出发、平南将军胡奋从荆州出发，进攻长江中游的夏口、武昌；镇南大将军杜预从襄阳出发进攻吴国江陵，使之不能西援西陵等地；而伐吴的主力部队则是由王濬和唐彬带领的七万水军，他们将从巴郡出发攻击吴国西部边境建平（巫山）、西陵（宜昌）。等王濬、唐彬顺利拿下建平、西陵以后，与王戎、胡奋合击拿下武昌，然后顺流而下，直指建业。任命张华为度支尚书，全面负责筹运粮草。

当时，吴国尚有兵力二十万人，就总兵力对比而言，晋军南下的总兵力并不占多大优势，只是吴军兵力分散于沿江和江南各地，因此，晋国的这样一种兵力部署，就是要多路进击，有主攻的，有牵制的，从西往东，将吴军各个击破，只有这样，才能达到迅速灭吴的战略目的。

咸宁五年十一月，司马炎正式命令伐吴。六路晋军开始浩浩荡荡地向吴地进发。

太康元年（公元280年）正月，晋镇南大将军杜预，攻向吴国江陵（今湖北省江陵县）；安东将军王浑，直指横江（今安徽省和县东南长江渡口），这两支部队所向无敌，吴国沿边城池、军营、堡垒，都被攻下。

与此同时，龙骧将军王濬从成都出发，和监军、广武将军唐彬率领的七万人马也顺江而下。

说到唐彬，大家也许还记得：当司马昭想处分邓艾的时候，曾经担心邓艾的旧部叛乱，就曾派遣唐彬去西北了解情况。唐彬此人也十分了得，他身高八尺，年轻的时候，奔跑起来能追上麋鹿，武艺高强；后来，研习《易经》，成为远近闻名的大家，带了很多学生。在别人向司马昭推荐唐彬的时候，陈骞曾说：唐彬的才能，比我超出很多。当司马炎在考虑让谁当王濬的政治委员的时候，曾经有两个人选，一个是武陵太守杨宗，一个就是唐彬，司马炎问身边的人文立这两个人怎么样，文立说：这两个人都行，不过，杨宗好喝酒，唐彬贪财。司马炎回答很有趣：财欲我能满足，但是酒瘾却不好办。这样，就把唐彬任命为了巴东监军。

不过，从以前以后唐彬谦虚退让的表现来看，似乎文立说得还不是很靠谱。

战斗全线开打。

东线，安东将军王浑在一月攻克了吴国浔阳（今湖北黄梅西南）、赖乡等城池，擒获吴国武威将军周兴；镇军将军、琅邪王司马伷派遣琅邪相刘弘等人进逼长江北岸，并派长史王恒等渡过长江，破坏吴国的防御工事，俘获吴国将领蔡机等人，斩杀俘获敌人五六万人。

西线，当时，吴国建平郡（今重庆市巫山县）郡长吾彦在长江要塞处，用铁链横断封锁又铸铁锥，一丈余长，沉入长江中游，阻挠船舰通过。王濬早有准备，他提前建造出几十个纵横各百余步的大木筏，满载用稻草做的假人，身披铠

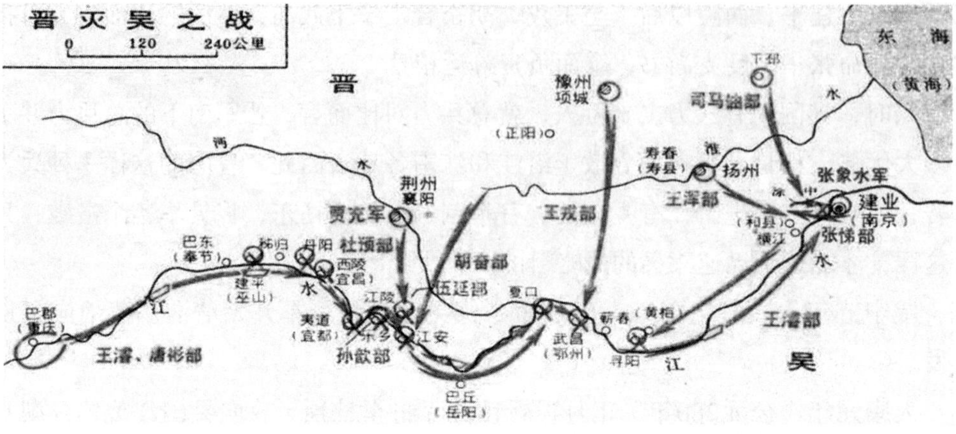

晋灭吴之战示意图

甲，手拿武器，命精于游泳的将士，乘大木筏开路，铁锥撞到木筏，就扎在木筏下面，被顺流而带下，沉没在下游河床深处。王濬又制造庞大无比的火炬，长十余丈，直径数十人才可以抱住，灌满麻油，放在船舰前面，遇到截江铁链，燃起火炬熔烧吴军的铁链，一会铁链就被烧断了，这样一来，长江的航道完全被清除。

二月一日，王濬、唐彬击破东吴帝国丹阳（今湖北省秭归县东）防守，活捉了吴国的丹阳监盛纪。

紧接着，王濬、唐彬的部队在二月三日，就攻克了吴国西陵（今湖北省宜昌市），杀吴国镇南将军留宪、征南将军成据、宜都太守虞忠、西陵监郑广等人。

两天以后，王濬和唐彬又攻克了荆门（今湖北省宜都市西北长江西岸）、夷道（今湖北省宜都市），杀了夷道防守司令（夷道监）陆抗的大儿子陆晏，陆晏死时年仅三十一岁。

三天后，王濬的水军击败了吴的水军，水军都督陆抗的次子陆景战败被杀。

而此时的杜预部队也陈兵于江陵。由于江陵城防坚固，易守难攻。杜预遂对其围而不攻，以断绝上游吴军的退路，并阻止下游吴军西进，动摇其整个西部防御。同时，他还派参军樊显、尹林、邓圭和襄阳太守周奇等人率众沿江西上，攻夺吴国小的城邑，以接应从西边下来的王濬和唐彬部队。

仅仅十几天的时间，晋军全线取得战果。尤其是主力部队王濬、唐彬所部进展神速，迅速拿下了吴国西陵这一战略要地。很快地，王濬、唐彬的水军就来到吴国江陵，与杜预的部队回师了。

一一四 灭吴之役（三）

江陵是东吴在西部地区的大城，西南的乐乡一直是东吴西北军区司令的司令部所在地。在此地，吴国驻防了较多的部队。

杜预派出营门官（牙门）周旨、管定、伍巢等率八百人的敢死队，利用夜色掩护，乘船秘密渡过长江，做出袭击乐乡（今湖北省松滋市东北）的姿态，沿途遍插旗帜，在巴山（今湖北省松滋市西北）纵火，吴国都督孙歆大为恐惧，他写信给江陵督伍延说："晋军从北方到此，好像是飞过长江。"孙歆派军出战王濬，大败回城；周旨等人早在乐乡城外设下埋伏，等孙歆败军回城的时候，周旨伏下的勇士偷偷尾随吴国的败军，一起进入乐乡，孙歆还不知道，晋军勇士一下子冲进司令部，把吴军主将孙歆俘虏后，安全撤退。杜预用计活捉了吴国西北地区最高长官，军中立即传开了一个顺口溜"以计代战一当万"，用这来赞美杜预。此时，贪功心切的王濬给司马炎上书，报告说，他们已经斩杀了孙歆，可是，孙歆是被杜预部队生擒的，等到活着的孙歆被送到洛阳的时候，一时间成为笑谈。而杜预却并不争功，他对手下的将帅们说，皇帝过去的诏书指示王濬攻下建平以后，受我领导，到建业受王浑领导。如果人家攻下建平，顺流而下，威名大振，就不应该再让人家受我领导。如果他连建平都拿不下，我也无从领导他。所以，当杜预得知王濬顺利攻下了建平、西陵等地以后，就给王濬写信，勉励说，你已经建立了很大的功业，还是顺流而下，直捣建业，然后振旅而还，岂不是美事？王濬一看大喜过望，赶紧把杜预的书信转呈司马炎——不是我不想受人家领导，是人家高风亮节主动不想领导我啊！

与此同时，杜预也开始了对江陵城的进攻。

二月十七日，吴国的江陵督伍延假装投降，杜预将计就计，一举攻克江陵，斩杀吴国的江陵督伍延，同时，平南将军胡奋也攻克江安（今湖北省公安县）。当初，江陵人害怕杜预的智谋，也知道杜预是个大脖子，就在狗脖子上挂个水瓢，标明是杜预，然后把狗杀掉；还有的看到树干凝结个大疙瘩的话，就削平，写上杜预头三个字。杜预攻下江陵以后，对于这些侮辱他的人，全部抓起来杀掉了。

吴国西北的这些重要战略支点被很快攻破，沉重地打击了吴军的士气，其他没被攻下的小的军营、堡垒，守将纷纷投降。吴军的投降运动立即产生连锁反应，于是，沅江、湘江以南（今湖南省），直到交州（今越南北部）、广州（今广东省和广西壮族自治区）边界，吴帝各个失去兵力保护的郡县，纷纷交出印信投降，杜预“持节”，传达圣旨，予以安抚，并借助兵威，把吴地的垦田士兵极其家属迁到长江北岸。至此，一共斩杀及俘虏吴都督、监军十四人，牙门、郡长等一百二十余人。

二月十八日，一直密切关注战局的司马炎进一步调整了战略部署，他任命连连胜利的王濬为平东将军、假节、都督益州和凉州诸军事，并且命令：“王濬、唐彬既已攻克巴丘（今湖南省岳阳市），应跟胡奋、王戎一同夹击夏口、武昌（今湖北省鄂州市），再顺长江而下，直指秣陵（建业）。杜预应镇抚零陵郡（今湖南省永州市）、桂阳郡（今湖南省郴州市），招降衡阳郡（今湖南省湘潭市西南古城乡）。大军临境之后，荆州南部境内，一纸政治号召的文告，便可全部平定。然后，杜预应分出一部分军队，增援王濬一万人、唐彬七千人；命令胡奋攻克夏口以后分兵七千人给王濬；王戎平定武昌以后分兵六千人给唐彬，加强王濬、唐彬主力部队的兵力。太尉贾充，即行移驻项县（今河南省沈丘县）。”

江陵攻破以后，杜预王濬、唐彬大军继续顺流而下，王戎派参军罗尚、南阳郡人刘乔，率军跟王濬会师，进攻武昌。武昌没有经过战斗，吴国江夏郡（政府设武昌）郡长刘朗、武昌军区司令（督武昌诸军事）虞昺同时投降。

截至目前，战役算是第一个阶段告一段落。在长江上游的作战中，晋军可以说取得了全胜。于是，又有人开始建议中止军事行动了。在杜预的军中，就有将领提出：“累积百年之久的吴国不可能在一天之内瓦解。而今春冰融化，各河水势将造成泛滥，大军难以行动，应该等到冬季来临，再行进军。”杜预坚决反对，他说：“从前，乐毅济西一战获胜，遂长驱直入，吞并强大的齐王国。今天，大军声威已经传播，好像刀劈竹竿，几节之后，以下就迎刃而解，用不着再使什么劲了。”他果断指示，继续进攻，直指吴国首都——建业。

一一五 灭吴之役（四）

与长江上游的军事行动相配合，晋军在长江中下游，也展开了大规模的军事行动。

除了司马伷兵临长江岸边斩杀五六万吴军（似乎有点悬）以外，王浑分兵攻克了浔阳、高望等地。而此时，孙皓听说王浑率军南下，命令丞相张悌都督丹阳太守沈莹、护军孙震、副军师诸葛靓（逃亡到吴国的诸葛诞之子）率兵三万渡江和晋军交战。

当时的建业还没有听到上游失败的消息，吴军舰队抵达牛渚（今安徽省马鞍山市西南采石矶），沈莹对张悌说："晋国在巴蜀训练水军，时日已久。我们防守长江上游的部队，一向没有戒备，著名的将领都已死亡，年轻人掌握军权，恐怕不能抵抗。依我的预测，晋军舰队定会到达此地（牛渚），我们应在此布防，养精蓄锐，等待他们前来，决一死战。如果幸而获胜，长江北岸的敌人，自会清除。而今放弃船舰，北上跟晋军对决，不幸失利，大势就不可挽回。"

沈莹的计划是用吴国精锐水军，以逸待劳，在长江上与敌人决战，扬长避短，可能还有胜利的希望。

但是张悌却说："吴国的灭亡，无论贤明或愚劣，没有一个人不知道，用不着等到现在去证实。我担心的是敌人巴蜀舰队到此之后，我们的军心震恐，一哄而散，不能重新集结。乘此时机登岸，还可以选择对决时机，如果失败，一同殉国，死无遗恨；如果胜利，敌人逃走，我们的士气高昂，再乘胜西上，在长江中游阻截，不愁不破来敌。照你的战略，只怕部众逃走一空，敌人一到，君臣除了投降外，没有第二条路。连一个死难的人都没有，岂不是帝国的羞辱。"

张悌等弃舟登岸，包围了王浑部将城阳郡（今山东省莒县）都尉张乔占领的杨荷（今安徽省和县北）。张乔军才七千人，紧闭城门，请求投降。诸葛靓打算屠城。

张悌说：“强敌逼面而来，不应该把力量消耗在一支小部队上。而且，诛杀已经投降的人，不吉祥。”

诸葛靓说：“他们只因救兵不能及时赶到，力量弱小才假装投降，用以拖延我们前进的速度，并不是真的屈服。如果不理他们，定有后患。”

张悌不肯接受，只对张乔嘉许安抚，仍留他们驻屯杨荷，大军继续前进。把一支敌人放在自己的身后，可见张悌不知兵。

吴军继续前进，很快就与晋王朝扬州刺史周浚的部队遭遇，两军各自构筑营垒阵地，南北对抗。吴军沈莹亲率五千精锐部队和敢死队，向周浚部队发动三次冲锋，但晋军营垒阵地坚守不动。沈莹只好撤退，这一退之下，部队开始散乱。

晋军将领薛胜、蒋班看到东吴军不成行列，抓住瞬间即逝的战机，迅速追击，吴军节节败退，大兵一退，霎时之间全军崩溃，而已投降的张乔，又从背后攻击，吴军在板桥（今江苏省南京市江宁区西长江东岸）附近全体解散，全军覆没。

诸葛靓率亲兵数百人逃亡，派人往迎张悌，张悌予以拒绝。诸葛靓亲自去接，说：“国家兴亡，自有天意，不是你一个人所能支持，为什么自己找死？”张悌流泪说：“仲思（诸葛靓别名），今天，就是我殉国之日。我还是一个孩子的时候，就受到你家丞相（指靓葛瑾）的赏识提拔，时常恐怕死的不是地方，辜负先贤的知遇之恩，现在用此身报答国家，还有什么犹豫的！”诸葛靓再三拉他，都拉不动，只好流泪辞别，走了一百余步，回头再看，张悌已被狂乱杀来的晋军斩首。孙震、沈莹等七千八百人全部被杀。

吴国上下震动。

这次板桥之战，是晋军和吴军精锐部队的一次决战，吴军的失败使吴国军心士气受到很大打击，整个吴国上下笼罩在一片恐惧和绝望的气氛之中。

而此时，由于武昌没有经过战斗，吴国守将就已经投降，因此，王濬的巴蜀舰队迅速通过了武昌，直击建业。孙皓派游击将军张象率残余的江防舰队一万人西上迎战，张象更没出息，他刚望见王濬舰队先头船只的大旗，就立即投降。——这一点不幸被吴国丞相张悌言中，张悌他太需要一次能够鼓舞士气的胜仗了，但是，操之过急反而加速了吴国士气的瓦解。而此时受命西上从湖南南下进击岭南郭马的陶浚（吴国交州牧陶璜之弟），得知北岸晋军大举攻向建业，赶紧回船来见孙皓，这人也不知道是撒谎惯了，还是觊觎孙皓的财宝，来大言讨赏，竟然对孙皓说："晋国水军的船都很小，如果给我二万人的部队，乘大型战舰迎击，足能把他们击破。"孙皓遂集结所有部队，给大家分发了很多财宝，命陶濬"持节""假黄钺"，预定第二天出发。当天夜间，部队全体逃亡，只留下空营。

而真实的情况是：王濬船舰巨大，布满江面，铠甲武器，照耀白日，旌旗插天，迎风招展，军威壮观。

一一六　孙皓投降

即便如此，晋国上下还有停止战斗的声音，身在洛阳的王公大臣普遍认为绝不可以冒险轻进；只有亲身参与此事的张华坚持认为一定能够攻克。大都督贾充上书说：“东吴地区，不可能完全平定；而今，正是夏季，天气酷热，长江、淮河一带，地势低下，十分潮湿，一定发生瘟疫，最好是召回各路大军，以后再做打算。”并且，把晋军一派大好的形势，说成是面临险境，进而发出狠话，说：“现在即使把张华腰斩，也不足以向天下赎罪。”

司马炎倒是清醒，说：“这是我的意思，张华不过跟我相同罢了。”

荀勖也再上奏章，要求批准贾充的请求；司马炎一概不理。

身在前线的杜预听到贾充要求停战的消息，急急上书反对。

与贾充相配合，东路主帅王浑对进攻也持消极态度。

等到张悌战败阵亡，晋王朝扬州州政府总务官（别驾）何恽，对刚刚取得大胜的自己的上司周浚说：“张悌统率东吴全部精锐，在这里被我们歼灭，东吴全国，谁不恐惧？现在，王濬已攻陷武昌，正乘胜东下，军锋所指，东吴军望风迎降，土崩瓦解之势，已经开始。我建议我们应迅速率军过江，直扑建业。大军突然出现，敌人胆都吓破了，用不着战斗，就能生擒孙皓。”

周浚欣赏这项谋略，命他去报告安东将军王浑。何恽说：“王浑不懂得事情缓急，唯一的作为是谨慎小心，不求有功，但求无过，一定不会听从。”

周浚坚持要他去报告王浑，王浑果然说：“皇上指定我驻防长江北岸，拒抗东吴军，并没有叫我轻率前进。周浚虽然武略盖世，怎么能够孤军平定江东？如果违背诏令，胜利不值得称赞；万一失败，罪过可十分严重。而且，皇上命王濬接受我的节制，现在只要你把船舰准备妥当，等王濬舰队到时，一起出发。”

何恽说："王濬出征万里，战胜强敌，手握已经完成的功业，却来受您节制，从来没有听说过有这种事。而且，您位居上将，抓住机会，自应前进，岂能一件一件都要皇上指示？现在就渡长江，十拿九稳，有什么怀疑顾虑而停留在这里不动？这正是敝长官（周浚）所以深感遗憾的原因！"

王浑仍不接受。

虽然晋军还是这样消极，但是，江南的吴国却已经乱作一团，吴司徒何植、建威将军孙晏，都纷纷送出自己的印信符节，渡江往王浑大营投降。孙皓发现众叛亲离，听从宫廷禁卫官司令（光禄勋）薛莹、最高立法长（中书令）胡冲的意见，派出使节，把降书分别送给王浑、王濬、司马伷。又写信给臣属，深刻责备自己，并且强调："而今，大晋王朝平定四海，正是英雄豪杰献身报国之日，不要因政府改变，年号不同，感到沮丧。"使节先把皇帝印信送给了司马伷。

——真可谓是有征无战。

三月十五日，王濬的巴蜀舰队经过三山（今江苏省江宁县西南长江东岸），王浑派人带着函件，邀请王濬暂停前进，前来大营举行军事会议。

王濬回答说："风大水急，无法抛锚。"

于是，八万人的舰队乘风破浪，鼓帆前进，势如万马奔腾，前后绵延一百多里，扑向建业。到建业城下，战鼓擂动，士卒呐喊，攻入石头城（建业城西北）。孙皓脱光上身，双手绑在背后，抬着棺木，亲自到王濬军营投降；王濬命人解开他的捆绑，焚烧棺木，请进司令部相见，收取东吴帝国的地图和户籍簿册，共计有四州（交州、广州、扬州、荆州）、四十三郡；人民五十二万三千户，士兵二十三万人。

自此，吴国自公元222年建立，立国五十九年。三国时代结束，中国恢复统一。而此年正是庚子年！

当贾充还在絮絮叨叨地说退兵的时候，孙皓投降的消息已经传来。司马炎手拿酒杯，流泪说："这都是羊祜的功劳啊！" 唐人刘禹锡那首《西塞山怀古诗》，完整地记录了这段往事：王濬楼船下益州，金陵王气黯然收。千寻铁锁沉江底，一片降幡出石头。人世几回伤往事，山形依旧枕寒流。从今四海为家日，故垒萧萧芦荻秋。

四月二十八日，晋政府封孙皓当归命侯，降以前吴国降将孙秀为伏波将军、孙楷为渡辽将军。

一一七　二王争功

王浑和王濬也挺有意思的。《晋书》故意在开玩笑，把两个冤家死对头放在一个传记里。

而且，两个人还都有一个重名的人物。王濬，在古代王濬的濬和王浚的浚不分，因此，楼船下益州的王濬又写作王浚，这就和死对头王浑的堂侄子王浚重名了，而那个王浚是王浑的堂哥哥王沈的儿子，永嘉之乱中曾祸害中原、被石勒骗杀。

而王浑呢，王浑也有一个重名的王浑，而那一个王浑却是竹林七贤的老小王戎的父亲，和阮籍交好。并且，那个王浑是琅邪王家，而这个王浑却是太原王家。

说起太原王家，我们还记得魏明帝的时候，让大臣们举荐贤良有为之士，司马炎的爷爷举荐的唯一的一个人，就是王浑的父亲王昶，从此王昶一家对司马懿忠心耿耿。在太原王家中，王昶和王凌齐名，王昶比王凌小，问王凌叫哥。王昶的哥哥王机去世的早，留下两个儿子跟着王昶生活，王昶鉴于乱世祸从口出，专门把哥哥的两个儿子一个起名叫王默，字处静；老二起名叫王沈，字处道。给自己的两个儿子起名，老大叫王浑，字玄冲；老二叫王深，字道冲；老三王湛，字处冲；王湛的儿子王承，孙子王述，重孙王坦之，都是后来名重一时的人物。

而在晋初，太原王家位高权重的当属王沈和王浑。我们还记得高贵乡公曾将王沈比作文籍先生，加以厚爱，但是在发生事变的时候，王沈和王业一起先去司马昭那里报信，不忠于其主为人所讥；他儿子王浚也是此类人物。

而王浑呢，本人后来被任命为征东大将军，妻子是钟会的侄孙女钟琰。说到钟琰，也很有趣，不仅长得好，而且聪明过人。一次她和丈夫王浑在家里坐着闲聊，王济从庭前走过，王浑得意地对妻子说，你生下了这么好的儿子，的确叫人心里舒坦。钟琰小嘴一翘，回答：假如你的新娘我和咱家的小叔王沦结婚的话，生下来的儿子比这个还好！——当着丈夫的面，夸耀丈夫的弟弟，还以和丈夫的弟弟睡觉生下儿子的方式夸耀，只有晋人才能说出这样的话，也才如此洒脱——钟琰的女儿也很漂亮，哥哥王济想给妹妹找个有才华的丈夫，就找了一个出身寒门的人，母亲钟琰看过以后，说这个人固然很有才气，但是，从面相上看不是享福的相，命运不好。就没有同意这门亲事，结果，过了几年，那个人真的就死去了；钟琰还有五卷文集流传于世。

王浑的儿子王济，字武子，是司马炎的女婿，娶的司马炎的女儿高陆公主。——不过，大家不要以为公主都是长得好的，其实皇家的人也是人，不一定相貌就出众，真正出众的人在社会上呢。这个高陆公主就是一个瞎子，并且嫉妒得要命。而和峤、裴楷也都是王浑的女婿。可见，王浑家在晋朝确实属于高门望族。

在王浑及其王浑的士兵看来，拼死消灭了吴国最为精锐的部队，在长江北岸苦苦地等待着王濬，本指望能两军合力拿下建业，谁知道，这个王濬不按照规矩出牌，一举就逼近了建业城，把个孙皓吓得向他投降了！这叫什么事啊！其实，当时的孙皓已经是众叛亲离了，在陶浚大言能够破掉王濬水军的时候，孙皓像是抓到了一颗救命稻草，把宫中的宝贝都散发给众人，结果，第二天，得到财宝的士兵们是一哄而散，只是江北的王浑不知道罢了——说不知道，也知道，人家不是给你送上了降表了吗？只能怪自己。

窝囊。

王浑的部队怨声一片，一是骂王濬捡了个大便宜，一是埋怨自己的主帅没脑子。弄得王濬好没面子。他把一股脑的怨气都发泄到那个死王濬身上了。

王濬十五日进城，王浑第二天就进来了，王浑俨然主人，在建业的建业宫召开酒会，会后，趁着酒劲就想和王濬的部队火并，被手下劝阻了。虽说被人劝阻，但是，这口恶气却要发泄。

王浑向司马炎告状，说，王濬不听自己的指挥，擅自进入建业。朝廷的王浑心腹们也劝说司马炎用囚车把王濬押回。——如果真被用囚车押回，王濬是不是成为第二个邓艾，真不好说。如果王濬拒绝呢？成不成为第二个钟会，也在所难料。

司马炎头脑还算清醒。他只是表扬中透出点责备，对王濬下诏讲道理，说：

讨伐敌国，这可是件大事，命令要统一。前一个诏书是让你受王浑的命令，王浑一直在等你，为什么径直前行，不听王浑的？这可是违反规矩的，并且也不成体统。你的功劳我还是心里有数，不过还是要一切听上级的命令，可是却自恃有功，就肆意妄为，都像你这样，以后我还怎么治理天下呢？

王濬接到诏书以后，赶紧上报：说皇帝您自己前后下诏说让我们一直趁着士气旺盛，直下建业的，并且，您还说贾充总统我们六支部队，没有见到您让我受王浑命令的诏书。——王濬压根否认见到那个诏书！接着，王濬开始说，自己的部队是十四日到三山附近的，晚上熬夜部署了军队，到第二天，水速很快，就远离了王浑的司令部，到了建业城下了，不可能我在回船去王浑的军营去。紧接着，孙皓都投降了。晚上，我才接到应当受王浑指挥的诏书，当时，王浑还叫我把我方部队的将领名单送给他，并且，还说要我们两军把建业围住，防止孙皓逃跑。我当时以为，这两件事情都不是着急办的事，因为，孙皓已经穷途末路，来投降了，根本不可能再跑。我接受了孙皓的投降，马上还把孙皓的投降文书给王浑复制了一份，还让他快进城。只是他们不知道孙皓的虚实，自己耽误了战机。

王浑见一计不成，又上一表，这次，王浑搞得很文雅，他把自己手下扬州刺史周浚给自己的书信，抄了一份给司马炎，信中说，王濬的部队先进建业城，把孙皓的宝物都弄走了，还说王濬的部队把宝物弄走以后，为了掩盖罪行，把孙皓的宫给烧了。

司马炎又下诏问情况。

王濬这次有点着急：他先说自己忠心无二，又举出古代乐毅、乐羊等名将功成而谗言接着就来了，说自己现在身处的危险情况。接着，又说，得罪了明主不可怕，但是人人都说不敢得罪贵臣。并且理直气壮地说现在孙皓和孙皓的臣子们都在，都可以为我做证。一是，孙皓的宝物此前都分给士兵们了，没了。二是，孙皓决定投降以后，马上吴国的一些不法之徒就开始公然抢劫，抢掠宫中妇女，放火烧宫，孙皓自己吓得都无处藏身，我军来到只是去救火。三是，周浚部队十六日就进宫了，我的部队跟着去收拾书籍，要是有宝物，那也是周浚拿走哩！我在三山的时候，还是周浚对我下书说，孙皓散宝物给吴军，宫中什么也没了。（估计当时是周浚骗王濬，不想让他先进城，现在却让王濬抓住把柄了）怎么现在又说我拿了宝物？当时在建业城的是双方的部队，难道说我的部队都是强盗，周浚的都是圣人？

说完，王濬开始反攻说，听说吴国人说，王浑当时和张悌交战，只杀了敌人两千人，但是，王浑、周浚却公布说有一万。皇上可以问孙皓。并且他还说我要反叛，还发出谣言说我要杀掉吴国人，想使吴人真的叛乱，然后他王浑好趁乱杀我。

王浑动员自己在京城里的所有关系，告王濬的状。

等王濬刚回到洛阳，就有人上书皇帝，说，看看王濬给你的上表，没有说自己接到诏书的确切日期，并且，皇上赦免以后，还是不受王浑的命令，大不敬，应该论罪。

司马炎替王濬说话，说，那是因为诏书时间上的耽误，不过，王濬你没把王浑要命令你过江商量的事情及时报告，那也不对。不过，你有大功，就不追究了。

可是王浑还不死心，于是，又有人上告司马炎说，王濬私自在孙皓投降以后，烧毁了吴国一百三十五艘战舰，犯了毁坏国家财产罪。

这次司马炎估计也烦了，也不解释了，就三字：不追究。

然后，司马炎让最高法院院长刘颂（陈骞的外公，广陵的高门大族）来评断王浑和王濬谁的功劳大，叫这个刘颂评断，简直就是所用非人，不仅刘颂和王浑同属一个阶层，而且王浑还作为安东将军是刘颂老家的父母官，刘颂煞有介事地上报司马炎说，王浑应该是上功，王濬应该是中功。

司马炎大怒，你这不是睁着眼尿床是什么，于是把刘颂贬为京兆太守，又转为河内太守。

于是，司马炎进王浑的爵位为公，增加封地户口八千户；封王浑的儿子王澄为亭侯，王湛为关内侯，赏赐八千匹绢。

封王濬为辅国大将军，领步兵校尉。——这么大的功劳，实际的官职才和那个阮籍一样。

就这，还有人不满意，上书司马炎说，这个辅国大将军的名号不是原来就有的，属于新加的位子，因此，不应该像其他大将军那样配备相应的属官和警卫部队。

司马炎说，按照四征、四镇大将军的待遇，给王濬配备五百大车，五百兵组成辅国营，配备亲信骑兵一百人，骑兵官十个，配备司马，封王濬为襄阳县侯，食邑一万户，封王濬的儿子王彝为亭侯，食邑一千五百户，赏赐一万匹绢，钱三十万等。

王濬和王浑的争斗，可以说是晋王朝高门望族和寒门之间的一次公开角斗。给王濬说话的高门没有一个，此时的杜预等人也三缄其口。平吴之后，杜预经常贿赂朝中权贵，还上书司马炎要求解除军职，对手下的人说，我不是想升官，不求他们给我添好言，只是想让他们不说我坏话就好！杜预尚且自保不暇，哪还能顾及王濬？

不过，朝廷上也有很少的寒门在为王濬鸣冤，这些寒门还都是下级官吏，还都是些死心眼的知识分子，比如中立派博士秦秀（此人就是书呆子一个，不巴结任何人，后来曾经建议在贾充和何曾死后给予恶谥）、太子洗马孟康（多数学者如明代余寅、清代钱大昕、赵一清等认为和注汉书的孟康是两个人。）、李密（曾经写下传世名作《陈情表》）等人。

这里姑且对李密多少说两句。

李密是蜀国人，才名很大，蜀国灭亡以后，司马炎曾经想招他，李密从小因为父亲就死了，母亲改嫁，和奶奶相依为命，以祖母年老需要侍奉拒绝了晋朝的召唤。等祖母死后，李密不得不应召来到洛阳，张华问李密，你说刘禅是什么样的君主？李密回答：像齐桓公。张华问为什么？李密回答：齐桓公因为用了管仲而称霸，用了竖刁而死后尸体都生虫了没人安葬。刘禅用了诸葛亮而能够和魏国抗衡，用了黄皓而灭亡，所以他们是一样的。张华又问：那人们都说诸葛亮说话安排事情都很琐碎，那是为什么？李密回答：上古的舜帝和大禹之间说话都很简单，那是因为他们智力相当，不必要琐碎；而周公做的《大诰》却很琐碎，那是因为是周公给凡人们说的，不说琐碎大家听不懂。诸葛亮身边都是凡人，所以他才不厌其烦。张华只好点头称是。来到晋朝，司马炎只给个温县的县令，李密想做京官，可是，因为朝中无人，加上还是个亡蜀遗民，只弄个汉中太守，在司马炎给他的临别宴会上，李密作诗一首，说，官中无人，不如归田。说得司马炎怀恨在心，接着，李密不仅京官没当成，连汉中太守也免了，真叫他归田去了。

李密对自己处于寒门而受到不公正的待遇有切肤之痛，他理解王濬的处境和伤痛，当然要为王濬鸣冤了。

司马炎为了平息舆论，在不得已的情况下，只好晋升王濬为镇军大将军，加散骑常侍，领后军将军。